使用人才的艺术

THE ART OF USING TALENTED PERSON

使用人才的艺术

陈 英◎著

THE ART OF USING TALENTED PERSON

石油工業出版社

内容提要

本书较全面地阐述了管理者的用人方法及其运用技巧，从组织结构、组织文化、日常管理等方面系统地解析使用人才的艺术的奥秘，本书将生动性、趣味性、科学性、逻辑性结合起来，一事一议，就事论理，有事有论，事理相合而又一脉贯通，力求做到通俗易懂，具有很高的可读性。

本书可作为各级管理人员的培训用书，也可供有关师生及管理者阅读参考。

图书在版编目（CIP）数据

使用人才的艺术 / 陈英著. —北京：石油工业出版社，2017.12

ISBN 978-7-5183-2269-5

Ⅰ.①使… Ⅱ.①陈… Ⅲ.①人才管理 Ⅳ.①C962

中国版本图书馆CIP数据核字（2017）第282473号

出版发行：石油工业出版社

（北京市朝阳区安华里2区1号楼 100011）

网　址：www.petropub.com

编辑部：（010）64523612

图书营销中心：（010）64523633

经　销：全国新华书店

排　版：北京密东文创科技有限公司

印　刷：北京中石油彩色印刷有限责任公司

2017年12月第1版　2017年12月第1次印刷

710毫米×1000毫米　开本：1/16　印张：26

字数：480千字

定价：55.00元

（如发现印装质量问题，我社图书营销中心负责调换）

前 言

——FOREWORD——

使用人才的艺术是指领导者深刻地影响、改变、升华下属的内心信念、思想情感，促使其超水平发挥才干的种种技巧，具有强烈的权变性、灵活性、创新性、微妙性、个别化和个性化色彩，是领导艺术的画龙点睛之笔。

使用人才的艺术是一种实用性学问，不是一个理论学科。用人方法代表着领导用人行为的一般规律和经验，具有较强的普遍性和理性色彩。用人艺术代表着领导者对用人方法的个性化和创造性运用，具有较强的特殊性和感性色彩。以我之见，这种以实用性为主的学问，应该是非常感性的，但是它也必须符合理性。

领导工作的实质是“以众之力，成己之功；以己之功，全众之福”，具有很强的间接性特点。领导者不可能像作家那样独处一室，苦思冥想，神游意漫，物我两忘，等到灵感来临，只管奋笔疾书，就能洋洋洒洒地写出传世大作。领导工作的间接性特点，决定了领导者在用人过程中必然面对不同下属的不同性格、脾气、动机、情感、信念、利益、才学等因素。要想深刻地影响下属的内心信念和思想情感，简单、生硬、教条、直接和理性的方式往往无法奏效，情感的、权变的、间接的、迂回的、综合的方式更能产生效果。这就必然涉及义与利、情与理、信与疑、用与弃、纵与控、宽与严、松与紧、虚与实、远与近、打与拉、亲与疏、赏与罚、升与降和常与变等矛盾及其把控的分寸，其动态性、复杂性、微妙性、综合性、权变性之高，如果没有高超的用人能力，很难使下属勇者尽其力，智者尽其才，忠者尽其心，贤者尽其誉，爱者尽其命。完全可以说，领导用人艺术代表着人际交往技巧的综合创新与高度发挥。它不能不关注人世间的物理、道理、事理、情理和心理；它不能不关注社会政治、文化和人性，否则，就只能流于理性说教。

使用人才的艺术深受领导者自身素质制约，具有显著的个性色彩。例如，卓越的领导大可抑制小人之奸于不发，用小人之智以建功，平庸的领导则不可玩火自焚。因为控用之间的分寸，不仅必须心知肚明，而且更须行之有效。从这个角度说，使用人才的艺术丰富精深、奥妙无穷。根据领导用人行为与领导用人艺术的内在逻辑，本书涉猎内容如下：

其一，宏观的、原则性的用人方法及其运用技巧。以我之见，唯有把领导用人艺术视为一个开放系统，才能避免孤立化、狭隘化、僵死化。因为领导用人行为不可能脱离管理活动而孤立存在，所以，缔造优化的干部队伍结构，汲取其结构效应，既能减轻领导者的事务性负担，又有助于他们大胆放权，从而提高用人效率。

其二，微观的、动态的、权变的、个别化、个性化、微妙的用人艺术，以信任部下、用人不疑为要点。因为信任部下、用人不疑，要求领导者必须具备博大的胸襟、豁达的气量、高度的自信、高超的能力和正确的价值观，此乃领导用人艺术的关键点。

其三，激励部下的艺术，包括方式方法与其运用技巧，以及激励艺术的创新，以物质激励、权力激励、情感激励、目标激励为重点。

其四，创造权威的艺术是领导者极大提高用人效率的保证。其中，领导者的自我完善是创造权威的重要基础——领导用人绝不是简单地发号施令、奖励惩罚，而是一种极为特殊的人际互动。这一观点，是我们探讨用人艺术的支点。

高超的用人艺术代表着领导艺术的最高境界。领导者能否创造辉煌业绩，关键就看他们是否具有切实把领导意图转化为下级自觉行动的真本事。有些决策能力、专业能力都很高强的人，之所以领导不了一个规模不大的组织，就是因为用人艺术火候不到，无法做好一人一事的思想工作，无法令人心悦诚服地执行上级命令，无法凝聚团体的精神和智慧。因此，世上最难学习的学问之一，就是领导用人艺术。

用人能力是领导能力的核心成分，没有任何能力能够弥补用人能力的缺陷。相反，高强的用人能力，却能弥补其他任何能力的不足。为了切实提高自身用人能力，领导者必须牢牢记住古人的至理名言："臣以自任为能，君以用人为能。臣以能言为能，君以能听为能。臣以能行为能，君以能赏罚为能。"

陈　英

2017 年 7 月 18 日于东营

目 录

CONTENTS

第一章

把握原则　高屋建瓴

本书所论使用人才的艺术，比人们通常所说的“用人方法与艺术”范围更广，并非特指领导者对领导干部的使用，而是针对领导者对包括各类管理干部在内的所有下属的使用，旨在使用人艺术与组织整体的人力资源战略紧密统一起来，着眼于领导者自身影响力建设、组织建设、文化建设、人本主义前提下的人力资源开发等多种角度而探究一种系统化的“用人艺术”，从而使“用人艺术”更加具有开放性、民主性、人性化、实用性，即更有人文色彩和实际价值。

使用人才的艺术是一种实用性学问，不是一个理论学科，因此表述成“艺术”。对于“使用人才的艺术”这一命题，古人名曰“用人之道”，今人称为“用人方法与艺术”，我则干脆用“使用人才的艺术”来表述。

以我之见，古人所谓“用人之道”，包含着今人所说的“用人方法”与“用人艺术”。其中，领导用人方法是指古今中外用人实践中抽象、概括、总结出来的一系列用人技巧。相对来说，它是静态的，具有一定的普遍性，比较概念化、概括化。相比而言，领导用人艺术是指气质、个性、思想方法不同的领导者，在不同的领导环境中适时适地、因人而异、创造性地运用用人方法的有关技巧，包括在使用人才的过程中深刻地影响、改变、升华下属内心信念、情感，促使他们超水平发挥才干的种种技巧。简单地说，领导用人艺术就是领导者权变地、创造性运用用人方法的技能，是领导艺术中最引人入胜的画龙点睛之笔。它代表着用人行为的特殊性、动态性、个性化。

可以说，领导用人方法与艺术分别代表着领导用人行为的普遍性和特殊性。领导用人方法较为侧重规律性、普遍性。领导用人艺术则强调现实性、可行性、有效性、综合性、动态性、合理性与特殊性，注重权变性、实用性和技巧化。领导用人方法是领导用人艺术的基础，是对领导用人实践经验、技能的概括和归纳；领导用人艺术高于领导用人方法，又以领导用人方法为基础，二者的关系是普遍性与特殊性的关系；用人方法具有共性色彩，用人艺术具有个性色彩。

因此，我们必须既承认用人方法与艺术既有理性成分，又有感性成分。承认其理性，才能有章可循，容易把握，有助于深入研究总结；承认其感性，才能不断创新，避免僵化，有助于丰富方法、发展理论。这是领悟这门学问的基础。

中国古代伟大的军事家孙子所说的“数中有术，术中有数”，原意是指为了迷惑敌人，兵力少时要示之以多，宜用“加灶”之法；兵力多时要示之以少，宜用“减灶”办法。对于孙子的“数中有术，术中有数”，通常的解释是“灶”的数目变化蕴含着战术计谋，战术计谋可以用数目变化来体现。实际上，“数中有术，术中有数”，完全可以用来解释普遍性与特殊性之间的关系，也可以用来解释用人方法与用人艺术的关系。其中，“数”，可以理解为宏观的、具有普遍指导意义的规律和方法；“术”，可以理解为微观的、个别的、特殊的个性化的手段和技巧。“数中有术，术中有数”则是指一般性规律和方法中必然可以引申出诸多特殊技巧——“术”；特殊技巧中又可以抽象、概括出一般性规律和方法——“数”。简言之，即用人方法中蕴含着用人艺术，用人艺术也不能违背用人方法，甚至还能丰富发展用人方法。也就是说，领导者发挥用人艺术，也不能随心所欲、异想天开、任意而为。

需要说明的是，无论如何，因为我们关注的核心问题应该是用人效能，所以，对于领导用人方法与艺术这两个概念，我们更应从用人实践特性和实践需要去审视。

有鉴于此，我干脆统一以“使用人才的艺术”而名之。

使用人才的艺术是领导艺术最为重要和精彩的部分。领导者能否创造辉煌，关键就看使用人才水平的高低。领导用人行为效果的高低，是衡量领导用人艺术水平的高低的标志。领导者使用人才的艺术不是纸上谈兵的学问，而是领导者面对出身、教养、性格、脾气、情感、信念、动机、态度、才智各不相同而又各有缺点的人，能够切切实实地把领导意图转化为下级自觉行动的真本事。领导者使用人才的艺术特别讲究权变和创新，因而微妙精深。它全面贯穿于决策、行动、工作、社交和生活之中，不仅丰富多彩，而且具有不断创新的可能。因此，我强调领导用人方法的科学性，更强调领导用人艺术的特殊性、微妙性、合理性、艺术性。我甚至宁愿相信用人行为的艺术性大于科学性。从这个角度说，领导用人方法和艺术博大精深、奥妙无穷，大可干脆去掉“方法”一词而悍然冠之以“艺术”二字，名曰“使用人才的艺术”。

本书所论“使用人才的艺术”与领导者个人的人格、性情、胸襟、学识、智谋与人生追求具有极其深刻的联系。唯有综合素质高超的人，才有可能成为卓越的领导。卓越领导使用人才的艺术的根本亮点是培育人才，即通过使用人才而培育人才，进而通过培育人才而提高用人效率！也就是说，培育人才乃是使用人才的最高境界，是极大地提高用人效率的突破口。如果不强调这种理念，用人学说就会流于人云亦云、故弄玄虚的境地，而且始终无法避免实践中广泛存在的诸多用人误区。确立这样一个理念，领导者才能刷新用人观念，顺应先进文化，综合发挥用人艺术。

必须指出，无论是古人的“用人之道”，还是今人的“用人方法与艺术”，都是特指领导者对手下干部的使用。我所探讨的“使用人才的艺术”，不仅包括领导者对手下干部的使用艺术，也包括对组织内部一般成员的使用艺术。我相信，这更符合当今时代各类组织整体的人力资源开发的需要和以人为本的人本主义文化潮流。

对于具有领导才能的下属，领导者经过识别之后，就要选拔、任命为干部，赋予他们权力和责任。本章所论“把握原则，高屋建瓴”，是指领导者使用人才时，既要把握原则、尺度，也要抓住要害问题和关键问题，而且更要不拘泥于寻常、静止的观点和常规的方法。只要立足于培育人才，许多复杂的问题就能够迎刃而解。

有道是，计胜不如道胜；小胜在智，大胜在道。我们既强调计胜，更强调道胜。对于人才的使用来说，有些方法属于原则性和指导性方法，例如，使用人才要注重德才兼备、中才为用、知人善任等，就属于这种类型。这类方法看起来比较概念化，甚至显得有些古老、拙朴，实际上却甚为重要。因为在领导者在使用人才的过程中，无论多么高明的狡计，都不如重用德才兼备的人更为重要。因此，领导者使用人才，一定要把握原则，高屋建瓴。

第一节　德才兼备　辩证把握

我们平常所说的“德才兼备”，既是一种用人原则，也是一种宏观的、原则性的用人方法。领导者选拔、使用人才，必须体现“德才兼备”的原则，这是一个具有普遍意义的标准。古人曰：“才者，德之资也；德者，才之帅也”。孔了曰：“志于道，据于德，依于仁，游于艺。”康熙皇帝也曾说过：

“论才必以德为本。”虽然这些说法不尽相同，但都说明了德才兼备的重要性。

德才兼备的人担任领导职务，其才华和成就更能增添德性的光辉，此正所谓“才者，德之资也”——没有才华和成就，德性的意义和价值就不能充分表现出来。从另一个方面讲，高尚的道德精神能够指导人们把自己的才华用于正义的事业，不至于误入歧途，此正所谓“德者，才之帅也”。由此看来，领导者选拔、使用人才，应该把唯才是举和唯德是举结合起来，真正践行德才兼备的用人原则。

可以说，这种原则和方法具备深刻的理论基础和过硬的实证根据。就情商理论而言，并不是只有智商高超的人才能成就事业，大多数成功者是情商较高的人。由于这些人性格刚强、情绪稳定、志向坚贞，能够坚韧不拔、奋斗不止，所以，他们最终能够成为集道德和功业之大成的人才。

值得一提的是，康熙所说的是“论才必以德为本”，并不是“论人必以德为本”。他的意思是说：在同样具备才能的情况下，使用人才必须德者为先。

以人而言，领导者必须分清才与术的不同——“才能”与“术智”绝不可同日而语，狡猾不能与聪明相提并论，聪明无法与智慧等量齐观。

在我看来，君子仁者是才能不拒德性，聪明不悖道理，智慧不让聪明。奸邪小人是权术独求奸邪，庸俗之人是狡猾徒擅小计，这两种人都与德才兼备相去甚远。正如鲁迅先生所说：“以才成大业者，古来有之……捣鬼有术，也有效，然而有限。以此成大业者，古来未有。”可见，领导者使用干部，必须“论才必以德为本”！

强调和落实德才兼备的用人原则，目的在于保持干部队伍的纯洁性，防止吏治腐败；提高干部素质，提高工作效率。我们所说的“吏治”，是一个远比封建社会的“吏治”含义更为广泛的概念，它包括政府机构、企业和其他各种社会团体用人治事的状况，并不是特指公共行政管理系统。

完全可以说，古今中外任何国家和任何优秀领导人，鲜有不强调德才兼备者。然而，为什么封建社会越是吏治腐败之时，越是强调德才兼备？为什么无论怎样强调德才兼备，吏治还是要走向腐败呢？其原因就在于无法落实或者没有落实德才兼备的制度与方法。无法落实的原因之一，是制度创新、文化创新乏善可陈，以致肃清吏治之举每每流于形式主义；其原因之二，则是用人者用人艺术欠佳，很难加以落实；原因之三，是为数不少的人不愿落实德才兼备的原则——至少不是多数人愿意落实。这样看来，问题的症结在于社会是否存在健全的刚性约束机制，而不能只是依赖于领导者的个人品质。

因为德才兼备只是一个比较宏观的指导性方法，并没有固定的操作方式

和明确的规范，所以，提倡德才兼备，首先是不能忽视制度创新，其次是不能简单地把它混同于直接、具体而又可行的微观方法，而是要掌握一些具体可行的技巧。

从操作层面说，提倡德才兼备，不可拘泥和困守教条。对于任何人来说，其人生历程都是一个不断追求、不断成长的过程，领导者应该本着发展的眼光，分清部下的主流与支流，把握其发展方向，容忍部下的缺陷，大胆使用人才。

有鉴于此，领导者绝不能一谈德才兼备，就要求全责备。从另一方面说，世界上不存在绝对完美的事物，一切事物都是相对的、变化的、发展的。正所谓“金无足赤，人无完人”，苛求完美，恰如幻想世界没有摩擦力一样不可思议。对于领导者而言，不能一叶障目，不见泰山；不能以偏概全，不看全面；更不能攻其一点，不计其余。

德才兼备既是一种识人和用人原则，又是一种选拔和使用方法。不过，它只是一种原则性方法，其指导性胜于实用性。唯因它是一种原则性方法，所以看起来清楚明了，实际上却不易把握。如果它是那种轻而易举就可以有效把握的技巧，那就不用再探讨用人艺术了。从用人实践看，原则性方法的可行性因人而异，各有不同。有的领导能够巧妙运用，恰到好处，富有成效。有的领导者则是盲目运用，失之毫厘，差之千里。因此，领导者落实德才兼备的用人原则，必须摸索出一套行之有效的具体方法。

我认为：人类最大的智慧不是技术发明或技术创新，而是制度发明或制度创新。广为流传的“七人分粥”的故事，能够有力地证明这种说法。

据说，有七个非常完美的人，由于讨厌现实世界的不良风气，相约到了一个不为人知的所在，开创一种高尚而新鲜的生活。他们到了一个地方，打算安营扎寨。由于大家素质高超，又都不满于现实的腐败风气，这才走到了一起，所以，他们并没有注意用人制度和方法问题，就随便指定一人负责做饭分粥。这位素质本来不错的先生掌勺之后，竟然同样显示出人性的弱点：他给自己分的粥饭又好又多，而给别人分的粥饭则又稀又少。其结果是，自己撑得慌，别人却饿得要命。其他六个人觉得这种人事制度助长了人的劣根性，必须进行制度创新。他们联合一致，解除了分粥者的职务，另外选出一位德高望重的先生负责分粥。这个德高望重的人上任初期，确实还能办事公平，认认真真，因而深受好评。时间一长，大概因为听到的赞美太多，于是就变得不像从前的他了。他在分粥时格外照顾自己和那些拍马溜须的人，而那些不善于逢迎的人，所能分到的粥饭只能又稀又少。吃亏的人当然不高兴，常常提出意见。为了保护既得利益，分粥者开始拉帮结派。好在多数人认为这种用人制度破坏公平，败坏风气，仍然需要加以创新。于是，有个聪明人提出："为什么我们不实行轮流分粥的方法呢？你们看，大家轮流'做官'，每星期每人都有一天的时间掌勺分粥，如果自己在掌勺的那天有失公道，那就不可避免地尝到其他人六天的不公正所带来的苦头，如此就能迫使咱们任何人都必须公平地使用权力。"其他六位君子觉得很有道理，因而欣然同意。谁想，在这种分粥制度实行以后，又出现了意想不到的情况：每个人负责分粥的这一天，都不顾一切地照顾自己，别人分得少，只能半饥不饱；自己分得多，撑得慌。至于其余六天，则是饿得饥肠辘辘。因为那些人到了执政的时候，也在拼命照顾自己。原本多么天真可爱的想法，又受到了现实无情的嘲弄。大家开始谴责这种用人制度仍然刺激人的自私，必须坚决加以改正。经过协商，大家决定成立一个分粥委员会和一个监督委员会。其结果是分粥委员会经常坚持己见，监督委员会则常常提出另外的意见，不等意见统一，粥饭早已凉透，大家只能吃些残羹冷饭。七个人痛感这种办法效率太低，必须另谋新法。鉴于以上种种方法都不能避免人性的自私，这七个人最后一次进行了用人制度创新。他们决定仍然采取轮流分粥的办法，但是，分粥者必须最后一个领粥。从此以后，不管是谁主持分粥，都像是用衡器量过一样，几乎分毫不差，至少是肉眼看不出来。这次用人制度和用人方法的创新，终于获得成功。

试想，分粥的人最后才能领粥，如果他分得不公平，其他人肯定会先把好的挑走，最后剩下的一份肯定是最差的，而且非他莫属。只要他不公道，吃亏的肯定是他。

经济学家经常用这个故事提示人们制度创新的重要性，或者强调不受监督的权力必然导致腐败。然而，领导学和用人艺术强调的却是对人性的驾驭，即决策和用人如何面对人性的挑战，甚至是如何利用人性的负面因素。

这个小小的故事蕴含着用人制度、用人方法、分配制度以及制度优化和人性优化的原理，其中包含着以下值得我们深思的问题：

其一，为什么七个完美有德的君子的德行都有变坏的可能？

其二，现实中芸芸众生有没有固定不变的德性？

其三，分粥人是出于人性中高尚的因素而做到公平的，还是出于人性中自私的因素才做到公平的？

其四，领导者的决策和用人应该注意哪些问题——此处我们只谈用人——领导者应该怎样看待人的德与才呢？

第一个问题的答案是：如果条件发生变化，道德高尚的人也能变坏。

第二个问题的答案是：芸芸众生没有固定不变的德性，分粥人最后做到了公平，并不是因为他的德行变好了。如果只看结果，不看动机，人世间会把好多并不是道德高尚的人和事物看成是高尚的，而本质上却不是这样。

第三个问题的答案是：分粥人是因为害怕吃亏，才做到公平的。

第四个问题的答案是：任何人的德行都是动态的、变化的，从来不存在没来由的德行，也从来没有固定不变的德性。如果能够使人们不管出于什么动机，都能表现出良好的行为，相对来说，是否比动机丑恶而且行为糟糕更好呢？与其认定部下德行不佳，为什么不利用一套机制和方法使人不想、不能、不会变坏呢？如果有人德行很好而才智相对逊色，能不能想办法让他既不要变坏，又能增长才智呢？如果一个人才智突出而品德相对稍微逊色，是将他弃之不用，还是利用机制和方法让他变得更高尚呢？如果领导者不仅能使好人变得更好，而且又能使坏人也能变好，岂不证明用人艺术非常高超吗？

我所提的这些问题，都说明了一个道理：提倡德才兼备固然重要，如何保证人们的德与才都向好的方向发展，无疑是更加重要的。领导者唯有辩证地对待德与才的关系，才能真正落实德才兼备的原则。如果机械、僵化地看待部下的德与才，反而不利于人才的成长。

如果一个人德佳智卓，当然是再好不过的事。可是，如果一个人德佳才逊，该不该一俊遮百丑？如果一个人才高德逊，该不该一丑掩百俊？这就提醒我们不得不思考一个问题：人的德与才必然是相互排斥的吗？

我的答案很明确，当然不是！把德与才对立化，往往是为求全责备寻找借口！

我一直相信，在多数情况下，人的德与才是相对统一的，并非相互排斥。至于有些人的行为不尽人意，甚至使人大失所望，我相信那不仅仅是这些人的责任，而且也有环境、制度、文化和用人者的责任。基于这一观点，我们就不难得出结论：既不可因才而废德，亦不可因德而废才——领导者要对人性抱持宽容和通达的观点，辩证地对待部下的德与才，进而利用管理、文化、教育、指导等手段来改变部下，这才是领导用人艺术的真谛，这样才能真正落实德才兼备的原则。

进一步说，领导者更应该考虑的是如何使部下德才更佳，如何才能诲人有道、育才有方，如何改善客观环境，使人们能够均衡和充分地发展自身的德性和才智。倘如能够这样，就能辩证地对待人的德与才。

领导者奉行德才兼备的原则，说起来容易做起来难。作为某一社会组织的领导，多数人希望自己的组织人才济济，最好是所有人都德才兼备，才高德著，尽善尽美。不少企业领导在使用人才时，也尽力按照德才兼备的原则加以执行。真正有意妒才害才的人，应该说还是少数。然而，为什么现实中的人才选拔常常出现令人失望的情况呢？究其原因，一是领导者有时也面临一些无法回避的人际关系因素；二是德与才本来就有相对性，再加上每个人的德才在其个人生涯中经常处于变动状态，是一个既难定性更难定量的因素，这就无形中提高了德才兼备原则的实施难度；三是领导者对德与才的评价，不可能不受领导自身性格气质、趣味好恶、品德胸怀、学识智慧和识人能力的影响。比如，稳健中庸的领导视激进大胆的部下为冒失，激进外向的领导则视激进大胆的部下为真才。稳健平和的领导必然喜欢稳健平和的部下，他们认为稳健踏实的部下有德有才，实际上却不自觉地夸大了他们的优点；激进外向的领导则视稳健平和的部下为保守平庸，无形中夸大了他们的缺点。

总而言之，一个人德才兼备与否，在不同的领导者眼中，是一个不易确定的变数。不言而喻，任何人都是一个优点与缺点的对立统一体。发现人们的优点与缺点，并不是多么困难的事情，真正困难的是准确地衡量一个人优点与缺点平衡之后的整体优势水平。因此，我们应现实而明智地对待人的优点和缺点，高屋建瓴地引导人性走向高尚。其根本艺术法则就是：宽容悲悯地看待人性的缺陷，辩证把握德与才的关系，坚信最根本的用人艺术就是培育人才——这样才能真正落实德才兼备这一原则。

第二节　中才为用　注重锻炼

所谓中才为用，是指在品德较好的情况下，只要具备中等才能，就可以大胆使用。同理，在才情较好的情况下，只要品德中等，也可以大胆使用。在特殊情况下，如果具备中等才能，而且品德也没有什么大问题，照样可以使用起来。至于部下在德行与才气方面的差距，可以在具体的管理实践或领导实践中加以培养、发展。

领导者使用中才为用的方法，既可以落实德才兼备的用人原则，又可以避免求全责备的用人误区，还可以广开才路取用人才。同时，对于一些资格尚浅、深具潜力而无从施展的年轻人才来说，也不啻于一种福音。这样看来，中才为用既能满足用人实践的要求，又符合人才学规律，对部下也有较大的

激励作用。

中才为用，是根据古今中外的用人实践，结合现实情况总结的一条用人法则。从哲学上说，它符合中庸之道的思想。从领导学和用人艺术的角度讲，它体现了使用干部重在培养干部的思想。从人才学和脑科学角度讲，它同样符合规律。在多年的教学实践中，这条法则得到了广大干部学员的认同。即使是对实践而言，如果撇开用人动机和出发点不谈，这个观点也比较符合实际。现实生活中起用中才的现象非常普遍，如果动机和出发点没有问题，应当视为正常现象。

读者可能会提出疑问："你说中才为用，是不是与唯才是举存在着矛盾呢？"其实，从我解释的各种理由，你不难发现中才为用饱含着极大的智慧。它不仅是领导用人所必须，而且能够轻易解决用人实践中的诸多矛盾。例如，一提德才兼备，有人就会过于僵化，使得本来应该使用的人才不能得到使用。如果某一个人才情很好，德行本来也不错，只是人际关系方面可能有些不顺，就可以用德才兼备中"德"的标准将其打压。如果一个人德行很高才气稍逊，就可以用德才兼备中"才"的标准将其打压。这种喊着中庸反中庸的做法，在生活中屡见不鲜。这足以提醒我们：如果极端理想的原则实在无法做到，采取中庸之道就是最具智慧的方法。

从人才学和脑科学的角度讲，才情高卓的人，缺点往往也比较突出；某种才能发展充分，其他才能就会相对削弱。抽象思维能力高超的人，形象思维能力就会相对削弱。形象思维能力高超的人，抽象思维能力则会相对削弱。至于抽象思维能力和形象思维全都十分高超的人才，则是十分罕见的大才、奇才、天才。现代脑科学关于人类大脑侧性化的理论强调，人的几种智力因素此强彼弱，绝不是平均分配。造物主通常十分小气吝啬，多给了这种才能就少给那种天分，只对一些天才的幸运儿才大发慈悲，把形象思维和抽象思维能力全都大加赏赐，毫不吝啬。

虽然大脑侧性化理论早已推翻了传统的优势半脑理论，但它也承认大脑两半球功能不同，只是不再武断地分出孰优孰劣。左半脑主管抽象思维，右半脑主管形象思维，大脑两半球功能的协调机制在于联结二者的大脑偏胝体。

脑科学家们还用女性大脑侧性化的特点及影响，深入揭示了大脑的秘密。例如，女性大脑胼胝体比男性肥大，大脑侧性化水平较低，女性情绪波动较大，喜欢唠唠叨叨，嬉笑怒骂转换较快。对脑溢血患者临床观察的结果证明，女性脑伤害之后恢复的速度和状况均好于男性。女性受到巨人的精神刺激，容易导致内向攻击，女性自杀的人数远远高于男性。女性还普遍比男性更容易感到孤独，因为他们右脑不如男性发达。另外，因为女性左脑较为发达，人世间很少有结巴的女子。女性接受能力和模仿能力极强，但其综合创造能力较差：女性中有众多一流的歌唱家、舞蹈家、模特、记者、律师，却很少有伟大的文学家、剧作家、作曲家、设计师和政治家。当然，随着社会文化的日益进步、开放，这种情况将会逐渐有所变化。

根据专家们的解释，男性大脑的侧性化相对较高，造成了男性性情的巨大差异。才智高超的人往往脾气不好：怪异、傲慢、激进、暴躁、刚愎自用、性格脆弱、自制力差、讨厌约束。才智一般的人往往脾气较好，老实、听话、稳当。总之，才华越高的人，缺点越是突出。这属于生物生理规律所使然。当才子的缺点在生活中片面发展时，就极易扭曲个人品格，造成品德的缺陷。当然，这绝不是说才高的人必然缺德，而只是说其情商发展可能不够充分，因而造成某一方面缺点的加剧。可惜的是，情商发展不够理想，也足以影响个人能力发挥以及个人成长。

比较特殊的大才一旦掌握大权，对组织来说未必就是福音。这主要因为才高之人心高志大，思维敏捷，脾气急躁，别人一般不容易跟上他们的思路和脚步；一旦这样的人修养稍差，常常会恃才傲物，一意孤行；再加上不容争辩，处事过火，弄得人与人之间矛盾重重，影响组织的团结和属员的积极性。其次，才高心大的人荣誉感和虚荣心都超过常人，加之过于自信，为了建立大功，有时可能擅自做主，欺上瞒下；有时甚至会为达目的，不择手段。他们相信自己一旦成功，别人便再也无话可说——所谓“胜利者不受谴责”。再者，才高心大之人的过分轻敌和过分自信等量齐观，其创造意识、能力、进取心和攻击性都超过常人，有时极易铸成大错。因为这种人不但自信、轻敌，而且常常虑事不周，常常会把想象中的有利条件当成现实因素，一旦过度冒进，便没有回旋的余地，极易造成惨重的损失，甚至可能导致组织崩溃。

英国巴林银行新加坡分行期货主管尼克·利森，在金融界号称“天生的交易人”。他生于1967年，富有才华，充满自信，20多岁便已业绩不凡，被众多金融巨头看好，意欲收为己用。1989年，尼克·利森年仅22岁，跳槽到英国巴林银行。他连战连捷，业绩突出，被巴林银行老板彼得·巴林及其新加坡分行的头目们所看好。1992年，他被提拔为巴林银行新加坡分行期货主管。1993年，他为巴林银行赚了1400万美元，得到100万美元的奖金。彼得·巴林等人把尼克·利森视为巴林银行的“新星”，授权他主管前台的交易，并负责后台的报表统计，直接向伦敦总行负责。

尼克·利森初次落水，就是因为虚荣心太强。他的一个手下，也是他的朋友，因为离婚而整天借酒浇愁。有一天，他听错了命令，稀里糊涂地把“卖出”弄成了“买进”，结果赔了一大笔钱。尼克·利森为了给朋友帮忙，同时为了对总行隐瞒真相，开始违规操作，以便赚钱填补亏空。正当他快要补上那个窟窿时，竟然看错风向，又赔了一大笔。为了赚回更多的钱来补贴窟窿，尼克·利森不请示总行，私自炒卖日本股票。赔钱之后，他继续做假账欺骗总行，又为捞回损失消弭劣迹而变本加厉地违规操作。1995 年 1 月，他又未经批准擅自大量购进日经指数的“买入”期货和日本利率的“卖出”期货。他本以为日本股市和利率将会上升，谁知天有不测风云，1995 年 1 月 17 日，日本神户发生大地震，日经指数一路下滑，利率下跌，赔钱已成定局。

到 1995 年 2 月份，他手中砸下了 70 亿美元的日经指数期货和 220 亿美元的日本利率期货，输掉了近 10 亿美元。由于这些合同还未到期，单是日经指数每下跌一个百分点，他就要赔掉 7000 万美元。同年 2 月 22 日，他眼看闯下弥天大祸，在办公室留下一张“对不起”的纸条，带着老婆逃之夭夭。2 月 24 日，巴林银行老板彼得·巴林得知消息后，不禁目瞪口呆。1995 年 2 月 26 日，英格兰银行宣布对巴林银行进行清算，这才知道尼克·利森在不到 2 年时间里，造成了 13.9 亿美元的亏损。

1995 年 3 月 5 日，巴林银行以一英镑的象征性价格卖给了荷兰的国际荷兰集团，后者投入了 10.6 亿美元才使巴林重新起动。就这样，一个拥有 223 岁高龄的老字号银行，毁于一个年仅 28 岁的轻率冒险、欺上瞒下的“金融新星”之手。只是到了大祸发生之后，人们才谈起尼克·利森的品质问题，翻出了他在舞厅里脱裤子调戏女性的往事旧闻。不过，此时再谈什么德才兼备，已经为时过晚。

无独有偶，就在国际金融“黑色年”1995 年 11 月，日本大和银行纽约分行也出了一个“利森”——时年 44 岁的井口俊英。他与利森的不同之处，只是在于并无尼克·利森那种在夜总会脱裤子骚扰女性的记录。井口俊英在纽约金融界素有“神奇小子”“金手指”的美誉。他可以用 1 亿美元去收购多家公司的债券，使人以为有大买家入市，于是行情看涨，然后在高价位时抛出去大捞一笔。纽约的一个交易商说：“他名气很响，大家都知道他是个大进大出的豪客，他看起来像个赢家。”

1976 年，井口俊英通过考试进入大和银行纽约分行。干了 8 年之后，由于业绩突出，于 1984 年获得提升，受命专门负责从事美国债券的买卖业务。他没有想到看错了行情，一出手就亏损了 20 万美元。他一不报告上司，二不在账面上反映出来，只想捞回损失将功补过，免得影响前程。他动用客户储存的债券进行投机，陷入了债券交易最忌讳的“高买低卖”的泥潭。从1984年到1995年，他总共进行了3万多次账外交易，平均每次损失40万美元。为了隐瞒损失，他只能伪造账目。为了挽回损失。他把大和银行持有的公司股票偷偷卖掉，用来填补亏损的窟窿，同时伪造文件掩人耳目。1995年1月，他竟被提升为大和银行纽约分行行政副总裁、债券交易员。1995年2月到1995年7月，在大和银行分行的账本上，债券保有额为46亿美元，实际上只有35亿美元。直到1995年7月13日，他才向大和银行行长藤田彬写信自首，信中竟称他之所以坦白此事，是因为“折腾了11年，太累了”，真是令人震惊不已。这说明他也是承受着巨大的精神压力，一心盼着将功补过，挽回银行的损失和自己的前程。如果不是背着天才的包袱，兴许不会泥足深陷。

大和银行舞弊案深深激怒了美国。1995年11月2日，美国联邦储备委员会等金融管理机构决定对日本大和银行进行共同制裁，勒令大和银行在美国的17家分行和一家子公司，必须在90天内停止一切金融活动并迁出美国，同时规定大和银行在今后的三年内不得在美国重新申请开展业务。日本大藏省也于1995年11月3日，依法停止大和银行的部分国际金融业务，责令其缩减在国外的分支机构。

在此之前，大和银行财大气粗，其总资产超过1820亿美元，在日本银行界排名第10位，在世界大银行中排名第19位。它虽然没有像巴林银行那样倒闭，但也受到了极其惨重的损失。美国穆迪和标准普尔两家信用评级公司声称要降低大和银行的信用等级，投资者和金融人士也对日本的银行经营及金融管理体系的健全性产生了怀疑，大和银行的国际地位急转下跌。在香港银行同业市场上，大和银行的融资成本比其他银行高出0.3125个百分点，而且也失掉了美国这个投资环境最好的市场。

从尼克·利森和井口俊英的情况看，他们都因为才智出众，虚荣心、功名心太重，又自信能够挽回败局，所以不择手段，一错再错，终至不可救药。公平地说，如果他们绝对无才无德，自然也不会得到重用。然而，他们骨子里埋下铸成大错的种子，这棵种子随时都有可能发出芽来。由此看来，就德才兼备而言，实在不易掌握分寸。因此，政界、工商界还是普遍采用相对保险和行之有效的方法。

事实上，不少政治家、军事家、企业家喜欢使用中才为用法。因为中才为用，并不是排斥或压制大才，而是为了尽量不埋没人才。所谓德与才，都不是空虚的概念，只能借助行为动机、行为过程和行为效果来衡量。人的德

与才都只能在实践中加以磨练，脱离了实践，就不能空谈德与才。因此，要想大胆提拔任用干部，在使用干部的过程中培养造就大才，就必须突破求全责备的误区，在选拔、使用干部时适当放松“才”的标准，敢于举用和善于举用品德高尚、才分中上的部下。

日本经营之神松下幸之助极为推崇类似的用人方法。他曾经提出“60分求才法”，认为部下才能达到60分就可以使用。他还提出了“70分求贤法”，认为一个人的才能只要达到了70分，就完全可以委以重任。至于剩下的那30分，可以从领导指导、个人学习和实践锻炼等方面逐渐补足。松下幸之助曾说，公司在面临生死存亡时，真正拯救公司的不是那些大才，而是那些及时决策和行动的中才。

虽然取中而用是一种普遍使用的折中性用人方法，但是，为了确保人才的使用价值，一般会在“德”字上采取较高的标准。综合起来，就是“德字较高，才中即可”。

值得注意的是，“德”通常指品德、道德，也可以理解为人格、品质，虽然与情商并不完全一致，但可以视为情商的主导因素。如果说情商是个人成才、成功的推动因素，决定着个人奋斗的成败，那么，品德就变得极为重要，是决定个人奋斗成败的主要因素。从这个角度来看，取中而用是一种合理的方法。

取中而用，符合社会和组织对领导者个人素质的特定要求。因为对于领导者而言，重要的不是自己去干，而是领导别人去干。古人特别强调“兼才”（各种才能齐备），说明了综合素质的重要性。对领导干部而言，更为重要的不是专业素质，而是综合素质。这不是降低对领导干部的要求，而是特定需要所使然。

格力电器前董事长朱江宏，曾经救活过几个濒于破产的大厂。他认为领导干部更应该是全才，而不是专才，即“只须是行家，不必是专家”。可以说，领导干部的专业才能达到中上水平，只要能够理解专业技术人员的设计意图，只要能够把握行业技术的发展方向，并且心理素质优异，就可以成功地实行管理或领导。国内外有关现象表明，专业技术太好的领导，领导效率并非很好。专业能力适中的领导，如果协调能力高强，领导效率反而超过专家出身的领导。

专家型领导容易偏重专业工作而忽视“领导工作”。在知识社会，“知识就是力量”“知识就是美德”“知识就是权力”。因此，专家们受到人们的高度仰慕与崇敬，这是科学技术和社会文化高度发展的标志。然而，由于现代科学知识分化日益细致，任何一个一流人才或专家都只是在某一领域或相近领域表现卓越。与此同时，现代科学发展的另一个重要特点就是横断科学——综合学科的崛起，综合化趋势日益明显。这使科学知识变为科学技术——知识变为生产力成为可能。任何一个高新技术，都可以看成众多高深专业知识综合而成的复杂的知识体系。如果不把众多专业的科学知识有机组合为一个技术体系，更无法制造优良产品。

这种现象说明，横断面上知识的综合非常重要，专业才能适中但才能较为全面的行家，比才能突出但不全面的专家，更适合担当主要负责干部。因为素质全面型的干部没有什么专业偏见，更为注重把各路专家调动起来。相反，专家型领导更熟悉、更偏爱、更重视自己的本行，往往过于偏重专业工作，从而忽视“领导工作”。他们注重创造专业成就，而不是协调各路专家和各级干部，综合各种专业知识成为知识体系——技术、效率往往不高。有些专家型领导也想努力协调部下的工作，但是因为处理人事关系的能力较差，为了建立威信，就力图用业务优势树立领导权威。结果越是如此，越是忽视了领导职能。长此以往，必然造成角色错位，领导效率难以提高。还有，专家们出于专业爱好或偏见，往往喜欢重用本专业的人才，从而导致人事斗争的加剧。

纵观世界用人学说的发展，当知“专家治国”的理念早已是昨日黄花。我提倡“中才为用”，也是为了廓清人们的错误认识。

时下人们所说的人才，主要是指专业技术人才，这本来就有些片面。从一流专业人才——专家当领导的弊病来看，特别是对企业而言，领导者不易提拔专业大才担任行政干部，而是应该提拔中才担任行政职务。至于那些能力超人的专业人才，应该有相应的分配制度和激励方法。其中，引进“智力资本”或“知识股份”，是西方社会解决这一矛盾的方法。应该说，这是一种相当有效的对策。

我们国家在这方面的经验教训，也能充分说明取用中才这种用人方法的合理性。这里，我要专门介绍两个关于天堂的假设。请看，天堂和地狱的假设之一：

有个行为善良的信徒弥留之际躺在床上。天使走到他面前说：“哎！好人，你一生中做了这么多的好事，所以，我将在你撒手尘世之前实现你的一个愿望。”

好人说：“谢谢，我的天使！我一生最大的遗憾就是从来没有见到过

天堂和地狱。你可以在我临死之前带我去看看这两个地方吗?”

天使说：“可以，让我先带你去地狱吧，因为你反正最后要升上天堂的。”

好人和天使一起来到了地狱。在那里，他们看到一个摆满丰盛食物的桌子。好人对天使说：“地狱的生活看来不错，是吧?”

天使回答说：“耐心看一下，你就会看到别的。”

过了一会儿，晚餐的时间到了。一群非常瘦小的人来到大厅坐下来，每个人手里都有一副10米长的筷子。他们用尽了各种办法，想把食物送到嘴里，但是都失败了，因为筷子太长了。“这太惨了！他们怎能这样对待这些人？让这些人看到美味佳肴，却不让他们吃到它！”好人对天使说。

参观完了地狱，天使又领着好人到了天堂。在天堂，好人看到同样的桌子和食物，每个人手里也有一副10米长的筷子。唯一不同的是，他们每个人都用筷子去喂桌子对面的人。这样，每个人都享受到了一顿美餐。

如果我们把天堂和地狱看成是两个组织，它们的不同是天堂里的成员通过相互协作实现了目标，地狱里的成员都在独自努力，却是白费力气。可见，团队意识和协作精神就是在天堂里享受幸福生活的主要原因，而单打独斗和拒绝合作，则是地狱里遭受痛苦生活的主要原因。

这个寓言说明：现代领导的一个基本能力就是把人们的行动协调起来。

在科学技术日新月异的时代，一个人通常只能在某一个方面比较擅长。然而，我们所处的世界，却是一个无比庞大复杂的系统。现实中许多复杂问题，无法依靠个人的智慧和力量而得到解决。团队成员的密切配合和相互协助，将会产生极大的群体力量，形成了一加一大于二的系统效应——“非加和效应”。因此，促使团队成员协作解决问题，是领导者面对的重要命题。此处，再请看天堂和地狱的假设之二：

据说，有个信徒虔诚地问上帝：“什么是天堂?”上帝说：“天堂就是英国人当警察，法国人当厨师，意大利人谈情说爱，而由德国人组织一切。”

信徒又问：“那么，什么是地狱呢?”上帝说道：“地狱就是法国人当警察，英国人当厨师，德国人谈情说爱，而由意大利人组织一切。”

这个笑话十分诙谐，却也很有哲理。请看，英国人绅士、古板、身材魁梧，让他们当警察，骑上高头大马，一定威风凛凛，肯定有助于稳定治安。法国盛产美酒、化妆品，法国人浪漫、开放，喜爱美食、享乐，让他们当厨师，肯定能够使人一饱口福。意大利人受古希腊、罗马文化影响，率真、多情、任性，让他们谈情说爱，一定非常投入。德国人严肃、认真、忠诚，让他们当领导，一定能坚持原则、尽心尽力、以身作则。如果让喜爱美食、享乐的法国人当领导，让绅士、古板的英国人当厨师，让严肃、认真的德国人谈情说爱，让多情、任性的意大利人当领导，结果可想而知。这则笑话说明，相同要素的组合方式不同，尤其是主导方向不同，就会产生截然相反的结果。法国人、英国人、意大利人全都特色鲜明，每一方面都优于德国人，但是，德国人忠于原则、认真负责，综合优势较高，所以适合于做天堂的领导，而不宜于做地狱里的情种。由此可见，综合素质较高的中等人才，可能是平淡了一点，然而，这不妨碍他们协调各种人才。相反，那些专家型领导，往往不善于协调。

德国物理学家海森堡是量子力学的创始人之一，他于 1927 年提出测不准原理，并因此荣获 1932 年的诺贝尔物理学奖。第二次世界大战以后，西德政府建立了庞大的科研机构——马克思·玻尔研究所，邀请海森堡担任所长，并为他配备了 150 名博士，同时提供了充足的经费。然而，在专业领域成就卓越的科学家海森堡既没有显示出领导才干，也影响了个人的研究工作。法国科贝尔欧洲中子技术中心的一位曾获诺贝尔奖的老所长退休后，年已 60 岁的副所长接任所长职务。就成就与资历而言，他都无可挑剔，但因领导能力不足，他的领导工作只能以失败告终。其原因是他在当副所长时，拥有所长的激励和支持，可以“背靠大树好乘凉”。在他担任所长之后，却要激励、支持别人。角色发生了转变，他立刻显出协调、统帅能力和闯劲的不足，最终他的领导工作也以失败而告终。法国科学领导部门接受了教训，不再以专业才能和专业重要性为选拔标准，而是以协调、组织能力为主要标准选拔新所长。他们不顾许多著名物理学家的反对，坚决聘请巴黎大学一位 39 岁的声学教授担任所长，理由是他有高超的组织才能，而且科学见解非凡。正是这位对中子技术知识所知不多的声学教授，竟使已经明显衰退的欧洲中子技术中心跻身于世界科学战线的前列。事实证明，一流的杰出专家未必能成为卓越的领导。这说明中才而用的用人方法具有充分的合理性。正如一个乐队指挥，其专项才能可能比不上乐队的钢琴家、小提琴手、风琴手、号手，但他能有机地组织全队完成气势恢宏、震撼人心的演出。

领导者应该具备科学的人才观，不能像常人一样单纯认为才能特指人的

专业素质，而是应该坚信人的才能多种多样，唯有计划、组织、协调、控制、激励、推动的才能，才算是最为难得的领导能力。因为这种能力在人们不在其位和不谋其政时，在人们不愿显山露水而担心遭人非议和嫉妒时，根本无法充分显示出来，所以才需要领导者明察、识别、选拔、任用。相反，专业人员则可以不必借助职权，就能独立显示其才能，因而常人觉得他们更有本事。这就出现了专业人员才能高估，而全才型人员才能低估的现象。因此，取中而用的方法还能帮助领导者消除选拔干部的困扰，以免因为本单位没有赫赫有名的专业人才，就误认为没有人才。其实，人才就在领导者周围，只是因为视角偏差而没有发现，进而也谈不上选拔、培养、使用、造就，致使部下的才能无法发挥，而领导者仍然一味感叹缺乏人才。

德者为先、中才而用的方法，仍是现今比较流行的常法。美国著名学者兰斯登博士曾经设计了一个领导人影响力测评量表，规定领导者技术性知识和能力的最高得分为 25 分，遭到许多专家的反对。他根据对以往成功的领导者全面而充分的调查研究，认为 20 分就已经很不低了，他不得不在同僚的争论和劝说之下勉强加了 5 分。虽然人们认为这项指标分值太低，但它仍然属于兰斯登量表中单项指标分值最高的一项。这也体现了“知识可贵”的观点。因为领导者的角色职能是激励别人充分发挥才能，而不是亲自动手；而专业人才习惯了亲自动手，容易陷入事必躬亲的不良领导模式的困扰之中。在兰斯登看来，专业才能对领导干部来说十分必要，甚至是十分重要的，但不是唯一的，也不是充分的，更不是最重要的。总起来说，兰斯登领导能力量表充分体现了对领导工作的间接性特点的正确认识。

美国著名领导学家、管理学家、管理专家切斯特·巴纳德（1886—1961 年），是一个集理论建树与实践成就于一身的名流。在理论方面，他的主要著作有《经理人员的职能》《关于能力的理论》《民主社会中领导的必要条件》《组织和管理》等。就领导实践来说，切斯特·巴纳德于 1909 年进入美国电话电报公司统计部工作，1915 年升任该公司属下的宾夕法尼亚贝尔电话公司助理副总经理，1926 年升任该公司总经理，并多年担任这一职务。他根据自身经验，提出了“技术太强反而有害”的观点。他甚至认为，无论哪一个层次的领导，专业技术能力要弱，决策能力要强，技术太强反而有害——特别是技术太强的人，很容易产生家长作风。这种切中要害、锋芒毕露的观点，虽然遭到具有高深技术造诣的领导者们的反对，但是比较符合实际情况。因为在现实生活中，那些具有高深专业才能的领导，成功者确实属于少数，多数人并不成功，所以更多的人则赞同切斯特·巴纳德的观点。从理论上说，切斯特·巴纳德的观点是对法国著名管理学家H. 法约尔有关理论的总结与升华。拥有管理大企业实践经验的法国管理学家H. 法约尔，曾经在切斯特·巴纳德之前得出了几个结论：（1）工人的主要能力是技术能力。（2）经理的主要能力是管理能力。（3）随着领导地位的提高，领导能力的相对重要性相应增加，而技术能力的相对重要性则相应降低。

切斯特·巴纳德则把这种思想更为普遍化、具体化、原则化。虽然现代社会任何层次的领导干部都必须具备必要的专业技术素养和对技术重要性的认识，但是，正如兰斯登所说：确有一些专业技术并不特别高明的领导者干得有声有色，而有些优秀的专业技术人才却不能成功地行使领导职能。和兰斯登一样，切斯特·巴纳德进一步认为，如果企业领导的专业能力超过了统御能力，技术特长超过了协调才能，搞技术的兴趣超过了做领导的热情，就会不自觉地放弃自己作为领导的主要职能。切斯特·巴纳德强调，具有高深专业水平的领导，无论是否真正懂得领导艺术，他都有可能陷入一个误区：他既精通专业又担任领导，他可能自以为是这方面的最高权威，一切都应按照他的意思去办；他把专业上的自信生搬硬套到别的方面，实际情况却未必如此；他甚至过分偏爱本专业的人才而伤害其他专业的专业人才。反过来，就他的下属而言，可能会从内心深处真正崇拜他的才华，因而盲目迷信而不敢争辩；他们也可能担心自己的见解不够成熟而会遭到他的嘲笑，或者还会被他视为无能之辈而得不到重用或升迁；虽然他们也想提出不同见解，最终却会缄口不言；他们也可能深知专才领导最易陷入“同行是冤家”的误区，以为提意见就是有意冒犯他的权威——尤其是他那与众不同的最大资本——技术权威，所以，下属自然会选择沉默和盲从。如此一来，专才领导做起事来越来越自信有余。其武断专横和自命不凡，就会不知不觉潜滋暗长。因此，他们的主观主义、官僚主义和家长作风势必在所难免。

相比而言，专业才能稍微欠缺的领导，一方面需要虚心向专业人才咨询、求教；另一方面，各种人才对他来说都很重要，他没有必要厚此薄彼；他能综合考虑各类专业人才的观点，从而进行有效的协调，至少不至于打一类拉一类。另外，由于没有“至高无上”的技术权威，所以他必须致力提高自己的统帅能力，以便树立威信，同时充分发挥属下的才能。这使得专业才能中上的领导反而容易获得成功。

“中才为用”的方法，也得到了众多卓越的政治家、军事家的赞同。这些人从各个不同的方面，道出了“取中而用”之法的合理性。在乔治·布什担

任美国第四十任总统期间，鲍威尔担任美国三军参谋长联席会议主席，他成功地策划、领导了巴拿马行动和海湾战争。鲍威尔退休后，美国各界不少人士劝他竞选总统。民意测验结果表明，鲍威尔拥有不少支持者。最后，鲍威尔进入美国政府担任美国国务卿。

鲍威尔曾经根据自己的亲身经历说：不要完全听信专家；别让专家把你唬住；他们知识丰富，但通常判断力弱。在谈到自己的带兵之道时，他回忆了自己在越南战争中的一次危险的经历。那时，鲍威尔曾奉命到越南顺化机场担任司令官，属于外行领导内行。有个天才的飞行员高傲自大，不满于飞机场由一个外行人担任司令官。为了给鲍威尔一个下马威，他挑衅性地要求鲍威尔跟他去作一次冒险飞行。这事关乎自尊和权威，刚刚上任的鲍威尔接受了挑战。飞机刚一升空，鲍威尔马上明白了：这个自命不凡的家伙显然是有意嘲弄他。那个飞行员驾驶飞机表演了横滚、垂直、俯冲等多种令鲍威尔恶心不止的惊险花样，似乎要把鲍威尔甩出九霄云外才能解气。直到那个飞行员的游戏玩够了，飞机开始平飞，鲍威尔这才有机会看清下面的目标……他赫然发现一个陌生的目标——一条筑在河堤上的铁轨。“你知道我们身在何处吗?”鲍威尔大声问道。“广治以北一点!”飞行员充满自信地说。“你这该死的笨蛋!”鲍威尔狂吼道，“快把飞机调头向南，离开这里，我们正在北越上空!”那个飞行员醒过神来，不得不口服心服。对于飞机与飞行，鲍威尔显然是个外行，但是统观全局、熟悉地理标志，他作为指挥官，却超过了本该熟知地物标志的飞行员。飞行员固然技术高超，正常情况下也绝不可能不了解地理地物标志，但他因为过分自信、热衷于炫耀自己的技术，竟然飞到敌方的炮口之上。倘若不是鲍威尔及时发现并予以制止，万一被敌方炮火击中，落得个死无葬身之地，还有什么才能可言?

鲍威尔提醒领导者：别让专家把你唬住，他们所知甚丰，但通常判断力弱。鲍威尔意在表明，专业技术过强可能削弱领导者统驭全局和把握根本目标的能力。他虽然没有明说领导者应该提拔中才担任行政干部，但是，他的观点和中才为用的思想并不矛盾。这并不是要否定专家的价值，只是说一流专才不宜担任行政领导。当然，并非所有专家都不适于担任行政领导。

领导者使用中才为用法选拔、使用干部，切不可以此作为打压尖子人才的法宝。否则，那就真真糟蹋了“取中而用法”。“取中而用”，既是落实德才兼备原则的折中性方法，也是避免领导者对部下求全责备的可行方法。它不是降低使用人才的标准，而是着眼于在使用人才的过程中培养人才的需要。

如果领导者专念歪经，世界上就只存在卑鄙的权术，而不会再有什么用人方法和艺术。

总的看来，“取中而用法”大致有以下好处：

第一，有助于领导者大胆使用人才，以免求全责备。

第二，有利于人才的快速成长。只要领导者能够重用深具潜力的部下，部下就能在实践过程中，沿着中才——干才——大才的发展轨迹，成为社会的栋梁之材。培养、造就优秀人才，代表着人力资源开发的最高境界，乃是领导者最大的责任和成就。因此，“取中而用”意味着领导者不能空等现成的大才出现。

第三，有利于避免轻信大才的危害。

关于“中才为用法”，我们不妨作个总结：论才必以德为本，德高才中即可用。才气不足靠上下，苦干实干长真才。中才由此变干才，干才可以成大才。最终德高才又高，培养人才在领导。

第三节　大才大用　刻意培养

如果说“取中而用法”是为落实德才兼备原则而广泛使用的用人方法，那么，“大才大用法”则是为了避免中才为用可能导致的弊病而使用的一种用人方法。

现实生活中对于大才的态度，一般分为这样几种情形：一是不用，二是小用，三是慎用或缓用，四是严用和敢用。其中第一种情况和第二种情况，应该断然否定。第三种做法是一种折中性办法，侧重于长期观察和严格要求，以便使他们既能拥有发挥才能的机会，又能不断完善自我，充分发挥个人的优势。这种方法差强人意，不必全盘否定，也不能大力提倡。只有第四种情况，属于大才大用、严格要求，即大胆举用大才，并在使用过程中精心培育、严格磨砺，值得大力提倡。

如前所述，“取用中才”并不是不用大才，更不是迫害大才。一方面，因为生活中大才本来就比较罕见，不得不选拔中才，以期培养成大才；另一方面，大才才大心大缺点突出，人事关系往往不佳，也会影响他们升迁，一时不便选拔使用。这并不意味着大才不能使用，或者意味着有意弃大才于不用。弃大才于不用，同样是求全责备和不敢用人的表现。解决这种矛盾，值得考

虑的办法有两种：

第一，大才缓用法。对于才智较高缺点也较为突出的人，可以暂时不予使用，以便进行深入的观察，更确切地把握其缺点到底是属于大节方面的缺陷，还是属于性格、脾性方面的小节问题。领导者应该注意，或许大才的毛病出于涉世不深、恃才傲物、虚荣心强、功名心重，以致言行失检。这就更需要严格要求，以帮助其改正错误，获得进步，切勿一棒打杀。如果这样的人并不珍惜机会，一味只耍小聪明，那就坚决不用。日本企业家堤义明和松下幸之助，都不主张任用“聪明”人。他们甚至强调：坚决不用聪明人！因为在他们看来，聪明与智慧、才干绝不可同日而语。此处必须说明，不用聪明人，并非不用大才，关键是领导者需要区分聪明和小聪明。

大才缓用法的操作要点是，把大才列入候选人之列，通过严格要求和训练，帮助他们健康成长为德高才高的干才。不能一次定终身，也不能一次弃用就不管不问，任其自生自灭。更不能有意打击，致使人才夭折，造成巨大浪费。

第二，敢用严用大才——在使用中严格要求，扬长避短。

从培养干部的观点出发，领导者应该大胆任用才气较高的人。只要他们没有多大问题，完全可以在使用过程中严格要求，重点培养，使其逐渐全面提高。这种做法要比缓用、弃用大才好得多。因为缺点并不等于缺德，大错不等于大恶，如果过分看重缺点，很容易造成大才长期弃之不用的失误。领导用人重在用其长而纠其短，或者用之长而控之短。何况，世上大奸大恶本来就是少数，只要对缺点突出的才子施以“带着冰雪”的爱，大部分才子能够健康成长。无论怎么说，大胆使用大才，都是比较高明的用人方法和用人艺术。如果领导者在未来的使用过程中有些不放心，一可加强监督指导；二可为其配备性格气质不同的副手；三可启动全面监督的机制，靠有效的管理抑制其缺点；四可强化考绩制度，并且借助民意测验督促他们自我完善。五是努力造就健康的企业文化，进行环境激励与约束。只有一点绝对不行，那就是领导者小肚鸡肠，疑神疑鬼，打压人才。从另一方面讲，如果把大才逼到竞争对手阵营，大才既发挥了长处，又努力改正了缺点，终于成了干才，无疑等于助长了对手的实力。

20 世 50 年代，和可口可乐公司相比，百事可乐公司充其量只是一个不甘落后的小不点。它能否存活下去，当时的人并没有多大信心。在百事可乐的历史上，曾有两次向可口可乐公司请求收购，可口可乐公司拒绝了。谁也没有想到，后来的百事可乐公司竟然成了可口可乐公司无法战胜的庞大对手。

这个戏剧性的变化，源于可口乐公司当家人罗伯特·伍德拉夫逼走副总裁斯蒂尔。

斯蒂尔才华出众，为人新派，具有超人的社交能力。由于家庭关系不和，斯蒂尔与某一陪同公司的陪同小组发生了暧昧关系。本来对他极为反感的罗伯特如获至宝，借机整治斯蒂尔。一夜之间，斯蒂尔的办公室里空空如也，除了一张办公桌之外，既没有电话，也没有秘书，只有一幅世界地图可怜兮兮地挂在墙上。斯蒂尔愤怒地要求辞职，这正中罗伯特下怀。这时，百事可乐公司猛摇橄榄枝，乘机聘任斯蒂尔担任总裁。斯蒂尔为了振兴百事可乐公司，同时也为了争回那口恶气，奇招迭出，捷报频传。更有意思的是，他和年轻时曾是可口可乐公司广告女郎——红极一时的美国影星格拉芙结婚。格拉芙夫唱妇随，无论走到哪里露面，手里都拿着一瓶百事可乐。她的那些美国影迷疯狂学习偶像的榜样——抛弃可口可乐，和百事可乐为伴！不能容人的罗伯特·伍德拉夫，只能干看着“百事可乐的销售额像被开水烫伤了脚的猫一样猛跳”。由此可见，一个有缺点的天才站在眼前固然难受，毕竟要比他们进入对手阵营要好得多。曹操“请”到徐庶，徐庶未献一策，甚至身在曹营心在汉。对于曹操来说，虽然没有得到益处，但是总比徐庶为刘备出力要好得多。

美国福特汽车公司也曾因为辞退李·艾柯卡，差点被李·艾柯卡回头吃掉。亨利·福特 16 岁时进入底特律闯荡天下，曾在爱迪生照明公司当过工人，也曾得到过爱迪生的夸奖。他从 1894 年起，先后创办底特律汽车公司和福特汽车公司，均以失败告终。他第三次创办福特汽车公司之所以能够获得成功，并且成为美国汽车业的“大哥大”，是因为他所重用的管理专家詹姆斯·库兹恩斯掀起了“黑色 T 型车冲击波”。

1915 年，位居世界汽车业第一的福特汽车公司大老板老亨利·福特对管理专家詹姆斯·库兹恩斯说：“我已经毕业了。”他辞退了库兹恩斯，福特公司开始走下坡路，通用公司则急起直追，后来居上。1945 年，福特公司濒临破产，老福特才把大权交给孙子亨利·福特二世。小亨利·福特礼聘欧内斯特·布里奇当总裁，布里奇又拉来了通用汽车公司高级干部刘易斯·克罗素，克罗素又聘用了第二次世界大战时期在美国军方作战部搞计划、统计管理的 10 位年轻军官。其中查尔斯·桑顿后来创办李腾工业公司，兰迪在财务管理理论和实践方面建树颇高，阿杰·米勒担任过总裁和斯坦福商学院院长，麦克马拉曼后来担任过美国国防部长和世界银行行长。由于这些人的贡献，福特公司再次焕发生机。亨利·福特二世又跟他祖父一样，他对布里奇说：“我

已经毕业了。”辞退布里奇后，他任命阿杰·米勒当总裁。1970年，亨利·福特二世任命李·艾柯卡担任总裁。

李·艾柯卡22岁进入福特公司当工人，32岁时升任卡车部销售经理，4年之后又升任卡车部经理。他在担任公司总裁之后，较大缩短了和通用汽车公司的差距。面对德国和日本小型车的冲击，他力主改变生产战略，尽快开发小型轿车。亨利·福特二世观念陈旧，依然对黑色大型轿车情有独钟，并且日益猜忌艾柯卡。1978年月10月15日，他解雇了李·艾柯卡。艾柯卡在福特公司忠心耿耿，整整干了32年。他对公司感情至深，才一直忍受着福特二世的刁难，不愿主动辞职，根本没有想到会被解雇。面对突如其来的打击，艾柯卡惊呆了。他既愤怒，又苦闷。他的家人、朋友和同僚也愤愤不平。濒于破产的克莱斯勒公司向艾柯卡摇动橄榄枝。它曾是美国制造业第十大公司，世界排名第十四位。20世纪70年代初降为第十七位。它连年亏损，负债48亿美元，裁员2万多人，经济界人士诊断为“必死无疑”。克莱斯勒董事长里卡多亲自聘请艾柯卡担任总裁，赋予他一切权力，时间是1978年11月2日。艾柯卡说服美国政府担保了12亿美元的贷款，才使公司免于破产。他整顿机构，裁员增效，一心开发能够一举拿下市场的新型车。艾柯卡在福特公司的年薪是36万美元，加上奖金等，年收入100万美元以上。艾柯卡为了拯救克莱斯勒，并对失业员工有个交代，同时报那“一箭之仇”，只是象征性地领取1美元的工资，极大地激励了士气。

李·艾柯卡采取的另一个重大行动，就是挖走福特公司的人才。他先是招聘福特公司三名已经退休的业务经理，继而挖走了福特公司300名管理人员和技术干部。然后，他不惜花费4个月时间，亲赴迈阿密和拉斯维加斯，说服委内瑞拉福特公司经理杰拉尔德·格林沃尔德出任克莱斯勒财务主审官，并在格林沃尔德协助下，挖走了福特公司财务部经理米勒以及两名销售经理派克和吉尔斯。艾柯卡还挖走了在福特公司效力20年之久的广告部经理及副总经理多奇，多奇又带走了一大批管理人员。

然而，如果没有高超的个人才能和崇高的个人威望，福特公司的才子们不会投奔艾柯卡。福特公司的才子们却宁肯放弃优厚的待遇，心甘情愿地跟着艾柯卡去冒险。不到一年时间，克莱斯公司董事会觉得艾柯卡的权力还应加大，于是在1979年9月，又让艾柯卡出任董事长。艾柯卡凭着勇往直前的精神和卓越的经营管理才能，于1980年推出一炮走红的K型轿车，克莱斯勒公司起死回生。1983年，克莱斯勒公司纯利润达到9亿多美元。1984年，公司纯利润达到24亿美元，比公司前60年利润的总和还要多。因此，艾柯卡得到了 1500 万美元的干股。

李·艾柯卡在离开福特公司时，曾对福特二世说："亨利，记住我的话，你永远不会再每年赚 18 亿了。因为你压根就不懂我们是怎样把钱挣来的。"艾柯卡用了三年时间，使克莱斯勒扭亏为盈，提前 7 年还清所有贷款，仅利息就节省了 4 亿美元。福特公司则在艾柯卡走后不到两年的时间内，即到了 1980 年，总共亏损 15 亿美元。想当年艾柯卡在福特公司时，1977 年赢利 17 亿美元，1978 年赢利 18 亿美元。亨利·福特万不得已，只得请求政府援助。艾柯卡表示愿意兼并福特公司，亨利·福特大声叫道："被艾柯卡这个家伙吞并，我死也不答应！你们看着，迪尔本福特总公司 12 层大楼上，不是还挂着我的姓氏吗？"然而，这种尖叫充其量不过是歇斯底里的发作而已。1980 年 3 月，63 岁的亨利·福特二世不得不灰溜溜地辞去董事局主席职务，把他掌握了 35 年的经营大权交给了管理专家菲利普·考德威尔，从而宣告了"77 年福特王朝"的结束，开创了福特家族由外姓人掌握家族企业经营大权的先河。

亨利·福特嫉妒艾柯卡，极大损害了公司的利益和福特的个人声誉。20 世纪 80 年代，李·艾柯卡成了美国青年的偶像和美国梦的化身。社会各界纷纷劝说艾柯卡竞选总统，表明艾柯卡威望之高。福特本人则受尽舆论的嘲笑。美国著名新闻评论家华尔达·克隆凯发表评论说："这简直是在读关于汽车行业的一部传奇小说。"

领导者务必相信，造就一个大才，胜于得到众多常才。不管是大才缓用，还是大才严用，都应该以造就人才为目的。在此，务请领导者记住：宝剑锋自磨砺出，梅花香自苦寒来。大才即使有缺点，敢于重用别放弃。

领导者与其起用众多常才，不如起用一个大才。这不是说常才可以忽视，而是为了强调一个事实：无论怎样强调敢于选用大才，生活中仍是常才较多的得到任用。虽然这是情理所使然，但就组织竞争和发展的需要而言，如果一个单位常才围着领导转，大才一个看不见，工作处处不到位，方方面面难创新，这样的单位岂能发展壮大！

就用人而言，大才大用意味着爱惜人才、尊重人才和敢于起用大才。虽然大才往往有较大的缺点，但是，大才往往具有强烈的成就动机取向，往往能够超越平庸的人生目标。这是大才能够锻炼成长的主观条件。选拔和起用大才，要求领导者心胸豁达、品德高尚，能以事业和大局为重。这样一来，大才就拥有了锻炼成长的客观条件。领导者应该切记，大才的缺点并不可怕，只要能够大才大用，就能够大才严用，因为大才最渴望成功，只怕没有机会，

不怕严格要求。然而，大才大用的前提是领导者爱才心切，事业心强，敢于用人。如果领导者心胸狭小，大才就无法得到任用。

对于大才的缺点，领导者可以在使用过程中加以纠正。一般说来，对于常才不宜苛责，对于大才不必客气；对于常才只须善待，对于大才必须厚待；对于常才只须平常心境寻常相处，对于大才必须怀柔威猛两相宜。这就是使用大才的艺术。

第四节　注重潜力　年轻优先

领导者在使用人才时，应该考虑这样一个问题：你是用业绩好的老资格，还是使用潜力大的年轻人？

我的答案是：注重潜力，年轻优先。其目的还是要强调在使用干部的过程中培养人才。这样，就需要使用潜力较大、更具有发展前途的年轻人。

企业领导使用人才，不能只看文凭不看水平，不能只看学历不看能力，不能只看年纪不看业绩，不能只看资历不看实力，也不能只看业绩不看潜力，更不能为了平衡关系，一味照顾人情面子。值得注意的是，在其他条件相差不多的情况下，年龄因素尤其重要。我国现行干部政策强调革命化、年轻化、知识化、专业化，其中的革命化和政治立场、思想品质有关，其中的年轻化和知识化、专业化则是异中有同，关系紧密，不可分割。显然，这也和我们特殊的国情有关。

敢用年轻人，是现代社会用人行为的一种大趋势。国外学者通过对成功的企业家的考察，发现一个重要而明显的趋向：当代比较成功的企业家，以年轻的高学历者居多。其原因是：第一，在知识社会，需要企业领导具备健全的知识结构和智能结构，而当代素质教育也突出了创造能力的培养，使人的智能结构更适应时代的需要。在这方面，高学历的年轻人具有优势。第二，年轻人具有先进的人文思想和管理思想，具有敢想敢干的闯劲，更适合于从事现代企业组织的领导工作。第三，现代社会企业间的竞争加剧，技术更替周期和产品生命周期都在缩短，挑战性色彩更为浓烈，再加上企业领导工作的综合性与系统化增强——决策，组织，管理，社交，方方面面，繁重复杂，可谓日理万机，没有强健的身体和旺盛的精力，就会显得力不从心。第四，现代社会以创新为根本制胜之道的现代经营，越来越同年老守成的保守倾向不能相容。这就要求企业领导在选拔管理干部时，在德能勤绩相差不大的情况下优先使用年轻人。这种方法包含了一个颠扑不破的真理：世界上任何伟大的新事业，都需要新生力量的推动。

人才不同于木柴，没有伐下有可能越长越大，越老越大，越老越好。人的生命短暂，岁月无多，不能等到老来发光，死前发热。随着年龄的增长，人的体力、智力、雄心逐渐衰退，人的知识也会逐渐老化。尤其是智力退化和知识老化，更是令人无法等待老来建功。从这个意义上，领导者确实应该优先使用青年人才。

现代脑科学理论证明，人在30岁以后，每天都有大量脑细胞死亡，而新生的脑细胞却远远少于死亡的脑细胞。这说明随着年龄增长，人的智力必然退化。有人说，在所有的功劳中，领导者最大的功劳就是培养合格的接班人；而在所有的过错中，埋没、耽误、浪费人才是最大的过错。因此，领导者应该注重使用年轻人，切勿埋没年轻人才。当然，对于干部队伍年轻化，也要有一个辩证的观点。随着时代的发展，人类的生活水平和医疗保健水平不断提高，人的寿命也在相应增长，人口学中关于青春期的期限也在延长。不能一提年轻化，就以为非要提拔20多岁的青年人。因为任何能力的形成与升华，都离不开实践与经验，否则，知识就不可能变成能力。提倡使用年轻人，也不能脱离德能勤绩等基本条件。否则，也算是一种“大头症”。

从培养新时代人才的需要出发，无论怎么说，选拔、使用年轻人，赋予年轻干部较高的职务，让他们在实践中锻炼成长为栋梁之材，已经成为当今社会重要的用人原则，同时也不失为一种重要的用人方法。其实，在古今中外的伟人中，多数人年轻时就已经大有作为。马克思、恩格斯发表《共产党宣言》时，分别只有30岁和28岁；爱因斯坦发表相对论时，年龄只有26岁。毛泽东主办《湘江评论》时只有25岁，邓小平当上中央秘书长时也只有25岁，其他老革命家也多在二三十岁时就已指挥千军万马。美国商业杂志《福布斯》1995年排出的中国富翁排行榜中，20位拥有1亿到10亿元人民币的富翁，除了2人年龄不详外，50岁以上的只有3人，40岁到50岁之间的有8位，30岁到40岁之间的有6位，20岁到30岁之间的有1人。

由此可见，拥有重大成就的人主要分布在30～55岁这个年龄段，而在30～50岁之间的最多。

2009年3月12日上午，《福布斯》杂志公布了全球富豪排名，中国内地当年共有28人上榜，中国香港有19人上榜，中国台湾有5人上榜。其中，排

名最高的是香港和黄集团董事会主席李嘉诚（全球第16位），个人资产总值为162亿美元。排名最高的中国内地富豪是希望集团董事长刘永行（第205位），个人资产总值为30亿美元。

在中国内地当年所有28位富豪中，年龄在30～50岁之间的共有15人。如果再降低资产额，排名更多一点，年龄在30～50岁之间的人所占的比例可能还会升高。

2017福布斯中国富豪排行榜前20名的情况，也显示出相似的规律，见表1－1。

表1－1　2017福布斯中国富豪排行榜（前20名）

序号	姓名	资产（亿美元）	年龄
1	王健林	313	62
2	李嘉诚	312	88
3	马云	283	52
4	马化腾	249	45
5	李兆基	244	89
6	丁磊	173	45
7	王卫	159	46
8	郭炳江　郭炳联	150	
8	刘銮雄	150	65
9	王文银	140	49
10	李彦宏	133	48
11	何享健	123	74
12	吕志和	121	87
13	郭鹤年	114	93
14	吴光正	105	70
15	许家印	102	58
16	杨惠妍	90	35
17	陈颂雄	86	64
18	姚振华	84	47
18	张志东	84	45
19	刘强东	77	42
20	郭台铭	75	66

表中显示，在20位富豪中，40～55岁的富豪占据了10个席位。这说明，随着改革开放的深化，社会政策、法规、环境的改善，产业发展的调整，科学技术更大程度的应用，年轻的富翁越来越多。这说明年轻的成功者越来越多，社会财富分配正在向拥有新知识的年青一代倾斜。近几年来，这个趋势越发明显。

令人不可思议的是，上述情况恰恰与现代脑科学、心理学研究成果不谋而合。日本渡边茂教授曾提出“3万天学习理论”：1～27岁成才时代1万天；28～54岁活跃时代1万天；55～81岁充实时代1万天。其中，28～55岁活跃时代的1万天，则是学习与创业的最佳年龄段。渡边茂认为，人的体力大约在30岁达到巅峰，智力约在40岁达到巅峰，所以研究学问应在20岁以前。一般情况下，年纪大的人体力、智力稍微衰退了，但是由于经验丰富，加上前辈的身份，使得他们能够得到年轻人的尊敬与服从。于是，智慧加上精力，合成一股力量，足以成就大事。然而，一旦遭遇非常时期和特殊重大事件，老人的经验却不再适用。因为非常时期需要具有超常的创意，才能突破困境。这时必须依靠智力、精力都在巅峰的年轻人，才能拓展局面。

日本经营之神松下幸之助对年龄、体力、智力也有独到见解，特别强调要充分运用年轻人的智力和精力。松下幸之助认为，日本明治维新时期的领导者大都是年轻人，法国大革命时期的领导者也以年轻人居多。他认为日本企业的情况不够理想，中高层领导干部大多为老年人，而不是40岁左右的员工；日本公司常把有实力的年轻干部排在三、四位，在提拔重用年轻人方面远不如美国公司开明。松下幸之助举例说，松下公司有一位事业部主管，是位60岁的有经验者，又是一位专业技术方面的佼佼者，可是业绩始终平平。他适时把这位60岁的主管调职，换了个40多岁的年轻人担任事业部主管，经营业绩有了很大提高。据松下幸之助说，松下公司创业时，就是靠激励年轻人敢闯敢干才获得成功的。因此，他特别强调：“让年轻人任高职。”

英国前首相撒切尔夫人从政后作过无数次演讲，评论家们认为，她和牛津大学毕业的著名政治家温斯顿·丘吉尔、乔治·劳合、哈罗德·麦克米伦、安东尼·艾登、爱德华·希思、威尔逊等英国首相和美国总统比尔·克林顿相比，一个警句格言都没有留下。然而，这个一向固执己见的铁女人玛格利特·撒切尔首相，却留下了一个大胆重用年轻人的经典案例。1982年4月2日，阿根廷军队奉总统加尔铁里的命令，登上马尔维纳斯群岛，消灭了驻守在那里的英国军队。英国议会全票通过对阿根廷宣战议案。英国战时内阁决

定宣战的当天，撒切尔夫人选择了伍德沃德少将担任特遣舰队司令。当时，在英国海军中，仅仅参加过第二次世界大战和苏伊士之战的老将军，足可组成一个联队，而军衔只是海军少将的伍德沃德则“连一仗也没有打过”。

英国舆论大哗，但撒切尔夫人丝毫不为所动：“让这个人去!”

她的理由是：其一，伍德沃德当年以优异的成绩从海军学院毕业，还曾多次进修；其二，他是最优秀的潜艇和驱逐舰指挥官，熟悉舰艇，具有独立指挥的能力；其三，他曾任海军作战部计划处长，拥有全面熟悉海战的有利条件。出征前，撒切尔夫人问他需要什么帮助，伍德沃德说：“我只需要一样东西——权力。”

“什么权力?”撒切尔首相问。伍德沃德说：“真正指挥特遣舰队的权力。我不需要别人干涉我，包括您和战时内阁。”撒切尔夫人果断地说：“我给你权力。我给你除了进攻阿根廷本土外的一切权力。”据说，所谓“委托式指挥法”，即由此诞生。

马尔维纳斯群岛离英国1万多公里，兵员、物质运输很成问题，又不能大规模使用陆军，只有以海军为主，用空军辅助。伍德沃德认为，若以为数较少的兵员登陆，必须先消灭岛上的阿根廷空军。他并没有急于进攻，而是率领舰队在马岛南面游弋，用炮火诱使阿根廷空军出动。岛上的阿根廷空军倾巢而出，英阿发生激烈的空战，阿根廷空军损失了十几架飞机，英军则有“谢菲尔德号”和“考文垂号”军舰被击沉，据说价值达十几亿美元，代价同样惨重。因此，英军高层对伍德沃德的作战方案产生了怀疑，但是，撒切尔夫人却坚决支持他。伍德沃德也对自己的方案坚信不疑，他派出特种部队夜袭阿军机场，一举消灭了阿军空军。他一面让部队在马岛南面攻击，一面亲率两艘军舰绕到马岛北部。阿军错误地以为英国岛南的主力部队是主攻部队，伍德沃德却从岛北阿军防守薄弱之处夜间登陆成功，英军获得胜利。

1994年，美国微软公司老板比尔·盖茨，已经拥有129亿美元财富。2006年美国福布斯“全球富豪榜”揭晓，微软的比尔·盖茨连续第12年成为世界最富有人士，他的净资产由129亿美元增至500亿美元。当然，也有人说，2006年，比尔·盖茨的财产估计有640多亿英镑。还有人说，在2008年，比尔·盖茨的财富大幅缩水270亿英镑，身价已经跌至375亿英镑。尽管他仍是高科技精英中的领袖人物，但是，他的财富也在经济衰退中大幅缩水。看来，比尔·盖茨的太富了。无论怎样缩水，他仍然是够富的了。

2006年4月18日，中国国家主席胡锦涛访问了微软的总部——西雅图附近的雷德蒙德市，会见了盖茨和史蒂夫·鲍尔默，并参观了微软的“未来之家”。2006 年 6 月 15 日，盖茨宣布将在 2008 年 7 月隐退，届时将辞去首席软件设计师一职，不再参与微软的管理事务。在宣布这一消息时，虽然盖茨显得相当镇定，却掩盖不住某种哀伤气氛，一些员工热泪盈眶。2008 年 6 月 27 日下午，比尔·盖茨宣布正式退休，将微软公司执行董事长职务了交给雷·奥茨，总裁则由史蒂夫·鲍尔默担任。盖茨把自己 580 亿美元财产全数捐给了比尔与梅琳达盖茨基金会，只留几百万美元给他的三个孩子，自己一分也没有留。据盖茨称，他隐退后将专心致力于比尔与梅琳达盖茨基金会的运作。微软的一名员工说：“毫无疑问，他的慷慨使得数十万人重获生命。”

随后不久，股神沃伦·巴菲特宣布，他将把 300 亿美元的资金捐给比尔与梅琳达盖茨基金会，前提是盖茨夫妇还活着！巴菲特曾经这样评价盖茨：“如果他卖的不是软件而是汉堡，他也会成为世界汉堡大王。”言下之意，并不是微软成就了比尔·盖茨，而是比尔·盖茨商业天赋成就了这个世上最富的人和微软公司。

比尔·盖茨认为，他成功的秘密就是重用年轻人。他曾经说过：“对我来说，大部分快乐一直来自我聘请到有才华的人，与之一道工作。我招聘了许多比我年轻得多的雇员，他们个个才智超群，视野宽阔，必能更进一步。如果微软能够利用他们睿智的眼光，同时广纳用户的意见，那么，我们就还会继续独领风骚。”

从前，美国曾有一个李腾工业公司，当家人是查尔斯·桑顿上校。这个公司曾经一度成为美国战后成长最快的公司之一。他成功的秘密也是敢于重用年轻人。在公司最辉煌的时候，1000 多名高级主管平均年龄只有 37 岁，这令一向提倡重用年轻人的美国公众和美国新闻界都感到这些人太年轻了。同样就是这批年轻时业绩突出的人，年老后却把公司弄得半死不活。由此看来，领导者必须注重使用年轻人才。

三国时代的蜀汉丞相诸葛亮，历来受到中国民众崇拜。他不仅忠心耿耿，鞠躬尽瘁，而且才智过人。他天文地理无所不通，其才智之卓越，几乎近于神明。他未及出山，已经谋定三分三下、鼎足而立的格局。就是这样一个卓越人物，却因为事必躬亲，没有及时重用年轻人为国效力，造成“蜀中无大将，廖化做先锋”的可悲局面。

“法兰西之鹰”拿破仑·波拿巴（1769—1821），是近代史上少有的爱才如命、知人善任的政治家、军事家。他曾经雄视天下，横扫欧洲，其辉煌业绩得力于他善于发现和敢于重用年轻将领担任高级军职。26 岁时，拿破仑率军远征埃及，网罗埃及人才建立了埃及科学院，大力保护古文化遗址，至今

受人称道。有一次，他在敌人兵临城下、处境极为艰难的时候，仍然坚决拒绝把士官学校的后备军官送上前线。他说：“你们不能为了吃鸡蛋，宰了我的下蛋的母鸡。”法国军事学院至今还有这条语录，警示人们爱惜人才。除了具有非凡的天才之外，他的胜利来自尊重人才和善于发现和擢用年轻人才。达乌28岁任骑兵司令，34岁升任元帅，就是一个很好的例证。耶拿战役中的达乌、马伦哥战役中的德塞、阿斯佩恩大战中的兰诺，都是战功赫赫。没有缪拉、达乌、德塞、兰诺、内伊、拉纳等年轻的高级将领，他不可能取得前期的辉煌胜利。拿破仑还大胆起用柏特尔将军，建立了参谋部，完善了现代参谋部制。正是因为不拘一格地重用年轻将领，拿破仑才创造了辉煌的战绩。

“成也萧何，败也萧何”，拿破仑的成功是因为他前期大量重用年轻人，他的失败则是因为他后期没有重用年轻军官担任高级军职。1814年4月，拿破仑宣布退位。在将要离开法国前往厄尔巴岛时，他对自己的政治顾问考兰科特说到他很后悔，本来不该再用那些老化的元帅们了。因为他们太有钱了，已经养尊处优，失去斗志。他说，如果他早一点提升一批刚刚快要抓到元帅权杖的年轻将领，也许形势还有转机。

遗憾的是，他并没有接受这一教训。1815年3月，他从地中海厄尔巴岛越狱潜回法国，一路上振臂高呼，聚集了很多支持者，推翻了复辟的路易十八波旁王朝，于1815年3月21日重登皇位。正在维也纳召开分赃会议的欧洲各国反动君主，急忙拼凑了第七次反法同盟，试图再次推翻拿破仑。

拿破仑只得又一次率领法军独战欧洲英、普、奥、俄反法联军。1815年6月15日凌晨3时，他挥军进入比利时，6月16日在林尼一带大败布鲁歇尔将军率领的普鲁士军队。1815年6月17日，他兵进滑铁卢四臂村，攻击英国威灵顿将军坚守的阵地，决心击败英军，打破反法联盟。因为无论从国家利益，还是从个人威望来说，他都不能允许战火蔓延到法国境内。

不幸的是，一连几天的大雨，直到1815年6月17日凌晨才停住。踏着泥泞向高地进攻的法军，需要消耗更大的体力，而坚守高地的英国军队则占了一个大便宜。

更为不幸的是，拿破仑把1/3的兵力交给一向气度中庸、老实可靠、兢兢业业、忠心耿耿、惯于死守命令而不知随机应变的格鲁希元帅，命他负责追击林尼战役中溃败的普军，阻止他们与威灵顿率领的坚守滑铁卢的英军会合。拿破仑似乎知道格鲁希不知变通，过于死板，特别交代他要与主力部队保持联系。

格鲁希一向谨小慎微，并没有靠出色的才能，向来只会稳扎稳打。由于拿破仑几位得力的元帅命丧黄泉——德塞死于马伦哥，克莱贝尔死于开罗，拉纳死于瓦格拉姆，剩下的几位元帅早已厌倦了征战杀伐，退隐庄园颐养天年。

资历较高格鲁希侥幸被拿破仑提升为元帅。然而，他一旦看不到皇帝坚定的目光，就会六神无主，不知所措。如果守在皇帝身边，在皇帝亲自指挥下组织进攻或防守，那倒不会有什么闪失。1815 年 6 月 17 日上午 11 点刚过，炮声一响，副司令热拉尔急切地要求："立即向开炮的方向前进！"

多数军官拔剑在手，要求火速增援皇帝。热拉尔预感到事情不妙，已近 3 个小时没有发现敌军踪影，说明敌军可能已向滑铁卢分散转进，此时两不着边，不如向主战场靠拢。格鲁希考虑了一秒钟："不行，没有皇帝的命令！"

热拉尔恳切请求："请务必允许我率领我的师团增援皇帝！"

格鲁希又考虑了 1 秒钟："不行，没接到皇帝的命令！"

他命令部队继续毫无目标地向前追击。他的情报人员断定，布吕歇尔肯定已兵分几路转向了滑铁卢，格鲁希却仍在死等皇帝的命令。

历史学家认为，格鲁希至少有 10 ~ 12 个小时可以改变战局，他却只用了 1 秒钟的思考，就注定了滑铁卢战役的结局。他愚蠢透顶而又不听忠言，葬送了拿破仑。

在这场关键的战役中，拿破仑没有重用年轻将领，反而把大批部队交给了平庸老实、年老资深、墨守成规的元帅格鲁希，使自己成了圣赫勒拿岛上的一名囚徒，直到死在那里，享年 52 岁。

领导者重用年轻人干部担任高职，无疑是事业成功的关键。这个道理人人皆懂，实际情况却不理想。其中的原因，一是有些领导陷入了求全责备的误区，生怕年轻人误了大事，以致他人惹祸，自己担过；二是领导者受社会文化气氛制约，无法按自己的意志起用年轻人；三是有些人怕有人威胁自己的地位，不愿起用年轻人才。

关于领导者使用年轻干部的意义，我认为无非有这样几条：因为他们没有多深的资历，只能依靠业绩，所以能够肯干；因为他们没有权威，只能依靠上级，所以比较忠诚；因为他们没有势力，只能靠下级，所以能够谦虚；因为他们没有资格，只能靠实力，所以能够拼搏；因为他们知恩图报，只能创造奇迹，所以能够尽心；因为他们年轻，所以有缺点尚能改正；因为他们跌倒了还能再爬起来，所以还有机会磨练；因为他们资历较浅较好控制，所以能够听话；因为他们体力较好不怕辛劳，所以能够苦干；因为他们观念新颖知识新颖，所以能够创新。

西方谚语说："你要想一年后获得益处，请你种下庄稼；你要想十年后获益，请你种下树苗；你要想百年后获益，请你造就人才；你要想千年后获益，请你播种观念。"这种说法与我们常说的"十年树木，百年树人"，可谓不谋而合。领导者为了造就人才，就应该敢于重用年轻人才担任重要职务。

第五节　不以喜恶　因才取用

所谓"不以喜恶，因才取用"意即领导者在使用人才时，一定要宽宏大度，未必喜欢某人才加以重用。换言之，即领导者使用人才，必须超越个人好恶。

由于人际知觉的相似吸引规律制约着领导用人行为，所以，领导者在使用干部时很难超越个人喜好。然而，纵观古今中外，才智卓绝和大有作为的领导者都有一个共同特点，就是不因个人好恶为标准而使用人才。这样的人能够极大克制相似吸引心理，从大局出发选拔、使用干部。相反，那些喜欢从个人好恶出发选用官吏的人，一般没有多大的成就。更有甚者，还会导致任人唯亲。

相似吸引规律是人类总结出来的第一条人际知觉规律，它的首倡者是英国著名的进化论学者达尔文的表弟——优生学创始人高尔顿。高尔顿曾经详细分析了英国 1768 年到 1868 年一百年间的首相、将军、文学家——总共 977 人的家谱，发现那些功名卓著的男性及其配偶存在着相似吸引的情形。

1930 年，卡尔·派森进一步发挥高尔顿的观点，明确指出配偶双方总是努力选择与自己相似的人。后来，这条规律逐渐扩及整个人际交往领域。

中国人虽然没有明确提出"相似吸引规律"这个概念，但是，中国人在对这一规律的认识和阐述方面，却远比西方人更为深刻。例如，"门当户对""臭味相投""志同道合""物以类聚，人以群分""朋比为党""狼狈为奸"等说法，都符合相似吸引规律。

可以肯定，相似吸引规律代表着人类交际活动中人际吸引的最具普遍性的规律。它以邻近吸引——空间接近所产生的人际吸引为条件，同时又是相悦吸引为基础。因为人们接近、谈话、共事，是相互吸引或排斥的条件，而在产生人际吸引之后，那些"志同道合"的人就会进入"情投意合"的亲密关系层次，即相悦吸引阶段。由此可见，邻近吸引、相似吸引、相悦吸引构成人们亲密关系的结构链条。

人际关系一旦进入相悦吸引阶段，感情就成了人们形成判断的重要因素。如此一来，既容易更加强化亲密关系，也容易受到亲密感的蒙蔽，甚至丧失理智。人们平常所说的“情投意合”“爱屋及乌”“情人眼里出西施”“心有灵犀一点通”等，都是相悦吸引的表现。我们所说的“喜欢”一词，包含了邻近吸引、相似吸引、相悦吸引等三种吸引作用。一旦既“喜”且“欢”而成为“喜欢”，那就难免“情人眼里出西施”，其相反的一面就是“情敌眼里出夜叉”。

生活中亲密关系圈的形成，官场上宗派主义的泛滥，无不和上述三种人际吸引规律有关。领导者一旦陷入这种误区，难免只用自己喜欢的人，不用自己不喜欢的人，以致形成所谓的“关系网”。因此，提倡“未必喜欢才使用”，有利于防止任人唯亲、拉帮结派，有利于净化社会风气，有利于促进事业发展。

在人际吸引的四个规律中，还有互补吸引规律。实际上，提倡“未必喜欢才使用”，意味着强调人际知觉的互补吸引规律。既然我们提倡用人要“五湖四海”和“八仙过海”，当然就要提倡互补吸引。唯有如此，领导者才能拥有特点不同的各类人才，才能从不同角度得到信息反馈，才能仁者见仁、智者见智，才能从不同观点中择善而从，才能不至于“善识同类之善而易失异量之美”。

当今时代，人们大谈特谈生态平衡，似乎只看到大自然生态平衡的重要性，而没有看到人才生态环境的重要性。事实上，人才生态的状况决定着当事者的人生状况，其影响至关重要。生物的近亲繁殖，导致物种退化。

为了保持物种的品质，人类想出了人工杂交和基因工程等方法。人类的近亲繁殖，导致人口质量退化，向来为国家法令所禁止。官场的“近亲繁殖”，导致各种各样的社会弊病无法纠正，却没有更好的办法加以解决。

20 世纪末期的一段时间里，一曲《达坂城的姑娘》风靡全国。其中有句歌词是达坂城的“姑娘真漂亮，眼睛大又亮……”引起了许多人对远在边陲的达坂城的遐想。然而，当人们到了达坂城时，却难得看到几个漂亮姑娘。

据新疆大学的一份调查报告称：达坂城附近的人通婚圈极小，近亲婚配严重，其结果是下一代夭折率超过新生儿的 20%。生存者中盲、聋、哑、痴、呆、瘫痪、畸形者超过 50%。久负盛名的达坂城漂亮姑娘，在近亲繁殖中不幸消失。

领导用人行为中的“近亲繁殖”，容易造成干部队伍中的“裙带关系”

现象。据报道：从前，某省直机关46个党、政、群机关4051名干部中，亲属在同一机关工作的有719人，其中60%为夫妻关系。

对于这种不良现象，民间曾有顺口溜曰：“父子处，夫妻科，外甥打水舅舅喝，孙子开车爷爷坐，亲家办公桌对桌。”血缘姻亲之外，套老乡，划圈子，找战友，论同学，树山头，结朋党，都是因为“喜欢”二字。

领导用人的“近亲繁殖”现象，给整个社会造成了严重危害。它不仅造成编制膨胀，人才流动困难，形成盘根错节的社会关系网，而且导致正气下降，邪气上升，赏罚失当，公平缺失，是非无标准，亲疏定界限，群众有怨气，惰性难克服。更为严重的是，裙带关系网必将进一步滋生徇私舞弊、权钱交易、贪污受贿等腐败现象。

领导者如果只用自己喜欢的人，必将造成官场“近亲繁殖”和其他一系列弊病。提倡“未必喜欢才选用”，首先意味着领导者应该敢于使用那些因为具有某种缺点而不符合领导者理想标准的人才。其次是领导者不要对部下求全责备，吹毛求疵。最后是领导者应该善于改变异乎于己的人才，使之不断完善自身。

总之，提倡“未必喜欢才选用”，是为了避免领导者“善识同类之善而易失异量之美”弊病，避免人才素质单一，以便形成健康的人才生态系统。

美国南北战争时期，林肯所喜欢的“没有缺点”的将军，总是败在南方“有缺点”的将军的手下，曾使林肯总统大伤脑筋。林肯先后选用了麦克莱仑、米德等人，他们都没有什么明显的缺点，甚至可以说比较完美。尽管北军有着人力、物力上的绝对优势，但从1861年到1864年三年多的时间里，却是屡屡受挫。

与此相反，南军首领李将军手下的每一位将领，从杰克逊开始，几乎每个人都有比较严重的缺点。然而，李将军认为，他们的缺点无碍大局，而他们每个人也都各有所长。李将军所用的正是他们的特长，并使他们的特长变得特别有效。

结果，林肯所任用的“完美无缺”“没棱没角”的完人，一次次地败在李将军有“缺点”的领将手下。沉痛的教训和恶劣的形势，使林肯总统终于觉悟了。最后，他果断地选拔、任用了满身“缺点”的格兰特将军指挥部队作战，虽然不少人激烈反对，但林肯顶住了压力。有人担心格兰特将军嗜酒贪杯会铸成大错，林肯却说：“如果我知道他喜欢喝什么牌子的酒，我倒应该送他几桶，让其他将军也尝尝。”

林肯并不是不知道酗酒误事，但他更知道北军所有将领中，只有格兰特能够运筹帷幄，决胜千里，同时又能以身犯险，亲率部队克敌制胜。

林肯对格兰特将军的任命，正是南北战争的转折点。林肯看中了格兰特经过考验能打胜仗的能力，而不奢求他是一个令人喜欢的“完人”。

南方军司令官李将军，似乎较早认识到这一点。他手下有一位将领，经常不按照命令行事，常常使李将军的预定计划不得不全部改变。对此，李将军经常忍不住大发雷霆。他的一位助手问他：“你为什么不将他革职呢?”

李将军非常惊愕地看着那位助手说：“你问得真够怪的，他干得很不错嘛!”

对此，美国管理学家德鲁克曾有一段很精彩的评论：

> 谁想在一个组织中任用没有缺点的人，这个组织最多是一个平平庸庸的组织。谁想找到“各方面都好”——只有优点没有缺点的人，结果只能找到平庸的人，要不就是无能的人。有高峰必有深谷，强人总有较深的缺点，谁也不能项项都强。与人类现有的博大的知识、经验和能力相比，即使是最伟大的天才也是偏才。其实，世界上没有“完人”，即使只是在某个方面，也很难达到完美的标准。

北军取得南北战争的胜利，主要得力于格兰特将军出色的指挥。在林肯总统被刺以后，副总统约翰逊根据美国宪法继任总统。约翰逊总统任期届满以后，格兰特连任两届美国总统，比较成功地领导了美国的成长期，为美国后来的崛起打下坚实的基础。想当年，他曾是朝野上下——包括林肯总统都颇不喜欢的有缺点的天才。

我强调“未必喜欢才使用”，也包括使用那些犯过错误，并且曾经反对过自己的人。

凡是非凡的领导者，特别是那些领袖级的伟大人物，无不能从事业的大局出发，超越个人好恶选拔、任用优秀人才。美国前总统尼克松因为恢复中美关系而名垂青史，他的得力助手和高参基辛格同样大名鼎鼎。

基辛格担任尼克松总统的国务卿，地位何等重要。然而，在尼克松当选总统之前，他却是另一位总统候选人洛克菲勒的高参，是一个让尼克松十分头痛的对手。

基辛格撰写文章，大肆攻击尼克松，令尼克松十分恼火。正是在双方激烈的竞选角逐中，尼克松发现了基辛格的才华和能量。尼克松当选总统后，凭着政治家的度量、胆略和眼光，捐弃前嫌，虚心向基辛格求教，不久又任命他担任美国政府中最为重要的职务——国家安全助理、美国国务卿。

古人云，壁立千仞，无欲则刚，海纳百川，有容乃大。百姓俗语则说：宰相肚里能撑船，将军额下跑大马。领导者要做到不以自身喜恶使用人才，就必须着眼于事业大局，才能不分亲疏远近，因才取用。

第六节 志高不惧 才高不怯

所谓“志高不惧，才高不怯”，意即领导者要敢于重用才高于己的人。

对于领导者来说，敢用大才已经实属不易。如果也敢用才能超过自己的人，当然更加难能可贵。这里所说的“才”，只是指某一方面的才能，不是指综合才能。退一步讲，即使是部下的综合才能超过了领导，那也不妨重用一下。因为即使如此，他们的经验也无法和领导相比，领导者又有何惧哉？

一般来说，领导者只要综合素质高超，既不必追求在所有方面出类拔萃，也不必担心某一方面才智卓异的部下能够拾梯而上。退一步讲，即使领导者的综合素质低于某一部下，也有举贤任贤的义务和必要。领导者应该学习让贤举贤的齐国名臣鲍叔牙：他向齐桓公举荐管仲取代自己当宰相，而不能模仿嫉贤妒能的庞涓——他命人卸掉了孙膑的膝盖骨，最终仍然毁败于孙膑之手，只得引颈自杀。

现代社会也有主动让贤的事例，值得领导者学习。李光耀发现并培养了吴作栋、陈庆炎等一批极富才干的年轻人，并动员新加坡老一代政治领袖退出政坛。1984 年 12 月，人民党再度赢得大选，在新组建的内阁中，第一代领袖人物只剩下了李光耀、拉贾拉南和巴克等人。李光耀曾在 1985 年 1 月 2 日内阁成员宣誓就职仪式上说：“1959 年我当‘中锋’，1981 年转为‘中卫’；今天我把‘中锋’的角色让给年轻的领袖。他们已经接受了各自角色的考验，现在他们选出了自己的‘中锋’，我现在退当‘守门员’。”1990 年 11 月 26 日下午 2 时 40 分，李光耀主动向总统黄金辉递上了辞呈。1990 年 11 月 28 日，吴作栋宣誓就任新加坡总理。新加坡前总理李光耀尚能主动让贤，我们有些领导干部岂能害怕选拔、任用才情高于自己的人才呢？

领导工作具有显著的特殊性，要求领导干部具有健全的素质结构。按照三国时期刘邵的说法，偏才的才智无论多么高超，都只能担负某一方面的责任，而不能担当总揽全局的重任。兼才——综合型人才的才智如果发展充分，就能担任总揽全局的高级职务。新加坡资政、前总理李光耀选拔、使用干部，特别注重考察下属是否具备健全的素质结构，并且注重考察下属综合素质的发展水平。这说明只要领导者综合素质高超，完全没有必要担心部下在哪个方面超过自己。

拿破仑曾说："一支由驯鹿统率的狮军，绝不可能再是狮军。"这表明了性格和心理素质的重要性，因为驯鹿缺乏狮王的勇气。

拿破仑说："一个将帅除了基本知识外，必要的素质是决断。"这说明了胆略和魄力的重要性，因为缺乏胆略和魄力就无法决断。

拿破仑说："一位将军若是需要透过他人的眼睛看问题，他对军队就不能进行合理的指挥……一个将帅最主要的素质是冷静的头脑，认清真相，绝不能随便被好消息或坏消息所影响。"这说明缺乏冷静和主见，就难以担任将帅。

拿破仑说："一个行动既无准则又无计划，而且犹豫不决的将领，即使他统率的军队在人数上优于敌人，也会在交战时处于劣势。"这说明了勇气、魄力和机变的重要性，因为没有勇气、魄力和缺乏机变，就会犹豫不决。

拿破仑还说："狮子统率的绵羊军队，总比绵羊统率的狮子军队强一些。"这说明勇气、胆量和威力是取胜的重要因素。因为"绵羊式"的将帅统率的"狮军"敌不过"狮子式"的将帅统率的"羊群"。总之，拿破仑特别强调了心理素质的重要意义。由此看来，领导者只要心理素质高超，何必害怕部下在哪个方面超过自己？

拿破仑曾经精妙论述了身负重任的将帅的素质结构，他的见解适用于所有高级干部。拿破仑把优秀将帅必须具备的素质综合起来，比喻成一个正方形。毫无疑问，正方形的底和高始终是相等的。拿破仑用正方形的底，表示将帅的性格和英勇果断的精神——这是支撑整个正方形——或者说支撑整个素质结构的因素；拿破仑用正方形的高，表示将帅的智慧，即智力方面的素质。显然，正方形的底和高是相等的，这意味着当人的情商和智商均衡发展时，人的综合素质较好；当人的情商和智慧均衡发展并且高度发展时，人的综合素质就会相当高超。唯有这样的将帅，才能成为优秀将帅。拿破仑认为：如果正方形的底大于高——变成了扁卧的长方形，这种将帅的特点是性格刚强而智慧稍差，其作战风格往往表现为迷恋战斗，从而比实战需要走得更远；这是那种有勇无谋的将帅。相反，如果正方形的底小于高——变成了竖立的长方形，这种将帅的特点是性格欠佳而智力高超，其作战风格往往表现为缺少勇气、魄力实现作战计划；这是那种犹豫不决的将帅。有时，这种将帅还会过分注重战术的完美性，容易因此失去战机。不言而喻，这样两种将帅的

素质结构就不再是正方形。

拿破仑的“正方形”之说，形象地表明了高级干部的心理素质和智力素质均衡发展、充分发展和高度发展的重要性，充分强调了心理素质和智力素质综合发展的重要意义。拿破仑还具体分析了将帅必须具备的品德和才能。在品德方面，拿破仑强调忠心，要求将帅关心士兵，能够同士兵一起露宿，并亲临前线指挥。在才能方面，拿破仑具体分析了陆军、海军、骑兵、炮兵、工兵等兵种参谋、将帅的智能构成，强调将帅必须具备较高的专业能力。实际上是在强调德与才必须兼备，不可偏废。

著名军事学家克劳塞维茨也曾论及优秀将帅必备的素质。他从形成战争气氛的四个要素——危险、劳累、不确定性、偶然性着眼，强调勇敢、机智、干劲和坚强等心理素质的重要性。他认为军事统帅在指挥作战时承受着巨大的外部压力和内部压力，如果将帅缺乏勇气和坚定性，就无法获得胜利。

拿破仑、克劳塞维茨等人对将帅素质的见解，表明了领导者心理素质和综合素质的重要性。只要领导者综合素质高超，能够承受各种压力而又坚定不移，单项才能卓异的人根本无法与之相比。因此，卓越的领导者同时应该是对自己充满自信的人，并不害怕使用才智超过自己的部下。

曾有一名记者采访过美国钢铁大王安德鲁·卡内基，问他获得财富和成功的秘诀。安德鲁·卡内基没有正面回答，而是向那位记者简述了许多工商巨子的奋斗历程，并善意地告诫那位记者，不要固执地向亿万富翁追问获得金钱的窍门。记者虽然没有得到正面回答，但他惊奇地发现，安德鲁·卡内基所说的那些工商巨子周围，都集结了一批独当一面的精英人物。这些人才在许多重要关头，协助老板确认方向，走出泥潭，取得成功。据说，安德鲁·卡内基生前就拟好了墓志铭：“这里长眠着一个知道选用比他本人能力更强的人来为他工作的人。”另有一种说法认为，这是他为自己的助理施瓦布拟制的碑文。不论究竟是谁，道理却没有什么不同。

卡内基认为，他之所以成为钢铁大王，并非有什么了不起的能力，而且是因为敢用比自己更强的人。他说：“把我的厂房、机器、资金全部拿走，只要留下我的人，四年以后我又是一个钢铁大王。”这句振聋发聩的话，早已成为世人皆知的名言。

贝尔是电话的发明人，也是美国贝尔电话电报公司的创始人。他的成功也在于敢用比自己更强的人。他深知自己在经营管理方面并非强手，所以只能重用管理专家帮助自己经营企业。1879 年 7 月 1 日，他聘请西奥多·维尔出任贝尔公司总经理。维尔的经营管理非常出色，使公司走上健康发展的道路。维尔认为：要达到自己的目标，必须争取员工的支持。公司能否稳步发展，关键在于领导层的素质。他把精力放在对手下人的训练和培养上，只在制定战略决策时才亲自过问，其他事情则放手让别人去干。他心胸宽广，从不计较个人的名利。对于反对他的人，他也总是宽厚相待，从来不摆架子，从来也不整人。他总能认真地听取别人的意见，与手下人共商大计，并鼓励部下提出不同意见。在维尔的出色领导下，贝尔公司起死回生，并击败了西部联合公司的进攻，资本由 1878 年的 85 万美元变为 1885 年的 6000 万美元。如果不用维尔这样的强手，贝尔公司的命运也许会是另外一种情形。

美国著名领导家史蒂芬·柯维，早在攻读哈佛大学工商管理博士时，就比较全面地研究了各行各业数百名出人头地的显赫人物，发现他们有个共同的特点，就是全都拥有一个幕僚机构，或者说智囊团，其中的精英人物都受到了老板不同寻常的尊敬和重视。老板们还不惜花费巨资，维持这个机构的存在和运作。

柯维认为，真正赤手空拳打天下的英雄，似乎根本就不存在。现实之中，有些领导生怕下级超过自己，想尽办法压制别人抬高自己，这样的人成为领导，本身就是一种错误。真正有胆有识有才有为的领导，不仅不怕才情高于自己的下属，反而渴望得到这样的才子。当然，这种情况和社会文化背景关系很大，既不能一概而论，也不能推罪于人，关键是必须注重制度创新，造就一种敢用大才的环境文化和机制。

关于大胆使用超级大才，领导者理应认识到人的素质结构存在着差别，贵在综合素质高超。只要努力提高自身的综合素质，就应该敢用才高于己者，以便成就大业。

当然，高才之中多有大才，大才自有大才的不足和缺点，理应使用特殊的方法加以统御。由于这些内容我已经在前面探讨过，所以不再赘言。

第七节　将无常胜　不拘一格

这里所谓“将无常胜，不拘一格”，意即领导者应该善于使用曾经失败的人。

一般说来，领导者大都倾向于使用比较成功的部下。一方面，领导者担心曾经失败的人不能胜任某种职务；一方面，擢用失败者存在着种种压力，

即使领导者有心使用，最终也可能还是放弃。不过，因为人们失败的原因和程度各有不同，所以领导者不能对失败者一概而论。如果某人因为品行恶劣或才智短缺招致失败，自然是万万不可用之。如果有人因为偶然的失误或环境因素所致，领导者还是应该给予机会，帮助他们锻炼成长。

芸芸众生，不管是大败还是小输，一生之中从无失败者，自古以来绝对没有。不同的是，品德高尚和才智较高的人，一方面是积小胜为大胜而直至大战大胜，一方面是有小败而无大败终至最后胜利。关键是失败的时机、场所、性质、程度，对人生历程影响很大。显然，如果败得不是时候或不是地方，即使偶然的失败，甚至也会必然地决定个人终身的命运。正因如此，对于那些从失败中吸取了经验教训和努力完善自身的才智之士，领导者还是需要本着发展的眼光加以使用。

物理学中光学的最小作用量原理，说的是光在某种介质中折射，总是寻求最短的时间。这一原理在心理学中同样适用。对于人们不感兴趣的问题，即使苦口婆心，仍然效果寥寥。对于人们极感兴趣的问题，只需轻轻一点，就会引起对方的关注。人们在特定的时期和特定处境中，各有其特定的优势需要，而切中优势需要的因素，往往能够激发强烈的心理效应。正如宴请富翁吃肉，他们兴许还很厌烦；若把酒肉送给嗷嗷待哺的穷人，他们则会十分感激。人在顺境之中，可能意识不到尊严的可贵；而在逆境之中时，对别人真心的理解和尊重往往能感恩戴德。身为领导，不能眼中只有生活的宠儿，不能不了解心理世界的“最小作用量”原理。

领导者善于使用曾经失败的人才，在发挥人才效用的同时，也能得到一笔宝贵的感情投资报偿——得到恩惠的人会竭尽所能证明自己的忠心和才智。因为他们最最缺乏的因素就是机会、信任、公允和尊严，谁能给予他们这些精神资源，他们就会为谁效命一生。概括地说，这样的才子具有共同的特点：兢兢业业为了面子，知恩图报忠于主子。创造业绩只为雪耻，恪尽职守不计利益。

善用曾经失败者的例子，历史上并不罕见。很多例子众所周知，因此无须列举。此处，我们只是借用一个特殊的例子，供读者体味其中的道理。

1945 年 9 月 2 日，日本投降仪式正在美国军舰“密苏里”号上举行。上午 9 时，美国占领军最高司令官道格拉斯·麦克阿瑟将军代表盟军接受日本投降。在这举世瞩目和令人激动的时刻，面对数百名新闻记者和摄影师，麦克阿瑟出人意料地做出了一个令人吃惊的举动。他在日本投降书上签字时，突然招呼美国陆军少将乔纳森·温斯特和陆军中校亚瑟·帕西瓦尔站在自己身后，用特殊的方式向这两位尽职的落难者表示尊敬，向他们为保全同胞的生命而做出的个人名望的巨大牺牲和所受苦难表示感谢。真是令人惊异万分，意想不到。因为早在1942年，温斯特少将就在菲律宾向日军投降，帕西瓦尔则是在新加坡向日军投降的。两人都是刚刚从战俘营中获释，就乘飞机赶到了受降仪式现场。按说，在第二次世界大战宣告胜利结束的历史时刻，本该由赫赫有名的常胜将军占据这一历史镜头，麦克阿瑟却把这一巨大荣誉赐给了太平洋战争初期就成为日军俘虏的败军之将，真是令人既惊讶，又嫉妒，更感动。

麦克阿瑟之所以这样做，不仅因为乔纳森·温斯特和亚瑟·帕西瓦尔为了避免更多美国青年无谓的牺牲而忍辱负重接受上级命令才不得已向日军投降的，也不是为了怜悯他们在战俘营中遭受的苦难，而是为了宣扬美军的威力和领导者的正义，以及拯救这两个人的尊严乃至生命。

试想，由两位曾被日军俘虏的将官参与接受日军投降仪式，岂不说明最后的胜利者还是美国和盟军！对于所有为正义战争而牺牲生命、抛洒热血和遭受苦难的人来说，岂不是一种难得的安慰！对于那种有可能居功自傲地活着的将军而言，岂不是一种警告和教育！对于最高司令官麦克阿瑟本人而言，岂不是能够展示一种高尚的道德、人性、原则和良知？对于美国政府而言，又何尝不是在显示其“人性政治”！

据当时目击记者的文字和传之后世的照片证明：温斯特和帕西瓦尔面容憔悴、神情恍惚，和魁梧的司令官麦克阿瑟相比，简直瘦弱得像两根生病的竹子，足见在战俘营中没少遭罪受苦。当时，麦克阿瑟似乎还觉得自己的举动不足以惊世骇俗，他进一步做出了更加令人惊骇不已的举动。据现场目击记者报道：“将军共用了5支笔签署英文和日文两种文本的受降书。第一支笔写完‘道格’，即回身送给了温斯特。第二支笔续写了‘拉斯’之后，送给了帕西瓦尔。其他的笔完成所有手续后分赠给美国政府档案馆、麦克阿瑟的母校西点军校和他的夫人……”

麦克阿瑟的举动用心良苦，他在借此为他的政治形象造势加色。时下有不少人了解或引用这一故事，但都局限于比较单纯或比较浅层的解释。人们一般只是看到“他用特殊的荣誉方式向这两位尽职的落难者表示尊敬与理解，向他们为保全同胞的生命而做出的个人名望的巨大牺牲和所受苦难表示感谢”，而没有看到领导者善于使用失败者的深刻意义，也没有看到形象造势、

炒作的政治价值。

根据我的理解，卓越的领导者有时必须心硬如钢、铁面无私，有时却必须十分善于展示自己至情至性的人情味。正是这种因素，更能使部属热肠激烈并衷心敬仰。这种使用人才的高超艺术，我将在后面有关章节详加探讨。

此处叙述这一故事，主要是为了强调领导者应该善于使用那些曾经失败的人才，借以展示自己人性化的一面。因为人情味有助于广泛地制造良好的人际知觉，有助于塑造良好的政治形象，能够间接地提高用人效率。

从哲学的观点讲，客观事物的发展不以人的意志为转移。首先是事物发展是不平衡的，任何人都不可能一帆风顺，任何事都不总是一片光明；其次是任何事物总是波浪发展、螺旋式上升，有波峰就有低谷，有成功就有失败。虽然人们常说时势造英雄，但是，在错综复杂、纷纭多变的时事当中，各种力量的相互影响也是相当复杂的，因此，英雄既不是轻易造就的，也不是纯粹用胜利造就的。古往今来的任何英雄人物，无一不是伴随着成功与失败、血泪与奋斗，在经验与教训中锤炼成长的。就社会发展而言，虽然历史的规律不可抗拒，即所谓大势所趋，但是，在历史的某一时期，各种力量的相互影响，客观上造成了力量对比的强弱，复杂的局势也会影响人们的决策，成功并非一蹴而就，需要在艰苦卓绝的奋斗中把握机会。时至今日，世界上从来没有任何人能够把握任何一个机会。这就是说，世界上从来没有任何人没有犯过错误或遭遇失败。打赢一场战役，并不意味着每一场战斗都能获得胜利。打赢一场战争，也不一定每一次战役都能打赢。刘邦战无不败，却打下了江山。项羽战无不胜，却失去了江山。这意味着要用客观的态度、辩证的观点、发展的眼光评论人的成败得失。古人所谓“不以成败论英雄”，强调的正是论定人物要客观公允。

诸葛亮所谓“善败者不亡”，一是说善于正确应付和处理危急状况的人能够避免灭亡，二是说善于总结、汲取失败教训的人最有希望获得胜利。败仗之因往往是制胜之源。诚如毛泽东所言：“错误和挫折教训了我们，使我们变得比较聪明起来了。”

我强调“将无常胜，不拘一格”地使用人才，意在强调领导者要客观的、辩证的、历史的、发展的看待部下的是非功过和才情优劣，敢于和善于使用失败的人才。

从某种角度来说，敢于和善于使用那些曾经失败过的人才，也是领导者公正性和魄力的具体表现。如果说平民之中的势利眼是“墙倒众人推”和“破鼓乱人捶”，那么，领导者中的势利眼则是只用春风得意或背景较深的庸人，而不用没有背景或曾经失败的人才。对此，领导者理应该引以为戒。

第八节　内部培养　育人有方

所谓“内部培养，育人有方”，首先是指多从组织内部提拔人才，其次是指领导者要诲人有道、育才有方，帮助下属干部不断成长。

初看之下，多从内部提拔干部，似乎很不符合当代潮流，事实并非如此。

毫无疑问，当代社会人事制度日益开明，尤其是在现代产权制度建立完善之后，情况更是如此。由于当代社会法制化水平越来越高，从而减少了很多人事纠纷，确保了现代干部人事制度和用工制度的稳定实施。由于当代社会全球化经营的特点日益显著，促进了人口流动和人才流动的频繁化。所有这些情况，都显得外部人才招聘愈发时髦。然而，这只不过是事物外在的表现而已。直言之，虽然外部招聘是一种极其必要的方法，然而，这毕竟不是最为重要和最为根本的方法。最为重要和最为根本的方法还是立足于人力资源开发，并借助高超的用人艺术培养人才。

有些领导热衷于外部招聘，不注重内部培养，既是他们不善于用人的表现，又会导致企业内部广大干部倍感挫伤。内部培养、育人有方，有助于稳定队伍和人心，优化组织文化。

应该说，领导者在使用人才的过程中培养人才，是人力资源开发的最高境界。换言之，人才的培养造就，必须和组织的人力资源开发战略结合起来。这意味着领导者应该注重多从内部提拔干部。除非特殊状况和特别需要，才从外部招聘干才。

实际上，多从内部提拔干部，是世界上经营业绩良好的公司特别注意的问题。虽然随着大公司业务的发展，也会经常从外部招聘急用的人才，但是，那无疑只是少数而已，多数重要的高、中、基层干部，仍然需要企业自己培养、造就。

众所周知，培养人才需要有一个周期。当企业急需某种人才时，如果既没有合适的人员，也来不及培养，就只能高薪招聘。这些情况包括：新业务急需大力发展，无法慢慢培养人才；经营状况不佳，急需高级的人才开拓局面；着眼于竞争而抢夺人才，以免非凡的人才落入竞争对手手中；为了挖走竞争对手的骨干人才，打乱竞争对手的步调；为了变相掌握竞争对手的商业

机密，需要拉走其重要干部；为了顺手拿走对手的市场，需要先去挖来对方的干将；着眼于人才的优化、替代，需要有计划地按照人才结构规律，在科学评估人力资源状况的前提下，积极进行企业智力结构改造；为了取得“鲶鱼效应”，避免组织成员懒惰懈怠、素质退化，促使内部人员识别危机和压力，消除惰性意识，强化竞争意识，努力完善和发展自我。

如此看来，虽然外部招聘有其必要，但这终非用人的常道。如果企业过分重视外部招聘，内部人员毫无发展的希望，也会造成危害。因此，企业人才的基本来源仍然是企业内部，其基本途径仍然是人力资源开发以及领导者选拔、使用干部。

提倡多从内部提拔干部，并不意味着否定外部招聘。一个单位人力资源的素质水准，需要人力资源专家认真评估。其标准如何，当然要以竞争的需要和竞争的状况而定。其中不仅要评估企业自身人力资源水平，还要评估竞争对手的人力资源水平。如果自己与人家的差距较大，当然必须招聘优秀人才，方能较快地弥补差距。如果此时仍然自己培养，就无法及时满足需要。这种时候，当然可以招聘。

提倡内部培养、选拔、任用，旨在满足基本的人才需求，旨在强调创建促进人才诞生的组织文化，旨在强调提高管理水平，旨在强调领导者在培养人才方面应该未雨绸缪，旨在提倡人尽其才。否则，如果组织内部一团乱麻，风气败坏，不仅不能培养人才，反而时刻都在扼杀人才；即使高薪聘请外部人才，真正的人才也会不屑一顾。即使把人才请进这样的单位，也不可能发挥作用。此外，既然你能高薪请来，别人也能高薪挖走。比较而言，企业内部培养的人才，忠诚度相对较高，相对而言比较好用。再者，外聘的人才还要经过一个磨合期，才能和内部人员协调一致。如果领导者不了解部下的潜力，一味从外部聘请人才，或者一味埋怨部下之中人才匮乏，则会极大伤害内部人员的积极性。那些得不到任用的才子，很可能会另飞高枝。

松下幸之助曾经说过，松下公司不仅生产优良的产品，而且生产优秀的人才。这种说法道出了企业发展的真谛，也道出了领导用人的真谛。如果只是生产良好的产品，企业的优势难免无以为继。只要注重人才的培养和任用，优秀人才不断出现，就不愁没有优良的产品。足见松下幸之助的妙论，包含了多从内部选拔干部的意思。当然，强调尽量从内部培养干部，并不意味着降低选拔、使用标准，更不意味取消选拔、使用标准。如果无德无才之人也能大量提拔，真正的才子必然遭受压抑，那和我们所提倡的方法大相径庭。时至今日，有些国有企业改革滞后，用人制度乏善可陈，导致优秀人才大量流失。企业即使有意挽留，却又处处遭到人事制度和分配制度的限制，只能眼睁睁看着这些人才跑到三资企业、合资企业和外资企业奉献才华。如果领导者再不重视内部人才的培养，就无法适应今后激烈竞争的要求。

领导者使用人才的重要法则，就是通过育人而提高用人效率。其道理就在于：人才素质提高了，用人效率自然就能得到提高。因此，领导用人艺术的关键不是给部下安排官位、分配工作、发号施令、行赏施罚，而是乐于和善于培育人才。如果我们能够运用开放的思维来思考这一问题，就不能发现：领导对下属进行的思想教育、工作指导、批评表扬、奖励惩罚，都有育人的作用。从某种意义上讲，正是为了培育人才，领导者才对下属进行思想教育、工作指导、批评表扬、奖励惩罚的。这也正是我特别强调“内部培养、育人有方”的理由。

那么，领导者究竟应该怎样培养人才，才算育人有方呢？

有人说，只有风浪才能造就伟大的船长。因此，领导者首先应该注重为下属提供施展才能的机会，支持他们在实践中提高才干，即“有多大本事，就为你搭多大的舞台；能翻多高的跟斗，就为你铺多厚的垫子”。这自然意味着领导者需要信任、帮助、支持部下大胆创新，而授权、放权、宽容、厚待，都是其题中应有之义。

IBM 的“六个坚持”，道出了人才培育的奥秘：第一，坚持在工作中发现人才；第二，坚持合理使用人才；第三，坚持重视培训人才；第四，坚持为职工发挥才能创造良好的工作环境；第五，坚持定期评定员工的工作业绩，对其进行适当的指导和帮助；第六，坚持管理者经常了解员工需要什么，关心什么，以便进行双向沟通。

建立开放的、先进的、高效的培训体系，设计先进、实用、高效的培训方式，引进先进的培训方法，乃是培育人才之所必须。在这方面，IBM、GE、玫琳凯、迪士尼、松下、丰田等公司的优良经验，对于各类社会组织都有莫大的借鉴意义。花旗银行几乎每一个分行、支行都设有培训中心，即使是电话接线员和柜台人员，也都能享受花旗银行各项金融产品知识和礼仪方面的训练。在花旗，只要有能力就可以迅速获得提拔。即使是刚刚进入花旗的年轻人，只要能在一年内施展才华，就能在通过内部考试之后，成为主管储备人员。花旗银行认为：即使遭遇严重压力，另行求才也是不可思议的事。也就是说，始终坚持内部培养的理念，是花旗银行企业文化的重要原则。

IBM 的“六个坚持”中的第三条，就是“坚持重视培训人才”。

松下幸之助说：“经营始于人也终于人……人才培育成功，事业才会成

功。人才培育失败，事业也将随着失败。”足见培育人才何等重要！

对于人才培养，日本管理专家坚持实行既“适应”又“提高”的方针。他们认为：一心只想提高人的素质而不考虑如何去适应人的素质，就会造成拔苗助长、欲速则不达的局面，也违反了“以人为本”的初衷；一心只考虑“适应”而忘记了“提高”，“适应”就会变成“迁就”。对此，《日本企业管理艺术》的作者、美国学者阿索斯称赞道：“现在看来，东方人的中庸之道并不像我们想象中那么令人生厌。”

对于怎样搞好下属的培训，埃德加·H. 沙因提出了四种方式：

第一，定型培训——以 MTP 模式为主的基础，包括管理的基础、工作的改进、工作的管理、部下的培养、人际关系、管理的开展等课题。

第二，经营示范教育——尽可能地使用与经营或管理实态相近的实例，通过典型示范、解剖麻雀、经验共享的方法，提高下属解决实际问题的能力。这种方法的核心就是案例分析和经验交流与共享。

第三，开发活动能力——重在提高人的行动和处理人际关系的能力，包括人际洞察力、理解下属的心理能力与管理能力，以充分弥补知识培训和技术培训的缺陷。

第四，个别培养——与每个人的性格、能力、特点相适应的因材施教的培训，旨在培育个性鲜明、思路广阔、见解新颖的能够灵活适应外部环境变化的人才。

行为培训强调行为改善技术的运用，也是一种不可忽视的培训方法。20世纪 80 年代末期，受组织心理学、运动心理学和临床心理学的影响，行为培训应运而生。它更强调可以测度的行为的训练，而不再仅仅是性格测试、激励受训者和挑起参与者的积极情绪。它把运动心理学引进行为培训，运用培养顶尖运动员的技术，突出信任感、最佳人格、行为能力方面的训练，使培训变得更加细化。

多样化训练能够为下属能力的发展打造更宽广的基础，所以也不忽视。

根据我的切身体会，国内各类组织普遍不重视培训方法的引进和创新，或者只是注重皮毛和形式的创新，严重影响了人才培育的效果。其一，只重视技术培训，不重视职业道德、生活观念、人生价值观的培训，更不注重应付职业生涯变化的精神准备方面的培训，以致造成很多问题。其二，为了某种所谓“政治”的需要，只注重观念的培训，不注重实际能力的培训，特别是管理培训。其三，为了某种短期的需要，企图用“心灵鸡汤”化解所有问题，即用心理学培训取代各类专业的培训，特别是管理培训敬佩末席，导致很多年轻干部浮躁浅薄、眼高手低、盲目自信。其四，过分重视技能培训，忽视理论学习，致使组织内部浮躁之气日益浓重。其五，受网络、微信影响，人们的知识越来越碎片化、调侃化、恶搞化，加剧了浮躁和玩世不恭之风。

在这种情况下，职业信念、生活观念和人生价值观及其相关的理论基础方面的培训，尤应成为重中之重，以期为社会培育趣味高雅、思想过硬、品格高尚、修养良好、能力高强的优秀人才。其中最最重要的一点，就是培养下属学习的渴望和学习的能力——这是一切能力的基础。

彼得·圣吉在《第五项修炼》中说：一个全神贯注于自己真正想做的事，又兼顾生命中最重要事情的“学习者”，个人的生命空间才会变得很大。学习不仅是人类的天性，也是生命趣味盎然的源泉。“真正的学习涉及人之所以为人这一核心命题”。透过学习，人们能够做到从未能够做到的事情，重新认知这个世界及以我们跟它的关系，扩展创造未来的能量。透过学习，人们重新创造自我。“事实上，你我心底都深深地渴望这种真正的学习”。当前人类最重要的学习，是把以往那种以工作为生活手段的工具性价值观，转变为精神性的——寻求工作的内在价值和乐趣的价值观。

赫门米勒公司的总裁赛蒙说过：“为什么工作不能够是我们生命中美好的事情？为什么我们把工作看作是一件不得不做的事情，而未能珍惜和赞美它？为什么工作不能够是人们终其一生发展道德与价值观、表现人文关怀与艺术的基石？为什么人们不能从工作中去体会事物设计的美、感受过程的美，并试着欣赏可持之恒久的价值之美？我相信这些都是工作本身就具有的。”

掌握美国民众的脉动 40 年之久的民意测验专家杨克洛维琪指出，从前，工作是为了赚取收入的工具；现在，工具性的工作观正在转变为精神取向的工作观。

欧白恩说：“生活的美德与事业的成功不仅可以相容，而且相得益彰……因为对个人而言，健全的发展成就个人的幸福。只寻求工作外的满足，而忽视工作在生命中的重要性，将会限制我们成为快乐而完整的人的机会。”

欧白恩痛感现代人对人类前途缺乏关怀。他说：“不管是什么理由，我们对于追求精神成就所作的努力，远比不上对物质发展的追求。这是全人类的大不幸，因为只有在精神层面得以发展的前提下，我们的潜能才能充分地发挥。”

唯有把工作看作某种神圣的事物，才能有一种宗教的虔诚，并从中得到快乐。

在中国传统文化中，人的成长、成才、成功，似乎也有一种“管理结

构”。格物、致知、诚意、正心，是修己，是自我管理；齐家、立业、治国、平天下，是家庭管理、企业管理、行政管理、教化管理。修身和安人相互依存，修身是根本，身能修治，家庭才能管好。家庭、事业都管理得好，才能有治国的本事。国家治理好了，天下才能实现大同。足见成功的起点，就是修身、正心，即物穷理。

这为我们提示了职业信念、生活观念、人生价值观培训的重要性！

多从内部培养、提拔管理干部，也要把握分寸，绝不能走向极端。如果只从内部选拔任用人才，那也不符合组织竞争和发展的需要以及现代人事制度发展的方向。现代社会实行聘任制、考任制等方法，就是为了充分发挥整个社会人力资源的价值，防止“近亲繁殖”和干部素质退化。聘请外部现成的高级人才，能够迅速改善企业智力结构。关键在于应该明确定位，把握分寸，控制数量，确保质量，而不能把外部人才招聘视为企业发展的根本手段。我们提倡多从内部选拔、提拔干部，并不排斥必要的外部招聘，更不能成为用人方面“本位主义”的借口。

领导者唯有树立用人就是育人的思想，才能注重多从内部选拔干部，敢于大胆使用内部人才。领导者还应把握培养和聘用之间的分寸，做到培养为主，外聘为辅。

第九节　知人善任　量才授职

领导者知人善任，量才授职，包括两方面的含义：其一，用人之长，扬长避短，这是古今中外无不强调的用人艺术法则。其二，适才适用，量才授职，既要讲人才与环境和工作的适应性，又要讲环境、工作与人的才能的匹配。显然，这是真正落实知人善任、用人之长的基本方法，但其要点却常常被人忽视。

一、用人之长　扬长避短

自古以来，人们无不提倡知人善任，用人之长，扬长避短，人尽其才，取长补短，化短为长，才增绩长。这就涉及如何深刻地、辩证地、准确地认识下属干部长与短的问题，然后才是用其所长，避其所短，使其扬己之长，避己之短。否则，其短之处就会给组织带来危害，起码也会降低人才的使用价值；其长之处，也不一定绝对带来正面效果。尤其是在短处无法避免的情况下，其长处也可能造成危害。唯有做到知人善任，用人之长，扬长避短，下属才能人尽其才，进而取长补短。如此一来，久而久之，手下的干部就能逐渐化短为长。这正是用人艺术的价值所在。

提倡知人善任、用人之长，也有利于避免求全责备、吹毛求疵的弊病。

俗话说，人无完人，金无足赤，尺有所短，寸有所长，市井末流，有其之长；鸡鸣狗盗，有其所用；智者能人，有其不会；天才圣贤，有其不能。所谓人尽其才，贵在用人之长，扬长避短。因为扬长避短长更长，用短弃长短更短，所以必须知人善任、用人之长。

扬长避短，知人善任，“智者用其谋，愚者用其力，勇者用其武，怯者用其慎，忠者用其心，善者用其情”，不同人才，方能各施所长，人尽其才。

人分百家，才有多种。恰当使用人才，方能人尽其才。盲目使用，误才误事甚至害人害己，根本谈不上知人善任。诸葛孔明智慧超人，极至神明。只因错用马谡，导致街亭失守，功亏一篑；半生心血，付诸东流，自己也是悔恨无地，自贬三级。公平而论，马谡并非无才，否则孔明也绝不会委以重任。他为孔明屡出奇谋，皆收全功，可谓具有非凡的战略天才，本应做参谋，当幕僚，或者从事职能管理工作，帮着孔明运筹帷幄，规划大局。如此则其才堪可一用。不幸的是马谡虽有战略之才，却无战术之能，其过分自信，不切实际，一意孤行，不听忠言，更显出其品质、性格之缺陷。再加上从没统兵打仗，缺乏实战指挥经验，不能临机应变。缺乏战术之能，缺乏求实精神，自然不宜担当具体实施者和操作者，更别说做前敌总指挥了。

刘备之所以智不如诸葛孔明，武不及张飞、云长，而能统领他们，自然有他识人用人的独到之处。与诸葛亮相比，他早就看到了马谡此人“言过其实，不可大用”的一面，也曾嘱咐孔明“君宜详察之”。刘备所谓马谡“言过其实”，是指马谡并非无才，而是夸夸其谈导致才情虚高，造成了才情很高的假象，所以“不可大用”。刘备所谓马谡“不可大用”则是说并不是没有用处，只是不能重用。例如，帮助领导搞搞策划，或是给领导的决策挑挑毛病，使决策更具合理性，绝不能让他统兵打仗。领导者重用了这样的人，肯定要招致失败。孔明到底没有识透马谡的可用之处和不可用之处，招致惨疼的失败。可谓害了军队，害了马谡，还连累孔明自贬三级。一次用人不当，用非所长，至今令人对一向谨慎明智的孔明感到不可思议。

孔明不能知人善任、用人之长，这一灾难性失误造成一系列灾难性后果，事实上引起了蜀国内部的严重分裂及士气的严重低落。对于孔明重用马谡招

致惨败，才气中庸心地善良的王平之类，虽然不会说些什么，但也不会认为孔明用人得当。才高功大、心高志大的魏延则颇有微词醋意，致使一向视魏延不忠不顺的孔明，无形中更加剧了对魏延的恶感，终至激出魏延兵变，给蜀国造成了更大的损失。

领导者应当时刻自省：人人都可能犯用人不当的错误。历史上曾有不少大将高官乃至皇帝，因为用人时不能知人善任，以致用非所长，导致失败的例子无以胜数。战国时期秦赵两国长平之战，赵王赵丹撤掉廉颇，重用赵括，结局更是让人触目惊心。

公元前264年，秦国攻击韩国，沿黄河北岸向东挺进，占领南阳（河南温县）。公元前262年，秦国占领野王（河南泌阳），把韩王国跟北方的领土上党郡（山西长治）的联系割断。上党郡郡守冯亭决定向赵王国投降，把烫手山芋扔给了赵国。赵国无法拒绝这片广达两万平方公里的土地的诱惑，接住了这块烫手的山芋。公元前260年，秦国派遣大将王龁向上党大举进攻。赵国大将廉颇率军赶到时，上党已经陷落。秦军锐不可当，廉颇节节失利，退到长平关（山西高平王报村）构筑堡垒，坚守不出，待远来之敌成为强弩之末，再实施凶猛重击。秦王看出了廉颇的用意，深信不除掉老谋深算的廉颇，就不可能歼灭赵国的主力部队。秦国宰相范雎利用在赵国建立的间谍网，在赵国首都邯郸向当权人士散布流言："廉颇老了，已经丧失了锐气，所以屡战屡败。上党失陷对他的打击很大，他自知不是秦王的对手，已经成了一个懦夫，不敢出战，恐怕终有一天会在秦国强大的压力下向秦王投降。秦国最怕的是赵国少壮派将领赵括，只要赵括不担任赵军统帅，秦国必胜无疑。"在全国上下一致要求下，国王赵丹撤掉廉颇，任命赵括继任统帅。廉颇听说以后，担心回到朝廷后小命不保，于是在第一时间逃往魏国。

赵括是赵国名将赵奢的儿子，有绝顶的聪明和绝顶的才气，自以为军事才能天下无双。赵奢在世时，父子俩谈论兵法，老爹常常被儿子说得哑口无言。赵括的母亲非常高兴地说："将门虎子，真是不错。"赵奢却深感忧虑，他说："战争是置人死地的大事，他说起来却十分轻松，一旦担任大将，必定失败。"

秦王见赵王上当受骗，他所谋求的已经不是重大胜利，而是一锤定音，彻底消灭赵国的有生力量。为此，他也走马换将，换上了更为凶猛狡诈的大将白起。为了迷惑赵括，秦王下了一道命令：有敢泄露总司令姓名者，立即就地格杀！

秦军名义上的总司令仍是王龁。这是孙子兵法中的"有，示之以无"。

赵括果然不知秦国也在走马换将。他厌恶防御，认为最好的防御就是进攻，在楔入敌人阵地之后，左右展开，中心开花，以猛烈的攻击促使敌人全线崩溃，继而激励士气，鼓尽余勇，进一步歼灭敌人。秦军却不想为赵括增光，白起且战且退，引诱赵括一步步深入死地，然后铁壁合围。赵括在突破秦军防线后，仍然保持猛烈的攻势，还以为自己真的锐不可当。等到赵括追击秦军离长平关守军较远的时候，秦军有了纵横捭阖的余地。白起瞅准时机，果断地突出奇兵25000人，迅即切断了正在锐进的赵括的退路，把赵国大军一分为二，并切断了赵军粮道以及赵军与朝廷的联系。赵括所率精锐部队被隔在前方，留守部队仍在长平关阵地。然后，白起开始实施包围，意在全歼赵军。赵括发动了数次猛烈的攻击，秦军浴血奋战，顽强抵抗，死战到底，毫不动摇。赵括那些说起来头头是道的理论，听起来令人心醉的计谋，虽然曾使他老爹哑口无言，此时全部失效。赵括还真不是毫无能耐，他顽强坚持了46天。士兵们饿得发疯，战马、弱兵、老兵、伤兵，都被杀了充饥。赵括被迫作了最后的冲刺，他组织所有人马，兵分四队，轮流突击，却始终攻不破秦军的钢铁防线。赵括束手无策，亲率敢死队作最后一搏，被射死在秦军乱箭之下，赵军剩余的40万部队全部投降。

惨剧发生在赵军投降之后，秦军总司令白起命令那些饥饿疲惫、得庆再生的俘虏，进入长平关附近一个名为“杀谷”的深谷之中，把谷口两端堵死，预先埋伏在山顶的秦军像暴雨一样抛下土石。除了事先挑选出的240名俘虏，专门押到山上观看活埋的惨状，聆听令人恐怖的哭喊以磨练神经之外，40万人全被活埋。白起把那240人释放回国，传播恐怖的消息。赵国骤然增加了无数的孤儿寡母，举国痛哭，声震天地，数月不绝。他们的青年一代大都在这一战役中牺牲了，赵王国从此没落。

我用了较大的篇幅叙述长平之战，乃是因为它的规模空前巨大，结果空前悲惨。在冷兵器时代，秦赵双方上百万部队在小小的长平关附近刀劈斧剁，枪刺矛戳，甚至徒手肉搏，场面何等的惨烈。何况，总计有45万赵军被消灭，其中有40万人惨遭活埋。这一战例足以让任何人都能认识到知人善任的重要性。

长平之战前夕，赵王赵丹撤掉廉颇，起用赵括，既违背了知人善任的用人原则，又违背了“用人不疑，疑人不用”的原则。长平之战以后，赵王又想起用廉颇，派出使者前去邀请。奸臣郭开买通了国王赵丹的特使，回来后说廉颇“一饭三遗矢”，赵王“以为老，遂不召”。奇哉，赵王竟然仅凭武勇选拔军事统帅！

美国二战时陆军参谋总长马歇尔知人善任，造就了一个大才。他非常赏识艾森豪威尔的战术天才，但他又很惋惜其战略才能不足，所以有意调他到决策部门锻炼一下，以便熟悉决策内幕及要求，提高战略决策才能。后来，艾森豪威尔作为盟军欧洲战区总司令，规划大局的决策能力和协调盟军各国部队统一行动及其高级将领之间的矛盾的能力，得到了广泛的承认。尤其是在其他盟友都忙着抢掠财物和技术的时候，美军却忙着抢走人才，充分显示了艾森豪威尔的见识。

从正反两方面的例子，都可以看出知人善任、用人之长的重要性。拿破仑错用格鲁希，诸葛亮错用马谡，赵王赵丹错用赵括，都导致战役的惨败。虽然其中用人的失误不仅一点，而且不尽相同，但都属于所用非所长。企业领导用人不当，危害当然不至于如此严重，但对企业自身而言，也足以造成重大灾难。

用人之长，要求领导者知人善任，即首先必须看清下级的长处，其次是不要只看对方的短处，而是要通过用人之长，使他们扬长避短，充分发挥其长处，方能人尽其才。如果领导者用人非其所长，不仅会使其长处难以发挥，而且还会使其短处变得更加严重——因为长处不能起作用的时候，短处就会产生危害。

日本经营之神松下幸之助特别提倡“因才适用”，他认为企业领导重要的“不是寻找十全十美的人才，而是要发现并运用每个人的优点”。基于这种观点，松下幸之助大力强调：“天才是努力造就的。”实际上，造就天才，正是领导者最根本的用人法则。有些极端的例子表明：即使一些一点专业知识都没有的人，照样能够借助用人艺术，卓越地领导一个大型企业；相反，一些专业知识高深的人，如果不会用人、育人，也不能搞好企业。领导者造就天才的前提之一，就是知人善任、用人之长、避人之短，人尽其才，以长补短，从而逐渐化短为长，使部下成为大才、天才。总之，就是要通过用人而育人。如果不能用人之长，就会盲目用人，就无法培育人才。

索尼公司一向被认为日本战后复兴的缩影。其前身是日本海军退役技术军官井深大和盛田昭夫创办的“东京通讯工业公司”。盛田昭夫身材高大，言语直率，坚持己见，绝不折中，颇有西方管理者的风格，是众人眼中一个不可思议的人物。沉默寡言、心胸宽大的总经理、董事长的井深大却对他信任有加，盛田昭夫最终成为索尼掌门人。盛田昭夫大度地重用日本著名歌唱家大贺典雄，使索尼公司再次创造了辉煌。

大贺典雄起初根本不愿意加入索尼，盛田昭夫用 4 大半的时间，苦口婆心地说服拒不合作的大贺典雄。由于大贺不愿放弃音乐，盛田昭夫只得诚恳地请求：“你可以一边在索尼工作，一边从事演出。”大贺按独唱演员的收入标准提出要求，盛田昭夫一口答应。大贺一进公司，工资就接近常务董事级别。他白天上班，晚上演出，挣着双薪。后来，他的企业策划一个个变成热门商品，才完全倒向了经营。

盛田昭夫曾经预言大贺十年后必有大成。到第八年，即 1967 年，大贺创办了哥伦比亚日本唱片公司，发现并造就了大歌星佛利布斯、天地真理、乡裕美和影星山口百惠。他的唱片公司也因发行新星唱片发了大财。1976 年 1 月，盛田昭夫成为索尼公司董事长，提升大贺典雄担任副总经理。大贺是个歌唱家，听觉极好、才智出众、灵感勃发、锐意创新、追求完美、永无满足。他说话直率，我行我素，在别人眼里狂傲难容，是个毁誉参半的人物。1982 年 9 月，虽然遭到众多高级干部和董事的反对，盛田昭夫力排众议，多方说服其他董事，终于把大贺提升为索尼公司总经理。大贺典雄担任索尼公司董事长期间，把索尼带到全球企业 500 强第 27 名的位置!

是索尼公司高层领导的用人艺术，造就了索尼的辉煌和荣誉，使索尼的名字与世界上第一台晶体管收音机，第一台单枪三束彩色电视机，第一台家用盒式录像机，第一台台式电子计算机，还有 VCD、DVD、8cm 摄录像机、CD 紧紧联系在一起。从井深大重用西方风格的直率、理性的盛田昭夫，到盛田昭夫重用毫无心机、口不择言、不拘小节，甚至自吹自擂、丝毫不懂谦虚一下的大贺典雄，从特别退休体制到大贺典雄的“冒险组织”，一系列用人方略，成为索尼立足不败之地的根本原因。平心而论，盛田昭夫、大贺典雄根本不符合东方的量人标准。尤其是大贺典雄，更是不为常人所接受，但是，盛田昭夫知人善任、用人之长，成就了一个人尽其长的经典案例。

松下幸之助认为，所有人都是有用的，关键是不能以其长掩其短，也不能以其短掩其长，二者都会导致用人失误。

这里，我要为读者引述一个有趣的故事：

> 堀秀政是日本历史上一位有成就的政治家，他的家臣中有一个人老是哭丧着脸，从来没人见他笑过。每个人看到他，都觉得非常晦气。有一些家臣对堀秀政说：“那个人整天皱着眉头，不只大家觉得不舒服，社会上的人也认为他会给你带来霉运，为什么不把他辞退呢?”堀秀政想了想，说道：“你们的话也不无道理。可是，如果我要派他代我去给别人吊丧，那他不正是最佳人选吗?可见他还是有用处的。”

堀秀政的这些话说明，重要的不在于人的优点或错点本身，而在于领导者到底要用他的哪一方面；重要的不在于人有长短，重要的在于用其所长。

唐太宗李世民说："用人如器，各取所长。"有些企业家让吹毛求疵的人当质检员，让谨小慎微的人管安全，让争强好胜的人去完成突击任务，让能说会道的人搞公关，让因公致残的人专门开票……在他们眼里，没有庸才，没有蠢才，只有人才。

古诗云："骏马能历险，耕田不如牛，辎车能负重，渡河不如舟。"用人之长，意味着绝不能耕牛历险，骏马拉犁，坚车渡河，小舟负重，麻雀坐堂，小狗驾辕，导致人人不能尽其长，人人不能避其短，企业岂能兴旺发达?!

二、适才适用　量能授职

中国民众熟知姜太公，可能和成语"姜太公钓鱼，愿者上钩"有关。然而，人们对于姜太公用人方面的理论建树可能所知不多。论及用人，姜太公说：

> 多言多语，恶口恶舌，终日言恶，寝卧不绝，为众所憎，为人所疾。此可使要遮闾巷，察奸伺祸。权数好事，夜卧早起，虽剧不悔，此妻子之将也；先语察事，权而与食，实长希言，财物平均，此十人之将也；忉忉截截，垂意肃肃，不用谏言，数行刑戮，刑必见血，不避亲戚，此百人之将也；讼辩好胜，嫉贼侵凌，斥人以刑，欲整一众，此千人之将也；外貌怍怍，言语时出，知人饥饱，习人剧易，此万人之将也；战战栗栗，日慎一日，近贤进谋，使人知节，言语不慢，忠心诚毕，此十万人之将也；温良实长，用心无两，见贤进之，行法不枉，此百万人之将也；勋勋纷纷，邻国皆闻，出入豪居，百姓所亲，诚信缓大，明于领世，能效成事，又能救败，上知天文，下知地理，四海之内，皆如妻子，此英雄之率，乃天下之主也。

姜太公的意思是：有的人多言多语，嘴里不干不净，整天抱怨不休，即使躺下来也不能停止；在外面让众人憎恶，在家里让家人讨厌，这种人可以让他管理一个街区，因为他们能够勤于盘查坏人，及时发现灾祸。有的人爱管杂事，而且心眼较细，始终晚睡早起，任劳任怨，即使十分劳苦，仍然一如既往，这种人只配当妻子儿女的头头。有的人见面就问长问短，了解情况，什么事都要指导别人；喜欢请人吃饭；平常言语很少，能够平均分配财物，这种人只能担当十个人的小头目。有的人整天不苟言笑、表情凝重、心事重重，一副严肃认真、谨慎小心的样子；固执己见、不听劝说；动辄使用刑罚和杀戮手段，刑必见血，六亲不认，这种人可以统率一百人。有的人与人争辩起来，总想压倒别人；嫉恶如仇，遇到坏人坏事必用刑罚惩治；总想使一群人统一起来，这种人可以统率一千人。有的人外表谦卑，少言寡语，议论事情时必到要害之处才偶尔说一句话；了解、关心人们的饥饱；熟知人们是劳累还是轻松，这种人可以统率一万人。有的人严肃谨慎，日胜一日，亲近贤能而又能采纳良策；能让人们懂得怎样保持气节操守；说话时很有礼貌，从不傲慢；做事忠心耿耿，竭诚尽力，这种人可以统率十万人。有的人温和敦厚、能力出众而且又有长者之风；用心专一，目标坚定；遇到贤能之士就举荐任用；依法办事而不徇私情，这种人可以担任百万之军的将帅。功勋卓著，威名远扬，出入豪门大户，百姓衷心拥戴；诚信宽怀，对治理天下很有见识；极富才能和效率，能够成就大事，也能补救败亡；上知天文，下知地理，视天下百姓如同妻子儿女一般，这种人可以成为英雄们的首领和天下人的主人。

看了姜太公论用人的这段话，你一定会觉得他的论述详细、精彩、独到而深刻。不错，如果我们把姜太公所说的各种类型的人的职务调换一下，会是一种什么结果？比如，让只能管理一条街道或街区的人去当国君，或者让当国君的人去管理一条街道或一个街区，你认为行不行？当然不行，要让只能管一条街道或一个街区的人当国君，累死他也干不了！要是让当国君的人去管理一条街道或一个街区，他也未必一定能干好！明白了这个道理，你就理解了什么叫知人善任、适才适用、量能授职。为了透彻地解释知人善任、适才适用、量能授职原则，我想跟读者说一说姜太公。

姜太公，名吕尚，原姓姜，名尚，称姜尚，字子牙。他生活在炎帝之后，先世为贵族，祖先曾在虞夏之际协助大禹治理水患有功，受封于吕，这一家族就以吕为姓。传至吕尚，家道中落。吕尚生不逢时，历尽沧桑，一生具有浓厚的传奇色彩。

姜太公吕尚担任周文王的国师、国相，辅佐周文王开疆拓土。文王死后，他又担任周武王的国师，辅佐周武王灭掉殷商。他成名后封地于齐，是齐国的始祖。这看起来很了不起了，但是，在生活中，他干什么都不能成功，可以说是一个百无一用的人。如果让他当个小官，恐怕未必能够胜任。如果让他当个一人之下万人之上的大官，他却绰绰有余。他的特长似乎只是领兵打仗，治理国家。就军事而言，他为周文王、周武王打下了江山，拥有辉煌的军事经历，而且还有军事理论著作《太公兵法》。就政治而言，他辅佐周文

王、周武王治理天下，可谓治国有方，历史上没有人谈到他还有什么缺点。可以说，这个人的特点就是难做琐事，宜主大局，所以史上有评论说：以之治大则遂，以之治小则愚。说白了，就是办大事行，办小事笨！

吕尚虽是“国体”栋梁之材，初时却颠沛流离，处处不顺，大概因为“以之治小则迂”的缘故。吕尚家徒四壁，穷困潦倒。他在黄河边上的孟津卖过酒，赚不了钱。他曾在商朝都城朝歌以屠牛为业，肉臭不售。不知道是贵贱不买，还是死活卖不出去，反正是个赚不了钱的肉贩子。吕尚到河里钓鱼，偏偏鱼不食饵，每每空手而归。他织席贩卖，同样卖不出去。他捕鱼所得，也不能抵偿渔网的价钱。他种地所得，连种子钱都收不回来。

诸如此类的故事，在战国、秦、汉时期流传颇广，屡见记载。以常理而言，吕尚实在是个无用的男人。在那个时候，有几人能了解他的王化之才呢？

据传，有一次，吕尚垂钓，三日三夜竟无鱼上钩。他不禁愤然，想脱衣免冠，下水求鱼。这时，有一个农人走来，对吕尚说：“先生改日再钓，定有所获。只是心绪一定要平静，钓丝一定要细一些，鱼饵一定要有香味，投杆动作一定要轻。”

第二天，吕尚遵嘱而行，连获大鱼。他细细揣摩，终于悟出一番道理：巧投诱饵，坐待时机，放长线，钓大鱼。于是，他心安理得，决心静观世变，待机而行。

姬昌，就是周文王，平日国事缠身，殚精竭虑。商朝末年，周文王为了治理好国家，推翻商朝，积极招贤纳士，手下拥有不少文臣武将。可是，他感到还缺少一个运筹帷幄、掌控全局的人协助他实现灭商计划。于是，他更加求贤若渴，处处留意。有一天，他偶生闲情逸致，想到渭水的一条支流硒溪打猎。在出猎前，他曾经占卜问卦，卦辞云：“所获非龙非螭，非虎非罴，所获乃系霸王之辅佐。”于是，他带上随从，欣然出猎。到了硒溪，他果然遇到一个七旬老翁在钓鱼——此人正是吕尚。

那位老者须发斑白，看上去有七八十岁的样子。只见他一边钓鱼，嘴里一边念叨：“快上钩啊，快上钩呀，愿意上钩的快来上钩。”姬昌再一看，更加感到奇怪。老人的钓钩离水面三尺多高，钓钩竟是直的，并不是人们平常钓鱼用的钓钩，上面也没有钓饵。姬昌很奇怪，他忽地想起临行前的那个卦辞，心想：“这老者会不会是位奇人呢？”于是就走过去，和老人攀谈起来。周文王在和姜尚的谈话时，发现姜尚是一个志存高远、学问渊博的人。他上通天文，下知地理，对政治、军事和当时的政治形势都有很深刻的见解。他认为商朝君主昏庸，臣子中鲜有真止为国的人。纣王荒淫无道，只顾自己享乐，不管国人死活，还用酷刑杀害忠良，他的统治不会长久。吕尚认为，只要有一位英明的君主振臂高呼，天下一定云集响应，就能推翻商纣。他说，商朝的天下不会很长久了，应该由贤明的领袖出来推翻它，建立一个新朝代，让老百姓能过上舒服的日子。姬昌、吕尚不期而遇，而且心有灵犀，于是促膝而谈。吕尚纵论天下大势，字字珠玑，如悬河泻水。谈及治国的要领，吕尚将运思已久的“三常之说”和盘托出，即“君以举贤为常，官以任贤为常，士以敬贤为常”。

三常之说的实质，就是强调国家应该倡导以“贤”为主导的文化，对全国民众施行教化之道，从而树立立国之本。说白一点就是：任官重贤，民众敬贤，形成制度，引领风俗。可想而知，在以血亲关系为纽带的“世袭制”的奴隶社会，敢于用贤者代替亲戚，既表明了吕尚的远见卓识，又显示了他过人的政治胆略。

周文王觉得姜尚的话句句都说到了自己心里。他本来就是为了推翻商朝，到处寻找得力的助手，这眼前的姜尚，不就是自己要寻访的人吗？姬昌越听越喜，说道：“我先君太公预言，‘当有圣人至周，周才得以兴盛。’您就是那位圣人吧？”接着，文王恳切地对姜尚说：“我盼望您很久了。现在天下大乱，君主昏庸，民不聊生，请您来帮助我安定天下吧！”说完，姬昌把吕尚扶上车辇，一起回宫，拥为智囊，尊称吕尚为“太公望”，并且很快就拜吕尚为国师，即最高军事统帅；后来又拜为国相，总领全国政治和军事。吕尚身怀经天纬地之才，虽至垂暮之年，仍然壮心未已，但求报国有门，义无反顾地归附周文王，全心投入到反纣灭商洪流。

姜太公果然不负文王重望，他当了文王的国师以后，辅佐文王对内整顿政治和军事，发展生产，使人民安居乐业；对外开拓疆土，先后打败了犬戎、密须等部族，吞并了与商朝结盟的崇国，还在那里建造了丰城，并把都城从岐山南边的周原迁到了丰城，开始谋求向东发展。吕尚还联合友邦，随时不忘削弱商朝的力量。在姜尚辅佐之下，到周文王晚年，周的国力已十分强盛，疆土大大扩充：西边收复了周族的老家，东北已经拓展到现在山西的黎城附近；东边到达现今河南沁阳一带，逼近了殷纣王的都城朝歌；南边，则把势力扩张到了长江、汉水、汝水流域。周文王死后，武王姬发继位，仍拜姜尚为国师，尊称师尚父。有一次，周武王问道：“我欲轻罚而重威，少行赏而劝善多，简其令而能教化民众，何道可行？”姜尚答曰：“杀一人而千人惧，杀二人而万人惧，杀三人而三军振者，杀之。赏一人而千人喜，赏二人而万人喜，赏三人而三军喜者，赏之。令一人而千人行者，令之；禁二人而万人止

者，禁之；教三人而三军正者，教之；杀一以惩万，赏一而劝众，此明君之威福。”

武王言听计从，时时慎于行赏，力求令行禁止，使周朝政治日益清明。殷商王朝政局却更加昏暗，叛殷附周者日多。周逐渐羽翼丰满，国势日隆，最终在以周代商的牧野之战中大获全胜。该战能够取胜，多赖姜尚英明的组织指挥。在作战时机把握上，他选择在纣王麻痹松懈、众叛亲离之时；在军事力量组织上，他以“吊民伐罪”为号召，联合诸侯共同伐商；在作战行动指挥上，他首先以兵车、猛士从正面展开突击，尔后以甲士展开猛烈冲杀，一举打乱了商军的阵势，迅速控制了战场主动权。结果，商纣王的十几万大军当天就土崩瓦解。

商朝灭亡，武王建立周朝之后，姜尚因灭商有功，被封于齐。齐国在姜尚治理下成为大国，疆域日益广阔，为齐国后来成为春秋“五霸”和战国“七雄”打下了基础。如此看来，因为家道中落，吕尚不得已屠牛钓鱼、贩席种地，没有一件事能够干好。不过，虽然他年已七十多岁，依然没有放弃理想和抱负。虽然他在遇到周文王之前一直都不得志，但他并没有消沉下去，因为他知道自己有经国济世的本事，迟早会遇到赏识自己的人。正是由于拥有这份始终不渝的自信，他的理想和抱负最终才得以施展。

古人提倡“君子藏器于身以待时也”，意即不露圭角待时而动。所谓“时”，可能是改朝换代的动乱，可能是轰轰烈烈的变革，也可能是一个赏识你的贵人、明主。其中，最关键的是贵人、明主的赏识，其他条件还在其次。不用说，劝告别人耐得寂寞待时而动固然不错，但是，要是永远等不到这个“时”，岂不让人痛苦得直翻白眼？很可能，没等你合上眼皮，就有人说：“此人怪，不可用！”

“王化之材”“国体之材”，善行王化之政，即以德行教化为主的政治。提倡以德为主的人，属于“清节家”之类的人才。他们适合全面统辖、操纵大局，而不适合去做基层琐碎的事务性工作。否则，就显得迂阔而不切实际。

姜太公的故事提醒我们：人的才能确实是一个相对的概念，有才无才、才大才小，关键取决于评价者的眼界和看法。若是常人看待姜太公，肯定是一无是处。若是明主看待姜太公，简直是十全十美。因为二者眼界不同，见识不同，需求不同，标准不同，所以结论不同。

还有，如果周文王只给姜太公封个小官，就像刘备对待庞统那样，说不定姜太公又成了无能之辈。因此，适才适用，量能授职，必须以知人为前提。不能知人，岂能善任？何况，即使知人，如果妒火中烧，恨不能把人一把掐死，未必能够善任。周文王做梦都想推翻商朝，他需要姜尚，所以能适才适用，任他为国师、国相。贪官污吏一心只想贪污受贿，需要歪才赃官帮着他们捞钱，自然不会使用君子和好官。因此，只要缺少了两个字——官德，任何高明的用人方法和用人艺术，都只是纸上谈兵。在我们探讨知人善任、适才适用、量能授职的时候，我深感必须再次强调这一点！

刘劭的《人物志·流业第三》详细论述了各类人才适合担当的官职：

> 盖人流业十有二焉。有清节家，有法家，有术家，有国体，有器能，有伎俩。有智意，有儒学，有口辩，有雄杰。
>
> 夫德行高妙，容止可法，是谓清节之家，延陵、晏婴是也。建立法制，强国富人，是谓法家，管仲、商鞅是也。思通道化，策谋奇妙，是谓术家，范蠡、张良是也。兼有三材，三材皆备，其德足以厉风俗，其法足以正天下，其术足以谋庙胜，是谓国体，伊尹、吕望是也。兼有三材，三材皆微，其德足以率一国，其法足以正乡邑，其术足以权事宜，是谓器能，子产、西门豹是也。兼有三材之别，各有一流。清节之流，不能弘恕，好尚讥诃，分别是非，是谓臧否，子夏之徒是也。法家之流，不能创思图远，而能受一官之任，错意施巧，是谓伎俩，张敞、赵广汉是也。术家之流，不能创制垂则，而能遭变用权，权智有余，公正不足，是谓智意，陈平、韩安国是也。凡此八业，皆以三材为本。故虽波流分别，皆为轻事之材也。能属文著述，是谓文章，司马迁、班固是也。能传圣人之业，而不能干事施政，是谓儒学，毛公、贯公是也。辩不入道，而应对资给，是谓口辩，乐毅、曹丘生是也。胆力绝众，才略过人，是谓骁雄，白起、韩信是也。凡此十二材，皆人臣之任也。主德不预焉？
>
> 主德者，聪明平淡，达众材而不以事自任者也。是故主道立，则十二材各得其任也：清节之德，师氏之任也。法家之材，司寇之任也。术家之材，三孤之任也。三材纯备，三公之任也。三材而微，冢宰之任也。臧否之材，师氏之佐也。智意之材，冢宰之佐也。伎俩之材，司空之任也。儒学之材，安民之任也。文章之材，国史之任也。辩给之材，行人之任也。骁雄之材，将帅之任也。是谓主道得而臣道序，官不易方，而太平用成。若道不平淡，与一材同好，则一材处权，而众材失任矣。

这段话的意思是：根据人才的类别，可以把其适合的职务分为十二种，包括清节家、法家、术家、国体、器能、臧否、伎俩、智意、文章、儒学、口辩、雄杰。

道德行为高尚美好，仪容举止值得效法的人，称为清节家，季札、晏婴即属此类。建立法制，强国富民的人，称为法家，管仲、商鞅即属此类。思虑通达大道真义，策谋奇妙不凡的人，称作术家，范蠡、张良属于此类。兼有三材，德、法、术皆备，德行足以移风易俗，法治足以匡正天下，权术足以谋划国策，这类人是国家的柱石，伊尹、吕望属于此类。兼有德、法、术三材，但三材并不纯备者，其德行足以成为一个郡国的表率，其法治足以匡正乡里，其权术足以权衡事理，称作器能之才，子产、西门豹就是。兼有三材中某一方面，各成一种类别，为清节家的支流，不能宽宏容忍，喜欢讥议查问，分辨是非，这是所谓臧否一类，子夏等人属于此类。法家的支流，不能开创思路，深谋远图，而能任某一官职，专心致意运用技巧，属于伎俩之才，张敞、赵广汉即属此类。术家的支流，不能创立制度，垂示法则，而遇事机变，善用权术，权谋智虑有余，公道正直不足，属于智意之才，陈平、韩安国即属此类。以上八种职务都以德、法、术三材为基础，虽然流别不同，但都是成就某一方面事业的人才。能著书立说，称作文章家，司马迁、班固即属此类。能传授圣人的学问，而不能实干施政，称为儒学，毛苌、贯公便是此类。辩论未必符合道理，但应付自如，称为口辩之材，乐毅、曹丘生即属此类。胆力超群，才略过人，称为骁雄，白起、韩信属于此类。这十二种人材都是担任人臣的材料，君主的才德不在此列。

人君的才德贵在聪明平淡，能使各种人才各司其职，而不是自己担任具体职务。所以，君主之道确立了，十二种人材就能各得所用。具备清高伟节之德的人，可任师氏（周朝官名）之职。具有法家之材，可任以司寇（刑部尚书）之职。具有术家之材，可委以三孤（三公副手）之任。德、法、术三材纯备，便是三公的人选。德、法、术三材不纯备，可职任冢宰（周朝官名，相当于吏部尚书）。具有褒贬品评之材，可担任师氏的辅佐。具有智慧识见之材，便是冢宰的副官。具有技能工巧之材，可任司空之职。儒学之材，可以担负安民教化的职责。文章之材，可担任编纂国史之职。能言善辩之材，可委以使者之任。雄杰之材，可承担将帅职任。所以，君主之道确立了，人臣之道就能次序井然。各级官员不违背自己的职责，天下就能太平。如果君主之道不能平淡，像偏材那样只有某一方面的才能，那就一材当权，而众材不得其用。

刘劭的上述观点，体现了知人善任、适才适用、量能授职的原则。唯有这样，才能人得其位，位得其人；才得其位，位得其才。换言之，就是人与岗位匹配，才与职能匹配。这就要求领导者既要考虑下属能干什么工作，又要考虑工作需要什么人。特别值得注意的是，君主之德要“平淡”，众官的才能方可显示出来。如果君主各方面太突出，众官就只能“平淡”。这不是说君主应该各方面都很平庸，而是说君主不要试图表现自己各方面的才能，凡事亲力亲为，以免众官变得平庸。

刘劭在《人物志·流业第三》中所谓“其德足以厉风俗，其法足以正天下，其术足以谋庙胜，是谓国体，伊尹、吕望是也。”明确说明吕尚（吕望）属于兼具清节家、法家、术家之才兼具的“国体之材”，是最高的一等，可以担任宰相，统领百官。

刘劭《人物志·材能第五》曰：“夫一官之政，以一味协五味，一国之政，以无味协五味，又国有俗化，民有剧易，而人材不同，故政有得失。是以王化之政宜于大统，以之治小，则迂……至于国体之人，能言能行，故为众材之隽也。”其中，“国体之人，能言能行，故为众材之隽也”，说的也是“国体之材”是百官的总领。这类人才应该授予宰相、统帅之职。这种人有中庸之德，能让手下各显其能。

对于“国体之材”中的“国体”二字，流行的解释是“国家的体面”，这种解释是完全错误的。以我之见，“国体”二字，只能翻译成“国家的柱石”。我们可以理解为国家最重要、最高级的官吏。像周恩来总理那样的人，完全可以称为“国体之材”，维系着国家、民族和人民的命运。

不可否认，人的才能客观上确实存在着差异。领导用人贵在知人善任、适才适用，量才授职。一方面，领导者要考虑人与环境和工作的适应性，认清下属能够适应什么环境和工作；另一方面，还要考虑环境和工作与人是否匹配，认清环境和工作需要什么人和什么才能。唯有如此，才能做到职能与权责相称，职责与特长相合。否则，就会导致大材小用或小材大用。如果大材小用，部下的才能得不到充分发挥，就会情绪低落，工作懈怠，造成“庞统当知县，喝酒不办公”的不良局面。这等于浪费人才，浪费人力资源。如果小材大用，即本是椽子当梁用，虽然部下尽心尽力，终究力不从心，才不压众，绩不如人，难尽其责。既影响其他人的积极性，为组织增添麻烦，也会增加他们个人的压力和苦恼，损害其自信心和自尊心。如此一来，他们本来能对组织所做的贡献，也因领导者对其价值高估、小材大用而丧失。也就是说，小材大用不仅可能无用，甚至反而有害。应该说，现实生活中类似的失误不算少见。如果不能知人善任、适才适用、量能授职，往往容易导致人们长无所用、短有所害。

知人善任、适才适用、量能授职，这一方法有助于减少用人不当的错误。

因为干部不只一个，怎样把他们放到合适的位置，是用人艺术的重要体现。虽然人们常说，一个萝卜一个坑，但是，最重要的是，每个萝卜都应该有一个合适的坑。这就是松下幸之助所说的每一个人都应该有一个合适的“坑”，而不能仅仅有个“坑”。

领导用人要知人善任、量能授职、适才适用，是一条由来已久的古训。一般来说，适才适用、量才授职常常和知人善任、用人之长、扬长避短相互交叉。人们常说知人善任，用人之长，扬长避短，人尽其才，取长补短，化短为长，然而，人们又常常忽视这样一个前提：唯有适才适用、量才授职，才算知人善任；唯有知人善任，才能适才适用、量才授职。可见，知人善任、用人之长、适才适用、量才授职，具有一种内在的联系，其中哪一方面出现失误，都会影响其他方面。

领导者要想真正做到知人善任、用人之长、适才适用、量能授职，就必须深刻、准确、辩证地认识下属的长与短和常与变，即动态地把握部下的才情、特长和综合优势水平，本着职能与特长相合的原则、组织意向和个人意向相合的原则、个人特点和环境特质互补的原则选拔使用人才。唯有做到识人至公，知人至深，断才至明，才能做到用才至精，才能做到知人善任、用人之长、适才适用、量能授职。

第十节　合理搭配　相得益彰

着眼于岗位的有限性和用人的相对性，我以为领导用人，必须注意合理搭配，力求相得益彰。合理搭配包括结构性优化法、排斥性搭配法、互补性搭配法。

如果说用人之长、扬长避短、适才适用、量才授职是从单一角度强调领导用人艺术的话，那么，合理使用、相得益彰，则是从整体观念出发强调领导用人的艺术法则。所谓“一个萝卜一个坑”，意味着要为每一个人才准备一个坑。然而，一块地里不止一个萝卜，一个单位不止一个人才，这就出现了一个相对性和适度性的问题。因此，松下幸之助说，每个萝卜都应该有个合适的坑。看来，领导者需要合理搭配人才，使众多干部都相对合理地分布在不同的“坑”内，形成分布合理的“萝卜地”。

这也不难理解：如果只是一个萝卜，就可以随意放在任意一个坑内。如果萝卜多了，就不能任意安放。这个地方安排多了，那个地方就空空荡荡；萝卜少的地方，容易长大也容易长草；萝卜多的地方，则都不容易长大。因此，领导者在强调人尽其才的前提下，还要强调综合平衡，以促进干部之间的协调、互补、制约和监督。否则，很容易造成才各相抵或盲目发挥的情况。所谓合理搭配、相得益彰，意在既考虑人尽其才，又考虑人才的互补性，从而获得“非加和效应”，即系统效应。

一、结构性优化法

我向来认为：用人行为不是孤立的、单一的，需要用开放的视角加以审视。

领导者在使用人才时，要做到合理搭配、相得益彰，需要掌握结构优化法。

结构优化法的要点是基于组织结构和职务描述而合理搭配人才，以体现人事要素的系统性配置，从而取得相得益彰之效。如果领导者在进行组织设计时能够科学合理地做好权力分配和职能定位，并且努力维护组织机构内部各部门职能的独立性，领导干部通常都会遵照制度使用权力。如果每个机构干部的安排做到了适才适用，他们就有办法行使组织赋予的合法权利，不至于荒废部门职能，部门职能的独立性就能得以维护。如果有谁违规或越权，就会受到其他部门的反馈、制约，领导者就能迅速得到反馈。这样，领导者既不用事必躬亲，也不用疑神疑鬼，就能有效地驾驭下属。这有利于领导者敢于充分授权，大胆用人，以免授权不足。因此，我才特别强调不要把用人艺术孤立化、狭隘化。实际上，组织的所有工作都与领导用人具有一定的关系。唯有借助组织系统各种要素和运行机制而驾驭干部，才能实现“无为而治”。

领导使用人才，贵在适才适用、合理使用，没有必要非大才天才而不用。即使领导所用之人全是大才天才，那也仍然存在一个搭配方式问题。不同的搭配，自然会形成不同的结构，用人效率必然有所不同。何况，任何成功的领导都要面对一个使用与控制下属的问题，从来没有听说过失去控制的组织能有什么建树。因此，人尽其才也好，合理使用也好，都存在一个使用与监督的命题。谈到合理使用人才，尽量做到人尽其才，离不开一个有效控制的问题。由于人人都有缺点，如不加以控制，就难保他们不是在发挥缺点，而不是在发扬优点。因为，彼时的优点不是此时的优点；此时的优点也不一定是未来的优点。面对变化的现实，组织战略也会相应变化，但是，管理干部

也有可能囿于自己的思维方式与特长，盲目发挥自己的才能，其结果可想而知。因此，领导者对下属使用与控制之间弹性系数的把握，是用人艺术的要点。管理干部的自主机制与自主程度，领导者的控制机制与控制强度，不可能脱离组织系统结构及其运行机制，而由领导者一人任意决定。面面俱到、事必躬亲的领导方式，既与领导者性格、心胸、才能有关，亦与组织系统结构及其运作机制不够优化有关。要保证敢于授权，人尽其才，领导者需要利用组织系统的“系统效应”。

实现结构性优化的方法之一，是把用人与组织设计结合起来。因为组织设计完成之后，就需要设立机构，就需要安排干部。国外一些企业为了避免相关机构间相互扯皮、责任不清的现象，结构上、业务上联系紧密的部分就不再分割开来另立机构。例如，产品检验、包装、运输业务，只设一个产品检验包装运输部。这不仅是为了通过少设机构与干部而降低人力资源成本，而且还为了统一领导，明确责任，便于监督控制。如果把这三种业务分开，分别设立检验部、包装部、运输部，如果发生客户投诉，需要落实责任，就会出现三个部门相互推诿、逃避责任的现象。如此争来争去，无法落实责任，自然无法作出惩罚，往往以“下不为例”而告终。不仅影响业绩，而且影响用人效率，甚至必然危及企业文化，加剧不良风气。如果三种职能合而为一，在无法落实具体责任时，整个部门都要承担责任。这样，部门内部就会相互监督，谁也不愿意白白替别人受过。如此一来，部门业绩、用人效率都能提高，文化风气亦能变好。

根据我的理解，实践中的用人艺术不同于学者的纸上谈兵。领导用人艺术既不应很俗气，也不应很浪漫。通常情况下需要求中而行，即所谓“执两用中”，使之既不很俗气，也不很浪漫。特殊情况下，该俗气时则俗气，该浪漫时则浪漫。我们不要一谈“控制”这个词，就觉得违背了先进文化理念。实际上，凡是用人，能够控制才敢使用。区别正误的标准，不是要不要控制，而是控制弹性是否适度。

领导者注重结构和机制对下属的制约，同样有助于下属扬长避短。这体现了信任不能放任、相信不能轻信的原则。日本大和银行如果不是对井口俊英长期疏于监督、制约，岂能由他闯出弥天大祸？英国巴林银行如果不是那样放任尼克·利森，怎会顷刻毁于一旦？天才的井口俊英和尼克·利森又怎能身陷囹圄呢？因此，领导者对下属适当的“控制”，是组织运行的需要，是领导责任之所在，也是领导者爱护人才的表现。当然，领导者不要出于私利和权欲而控制下属，也不要频繁地检查督促，而是着眼于组织的根本利益，通过组织系统运行机制的优化而实现控制弹性的适度化。

关注人才年龄结构合理性，也是一个值得注意的问题。我们过去比较强调老中青三结合，在人际关系方面比较合乎规律。信息时代强调知识化，意味着人才队伍的年轻化。过去的老中青年龄结构配置方法，已经不适应信息时代的激烈竞争以及人力资源大战的要求。因为现代企业发展的根本保证是创新，不能创新就等于自取灭亡。企业领导要保证组织的创新活力，就必须确立中、青年为主导的干部队伍结构。这关系到干部队伍建设问题，也是竞争制胜的法宝，同时又是用人艺术高低的表现。如果领导者不重用中、青年干部，只让他们当尾巴，企业的创造活力、进取意识和经营业绩必然降低。如果重用年轻人才而忽视年龄较大的人才，显然又不够公平。唯一的办法是改革、完善人事制度和分配制度，确立业绩标准为主的导向。在必要的时候，则不妨借鉴一下索尼公司的“特别退休制度”，给予年龄较大而又没有发展潜力的干部以经济补偿，使年轻才俊尽快走向重要领导岗位。

一般说来，差距形成秩序的基础，也是形成动力的源泉。因为自然生态具有一定的层次性，人的智力亦有高低之分，把所有智商高超的大才放到一块，并不意味着一定能够提高组织智力水平，所以，组织也需要各种层次的人才，领导者也应注意营造大才主导、中才辅助、小才实干的“人才生态”。级别较高的管理团队还应考虑不同专业人才的配备，以免管理团队人员专业单一，造成新思想、新思路的短缺，导致决策思维难以创新。如果管理团队是由不同专业的人组成的，遇到某一方面的专业问题，就可以当场咨询，临机决断，既能快速澄清问题，又能实现知识共享。

领导者利用组织系统结构、机制、文化以及适宜的人才智力结构对下属进行间接的合理的控制，丝毫不显得思想落后，反而是绝对必需的。当然，领导者也不要像唐僧那样指望什么“紧箍咒”。看看下面的故事，你能想到什么？

唐僧师徒取经成功，佛祖封他们为佛。孙悟空喜不自胜，向唐僧下拜道：“师父，请受徒儿一拜，感谢你对我的信任，使我成了佛。”唐僧双手合十，眼睛微闭，躬身答道：“徒儿，应该由我来感谢你对我的忠诚，阿弥陀佛！”当他低头念完佛号，不觉露出一丝笑意。这个细节被土地爷看到了，私下问唐僧道：“师父为何对悟空发笑？”唐僧说：“这猴头神通广大，现在又成了正果，其实根基还是很浅的。你要知道，我对他的信任，无非是那道紧箍咒；他对我的忠诚，无非也是那道紧箍咒。”

请问，已经成了佛的唐僧，仍然自鸣得意于他的“紧箍咒”，如果孙悟空知道，他会不会感到寒心？在经历了“九九八十一难”之后，成了佛的唐僧应该这样对待悟空吗？成了佛的唐僧是不是有违佛性佛心，缺少那么一点朴实和人情味呢？

古往今来，有些人喜欢用“紧箍咒”控制下级，有些人喜欢用奸诈的权术控制下级，都属于不足为法的负面方法。为此，我要再次重申：我强调的是利用结构、机制、文化进行间接的合理的制约，并不提倡使用“紧箍咒”。

二、排斥性搭配法

世界上任何事物都是对立统一的矛盾系统，从本质上说都具有两面性。中国古代哲学中的阴阳观认为：宇宙的本质就是阴阳两面的对立统一，人世间最根本的智慧就在于如何使阴阳共存、和谐统一。既然任何事物都具有两面性，人的素质必然也有两面性：既有正面因素，也有负面因素；既有优点，也有缺点。发挥优点，相对地就能淡化缺点；抑制缺点，相对地就能增强优点。在发挥优点的同时抑制缺点，就能更加强化优点。因此，抑制人的短处或负面因素，也是提高用人效率不可忽视的一个命题。我提倡合理搭配，相得益彰，与抑制人的弱点或负面因素没有矛盾。

美国著名的“电脑大王”、企业家王安祖籍中国江苏省昆山县，1945 年赴美留学，取得哈佛大学应用物理学博士学位，先后发明了磁芯、磁线记忆圈，并研制出第一台程序计算机，是小型电脑的奠基人。20 世纪 50 年代，他创办王安电脑公司，把在美国波士顿南头的一个小店变成了一家国际性大型办公室自动化电脑公司，成为美籍华人中最有成就的实业家。王安公司成绩最好的时候，在美国电脑业名列第七，在全美企业 500 强排行榜上排名第 264 位，王安本人在美国 400 超级富豪排行榜中名列第八，华裔首富，挤进了美国超级富豪杜邦、福特、希尔顿、洛克菲勒、亨特、肯尼迪、梅隆、赫斯特等巨富家族的行列。虽然王安最后还是失败了，但他曾在美国创造了一个“王安神话”。他的成功得益于他的专业才能，也得益于他驾驭人才的手腕。因为他手下三个天才的技术专家考布劳、斯加尔和考尔科“互为仇寇”，根本无法合作，王安基于人性现实和大才的毛病，一直采取“分槽养马”办法，让三个互不服气的技术天才各守一摊，刺激他们相互竞争，为公司开发了很多热销产品，极大地推动了公司发展。王安的儿子——具有新潮思想的王列接掌公司后，特别强调内部合作，让三个互不服气的天才统一思想，团结一致，而没有认识到这是根本不可能的。王列的理念是统一实验室的所有产品，力图使之系列化。这就出现了一个难题：究竟以谁研制的产品作为系列化产品的基础呢？不管以谁的成果作为基础，另外两人都不会同意。考布劳一心开发一个由数台微机处理器组成的工作站系统，公司对他的设想很感兴趣，王列却把这个任务交给三个不同的研制小组来负责。考布劳气愤难当，立即辞职。斯加尔和考尔科则觉得让他们为别人的创意打下手太丢人了，也先后愤而辞职。这使王安公司损失巨大，元气大伤。从前，他们三人各自领导的研制小组，曾经给王安公司创造了数十亿美元的利润。现在，当新任董事长米勒煞费苦心地解决了公司的财务危机之后，公司却迟迟拿不出像样的产品。没有更新更好的产品打开新市场，王安公司只能苦苦挣扎、回天乏力。王列却把这事称为“管理机能失调”。王列的一位忘年交彼得·布鲁斯听到王列的话，气愤地说：“公司正面临着支离破碎、分崩离析的危险，离破产只有一步之遥，可他还像往常一样，大言不惭地说什么‘管理机能失调’！”

这个案例显示，王安公司倒闭的重要原因之一是用人失误。王安的用人失误是任人唯亲——非要让他儿子王列接班，王列的用人失误是不懂得排斥性法则：本来应该“分槽养马”，他却偏要“同槽撕咬”，显示了他志大才疏和用人艺术的稚嫩。

王安对考布劳、斯加尔和考尔科三个技术天才采用“分槽养马”的办法，使用的就是排斥性搭配法，利用的就是三人之间的不和谐，反而产生了意想不到刺激作用，三个人展开竞争，取得了不少技术成果。反观王列的用人，则过于稚嫩，异想天开，幻想着使三人团结协作，结果反而造成内讧加剧，导致三个天才全部辞职。

俗话说，任何事物都不能绝对化。讲究合理搭配，相得益彰，并不妨碍人们使用排斥性搭配法。换句话说，合理搭配，相得益彰，与排斥性搭配法并不矛盾。因为人性是一种复杂的现实，孟子主张性善论，韩非主张性恶论，西方经济人假设主张性恶论，社会人假设主张性善论，虽然都深具哲理，但又全都有失偏颇。宋代名臣王安石则坚持认为人性善恶兼具。比较而言，王安石的观点最为可信。

既然人性善恶兼具，难保不会恶性发作。因此，在合理的范围与合适的程度内，领导者不得不使用排斥性搭配法，对下属人才进行必要的制约。不过，我提倡的是合理制约，而且必须从事业发展的目的出发，从爱护人才的角度出发，从促进竞争、创新的角度出发，而不是为了领导者自己的权势而滥用权术。

实际上，排斥性人才搭配法广泛应用于企业组织。美国金融机构严格规

定，同一机构不能聘用恋人、夫妻、亲属。如果男女职员发展成恋爱关系，其中一个必须辞职。这也属于排斥性搭配法的变用。为了激发竞争，促进创新，企业同时设立两个或更多职能相似的团队，利用的是人们之间的竞胜心，属于排斥性搭配法的变型方法。关系特殊的亲戚、夫妻、恋人不能放在同一个要害部门，一是为了防止出现团团伙伙，破坏团结，危害工作；二是为了防止他们合起伙来违规操作。极言之，没有任何领导会让关系特别亲密的两口子一个干会计，一个干出纳。因为一旦他们合伙贪污，一人拿钱，一人做账，短期之内很难发现。同理，政府不允许同一个人兼职太多，也是为了保证各部门、各岗位职能的独立性，借以产生某种制约、排斥作用，减少下属犯错的机会，维护组织平稳运行，实质上仍然属于排斥性搭配法。如前所述，因为尼克·利森既负责台前交易，又负责台后统计、报表工作，所以，他才一直能够伪造假账蒙蔽巴林银行伦敦总部，直到把巴林银行拖垮为止。

松下幸之助说：人，要有畏惧才能成才。无畏的人是可怕的！这话很有道理。因为不畏惧法律，杀人犯才敢杀人，贪官污吏才敢贪污受贿。因为不怕舆论谴责，道德败坏的人才敢践踏道德规范。道理不难理解：无畏可以干大事，无畏也可能犯大罪。看来，这也是领导者不得不采用排斥性搭配法的另一个理由。

企业内部适当换工的方法，政府官员工作调动的方法，通常情况下是为了真正发现和使用干部的长处。每个干部熟悉两三种管理工作，看看他们到底更适于什么工作，可以有针对性地进行培养。特殊情况下，则是为了避免某一官员长期在某一岗位担任职务而造成近亲繁殖、死水一潭，或者是一手遮天、唯我独尊。有时候，特殊调动往往具有深刻的政治意图——上级机构明知某些位高权重的官吏身负重罪，却因为取证艰难，证据不足，无法交付司法机关查处。为了防止犯罪嫌疑人利用权力处处阻挠，多方串通，销毁证据，甚至威胁或杀害证人，一般是采取先行调离的方法，使其既无法控制当地的行政系统，而且一时又无法控制新到职所的行政系统，从而便于深入取证。无论某一地区大案需要查清，班子需要调整，风气需要整肃，还是其他重大问题需要解决，此时都需要借助某种“排斥”作用。只要我们稍加留意，就能发现多数重大案件都是在人事变动之后才得以彻查的。这也属于排斥性搭配法的变用。

英国管理学家帕金森在探讨“组织病”时，提出了一种“掺沙子”的方法，即向针扎不透、水泼不进的某一部门调入与该部门主管关系不睦的干部，从而达到制约和分权的目的，也属于排斥性配置法。但如果领导者同时采取打一方拉一方的做法，这粒“掺”进去的沙子确实也够扎心磨眼的。一般而言，这种方法不能提倡。

在中国封建社会，封建朝廷为了防止地方官吏一手遮天、横行霸道，往往采取几年调任一次的方法加以规制。此外，有的朝代还明确规定，县官不能在本县任职，用以防止官吏与当地势力相互勾结，从而乱政害民。所有这些方法，都属于排斥性搭配法，值得现代领导者辩证地分析、批判地借鉴。

三、互补性搭配法

我在前面曾经提到的人际关系认知中的互补吸引，乃是人际交往中最可靠、最长久的一种人际吸引方式。特别是对夫妻关系来说，性格、才智互补的男女离婚率最低。从系统论角度讲，互补是一种价值生成机制。从社会学角度讲，互补是和谐共存的条件。从领导用人角度讲，注重人才的互补性，既能促进组织成员之间的相互协作，又能提高用人效率。在探讨互补性搭配法之前，我们不妨先看一个佛学故事。

凡进寺庙，都要“进门拜弥勒，出门拜韦陀”。佛教寺庙为何要这样安排呢？

相传很久以前，弥勒佛和韦陀并不在同一个庙里，而是分别掌管不同的寺庙。弥勒佛热情快乐、笑口常开，所以前来朝拜的香客众多，庙宇香火旺盛。但是，因为他什么都不在乎，丢三落四，没有好好地管理账务，寺庙常常入不敷出。在另一个庙里，韦陀虽然尽心尽力，管账也是一把好手，但他整天阴沉着脸，太过严肃，以致香客越来越少，最后竟断了香火。佛祖在巡查香火的时候，发现了这些问题，就将他们俩放在同一个寺庙里。弥勒佛大肚能容人，笑迎八方客，佛祖就让他负责公关，前来进香的香客络绎不绝，寺庙香火大旺。韦陀铁面无私，认真细致，佛祖就让他负责财务，严格把关。从此以后，两个人分工合作，各司其职，庙里一派欣欣向荣的景象。至今，不管你到哪个佛教寺庙，都能看到弥勒和韦陀。

弥勒佛与韦陀的组合方式，就属于互补性搭配法中的素质搭配法。他们两人在没有搭配起来之前，每个人都无法保证寺庙运营良好。当他们搭配起来之后，弥勒佛的优点得以集中发挥，缺点得以避免，而且还能免除许多劳苦。韦陀的性格和素质适于理财，不适于总领寺庙事务；让他专门管账，长处就能得到发挥。这就启发我们，用人要做到才与事、人与人相适应，就能

做到人尽其才，扬长避短，甚至连短处也能变成长处。如果善于按照互补性原则组合搭配使用人才，就不会有什么废才。完全可以说，领导方法重在用人方法，领导艺术重在用人艺术，领导能力重在用人能力。

领导者在使用人才时，应该注意人尽其才与组织因素相容性、互补性的统一，以便取得 $1+1>2$ 的系统非加和效应。否则，脱离了相容性、互补性原则，盲目强调人尽其才，反而可能造成相反的结果。例如，企业领导若把两个都很能干但有矛盾的人放在一块，就很可能产生才各相抵的结果。严格说来，合理使用、相得益彰，涉及干部队伍结构的有机性问题，意在追求用人行为整体效果的提高。

把容易相处的人或关系本来就比较好的人放在一块，要注重主导者才大、辅助者德高的原则。主导者重在开拓创新，辅助者力求稳健踏实，两下互补，方能相得益彰。如果两下互斗，主导者正确的主张，辅助者一概反对；辅助者有益的见解，主导者一律压制，那就失去了相得益彰和相互促进的意义。领导者，包括企业领导用人，是为了创立事业，而不是为了压制别人。合理搭配是为了相得益彰，而不是相互消耗，因此，领导者在使用人才时，需要充分考虑部下的性格互补性，避免产生针尖对麦芒而两不相让的情况。一般来说，通常不能把性格相似的人放在一块，更不能把相互之间矛盾很深的人放在一起，也不能把有矛盾的人放在紧密相关的机构，以免因工作问题加深误解，或者遇事推卸责任，以致各讲各的理由，影响问题的根本解决。

在较为长期和较为深刻的关系之中，互补吸引比邻近吸引、相似吸引、相悦吸引更起作用。例如，在夫妻关系中，互补吸引最为重要，堪称夫妻关系长期亲密、稳定的必要条件。相比而言，在夫妻关系的早期，相似吸引较为重要。天长日久之后，互补吸引越来越显得更为重要。夫妻之间的相悦吸引，常常也以互补吸引为条件。在权力关系结构中，情况也是如此。正是这样一些原因的存在，相容性、互补性搭配方法才强调把性格互补而非相似的人放在一块。

素质互补，也是领导者在进行干部队伍结构设计时必须注意的问题。

众所周知，才能的标准和要求，因地位不同而有所不同，越是向上越要求具备决策、计划、协调能力，越是向下越要求具备管理、推动、执行能力。领导者在使用中层干部与基层干部时，必须注意素质互补。某一下属再向上走缺乏什么素质，领导者就要考虑通过工作指导和专项培训加以补足。基层团队领导缺乏什么素质，就需要配备这种素质比较突出的中层领导。其基本方法是“缺什么给什么”，以弥补下级相对稀缺的素质。基层干部和群众哪一方面差，就要配备哪一方面强的领导。某一基层组织风气较好但锐气不足，就应配备进取心强的中层领导；某一基层组织纪律较差，则应安排责任心强和作风踏实的领导。有的基层单位风气不好，就该安排品德高尚、作风硬朗的人去管理。总之，这种素质互补的人才搭配方法，在组织控制和文化建设方面都有意义。领导用人不能只是就人论人，还要因事论人，因需求才。

对于平行、并列的职能管理部门，应该强调职能互补。由于互补性来自独立性，没有相对独立性，就没有综合互补性；没有相对独立性，管理就会陷入混乱。因此，强调职能互补，首先要求各职能部门都要用人得当，人尽其才，以便充分实现其独立职能；其次，在确保独立职能的情况下加强协调，才能实现职能互补。

宏观性用人艺术解决的是知人善任、适才适用和干部队伍的结构与机制的问题。既强调用人得当、人尽其才，也强调从结构、机制的角度，保证管理干部能够充分发挥自己的才华，而领导者也可以有效地对组织进行适度的控制，把握组织运行状况，保持正确的发展方向。只有在机制保障、制约之下，只有在领导有效控制之下，才谈得上用人之长、人尽其才。脱离机制保障、制约，脱离领导的有效控制而空谈人尽其才，显然既不可取，也不符合实际要求。正因如此，我才涉及这方面的内容。

中国球迷都很熟悉，如果两个足球前锋都爱争功，放在一起都想出风头、抢镜头，反而丧失进球的天赐良机。高明的教练往往把这种没有互补性的天才分开使用，配上一个能够合作的前锋，一强一辅反而能进球。就强强分开使用而言，属于排斥性搭配方法。为大前锋配上合作的“小前锋”，属于相容性、互补性搭配方法。借鉴足球教练演练队伍和指挥比赛的方法，搞好干部组合，方能相得益彰，人尽其才。

性格与思维方法十分相近的干部要分开使用，以免相互消耗。因为性格与思维方法十分相近的人，初期相处还能比较投机，时间长了就容易针尖对麦芒。这样的人容易产生相似吸引，一旦相互的认识更加理性化，就容易产生矛盾。正常情况下，应该本着相容性或互补性原则使用他们，把他们放到能够相容和互补的环境中去。

关于这方面的内容，人们一直都把它混同于其他内容，没有进行专门界定。正是这种不足，造成了用人艺术的封闭化，无法显示用人行为与其他工作的关系，不利于学习者提高用人能力。我之所以澄清这一问题，就是为了消除有关弊端。

从哲学观点讲，任何人的长处与短处都是一个对立统一体。用人，既要

看长处和短处统一起来之后的综合水平，又要分别审视其长处和短处。有时候，用人宜取综合优势；有时候，用人有需要取用单项素质。如果你堪称用人大师，或者再降低一点，堪称用人行家，就连人的缺点都可以用来创造价值。如果现实中没有那么理想的人选，你就可以使用素质互补法，把两类素质不同的人组合使用。

唐太宗李世民堪称运用素质互补法的高手。经过多年战乱，唐朝开国初期百废待兴，许多典章制度也需要重新制定。对于诸多重大问题，房玄龄总能提出许多精辟的见解，但他对自己的想法和建议却不善于整理，也不能果断地作出抉择。杜如晦虽然不善于“原创”，但他经常能对别人提出的意见进行周密分析，迅速作出决断。很多事情经他分析研判，很快就能变成一项议案，提到李世民面前。因此，李世民任命房玄龄担任左相——尚书左仆射，任命杜如晦担任右相——尚书右仆射。他让房玄龄大胆谋划，让杜如晦分析决断，使其二人长短互补。这就是“房谋杜断”的来历。

房玄龄和杜如晦都不是通才或全才，也都有各自的弱点。李世民的高明之处就在于知人善任，用其所长，并通过组织上的合理搭配，使两人的长处互为补充，形成合力，同时也使他们的弱点得以避免。因此，领导者使用人才，应该注重各类人才组合搭配的最优化，以取得预期的用人效果。李世民能够创造“贞观之治”，即得益于他的胸怀、品德、理想、才能，也得益于他善于用人以及精于人才搭配。

毛泽东把邓小平和刘伯承搭配在一起，也称得上绝佳搭配。刘伯承也是一个军事天才，具有高超的战略控制能力和战术设计与执行水平。每次打仗，他都经过周密思索分析，善于把握战场上瞬息万变的细节。邓小平性格刚强，处事平淡而坚定，似乎从来不怕困难。周恩来认为刘伯承是“举轻若重”，邓小平则是“举重若轻”。两人搭配起来，可谓刚柔并济，至刚至柔，足以承担最为急难险重的任务。在抗日战争中，刘邓大军挺进太行山；在解放战争中，刘邓大军挺进大别山，都是根据这种至刚至柔的搭配做出的英明决策。历史证明，他们不负重托，功高至伟。

历史上价值取向正确的英明领导，往往能够通过合理使用人才，努力体现互补性，把人才搭配艺术演绎得出神入化，取得了相得益彰的效果。

在这一部分将要结束时，我们不妨欣赏一下古时候一个“西邻五子”的故事。

西邻之家有五个儿子，一个质朴、笨拙，一个聪明、懒惰，另外三个一个是驼背，一个是瘸子，一个是瞎子。按理说，这家人的日子一定不好过，做父母的一定非常焦虑、忧愁。可是，这家主人却很有办法。他让质朴的儿子务农，聪明的儿子经商，驼背的儿子搓绳，瘸腿的儿子纺线，失明的儿子按摩，一家人竟然过得丰衣足食。

李世民曾说：“用人如器，各取所长。”这家主人因人制宜，不仅取其所长，而且各取所短。他让质朴、笨拙的大儿务农，搞“农业公司”，他一定会勤劳苦干，不知道偷懒耍滑。他让聪明、懒惰的二儿经商，搞“商业公司”，他一定爱动脑筋，生财有方。他让驼背的三儿搓绳，搞“缆绳公司”，正好不用弯腰，亦无腰肌劳损之忧。他让瘸腿的四儿纺线，搞“纺织公司”，既不用使多大劲，腿脚放在那里还很方便。他让眼睛失明的五儿搞按摩，办“按摩公司”，难度也不算大：只要摸到了脚后跟，就不愁摸不到后脑勺——这多像一个颇具亲和性的一体化集团公司！父亲是堂堂皇皇的董事长和首席 CEO，他那五个儿子就是各子公司经理。五个儿子的长处都能创造价值，短处似乎也变成了“长处”，而且还有很强的互补性。务农的儿子可以从兄弟们那里得到工具、绳子、衣服，还可以享受弟弟的按摩；经商的儿子则可以推销兄弟们的粮食、绳子、纱线、衣服与按摩服务。如此互为补充，父亲则统一领导，整体优势一定不错。更令人叫绝的是，五个儿子谁也无法夺取别人的职位，有些职位甚至避之不及，有谁愿意争来斗去？显然，是智力和素质的差别决定了秩序。

这位父亲真乃高人，能够扬长用短，还能体现相容性或互补性原则：合理搭配，相得益彰！对此，领导者是否应该深思：人才，要不要也讲究一下“生态链”？

第二章

信任部下　用人不疑

上下级之间关系的特殊性，决定了其特殊的意义。对于自我期许较高的人来说，能够得到领导的信任，意义当然特别重大。因为要想更好地实现人生价值，就需要领导的信任和提携。信任部下，用人不疑，疑人不用，摒弃妇人之仁，杜绝无端猜忌，是提高用人效率和促进部下成长的必然要求，是领导者用人艺术的重要法则。

第一节　信任部下长士气

俗话说，“狭路相逢勇者胜”。“勇”是什么？是士气！士气从哪里来，从人的内心深处的信仰和情感中来。古人云：“士为知己者死，女为悦己者容。”无论是“知己”还是“悦己”，其背后的共同因素就是信任。“知己”也好，“悦己”也罢，全都通过信任表现出来。“知己”必然信任，无须多加解释。是否“悦己”，也以信任为前提。如果不能信任，岂能去“悦”？“死”，是为了报答“知己”者；“容”，则是为了取悦于“悦己”者。可见，“死”与“容”都是一种报答。原因就是有人理解、信任自己，原因就是有人爱慕自己。这说明了被人信赖和欣赏的重要性。

时下有一个人皆尽知的说法，“谁赢得人才，谁就赢得竞争”，不过，更为准确的说法应该是“谁赢得人才之心，谁就赢得竞争”。领导者若要赢得人才之心，就应当从信任部下开始。为了充分显示信任的重要意义，请看下面的故事：

一艘货轮正在波涛浩瀚的大西洋上行驶。一个正在船尾做清洁工作的黑人小孩不慎掉进了波涛汹涌的大海。孩子大喊救命，无奈风大浪急，船上的人谁也没有听见。就这样，他眼睁睁地看着货轮拖着浪花越去越远。

求生的本能使这个孩子在冰冷的水里拼命地游着，他用全身的力气挥动着瘦小的双臂，努力把头伸出水面，睁大眼睛紧盯着轮船远去的方向。船越来越远，船身越来越小……到后来，他什么也看不见了，只剩下一望无际的汪洋。这时，孩子的力气也快用完了，实在游不动了，他觉得自己快要沉下去了。

"放弃吧！"他对自己说道。这时，他又想起了老船长慈祥的脸庞和友善的眼神。"不，船长知道我掉进海里后，一定会来救我的！"

想到这里，孩子鼓足勇气，用生命的最后的力量，又朝前游去。

船长终于发现黑人孩子失踪了，断定孩子掉进海里，立即下令返航，回去找人。有人劝他："都这么长时间了，那孩子就是没有被淹死，也早让鲨鱼吃了。"船长犹豫了一下，还是决定回去救人。又有人说："为一个黑奴孩子，值得吗？"船长大喝一声："住嘴！"终于，就在那孩子将要沉下去的最后一刻，船长赶到了，救起了那个孩子。当那孩子苏醒过来之后，跪在地上感谢船长的救命之恩。船长扶起孩子问："孩子，你怎么能坚持这么长时间呢？"孩子说："我知道你会来救我的，一定会的！"船长说："你怎么知道我一定会来救你呢？"孩子说道："因为我知道您是那样的人！"

听到这里，白发苍苍的船长"扑通"一声跪在黑人孩子面前，泪流满面地说："孩子，不是我救了你，而是你救了我啊！我为我在那一刻的犹豫而羞愧！"

人生总会有一些机会，在某种特殊的时候，某些人或者某些事，使我们深切感受到能被别人信任不疑，也是一种莫大的幸福。如果别人在绝望的时候想起你，并且相信你会给予拯救；如果一个人被他所相信的人施与拯救，一定都会感到自己是多么幸福！从某种意义上说，对别人的重要性，是人的责任、力量、希望的源泉。普天之下，为数众多的人与其说是为了自己而活，倒不如说是为了别人而活。恰如生活艰辛的父母为年幼的孩子而活一样，原因仅仅只是他们对于孩子来说太重要了！

毫无疑问，"死"是悲惨之极的事情，是人们一生努力抗拒的灾难。它代表着对生命与价值的否定，意味着一个人的永久消失，意味着一个人永远不可能再创造人生价值了。在所有可怕的事物中，可能要数死亡最为可怕，所以，人们常说"好死不如赖活着"。然而，"士"却乐意为"知己者"死，这

并不是说他们没有价值意识，而是他们觉得能“为知己者死”，就是价值之所在。只要对“知己者”有益，他们的“死”就有价值，就是“死得其所”。由此可见，人们因为他人对自己的理解、信任，可以去做人类顽强抗拒的苦差事——“死”。企业竞争是没有硝烟的战争，当然不用“士为知己者死”，但是，这并不是说不需要这种慷慨赴死的义勇精神。因此，企业领导应努力成为下属的“知己者”，让手下的“士”们无私奉献，顽强拼搏。

战国时期著名的军事家吴起，也是一个著名的政治家。吴起曾在鲁国担任将军，并率军取得了胜利。那是他打的第一仗。当时，因为齐国攻打鲁国，鲁国打算任命他担任抗击齐军的主帅。由于吴起的妻子是齐国人，鲁国议而不决，吴起就杀了妻子“以明不与齐也”。“鲁卒以为将，将而攻齐，大破之”。也有人认为，吴起的妻子是因为不愿让丈夫为难而自杀的。吴起虽然取得了胜利，却招来鲁国国君的猜疑和鲁人的非议，于是投奔魏国。魏文侯魏斯问李悝曰：“吴起何如人哉?”李悝曰：“起贪而好色，然用兵司马穰苴不能过也。”李悝可能也听信了关于吴起的闲言碎语，才说他“贪而好色”，但他并没有因此抹杀吴起的军事才能。魏文侯也不计较吴起的“缺陷”。他以吴起为将，“击秦、拔五城”。后来，吴起用事实纠正了别人对他的不公正的看法。吴起为将，“与士卒最下者同衣食，卧不设席，行不骑乘，亲裹赢粮，与士卒分劳苦”，终于使魏文侯认识到他不仅“善用兵”，而且“廉平，尽得士心”，于是任命他为西河守，“以拒秦、韩”。吴起就像秦国的克星一样，一直牢牢地压得秦国喘不过气来。如果魏武侯能像魏文侯一样信任吴起，很难想象秦国还能存在下去。

乐羊是魏国一位能干的大将，魏文侯命令乐羊为将攻伐中山国，两年多居然攻打不下，朝中官员议论纷起。有的人说乐羊的儿子乐舒是中山国宠臣，乐羊怎么会积极攻破中山国呢？有的人甚至说乐羊与中山国暗中一定有勾结，不然，以乐羊的本事，怎能会连一个小小的中山国也久攻不下呢？然而，魏文侯对乐羊的信任始终没有动摇。不久，乐羊置儿子的请求于不顾，攻破了中山国。原来，乐羊久围而不攻，其实是不忍城中百姓生灵涂炭，也是为了孤立无道的中山国国君姬窟。乐羊凯旋回朝，“文侯示之谤书一箧”，乐羊被魏文侯信任不疑的诚心所感动，“再拜稽首曰：‘此非臣子之功也，主君之力也。’”魏文侯这才赐以财物给乐羊，乐羊感动得五体投地。

魏文侯尊贤任能，用人不疑，使他在当时获得了很高的声望，一大批人才涌向魏国，造就了魏国的强大。他在子夏、田子方、段干木、吴起、李悝、西门豹等人才的帮助下，开创了魏国历史最为辉煌的时代。

用现代的观点来说，吴起杀妻肯定应该判处重刑。然而，仅就用人艺术而言，吴起为了取得鲁国国君的信任，竟然杀妻明志。可见，臣下对于君王的信任何等重视。乐羊战功卓著，魏王并没有先赏赐他，而是先送给他一箱子诽谤他的奏章，后来才赏赐财物，这令乐羊感激涕零。可见，信任部下可以赢得部下的忠心和感激。

领导者信任部下，是用人艺术的重要法则。领导者不能使用简单命令的方式驱动部下，那会使部下产生不被尊重的感觉。部下即使是勉强服从，也只能是消极应付，其心劲不可能充足，工作也难以出色。领导者用人艺术的前提之一，就是通过信任部下而获得部下的信任，提高部下的感恩意识、自信心和奉献意识。

领导者和属下各级干部是一种双向支持关系。没有领导的支持，部下很难取得出色的业绩，组织也不能创造骄人的成就；没有部下的支持，领导战略决策就无法落地。领导者信任部下，是集体利益、自身责任和利益的必然要求，也是为人处事根本原则的更高体现。如果说就连一般的为人处事原则也强调信任朋友、肝胆相照，用人艺术更是如此。信任部下，代表着领导干部的基本修养。

古人云："得人心者得天下。"对于企业领导来说，则是得人心，兴企业。得人心，无疑是天底下最难的事情。然而难则难矣，并非不能，办法就是从信任部下开始，以心换心！可以说，信任部下乃是"攻心战"的一种基本战术。

理解和信任下属，才能得到下属的理解、信任乃至忘我的回报。心中没有爱的人，不配得到别人的爱；不能信任别人的人，无法得到别人的信任。可见，爱生爱，情生情，信任换信任，"以心换心"，乃是人性、人心的根本法则。中国人讲人情，也强调义气，这是礼义大国自古到今没有改变的风尚。骂人最狠的话，也不过"六亲不认"。这是一种文化遗产，也是一种精神资源与社会风尚。其中有精华也有糟粕，只是并不容易改变。既然信任下属如此重要，那么，怎样才算是信任下属呢？

首先，信任部下，就要敢用、重用部下。领导者信任下属，绝对不是一句空话，并不是用语言就能证明的。对于部下而言，领导信任与否，取决于领导重用与否。部下只看事实，不会相信花言巧语。在现实生活中，虽然人们常说要信任下级，要信任群众，实际上往往不是这样。有的领导总是事必躬亲，弄得部下无所适从。如此根本没有信任可言，岂有人尽其才之理！有的领导总是因为胆子太小，老怕部下干不好工作，所以总是婆婆

妈妈，使部下觉得领导根本不相信他们。有些领导则是私心权欲太重，总怕部下的辉煌淹没了自己的光彩。如此一来，都容易陷入使用而不重用的误区。然而，人性的奥秘在于难拒真诚和难容虚伪，得不到信任的人，很少能够“尽力”又“尽忠”。到头来，影响的仍是组织的业绩，损害的仍是领导者自己。

信任和重用人才，也是培养人才的一种方法。得到领导的赏识，对每个人都是一种重大激励；下属都会为这种器重而不辞劳苦，拼搏奉献。信任下属意味着重用下属，意味着领导者敢于授权、充分授权。

使用人才的重要艺术之一，在于“用人不疑，疑人不用”。领导者使用某个干部担当重要任务，不能忧心忡忡，过多过细地查问不休，那会增加下属的顾虑，降低他们的主观能动性。

重用意味着充分授权。有的领导让部下承担重大任务，但又不把决策权随同责任一起交给他们，那不是真正的重用。部下只有完成任务的义务，而没有决定行动的权力，事事都要请示，他们不会认为这是重用。信任、重用意味着授权留责，让部下消除顾虑，一展所长。如果领导不敢授权留责，那就意味着他们并不是真正信赖部下。领导者不敢授权留责的并发症，即争功诿过，是品质不良的表现，理应竭力避免。当然，信任不是放任。领导者既要充分授权，又要保留监督权和赏罚权。

重用意味着要大胆使用。领导者不能因为一个下属没有经验就不敢重用，也不能仅仅重用少数亲信。企业竞争中碰到的重大问题，多数都是新问题，如果单凭有无经验而用人，很可能会无人可用。如此则大事小事自己挂帅，实际上还是不信任部下。因为部下能力不够就不敢重用，也属于主观上不能信任部下。

古人云：“好贤而不能任，能任而不能信，能信而不能终，能终而不能赏，虽有贤人，终不可用矣。”如此一来，必然会出现墨子所说的情况，即“所信不忠，所忠不信”，意思是上边信任的人并不忠诚，下边忠诚的人得不到信任。

宋代文豪苏轼认为：“谗邪之所以并进者，由上多疑心……物必先腐而后虫生之，人必先疑也而后谗入之。陈平虽智，安能间无疑之主哉?”苏轼此处是指项羽听信谗言，贬逐范增一事。项羽贬逐范增，乃是项羽失败的重要原因之一。

魏征说：“夫上之不信于下，必以为下无可信矣。若必下无可信，则必有可疑矣!”这里，魏征把上下相疑的主要原因归结为“上怀不信，待之过薄所致也。待之不尽诚信，何以责其忠恕哉？”足见领导者不应怪下级不忠，首先应该怪自己不“信”！

现代心理学理论证明：人的智力的使用率一般只有20%，使用率最高的天才也不超过80%。这意味着人的智力大有开发余地。人在情绪特别高涨时，或者是面临严重挑战时，都会爆发出惊人的潜力。对于某一重大任务，即使部下能力稍微欠缺，也应授权他们去完成大任。部下看到领导如此信任自己，就有了“士为知己者死”的激情，就会情绪高涨地迎接挑战，其创造性就会充分激发出来。敢于信任部下的领导，只要部下担当重任的能力达到70%，就敢重用部下，让他们在实践中弥补欠缺的30%。

松下幸之助在创业时期，经常采用这种方法激励年轻人，他的公司因此兴旺发达。项羽有范增、韩信和陈平却不加信任、重用，最终难免失败。刘邦敢用比自己才气更高的张良、萧何、韩信，最终击败项羽，建立大汉王朝。

不可否认，信任、敢用、重用，取决于领导的才干、胸怀和品格。越是才能高超、品德高尚的领导，反而越能信任、重用部下；越是胸怀坦荡、光明正大的领导，越能信任重用部下。相反，心地阴暗、疑神疑鬼的人，不可能信任、重用部下。信任之所以能感召人心，就是因为它隐含着领导者高尚的品格。

信任可以产生期待。如果说信任是阴影里的金子，期望就是照亮金子的阳光。成就取决于才能，也取决于期望。领导者要把高度的期望传达给部下，使他们坚信自己能够胜任任何艰难的工作，产生自我激励和承诺，同时使之更加重视自己的责任。

西方国家有个传说，表明了期待的神奇力量！据说，在法国，有个胆小怕事的中年人一事无成，十分灰心。有一次，他去找一个吉卜赛占卜师算命。吉卜赛人告诉他，他的前世是大名鼎鼎的拿破仑，他的灵魂深处蕴蓄着拿破仑生命的精华，他的未来将会精彩纷呈。这个法国人从此决心不再荒废自己内禀的“遗产”。他发愤学习了拿破仑的所有韬略和战术，并将其用到生意场上，终于成为一名富商。

企业领导是企业中的最高权威，他们对部下的期待和预言，有着与吉卜赛人预言相同的魅力，能够在部下心中产生积极的心理效应，使他们信心百倍地投入工作，并且能精益求精、追求完美。因为他们想让领导相信自己能够干得更好。历史上和现实中的好多创造发明，往往来自这种“显示自己的情结”。领导者的这种心理投资，一旦唤起部下的自我期待和自我激励，就会产生难以估量的价值。

有的领导不能信任、重用和预支期待给部下，反映了这些领导欠缺承受压力的品质。特别是在重要关头，有些领导对部下千般叮咛，万般嘱咐，似乎不把部下吓个屁滚尿流，就不足以说明问题的严重性。有的领导自己承受不了压力，因而反复向部下强调失败的后果，弄得部下还未行动，士气已垮，根本不可能取得成功。

众所周知，承受压力是一个领导人必备的品质。天才的领导不仅不怕压力，而且总是努力对已经发生的事件施加积极的影响。尤其是在危机时刻，领导者更应镇定自若。如果领导者忧心忡忡，口不择言，部下怎能镇定自若？对于重大的行动，哪个领导人能不反复思虑行动失败的后果呢？能够承受压力的领导只不过不说而已，因为既然只能让某些部下当此大任，既然已经授权部下临机处理，除此之外又没有更好的选择，即使失败又有什么办法呢？何况，与其耳提面命，倒不如根本不用他们，才更符合“用人不疑，疑人不用”的原则。如果抱着这种想法，就不必向部下强调压力与后果，而是应该向部下传达期待。领导者应该心如明镜，相对于自己期待成功而言，部下更加渴望成功，以便证明他们对组织与领导的重要性。

领导者信任别人，不仅是一种胸怀、品质，而且也是一种能力。不管你在其他方面具有多大的能力，只要缺少了信任下级的能力，就不可能成为卓越的领导。有时候，信任下级，能够使看起来很不可能的事情变成可能。

1949 年 9 月，新疆和平解放，接踵而来的事情就是实行部队的改编和政府机构的调整。由于张治中曾担任国民党西北四省的军政长官，毛泽东希望他能去西北工作，与彭德怀合作完成这一任务，张治中愉快地接受了。彭、张两人一见如故，相当投机。在一同飞往新疆的途中，两人的谈话坦率真诚，多有共识，一下便成了相互信任的好朋友。到达乌鲁木齐之后，两人立即着手筹备成立新疆军区，改组新疆维吾尔自治区政府，制定新的施政纲领。因为成立西北军政委员会，首先遇到就是人选问题。彭德怀对张治中说：“人民的事业得靠大家干。西北军政委员会成立后，需要许多专门人才，请你介绍一些人，怎么样？”张治中说：“当然可以。”

张治中经过一番考虑，提出了军政委员会和部队干部的一些人选，还推荐了一位副秘书长和一位办公厅副主任的人选。这些人多是旧政府和旧军队中的人员，有的出身不好，有的历史上有一些问题。因此，组织人事部门的人有许多意见。彭德怀知道后，十分郑重地说：“我们用干部的标准不取决于是否是共产党员，只要他不是汉奸、特务，没有血债和民愤，是个人才，我们就都可以用。”

当时，新疆起义部队连同保安人员、警察共有10多万人，整个自治区有14个民族，人口接近400万。和平解放伊始，存在着人心不稳、军心未定的现象。在这种情况下，彭德怀如此信任张治中及其所推荐的干部，对起义的官兵和政府人员都是极大的安慰，使他们对共产党的政策有了更深的了解，政局逐渐趋于稳定。

在现实生活中，有些领导确实缺乏信任别人的雅量和能力。例如，有些组织一旦发生人事变动，紧跟着就是提拔自己的人。虽然这种做法原因很多，但其根本原因就是缺乏信任别人的美德；另外就是私心太重，拉帮结派，分类划线。

切记，信任和期待是一对孪生姐妹，期待总是跟信任走。信任和期待是一面镜子，她们总是能从对方照出自己，从而产生感激与勇气。

第二节　妇人之仁不可取

在我们将要探讨妇人之仁时，我需要郑重声明：我对女性并没有什么偏见。只不过因为“妇人之仁”这个词自古以来已经约定俗成，我也只能援引而已。

妇人之仁的特点，恰恰就是不能胸怀坦荡地对待别人。从字面意义来看，妇人之仁就是像娘们的心眼那样，虽然可能也有善意，但是缺乏磊落、大义和果断。妇人之仁，是无法断然施舍的仁爱，是一种小气的善意，是一种吝啬的仁慈。

松下幸之助强调，领导者应该有“宁肯天下人负我，我不负天下人”的胸襟，要敢于信任、重用部下。妇人之心，则是常常怀疑“天下人负我”。

妇人之仁，绝不是大丈夫所为。它无助于提高威信，反而会降低自己的威信。纵观古今中外，绝对没有通过妇人之仁成就大业者。凡成大业者，无不具有大丈夫的胸怀。所谓大丈夫的胸怀，就是真诚待人，信任他人；宁肯天下人负我，不许我负天下人。项羽颇有妇人之仁，袁绍也有点妇人之仁，他们都没能逃脱失败的命运。

眷顾小事贻误大计，属于妇人之仁的一种。这看起来只是小心眼而已，甚至谈不上自私，实际上却会损害集体利益或公众事业，自然无法令下属心服、敬佩。

三国时期的袁绍因为心爱的儿子，没有与刘备联合对付曹操，以致留下大患。东汉末年，刘备占据徐州，对曹操构成严重威胁。为了消灭刘备，扫除威胁，曹操亲率二十万大军，浩浩荡荡直奔徐州。消息传到徐州，刘备连忙与部下商议对策，决定求救于河北的袁绍。刘备修书一封，派孙乾奔赴河北。孙乾首先去见袁绍的谋士田丰，田丰连忙带他去见袁绍。袁绍面容憔悴，衣冠不整。田丰问："今日主公何至如此?"袁绍说："我将死矣!"田丰又问："主公何出此言?"袁绍叹了口气，异常心痛地说："吾生五子，惟最幼者极快吾意；今患疥疮，命已垂绝。吾有何心论他事乎?"田丰说："今曹操东征刘玄德，许昌空虚，若以义兵乘虚而入，上可以保天子，下可以救万民。此不易得之机会也，惟明公裁之。"袁绍说："吾亦知此最好，奈我心中恍惚，恐有不利。"田丰说："何恍惚之有?"袁绍说："五子中惟此子生得最异，倘有疏虞，吾命休矣。"袁绍决意不肯发兵，他对孙乾说："汝回见玄德，可言其故。倘有不如意，可来相投，吾自有相助之处。"田丰用杖击地："遭此难遇之时，乃以婴儿之病，失此机会！大事去矣，可痛惜哉!"说完，跺脚长叹而去。袁绍白白丧失了最佳进攻时机。曹操东征刘备归来，得以全力对付袁绍，官渡一战，使袁绍的基业荡然无存。

领导者必须用理智统率情感，绝不能因为自己的私事或亲情而贻误大事。这就意味着领导者在关键时刻必须敢于做出牺牲，切勿妇人之仁。另外，机不可失，失不再来。面对良机，领导者唯一能做的就是牢牢把握时势，快速果断行动，稍有犹豫或拖延，都有可能使机会一去不返。面对需要解决的众多问题，领导者需要分清事情的轻重缓急，重要的事情一定要紧抓不放，切忌本末倒置、舍本逐末。

当今社会注重情感管理，于是到处都能听到领导者大谈特谈情感管理，唯独不见他们创新制度，造福于人。这实际上也是妇人之仁。其实，情感管理的主旨就是诚心诚意地相信"每个人都有自己的专长""无论你多么忙，也必须花时间使别人感到他们很重要"。真正的情感管理意味着领导者必须倾听下属的意见，让他们知道有人尊重他们的想法，希望他们发表自己的见解，并且敢于大胆地授予他们足够的权力，用实际行动明确告诉下属：组织和领导都很赞赏你们！情感管理注重诚心诚意的表扬、鼓励和赞美，领导者如果只是使用动听的言辞和聪明的计策，既舍不得给予下属应得的物质利益，又不敢放心大胆地授权给部下，那就只能称为妇人之仁。须知，自古以来，妇人若是求人办事，最是擅长利用动听的言辞和煽情的技巧达到目的。

根据人性假设理论的演变，现代人已经由"经济人""社会人""复杂人”“组织的人”“文化的人”发展为“学习的人”。另有关于“企业人”的理论，认为当代社会人类已经由“经济人”“机械人”“干活人”“精神人”“思考人”“理智人”发展到“完全人”。其中，“经济人”“机械人”“干活人”都是把人当成工具，忽视人的精神需求。“精神人”则强调，人可以也应当追求生命、工作和生活的意义，人的精神需求应该尊重，强调“人类压倒一切的第一位需要，就是寻求意义”。“思考人”是指人们都有自己的思维，考虑自身的利益，也能考虑企业的利益，员工要有充分的自由，而企业的民主与个人自由，是企业人进行思考的前提。“理智人”是指员工不仅善于“思考”，喜欢学习，渴望有所创造，而且“理智”，即懂得仅依靠自身的思考还不足以解决企业的重大问题，必须依靠历史的和集体的经验智慧。“完全人”比“理智人”更进一步，是指员工不仅能做好本职工作，而且还能将自己的努力同企业、民族、国家和世界的前途联系起来；他们既会考虑目前的处境，也能关注长远的发展；他们力求把各种知识融会贯通，加以创新和应用。虽然他们只是普通员工，却能与企业领导思考相同的问题。“完全人”具有较强的主人翁精神。因为“完全人”的本质要求他们了解内部和外部各种情况，以便成为真正的主人。管理学家南希·奥斯丁认为主人翁精神就是“人人都是企业家的现象”。她说：“单单是主人翁感所具有的力量也是惊人的！”她认为主人翁讨厌“别人什么都不告诉我”，希望参与企业决策和管理。如果把员工都看作企业家，他们就会全身心热爱工作，自觉为公司的成功承担义务。因此，企业领导要把权力下放到基层，采取上下共商的形式，为一般员工提供施展才能的机会，使他们感到自己的命运控制在自己手里，从而把工作做得更好。

美国奎德·格雷菲克斯公司执行总裁奎德雷西说：责任应当主动承担和分享，无须严格规定，永远不应当有什么“别人的责任”；任何人只要看到需要做的事情，就要毫不犹豫地承担起责任并去做这件事；我们的职工不应当等着我或其他人来告诉他们应当做什么。他经常拒绝告诉手下人应该做什么，放心大胆地让部下作主。公司运输部希望货车在返回途中多搞一些货运业务，以便增加收入，扩大卡车队。奎德雷西于是发给每个驾驶员一把卡车钥匙。他说，从现在起你们都是新成立的事业部——杜普兰维尔运输有限公司的成员，同时也是股东与合伙人。从此，在返回途中拉货赢利，就成了司机的责任。司机们问他应当搞些什么运输，奎德雷西耸耸肩：“我怎么知道？我对驾驶 18 辆卡车一无所知。我不想分担你们的任务。”说完，他便转身走了。

这一案例表明：对一线雇员充分放权，充分信赖，利益与共，责任“无

界”，风险共担，正是形成主人翁的精神境界和强烈的主人翁感的基础。

这里还有一个很好的例子，很值得读者欣赏一下：

美国圣彼得堡时报社是一个充满关怀的天地，89%的员工觉得公司不仅是一个“好”的或者是“优秀”的工作场所，还是一个“伟大”的工作场所？

这家公司的退休基金比较优厚，也不考虑什么工作年限。公司每季度根据物价上涨指数水平调整一次员工的生活费，并以现金支付。每年为公司工作超过1000小时的员工，都可以分享利润。员工们都乐意告诉别人：我们正在为一家独一无二、与众不同的公司工作。在这里，传统的业务形式并不废除，独特个性也受到鼓励。报社各个部门都有着同样一种风格：“喂，请按你自己的方式办事。”

当你没有按自己的方式办事时，你将听到充满了笑趣的善意的批评。

总裁安迪·巴恩思全力把报社当成终身事业，也鼓励所有员工这样做。他反复强调：“时报社得到的收益是发行了一份报纸，而不是办报以获取利润。”

很少有哪个企业能像圣彼得堡时报社那样真诚地把力量花在员工们当前和今后的福利待遇上。他们给员工的福利和服务有：分担任务，分散值班，机动安排工作时间；自主选择助手；召开工作和家务研讨会，商讨如何教育子女和照顾老人等问题，还欢迎和鼓励员工家属与子女参加；举办“夏令营”，员工凡有子女需在暑期照管的均可参加；“照看病孩计划”，可以去邻近医院轮流日托；孩子出生后父母都可以享有产假，最长可达一年，有两位父亲已经享受整整一年假期；假期可以调休，甚至一次可以调休一年；全职员工可以把国定假日10天和个人休假合并起来，可以自行安排天数并允许超假；公司雇佣一位家务专家，必要时协助报社员工处理家务。

在报社的诸多庆祝活动和家属聚会中，洋溢着社会和家庭的自豪感。在庆祝活动中，最令人兴奋的是每年一次的“公司年会”，所有员工及家属均被邀请参加。有一年，这项活动竟有4000多人——包括退休人员，他们也是公司大家庭的成员啊！

每期刊物都刊登如下信息：员工们升迁和调动的情况；员工第二代和第三代的出生情况；对员工家属中死亡者的哀悼；对病中的员工表示慰问和祝愿。

报社提供多种多样的训练，目的是帮助个人如何应对各种不同情况。

时报社发扬了“尊敬”这一基本精神——充满活力的使命观，鼓励人们充分发挥个人特长，多种渠道施展才能的企业文化，“世界级”的福利待遇，使员工们发自内心地热爱她。这一切，使圣彼得堡时报社成为企业学习的典范。

这是美国一篇新闻报道的摘录，从中可以看出圣彼得堡时报社强烈的人本主义精神、对员工那种更高境界的信任以及基于这种信任而培育起来的高度关怀和高度自由的企业文化。

郭嘉曾对曹操说，袁绍看到某人痛苦，就擦眼抹泪；对于他看不到的苦状，丝毫也不在意。他并不考虑应该制定政策，使天下人免于痛苦，纯属妇人之仁。

鸡肠狗肚，无端生疑，属于妇人之仁。小恩小惠，虚情假意，属于妇人之仁。贪权爱利，不敢授权，属于妇人之仁。哀叹人间不仁，却又不去行善，属于妇人之仁。另外，分不清大小轻重，舍不得“拔一毛而救一国”，也是妇人之仁。明朝崇祯皇帝内忧外患之际，天天呕心沥血，勤于朝政，还不时要求大臣们体恤圣心，精忠报国，自己却像个吝啬鬼一样抠门，舍不得多掏点银子充作军饷，亦属典型的妇人之仁。

当然，还有一些情况也属于妇人之仁。项羽鸿门宴上放生刘邦，属于妇人之仁。辜息养奸，优柔寡断，同样属于妇人之仁。凡此种种，领导者都应避免。

第三节　无端猜忌伤忠义

领导者如果真想信任部下，就不要无端猜忌，也不要听信俗议谗言，随便猜忌部下。自古以来，性格多疑的人和性格颟顸的人一样，都难以成就大事。当然，所谓“害人之心不可有，防人之心不可无”，领导者不可能不防范部下以权谋私，然而，其办法不是多疑猜忌，而是借助制度约束和诚信作风加以规范、引导。

领导者自身的诚信待下，是部下诚信待上的条件。上级如果没有诚信，下级必然奸伪待上。上级竭诚待下，即使有不忠不信的下级，也会有诚信之

士检举他们。否则，上上下下虚假伪善，诚信之士就会敬而远之，必将导致风气败坏。

孔子说："唯天下至诚，为能尽其性；能尽其性，则能尽人之性；能尽人之性，则能尽物之性；能尽物之性，则可以赞天地之化育；可以赞天地之化育，则可以与天地三矣。"孔子的意思是：只有天下最真诚的人，才能充分发挥自己本性的力量；能够充分发挥自己本性的力量，就能充分发挥众人本性的力量；能够充分发挥众人本性的力量，就能充分发挥万物的价值；能够充分发挥万物的价值，就可以赞助天地化育万物；可以赞助天地化育万物，就可以成为圣人而与天地并列为三。

无独有偶，荀子也说"不诚则不能化万物""不诚则不能化万民"。

欧阳修说过："用人之术，用之心专，信之必笃然后能尽其材而可共事。"

欧阳修还说过："凡任人之道，要在不疑。宁可艰于择人，不可轻任而不信。若无贤不肖一例疑之，则人各心阑，谁肯办事?"

欧阳修的意思是：用官的原则，最重要的就是信任不疑。君主宁可在识别人才时做大量的工作，也不能轻率任命、使用而又不能信任臣子。如果君主不分贤与不屑全都怀疑，导致人们心绪低沉，谁还愿意尽心尽力办事情?

晋代学者傅玄说："以信待人，不信思信；不信待人，信思不信。"其意是：领导者若能以诚信对待下属，即使是缺乏信用的人也会向往着恪守信用；领导者若以欺诈猜疑对待别人，即使守信用的人也会变得狡诈奸猾。

唐太宗李世民曾说："倘君臣相疑，不能各尽肝膈，实为国之大害也。"

魏征则说："任之虽重，信之未笃，则人或自疑。人或自疑，则心怀苟且。"

唐代诗人白居易曾盛赞唐太宗："功成理定何神速，速在推心置大腹。"

唐太宗能够信任魏征一类的"刺头"，就是他成就大业的资本。

王安石认为，"情有忠伪"，即人们的情感具有双重性，可能忠诚，可能是伪装忠诚，有真有假。根据一种"自然感应"，人们可以随时呈现某种感情。

基于人类感情的这种"自然感应"的特点，王安石进一步说："要之以诚，人亦输其诚；任之重者，人亦荷其重。使上下之诚相照，恩结于其心，是岂禽息鸟视，而不知荷恩尽力哉！故曰：不疑于物，物亦诚焉。"

这段话的核心意思是：上级以诚信的态度信任部下，下级就会忠心不欺并感恩戴德。这就是所谓"上以诚爱下，下以诚报上，感应之理也。"

正如王安石所说，常人之间心灵尚且有情感的某种"自然感应"，何况是下级对上级呢？这里，读者请不妨看看下面的这个故事：

很久以前的一天，在美国北弗吉尼亚州，一位老人站在河边等候过河。天气很冷，又没有桥，他只有想办法跟别人共骑一匹马才能到达对岸。

等了一段时间，他终于看到一群骑马的人来了。

第一个、第二个、第三个、第四个、第五个都过去了，他一直没说什么，只是站在那里继续等着。最后，只剩下一个骑马的人了。

老人看看他，说道："先生，能不能让我跟你一起骑马过河呢？"

骑马的人不假思索地说："当然可以，请上来吧！"

过河之后，老人从马上滑下来，那个骑马的人问道："先生，我注意到你让其他骑马的人都过去了，而没有要求他们，但是当我来到你面前时，你立刻要求跟我一起骑马。我不解的是，你为什么不要求他们却要求我呢？"

老人平静地说："我看他们的眼睛就知道他们并没有爱，我知道要求跟他们共骑一匹马过河是没有用的。可是我一看到你的眼神，就看到了同情和爱心。我有一种直觉，我知道你会愿意让我跟你一起骑马过河的。"

骑马的人非常谦虚地说："我非常感谢你说的话，非常感谢。"

这个骑马的人就是托马斯·杰斐逊。

后来，他入主白宫，成了第三位美国总统。

人们常说，眼睛是心灵的窗户，可以从中读出内心的信息。在这个故事中，老人还有一种直觉，就是那种自然感应——他相信最后一位骑马的人能够驮他过河！

清代王夫之指出："君愈疑，臣愈诈。"意即君主越是无端怀疑臣下，臣下越是弄虚作假。

王夫之还说："有可信之人，而固不敢信，必败。"

领导者无端猜疑部下，或听信谗言疏远忠直的部下，将会造成严重危害。首先，缺乏上级信任，下属心灰意冷，应付公事，甚至会远走高飞，投奔"明主"。

吴起曾经杀了妻子求取信任，为鲁国抗击齐国。魏文侯死后，吴起遭到宰相公叔谗陷，受到新君猜疑，不得已逃到楚国为官，魏国从此衰落。

中国历史上类似的例子俯拾即是，不必一一列举。

一般情况下，上级越是疑神疑鬼，越是容易使下级变得虚伪奸诈，口是心非。因为上级多疑，部下就只能时时处处揣测上级心思，甚至时时处处讨好上级，这就逼使人们变得虚伪奸诈。

在特殊情况下，有些忠直之臣遭到君主猜疑，又不愿以诈欺上，于是要么缄口不言、装憨卖傻，要么想出种种办法向君主暗示自己的忠心，借此保护自己。

刘邦猜疑萧何，萧何就把本家成年子弟全部送到前线，实际上是充当人质。

汉高祖十年，刘邦很忌讳德高望重的萧何，萧何为了自保，听取门客的劝告，强行用低价购买百姓的良田，引起百姓和大臣的弹劾，刘邦这才放下心来。刘邦何其敢于用人，尚且如此多疑。有的人专用平庸窝囊的人，就是因为性格多疑。

明朝作家刘元卿在其短文《猱》中写道：猱的体形很小，但爪子十分锋利。老虎的头痒痒，猱就爬上去给它搔痒，搔得老虎飘飘欲仙。猱不住地搔，并在老虎头上挖了个洞，老虎因感觉特别舒服而未察觉。于是，猱就把老虎的脑髓吃了个精光。

正因为人世间的确有像“猱”那样的小人，所以，领导者往往备加防范，导致“疑心扩大化”。事实上，这是完全没有必要的：因为小人其实还是少数。另外，“猱”之所以能吃掉老虎，主要并不是因为“猱”奸诈、狡猾，而是因为“老虎”喜欢“猱”给它抓痒痒。正因为领导者喜欢阿谀奉承的人，才给了他们可乘之机。

魏文侯在位时，子质犯了罪，不得不离开魏国，北上谋生。

临行前，他对赵简子说：“从今以后，我再也不对别人滥施恩德了。”

赵简子不解地问道：“这是为什么?”

子质愤愤地说道：“魏国殿堂上的士人由我培养提拔的占一半，朝廷里的大夫由我培养提拔的占一半，守卫边境的将军由我提拔的也占一半。如今殿堂上的士人在君主面前说我的坏话，朝廷里的大夫用法律威吓我，守卫边境的将军拿着武器阻拦我，所以，我不再对别人滥施恩德了。”

赵简子说：“您的话错了。如果春天栽种桃李，夏天就可以在桃李树下乘凉，秋天可以吃到桃李的果实。如果春天栽种蒺藜，夏天不能采摘它的叶子，秋天也只能得到它长出的刺啊。种瓜得瓜，种豆得豆。不是您对人施恩这件事不对，而是您所培养提拔的人不对啊。所以，您应该事先选准对象再培养提拔。”

种瓜得瓜，种豆得豆，赵简子说得没错。领导者被奸人所算，是因为自己喜欢奸小之徒。一般人喜欢谁不喜欢谁，只有聪明和愚蠢之分，严格说来并没有是非正误之分。然而，领导者喜欢奸小之徒，必然会排斥和打压忠正之士，这就有了是非正误之分。因此，古往今来，人们从来都是把同情给予遭受奸臣昏君迫害的忠正之臣，却不会把任何一点同情给予受奸臣蒙骗的昏君——因为昏君本来就不该为君！

可见，领导者对部下要肝胆相照，不能听信谗言，动辄起疑。一方面，领导者自己必须光明磊落；另一方面，领导者需要对世俗偏见、流言蜚语、嫉妒心理保持高度警惕，做到“百人誉之不加密，百人毁之不加疏”，“虽然谗巧不能间也，确然以胶漆之相合”。如此一来，上下级之间披肝沥胆，精诚合作，何愁事业不成！

项羽一度强于刘邦，但他疑心太重，不能用人，陈平、韩信相继弃楚投汉。刘邦采纳陈平之计，离间西楚君臣——尤其是项羽和范增的关系。项羽果然上当，怀疑范增与刘邦暗中勾结，于是疏远范增，范增愤而离去。最后，项羽只能落得个“霸王别姬”“自刎乌江”的结局。

三国时袁绍、刘表等人“外宽内忌”，空有人才而不能信任，终于相继败亡。

日本丰田株式会社社长丰田喜一郎非常信赖神谷正太郎，神谷正太郎深受感动。丰田喜一郎去世后，神谷为了报答丰田家族的信任，就像对待亲生儿子般言传身教，悉心培养丰田喜一郎的长子丰田章一郎，最终使他当上了丰田株式会社社长。

综上所述，领导者应该明白古人关于“艰于择人，敢于用人”的道理。毋庸讳言，即使是卓越的领导者，也不会和不能不考虑对部下的使用与控制的问题。为了做到用人不疑，疑人不用，卓越的领导者在识别人才时力求做到目光如炬，洞察入微，把握部下的长中之短和短中之长及其长短互变情况。他们在选拔人才时，能够综合各种因素量才授职。在具体使用过程中，既能借助制度规范约束部下，又能利用人际互动制约部下，同时借助权变艺术驾驭部下。

总之，卓越领导者对部下综合运用各种方法用人之长，扬长避短，做到抑扬结合，纵控适度，而不会神经兮兮，疑神疑鬼，妄加猜忌。

成于信任、败于疑心的事例，当以战国时期的燕昭王和燕惠王较为典型。

燕昭王爱贤敬贤，名声远扬，各国才士争先恐后奔赴燕国。乐毅从魏国投奔而来，与其他贤臣一道帮助燕国强盛起来。之后，燕昭王拜乐毅为将，兴兵伐齐。乐毅出兵半年，接连攻下齐国 70 多座城池，最后只剩下莒城和即

墨。莒城、即墨的齐国人推选田单为将军，带领大家守城。乐毅把莒城和即墨围困了三年，还是没有攻下来。

燕国有人妒忌乐毅，就不断在燕昭王面前进谗，说什么乐毅不是攻不破莒城、即墨，而是想笼络齐国人心，最终自己当齐王。燕昭王非常信任乐毅，并不相信这些谗言。为了收服乐毅之心，他真的下诏封乐毅为齐王。乐毅对燕昭王感激涕零，宁死也不接受封王的诏令，反而更加忠于燕昭王。两年后，燕昭王死了，燕惠王即位，他听信谗言，撤掉了乐毅的职务，派大将骑劫到齐国代替乐毅。

骑劫志大才疏，眼高手低，智谋不足，难以服众。最后，骑劫上了田单的当，被齐国人击败，燕国所得齐国所有城邑，全部都被田单收复。

燕昭王知人善用，重用乐毅而不疑，乐毅为燕国开疆辟土，几乎攻陷齐国全境。燕惠王听信谣言，临阵换将，使得原来攻陷的城池得而复失。由此可见，领导者不能对下属无端生忌，也不能听信谗言，不辨忠奸，以致作出错误的人事决定。否则的话，不仅下属的才干难以施展，领导者还要喝下自己酿成的苦酒。

信任是用人的重要法则。既已用之，则宜信之。对下属处处不放心，乃是领导者的大忌。“任之虽重，信之未笃”，不仅下属无法充分发挥才能，而且自己也会招来祸患。例如，明朝的崇祯皇帝在位期间国力日衰、官风腐败、外敌窥视、内政黑暗，所幸还有一个优秀大将袁崇焕替他抵御清兵，他却不辨忠奸，疑心重重，听信谗言，自毁长城，诛杀了擎天一柱。

世上大概没有什么人相信自己能够听信谗言，都认为自己能够兼听则明。那些听信谗言的领导者，也不会相信自己竟能听信谗言。如果他们知道那是谗言，恐怕也就不会听了。可见，谗言并非不想听就不听的。因为心中的猜忌难以根除，所以，即使有人不想听信谗言，仍然不仅会听，而且必信无疑——因为他们心里愿意相信！

春秋时期，魏国太子要到赵国去做人质，魏王派庞恭陪同太子一同前去。临行前，庞恭对魏王说：“如果现在有人跑来对您说街市上跑来一只虎，您相信吗？”

魏王说：“简直胡说，街市上哪来的老虎。”

庞恭又问：“假如又有人来报告，说街市上跑来一只虎。您信不信呢？”

魏王迟疑了一下，说：“不相信。”

庞恭再问：“假如又有第三人来报告说街市上跑来一只老虎，您信不信呢？”

魏王说："大家都这么说，大概真的有虎吧？"

庞恭说："街上本来不可能有虎，说的人多了，别人也就相信有虎了。我这次陪太子去赵国，比离街市远多了，说我是非的人也会很多，愿大王详察。"

魏王一再保证不会听信谗言。庞恭走后，果然有很多人去说庞恭的坏话，魏王听得多了，不自觉地受了影响，对庞恭产生了恶感。

庞恭从赵国回来，魏王竟然见也不见。他还是没有做到信任自己的臣子。

庞恭因此寒了心，对魏王的忠心大打折扣。

上级无端不信任下级，容易危害事业。《管子·法法》曰："亲人而不固，殆；同谋而离，殆。"意思是：亲善臣属而不能坚定地信任他们，就会招致失败；和属下一起谋求大事却又经常改变态度，也会招致失败。为了防止无端猜忌或听信谗言，领导者自己首先必须做到诚信不欺。否则，就很容易疑心生暗鬼，心里本来就盼着有人来进谗言，岂有不信之理？如果不是这个原因，领导者听到别人对下属的议论，就应该客观地进行分析，并采取适当的办法加以查证、核实。

领导者要想成就大业，不仅要做到"用人不疑，疑人不用"，疑则勿用，用则勿疏，而且还要抛开妇人之仁，做到用而必信，信而必重，重而必专。也就是说，领导者应该和值得信任的德才兼备的部下保持长期、深刻、牢固、稳定的相互信任。

第四节　信任有度勿盲目

我们提倡领导者要通过信任下属而提高人才使用效率，但不提倡盲目信任。因为信任不是默认，更不是放任，必须因人而异，因事而异，因时而异，因需而异，所以要信任有度，有章有法，有规有矩，不能任性、盲目、糊涂。

诚如有位西方领导学家所说：绝对的信任就意味着绝对的风险。因此，必要的监督、防范、审查以及对于人心、人性敏锐的洞察力，恰恰是敢于信任的基础。以此而论，我在这里谈论信任有度、切勿盲目，跟提倡信任下属并无矛盾。

自古以来，由于人们无不盼望得到上级的真诚善待与无限信任，所以，身在上位者都说自己如何如何信任部下，很少听到有人谈论自己如何猜忌、

防范部下。韩非诚实地阐释过君主防奸术，历来饱受骂名。近代李宗吾的《厚黑学》，很多人私下深信不疑，谈起来却大加贬斥。即使李世民、康熙，也都为了察奸识邪而在各部大臣身边安插密探，更遑论英明神武不及李世民和康熙者。在极端专制的中国封建社会，这种遍插耳目眼线的方法为封建朝廷和封建官场广为采用。

为了确保身在上位者敢于信任下级，我们探索出许多防范方法。

其一，加强思想道德教育，旨在使人保持思想的纯洁、道德的忠诚、情感的高尚、信仰的坚定。例如，极力宣扬忠君、爱民，即属于思想道德、理想信念建设。

其二，加强组织机构建设，实现系统化的监督。

其三，加强组织职能建设，确保各机构真正能够担当预期的职能。这意味着不仅要健全组织机构，而且必须科学周密地设计各部门的权力结构方式，理顺其权力关系，才能产生预期之效。

其四，理顺机构内部权力结构，把监督融入日常管理之中。

其五，加强组织文化建设，创造民主的、开放的文化，搞活群众监督。

其六，加强新闻监督，保障新闻监督权，营造舆论监督的良好环境。

其七，加强作风建设，践行群众路线，密切接近群众，能够为领导者提供更多的信息渠道，也有助于领导者全面了解下属干部的实际表现和真实情况。

其八，加强考核审查工作，搞好日常管理，确保制度规范确实能够得到执行。

以上这种系统性的方法，既能防止下属不忠不义、胡作非为，致使领导者不敢信任下属；又能确保领导者洞察下情，心明眼亮，从而避免领导者盲目信任下属。否则，就无法把握信任、重用与监督、控制的平衡，无法做到信任有度、恰到好处。

我曾说：高尚的人可能没有“私心、私欲”，但也难免会有“私情”。如果有了“私情”，就难以把握信任的分寸。轻者导致用人不当，重则使人命丧黄泉。

因此，无论我们怎样提倡领导者要敢于信任下属，都应借助思想路线教育、理想信念教育、道德情感建设、组织系统建设、文化建设和日常管理对下属加以激励和适度的防范、控制，都应做到信任有度、有章有法，绝不能轻率盲目、滥施信任。

第三章

尊重部下　处事公平

尊重是人性深处一种强烈的内在需要，没有人不希望被尊重。从社会学、心理学角度讲，需要乃是有机体缺乏某种资源时产生的一种主观“待偿”状态和倾向。总体上可以分为两类：其一是沿着生物系统上升方向逐步变弱的本能需要，包括“生理”和“安全”需要，是人基本的生理需要。其二是随着生物进化而逐步上升的高级需要，包括“社交”、“尊重”和“自我实现”的需要，是人类高层次的心理需要。从这个意义上说，人们渴望尊重，代表着内心对这种稀缺性需要和资源的强烈呼唤。

领导者不仅要信任部下，还要尊重部下。尊重部下是获得部下尊重的条件。不管是什么人，不尊重别人就得不到别人的尊重。尊重他人，既是一种交际原则，也是领导者使用人才的一般原则。尊重部下，是领导者必须具备的基本修养。

古人云：“三军可以夺帅，匹夫不可夺志。”此处的“志”，包含着“面子”“自尊”“情感”“人格”的意思。所谓“匹夫不可夺志”，就是指无论身份多么卑微的人，都不能容忍他人损伤其面子，伤害其自尊，刺伤其感情，侮辱其人格。尊重部下，善做情面，是一种重要的用人技巧。领导者要善于把原则和情面统一起来，尽量让部下自我反思，自我觉醒，自我完善，在改善部下行为的同时，赢得部下的感激与尊重。

领导者担负领导责任，需要兴利除弊，治事兴业，自然免不了行赏施罚、激浊扬清。然而，领导者的所作所为，本质上是针对人的行为，而不是针对人本身。领导者统率部下，重要的在于改善其行为，而不是改变其本身。具备这种开明的思想，就等于领悟了用人艺术的真谛。从某种意义上说，尊重部下意味着既要能够改善部下的行为，又要为部下留下自我完善的心理空间和自我塑造的个人自由。从这个意义上说，并不是所有的领导都能够尊重部下。

客客气气，礼贤下士，并不能与尊重部下划等号。尊重部下意味着对部

下能够做到善意理解、真心体谅、平等相待、敢于信任和客观公正。有才不举，有贤不任，有功不奖，有过不罚，赏罚失当；任人唯亲，嫉贤妒能；揽功辞过，自私自利；虚假伪善，耍奸弄计；或者脾气粗暴，傲慢无礼，都属于不尊重部下的表现。其中，人们通常深恶痛绝的傲慢无礼，其实只是不尊重部下的所有行为中最轻的一种。

刘邦平时对人傲慢无礼，尤其是对于儒生，更是傲慢无礼最甚，但是，面对大事和对待功臣，却能慷慨大度，属于真正尊重部下。

袁绍外宽内忌，平时礼贤下士、谦恭揖让，每临大事反而不辨忠奸、疑神疑鬼，不能算尊重部下。

康熙皇帝在平定台湾前夕，曾对姚启圣的倔强大为恼怒，因而把他臭骂一通。姚启圣反而高兴之极，并把这“千古之骂”引以为皇帝对他姚某人最大的尊重，甚至为此洋洋得意。至于康熙皇帝本人，深知自己越是痛骂姚启圣，姚启圣越是感激不尽。为什么呢？因为姚启圣几次厌倦了满族官员的掣肘而撂挑子不干，并以独断专行为条件，给康熙皇帝屡出难题；康熙皇帝为了平台大业，不得不和猜忌、嫉妒汉臣的满族大臣们斗争一番！因此，康熙皇帝的“千古圣骂”，包含着他爱才、重才和尽力为姚启圣排除“政治地雷”的良苦用心，包含着一国之君被臣下以辞职相迫激起的愤怒，包含着不得不和群臣正面冲突的苦恼，包含着以痛骂汉臣而安抚满族臣子的政治用心，同时包含着震慑、节制姚启圣的用意，当然也包含着对姚启圣的重视。因此，康熙皇帝的那个“千古圣骂”，被姚启圣引以为最大的信任和尊重。

由此可见，“尊重”二字，绝非“礼贤下士”所能等同。事实上，“尊重”二字意味深长，含义无穷。具体说来，领导者的表扬、批评、奖励、惩罚、公正、廉明、提升、贬降、约束、激励、信任、亲近、疏远、谦虚、大度、善良、果敢等种种行为，无不和“尊重”二字有关。

第一节　尊重部下的人格

“人格”一词，来自拉丁文 persona，是指戏剧演员所戴的特殊面具，代表剧中人物的角色和身份。“人格”的含义很多，不同学科各有诠释。此处我所说的“人格”一词，属于伦理学中的概念，是指个人尊严、价值和道德品质的总和，是人在一定的社会中地位和作用的统一。领导者尊重部下的人格，避免损害部下的自尊心，善于为部下保全面子，这也是领导使用人才的基本艺术法则之一。

一般说来，领导者尊重部下的人格，包括尊重部下的性格、爱好、情感、尊严、能力、业绩、权利、自由、面子和隐私权。因为部下也有尊严和隐私，也需要拥有威信，才能干好工作，所以，尊重部下的人格就显得极为重要。比方说，领导者要给人面子，公开表扬，私下批评，无论是批评还是惩罚，都应冷静地说出理由，没有必要拍桌子瞪眼睛，更不能打人骂人。一旦伤害了别人的面子和感情，别人就会永远记在心里，并把心灵的大门牢牢地关上，而且很难再打开它。

现代社会崇尚人权，人格权也是人权的内容之一。不可否认，人的智力、性格、身份、地位确实存在差别，然而，人格平等是现代社会人际关系的一个基本理念。领导者在使用人才的过程中，理应尊重这一理念。就人性而论，所有生理、心理健全的人，无不具有自爱、自尊、自强、自负、自怜的心理，这是构成人格尊严的心理条件。就社会而言，任何人都要尊重别人的人格，任何人的人格尊严都受法律保护，这是形成人格保健的社会机制，非此则谁都可以侵犯他人的人格尊严。就个人价值而言，人的价值不分大小，都应受到充分尊重。可以说，尊重部下的人格，是尊重部下的前提。如果领导者连部下的人格都不尊重，就不可能尊重部下的才智、劳动和业绩。

领导者绝不能依势压人，侮辱部下的人格，尤其是当部下不尽人意，或者犯有过失，或者上下级存在着意见分歧的时候，特别是对那些与领导有嫌隙的部下，更应该充分尊重其人格，以达到感化人心的目的。此外，领导者自己也应心如明镜，部下之所以敢怒不敢言，事事迁就领导，是因为领导就是领导——他们作为组织的合法代表而享有权力，所以，下级惧怕上级，并非惧怕他们本人，而是惧怕他们掌握的权力。《伊索寓言》中有则寓言，说的是有一匹狼正在猛追一只山羊，企图把它吃掉。山羊情急之下，爬到一个农舍的房顶上。野狼飞跑过去，急得在房子前面打转。山羊以为自己居高临下，野狼对它无可奈何，便得意洋洋地骂道："呸！你这大傻瓜，你能对我怎么样呢！"野狼听了这话，立即叫道："你这个胆小鬼，骂我的并不是你，而是你现在所站的位置。"领导者不妨深思：那只山羊有没有想到，无论它站得多高，只要有一只等着吃它的野狼站在下面，它还能"下台"吗？

古今中外的领导学之所以全都强调得势的人应该平易近人，而不能盛气

凌人，是因为尊重别人才能赢得尊重，是因为尊重别人有利于消弭防范、误解、猜忌和仇视，是因为尊重别人能够化解矛盾。有的领导特别注意尊重小人物，特别尊重失败者，特别尊重竞争对手，特别尊重性格怪异的人，甚至特别尊重——至少是表面上特别尊重那些败迹未露的恶人。他们不是惧怕邪恶，而是为了防止危害。因为伤人面子而遭到报复，有不少血的教训供人汲取。春秋时期，鲁宣公二年，郑公子归生率领楚兵伐宋。双方交战之前，宋军主帅华元杀羊宴饷手下军官，却偏偏忘了他的驭手羊斟，而羊斟偏偏又是一个心胸偏狭、妒火十足、睚眦必报、因私废公的小人。两军交战之后，“司机”羊斟对主帅华元说：“那天吃羊，是你作主；今日驾车，由我作主。”边说边把帅车驱入敌军阵中，导致华元被俘，宋军败北。由此看来，羊斟固然可恶，但是，华元无视羊斟的存在，无疑使羊斟产生了受人轻视和侮辱的感觉，以致挟忿报复。如果华元平日养成尊重部下人格的作风，虽然并不足以感化羊斟，但却能为自己保留清除羊斟的机会，至少不会以如此可笑而又屈辱的方式成为敌军俘虏！

在现代社会，领导和下属之间并没有贵贱之分，本应平等相处。因此，领导者绝对不能随意伤害下属的自尊心。作为领导，尊重下属，就等于尊重自己。每个人都有一种维护自己尊严的强烈愿望，一旦个人尊严受到损害，他们就会“以眼还眼，以牙还牙”。侮辱部下的人格，有时要酿成大祸。受到侮辱的人，不管是好人，还是坏人，都有可能铤而走险。

在现实生活中，总是有一种“太监总比皇帝坏”的现象，意思是那些拍马逢迎、谄媚惑上的小人，比那些误信谗言的领导更可恨。生活中还有一种现象，即那些地位高的领导，反而比较善于尊重小人物的人格；有些萝卜头大的小官，反而轻狂得不成样子。百姓戏称为“阎王好敬，小鬼难缠”。这正是他们连小官都当不好的原因。当然，也有一些领导从骨子里就没有尊重下级的意识，他们从思想深处蔑视下属。

有位厂长很为员工经常蓄意怠工而头痛。他花钱请来专家詹姆斯帮忙解决。詹姆斯希望这位厂长能带他到工厂看看。“好吧，”那位厂长说，“我带你到厂里转一圈，你就会知道这些肮脏的家伙们出了什么毛病！”

听了厂长的话，詹姆斯就知道毛病出在哪儿了。他对厂长说：“你所需要做的就是把每个男人都当做绅士一样对待，把每个女人当做女士一样对待。如果你诚心诚意地按照我的意思做了，你的问题很快就能解决。”那位厂长对詹姆斯的建议半信半疑，甚至不以为然。詹姆斯说：“诚恳地试上一个星期吧。如果不见效果或者不能使情况好转，你可以不付给我任何报酬。”

厂长点头同意了。一周之后，詹姆斯收到厂长寄来的感谢信，信上说：“万分感谢，詹姆斯先生，你会认不出这个地方了，这儿有了和睦相处的新鲜空气。”

领导者无端蔑视下属，是无德的表现。普天之下，如果能让别人感到受人珍视，别人就会倍加感激这份珍视，并且开始从心底珍视自己，就会变得文雅、礼貌、热情、高贵，整个人都会样子大变。如果能够让人感受到尊重，别人就会感到莫大的安慰、感动和兴奋。如果能够把下属当做重要人物看待，下属就会表现出重要人物的气质和行为。相反，假如我们用污言秽语辱骂别人，别人将会还给我们什么话呢？领导者与其发号施令支配下属，何不用好“尊重”这个放之四海而皆准的法宝。

尊重部下的人格，还包括尊重部下的性格。众所周知，性格是人格的构成因素。尊重部下的性格，意味着对部下的评价和使用，不能脱离其性格而妄下断语和断然处置，同时也意味着应该给部下安排与其天性相合的工作。

尊重部下的性格，不仅表现在上下级的日常交往中，不仅表现在对下属的辩证评价中，而且表现在工作中的方方面面。例如，领导者在分配任务时，如果也能尊重下属的性格，就能起到极大的激励作用。不信，请看下面的故事：

某旅长手下有三名性格各异的团长：王团长总是身先士卒，对重要事情一定要亲自完成；牛团长在士兵中声望极高，但爱争强好胜，喜欢与上级顶牛；刘团长习惯不折不扣地完成任务，但是缺乏主动性。

在进攻敌军防守严密的一个阵地前，针对几位团长的性格特点，旅长对王团长说：“亲爱的上校，在这次战斗中，你们团将挑起进攻的重担，牛团长与刘团长两个团做你们团的后翼，十二点开始进攻。”

这位旅长对牛团长说：“我们的敌人非常强大，现在发起进攻也许太勉强，但是局势又需要我们这样做，你能不能谈谈自己的看法？”

正如旅长所料，牛团长对这番话很不以为然，说道：“将军，我不太赞成你的分析，我们完全有办法取得胜利！”然后，他把自己的想法说了一遍。“那就按你的想法试试看吧！”旅长这时才给牛团长下达早已准备好的命令！

对于刘团长，旅长直截了当地下达命令，但是，他补充了前面两道

命令中没有的许多细节要求。结果，这三个团都很好地完成了任务，该旅打了一场漂亮仗。

领导者把任务交给下级，自然希望他们能够很好地完成任务，因而就应注意了解下属的性格特点，针对其性格特征和能力对症下药，才能有助于部下更好地完成任务，其中也能体现一种尊重。旅长知道牛团长争强好胜，而且喜欢抗上，故意让他谈谈想法，然后让他按自己的想法去行动。牛团长受到尊重，执行任务肯定会更有干劲。因为他会觉得是在按照自己的想法去行动的。其实，旅长完全可以直接向牛团长下达命令，可是，那样做的效果会比这种委婉的“征询式授权”更好吗？

有些领导向下属布置任务，根本不考虑下属的性格。如果下属不理解，他们就说：“不用多问，这是业务命令，上级也是这样指示的，你们照做好了。”

这样分派任务，估计连傻瓜都会做。如此简单粗暴地布置工作，只会徒然增加下属的反抗心理，而不会收到更好的效果。其实，分配任务也要讲艺术性。

领导者尊重部下的人格，包括尊重部下的隐私权。一般情况下，只要部下的私生活没有直接危害工作，领导者就不宜过问。尊重部下的人格和隐私，也包括尊重部下的生活方式。特别是在当前社会文化变动剧烈、代沟不断拉大的情况下，更是不能随便指责、干涉下属的隐私或生活方式。只要部下能够胜任工作，并且认真负责，哪怕是领导者极不赞赏部下的生活方式，也不要歧视部下，更不能随便干涉。

出于爱护部下考虑，如果部下的生活方式不够健康，领导者也可以适当给予启发，但是方法切不可生硬迫人。因为人生历程固然需要他人指导，更重要的是自己的选择。不过，大仁大义的领导者，对于误入歧途但品质较好，并且没有造成危害的部下，应该诚恳帮助。如果为了做一个老好人而任由部下堕落，显然不是大丈夫所为。

尊重部下的人格，还要善于给人留情面。这并不是要让领导者只做老好人，不去负责任，而是强调领导者在履行领导责任的前提下给人留点情面。高明的领导者一般都能把原则和情面统一起来，尽量让部下自我反思，自我觉醒，自我完善，因而能够在改善部下的行为及其行为效果的同时，赢得部下的感激与尊重。

中国人还有句老话，“打人不打脸，骂人不揭短”，强调人们即使是在正面冲突的情况下，仍然要尊重隐私并留下情面。孔夫子强调为圣者讳，为贤者讳，为尊者讳，为长者讳，强调隐恶扬善。其中的“为讳”是下以对上的“礼德”，而隐恶扬善，则可作为一般的处世哲学和智慧，其中都有给人留点情面的寓意。

第二节　尊重部下的劳动

俗话说，“没有功劳有苦劳，没有苦劳有疲劳”，领导者对待下属，不能不认真考虑这种情况。古人认为，不赏功者，不恤劳者，是为昏君；不悯苦者，不怜弱者，是为暴君。从某种意义上说，只要部下勤恳劳动，就是功劳。虽然这种功劳和才智高超的人的重大贡献相比，可能不算什么，但是，领导者却不能不加以肯定。

其实，尊重下属的劳动，属于古代圣贤所强调的“仁爱”的范畴。领导者必须有一颗仁爱之心，才能尊重部下的劳动。时下有些领导干部，学了很多年党章、文件，都知道应该“为人民服务”，然而，他们似乎习惯了喊口号，说大话，说空话，偏偏忘了为人民服务需要从陶冶仁爱之心做起。因为只有深深热爱人民，才能真心为人民服务。如果一个人缺乏善良的心地和仁爱的情感，自以为是“先锋队”和“特种钢”，自视高贵和特殊，怎么能为别人服务？

我之所以强调尊重下属的劳动，就是因为从中可以照见领导者的仁爱之心。有了这种仁爱之心，才能尊重部下的劳动。否则，就会觉得部下活该累死累活，不干就是不行。有的人甚至认为，部下有机会劳动就是福气，还要什么尊重？

历史上，像周恩来那样的伟大人物，无论走到哪里，都能迅速获得百姓的亲近，其原因不是因为他们言辞动听，而是百姓能够从内心深处自然感应到他们的仁爱。因为有了仁爱，伟大的政治家忧国忧民、殚精竭虑、鞠躬尽瘁、义无反顾。因为有了仁爱，伟大的军事家爱兵如子，并与士卒同甘共苦——因为无法避免士兵吃苦受累，所以将军就和士兵一起吃苦受累。其本质，就是源于仁爱的一种尊重。毫无疑问，对别人麻木不仁的人，怎么能够尊重别人！

我强调领导者要尊重下属的劳动，乃是为了强调领导者要仁爱待下。没

有这个前提，就不会尊重部下的劳动，甚至不会奖励部下的功劳。生活中那些被下属骂作“不把人当人”的领导，其共同的特点是用人之力而不恤人之苦，得人之功而不奖人之劳。这样的人一般不会有太好的前程。

不尊重部下的劳动，表现多种多样。例如，领导者有布置，没检查，部下的劳动得不到评价，就以为领导是在把人当猴耍；下属完成了任务，不仅得不到领导的奖赏，甚至连句感谢的话也得不到，下属觉得受到忽视，都属于不尊重部下的劳动。

现实生活中有些豆芽尖大的小官，每每如此对待雇员。其症结在于，这种人物眼睛向上，一心只想升官发财，根本不把下属的劳动和辛苦放在心上。领导者对于这样的部下，倒是应该尽快断绝他们升官的幻想，以便让他们学会尊重！

尊重部下的劳动，与尊重部下的业绩有所不同。因为部下有了突出的业绩，当然要加以奖赏，这一点没有疑问。然而，要是部下业绩不佳，或者遭遇失败，领导者能否客观公正、合乎情理地加以评价、对待，那就涉及一个尊重或不尊重部下劳动的问题了。我所说的尊重部下的劳动，主要不是指在部下立了大功时才去尊重，主要不是指对特别有用的部下才去尊重，主要不是指对特别亲近的部下才去尊重，主要是指对于广大平凡的部下，主要是指对于关系一般的部下，主要是指在部下的平淡时刻，尤其是在部下稍有闪失的时候，真心的尊重更具有实际意义。

尊重部下的劳动，重在养成一种良好的尊重他人的职业修养、工作作风和领导风格，并于工作之中体现出来。否则，就会显得刻薄寡恩。此处请看下面的故事：

某位厂长一向认为自己了不起，对下属一向呼来喝去，毫不尊重。下属工作稍有怠慢，轻则责骂，重则以开除相威胁。如果下属工作出了差错，那就更是粗暴无礼，丝毫不近人情。该厂在印染色布时，由于固色剂剂量不够，导致色布颜色太浅。幸亏技术员发现较早，所染布匹数量并不算多。只要再追加一点碱剂，把染过的色布再染一下，效果还算理想，损失也不算大。

然而，那位厂长仍然大光其火，他埋怨技术主管责任心差，水平太低，最后还加了一句：“你真笨！这么简单的工作还要再返一道工？”

那位技术主管听到厂长骂他笨，自尊心受到了极大的伤害。加上平常有功不得奖，有过就受罚，好像从来没听到厂长讲过什么好听的话，他对那个厂长产生了强烈的反感和报复心。十多天以后，那位技术主管拉着其他技术骨干一起辞职，投奔到本市另一家印染厂。失去了众多技术骨干，该厂被迫停产。

在这个案例中，那个厂长首先没有尊重下属的劳动，其次是没有尊重下属的人格。两种行为叠加起来，造成了严重恶果。本来，下属的工作出现了失误或过失，应该具体分析原因，恰如其分地进行分析，寻找成本最低的改善方案。

有时候，面对较大的挫折，领导者应该坐下来，鼓励大家放下包袱，总结经验教训，并和下属一块寻找原因，同时给予善意和正确的指导，帮助他们找到解决问题的办法，借以提高下属的责任心和能力，避免问题再度发生。

退一步讲，领导者可以批评部下的过错，但不能伤害他们的自尊。要求部下纠正过时，也不用恶言恶语。领导者对主要工作目标、标准的重视，可以通过开会讨论、典型解剖、兑现奖惩制度、要求部下承诺整改的目标、加强组织文化教育等方式方法展现出来，没有必要大光其火。可见，领导者对下属的尊重可以表现在方方面面。换句话说，领导者方方面面都应该——也可以使部下感受到上级的尊重。

再看下面这个故事，你肯定会对其中一些领导的做法有些感触：

某公司要增建一栋办公楼，总经理向下属经理发出命令，要求他的部门必须尽快拿出设计图。经理很快向科长下达了任务，科长立即传达给有关工作人员，工作人员拼命干了起来。他们星期天加班加点，昼夜奋战，终于把设计图赶制出来。

星期一早上，科长兴冲冲地把图纸交给经理，经理却对科长说："这事你不必说了，因为星期六我自己试着做了一下，竟然一下子做成了。我感到挺不错，你的设计图就不必再交了，就按我的设计图实施好了。"

科长感到深受伤害，同时又感到愧对下属。自己的努力白费也就算了，可是怎么向下属交代呢？总不能在下属面前揭上级的短吧？

想到这些情况，他只能隐忍下来。这种事情一再发生，科长只能一再隐忍。这使科长在下属面前威信扫地，谁也不想再听他的指挥了，科长也已经风闻有些下属嘲笑他无能。可想而知，科长对经理的看法又能好到哪里去？

看来，领导者如果不尊重部下的劳动，必然会遭到部下的憎恨。

那位经理向下属安排了工作，却连部下星期天加班加点辛辛苦苦才做出

来的设计图看都不看就轻易否决了，而且向上呈报的竟是经理自己的设计图。假如真像经理所说的那样任务布置下去以后灵感突发，那也可以把自己的创意贡献给大家，或者跟大家一块讨论讨论，甚至一起进行设计。案例显示，那位经理岂止不尊重部下的劳动，而且还有这样几个嫌疑：其一，故意整治手下的科长，使他逐渐在大伙心目中丧失威信；其二，遮断贤路，使手下人才无从展示才华；其三，讨好上司，在上司面前显示自己的能耐。

尊重下属的劳动，能够使领导者显得通情达理、公道客观、宽容厚道，并使领导者显得更有人情味，更容易得到下属的服从、认可。尊重下属的劳动，有利于培养他们朴实的工作态度和朴素的情感，有利于把领导行为“情理化”。

尊重下属的劳动，有助于领导者保持一颗平常心、同情心和仁爱之心，遇到下级不如人意时能够善解人意，克制脾气，理性对待。甚言之，如果领导者对下属的劳苦抱有敬意和感恩心理，下级就会对领导充满崇敬和感激。

可以说，人间最朴素的情愫，往往代表着最伟大的爱心，恰如父爱和母爱一样源出天然。或许，这正是古人强调“爱民如子”的理由。缺乏至情至性的朴素仁心，动辄以自我为中心，何谈“以天下为己任”？

第三节　尊重部下的才能

尊重部下的才能，意味着遇事多听部下建议以及大胆地授予下属必要的权力。哪怕部下的建议并没有可取之处，都不要直接否定。最好是尽量找出一点合理之处，适当加以肯定。当然，领导者也不能盲从部下的建议。如果部下的建议违背政策、法律，那就必须明确予以否定。现实中那些不能尊重部下才能的人，总以为自己高人一筹，往往刚愎自用，独断专行，决策固执己见，不切实际，常常闻过则怨。

独断专行是用人之忌，领导者应该尽力避免。作为领导，应该善于征求和采纳别人的意见，以保证决策的正确性。有人说，领导者能力的强弱，在于能否得到同伴和下级的合作，在于能否鼓励下属贡献意见和建议，并能从中得到益处。能力较强的领导，反而善于征询部下的意见。能力较差的领导，每每不肯听从下级的意见。可以说，善于征求意见，是成功领导者的一个显著特征。美国钢铁公司总经理加利说：“我乐于听取别人的意见，尤其喜欢听反面意见，我在这方面超过别人很多。”

领导者不要认为自己是领导，就应该摆架子；认为自己能干，就不需要别人的帮助，就不该听别人的话。要知道，领导者本来可以无偿地从四周许多人那里得到帮助。如果领导者蔑视这种机会，结果肯定是自己损失多多。

如果领导者要从别人的意见里得到最大的益处，就不可急躁、多疑。领导者要养成利用别人意见的习惯，要懂得借用别人的脑子办事。如果下属愿意把他们认真思考后得出的见解告诉领导，领导为什么不接受他们合理的建议呢？

领导者不尊重部下的才能，自然就会“拒谏”而不会“纳谏”，甚至连部下那些根本算不上什么“谏言”的建议也不愿听取。如此一来，部下认为领导者根本不尊重他们的“智力”，就会逐渐变得灰心丧气。不尊重部下的才能，就会显得吝啬、贪权。久而久之，部下就会怀恨在心。这对领导者实在没有意义。

此处，读者不妨欣赏下面的案例，看看自己会有什么感受？

某公司老板非常苦恼，因为他手下的干部跑了不少。他决定请管理专家帮助解决。他向管理专家诉苦说：“我自感才能不低，对下属也是真心诚意，但是，一些有才之士为什么都逐渐离开我呢？”

管理专家询问了一些情况，并亲自到公司进行深入细致的了解。然后，他对老板说道：“你大概犯了高层领导的一个大忌：就是拒谏。”

老板争辩说：“什么，拒谏？你这可太冤枉我了。凡是部下给我提建议或批评，我都耐心听到底，并认真和他们讨论。他们怎么能说我拒谏呢？”

管理专家解释说：“你想一想，问题是不是就出在这儿？或许当初人们都认为你善于纳谏，从不正面否定他们的观点。可是时间一长，人们发现你其实并没有真正接受他们的批评和建议，而你的耐心讨论也不过是在极力为自己的所作所为作辩护，每次讨论也都以你圆满的自我辩解而宣告结束。每次都是你有道理。可是，一旦他们按照你的指示办事，出现错误时你又推卸责任。时间长了，大家就对你产生了失望情绪，就再也不想向你提什么意见和建议了。一些有个性的人，也就找个借口与你友好地分手。他们离开时也不愿意向你说明原因，因为他们心里清楚，即便他们说出自己的意见，你也会为自己找到冠冕堂皇的理由。”

那个老板继续辩解道：“其实在多数情况下，我心里都接受了批评和

建议。只是碍于面子，不好意思承认罢了。”

管理专家说：“这是没用的，别人从你脸上和你的话里感觉到你仍然在一意孤行，而你也的确没有听取别人正确建议的诚意。例如，你付给钱某那些不该支付的货款，就是因为你一意孤行。当时，小田在酒桌上数次很明确地表示不能付款，他还趁上厕所的机会提醒你说那肯定是一场骗局，你是怎么做的呢？你为了在客人面前树立你‘当家人’的形象，证明公司里你的权威最大，把3万元钱拱手相送。过后你理由一大堆，还怨恨别人。你这样做，下属能不离开你吗？”

领导者尊重部下的才能，就要敢于放权，让部下自己去解决问题。

孔子的学生子贱奉命到某地担任地方官吏。他到任以后，时常弹琴自娱，不问政事。可是，他管辖的地方却治理得井井有条，民兴业旺。这使那位卸任的官吏百思不得其解，因为他每天起早摸黑，从早忙到晚，也没有把辖地治理好。于是，他去请教子贱：“为什么你能治理得这么好？”子贱回答说：“你只靠自己的力量去做事，所以十分辛苦，而我却是借助别人的力量来完成任务的。”

现实中有些领导喜欢把所有事情揽在身上，事必躬亲，管这管那，从来不敢放心地把事情交给下属去做。自己整天忙忙碌碌，焦头烂额不说，部下却并不领情。

聪明的领导人应该像子贱一样，善于借用部属的力量，发挥部下的才能。这不仅能使部下较快地成熟起来，还能减轻领导者的负担。在多数情况下，领导者少干一点，收获反而更多一些。这个道理，就是“无为而治”。

不尊重部下的才能，就不会信任部下，不敢大胆授权。即使用尽小恩小惠，仍然难免受到部下憎恨。道理十分简单，部下更需要实现人生价值，小恩小惠岂能与成功机会相提并论。领导者对部下最大的尊重，就是为他们创造成长和发展的条件。

第四节 尊重部下的业绩

尊重部下的业绩，意味着领导者既要肯定部下的成绩，更要兑现自己的诺言，包括表扬、奖励、晋级、提升等。尊重部下的业绩，意味着有功必赏，赏当其功。

明智的领导者既不会轻易剥夺部下的既得利益，也不会吝啬于部下的应得利益。领导者应该做的，是想方设法促进事业发展，并借助事业的发展而保障和提高部下的利益。当然，个人利益的追求没有止境，领导者还必须在满足部下利益的同时，注重提升部下的精神境界，以便相对提高物质利益的激励价值。如果只是以利相诱，而没有精神教化，部下早晚会变成贪得无厌、无利不干的经济动物。然而，合乎实际的方法在于二者的结合，而不在于舍此取彼。提倡精神教化，并不排斥利益的授予。

人是需要激励的经济动物，这一点毋庸置疑，也毋庸讳言。有功就该奖赏，是自古以来用人艺术的不二法门。古人所谓“重赏之下有勇夫”，说得更是直言不讳。虽然这话需要作辩证的分析，但是，尊重部下的业绩，并以奖赏的方式体现出来，却是一点没错。至于“重赏”与否，应该视情形和需要而定，但原则却是明确的。

松下幸之助认为人是需要激励的，他特别注重以部下的业绩论功行赏。松下公司每季度都召开部门经理会议，让各部门汇报经营成果。松下公司利用人们的好胜心，事先把各部门的经营业绩分成 A、B、C、D 四等，按等级排定出场汇报次序，也算一种创举。其实，这种方法跟政府领导排名顺序极为相似，其意义并不简单。

为了体现尊重下级业绩的原则，松下公司采取 40% 的利润留成的办法激励所有员工。业绩越高，利益越大，这刺激了下属敬业精神和创新精神的提高。松下公司对下属业绩的尊重表现在各个方面，奖励只是一种基本方式。发奖时，全体人员热烈鼓掌，表示赞美和尊敬；让部下抛头露面，开会时每人都讲几句话，给予他们表现的机会；领导讲话时引用下级的话，帮着下级出名，这些极富激励效果的方法，松下公司运用得炉火纯青。早在 1966 年，松下公司就提出了 5 年内产值与工资倍增计划，保证 35 岁以上的员工都能买上住房。公司还向员工提供 15 年期限的低息贷款，帮助员工购买房子。由此看来，尊重部下的业绩的方法，足以构成一个激励体系。

美国福克斯波罗公司在创业之初，急需实现一项生死攸关的技术改造。总裁福克斯为了谋求这项技术而终日食不甘味，寝不安席。有一天深夜，研发部的一位工程师拿着一台新改造的原型机闯进了总裁办公室。福克斯看了一阵，高兴得手舞足蹈，不知怎样感谢这位工程师才好。他弯下腰来，把抽屉翻了个遍，总算找到了一根香蕉，于是他躬身真诚地对那位工程师说：“现在我实在找不出更好的东西奖励你，这就是给你的奖赏！”从此以后，一支小

小的香蕉形金别针，就成了该公司对科学技术成果的最高奖赏，而得到这种“金香蕉”的员工，都引以为最宝贵的肯定和荣誉。

尊重部下的业绩，要求领导者养成全面考虑问题和辨证评价部下的工作作风。唯有如此，领导者才能公正评判部下的功过得失，才能合理进行奖赏与惩罚。领导者尊重部下的业绩，既有利于激励下属，也有利于创造公正的领导形象，以满足下属的公正感需求。显然，这有助于领导者创造权威和提高用人效率。

尊重部下的业绩，不能言而无信。读者不妨看看下面的故事：

某公司销售公司孙总经理在审阅各区域经理送上来的销售情况汇总表时，发现11月份的销售量明显下降。由于10月份产品的销售量猛涨，公司扩大了生产规模，库房里产品堆积如山，必须尽快处理。孙总让秘书通知各区域经理开会，向下属传达了他与公司总部共同制订的新的奖励方案：每个区域经理的月销售指标分为必保目标、争取目标、冲刺目标；完成月销售量指标越高，月底提成百分比越大；提成奖励与各区域经理的销售额直接挂钩。比如，如果区域经理的必保目标、争取目标、冲刺目标分别完成200万元、250万元、300万元，提成比例分别为1%、3%、5%，相应的提成分别为2万元、7.5万元、15万元。如果区域经理只完成了200万元的必保目标，只能拿到2万元提成；如果完成了300万元的冲刺目标，比必保目标200万元增加了100万元，即增加50%，提成就能翻好几番，可以拿到15万元。在新的提成政策的吸引下，区域经理们当场便立下豪言壮语，一定要在春节前把这批积压产品销售出去。一个月过去了，销量果然大增。两个月之后，库存产品销售一空，每位区域经理也都拿到了相应的提成，满怀欣喜地等着过春节。为了奖励下属，区域经理也兑现了他们两个月前的诺言，给每个销售人员一个足以让他们满意的红包。孙总在欣喜之余，考虑到新提成方案成本太高，便决定取消它，并恢复以前的提成方式。结果，年后几个月的产品销量直线下滑，仓库内产品再度堆积如山。

案例显示，领导者把分配制度和激励计划当作权宜之计，朝令夕改，乃是对部下业绩的不尊重。这不仅无助于组织长期目标与可持续发展目标的实现，严重挫伤下属的积极性，而且还有损于领导者的威信。故事中的孙总觉得新的激励计划成本太高，如果真是这样，那也应该和区域经理们共同协商，找出一个折中的方案，而不能直接退回到从前的标准。否则，下属能不感到领导是在“卸磨杀驴”吗?

读者自己可以试试，如果把上述百分数改成1%、1.7%、2.8%，再分别乘以200万元、250万元、300万元，提成是不是变成了2万元、4.25万元、8.40万元，若按1%、3%、5%的比例提成，相应的提成分别为2万元、7.5万元、15万元。这说明，案例中孙总只需调整提成率百分数，完全不必废止新的销售奖励方案。

某公司老板非常苦恼，最近手下干将老是有人跳槽，好手一时又很难聘到，工作都有点难以开展了。他向管理专家抱怨道：“我自信待手下不薄啊，他们为什么毫无理由地离开我呢？是我给他们的待遇低了，还是他们贪心太大呀?”管理专家如实相告：“你犯了高层领导的一个大忌：那就是吝啬。”那位老板不禁叫了起来：“什么，吝啬？我不明白，我给部下的好处也不算少呀，他们怎么能说我吝啬呢？他们要得到多少才能满意呢?”管理专家说：“是的，你确实给了部下许多好处，但你在给部下好处时过于勉强。应当一次发下的奖金，你一定要分批发放，并且推迟一天算一天。下属确实也得到了你的奖金，他们却并不认为这是你主动发放的，而是他们跟你争来的。有时候，你多发给某位职员奖金，你会马上收回来；你给某位职员少发了奖金，则又缄口不提。即便有人提起，你也会以适当的理由搪塞过去。每当你要任命部下担当某一职务，总是让他等得心焦才宣布；在他任职后，你又不给予他们充分的自主权，使他们本该由自己做主的事情却做不了主，这都属于你吝啬。如果你主动给予部下利益，即便很少，他们也会认为你很大方；他们自己争取到的利益，即便很多，也会认为你吝啬。部下认为20天后应该给他的利益，而你第15天就给了他们，他们就会觉得你大方；本该20天给他们的利益，你却拖到第25天，他们就会认为你吝啬。”

尊重部下的业绩，无疑应该有功必赏，甚至不妨重赏。然而，由于领导者没有无限的财富用来重赏部下，所以，领导者都应有“制造重赏”的艺术。在封建社会，有的大臣功高至伟，已经无法进行奖赏。除非把天下送给他们，才能赏当其功。对此，皇帝寻个毛病，对大臣以杀头或贬职相迫，然后再找个台阶免除其刑罚或处罚。如此一来，赦免就成了“重赏”。这种奖赏，其实不用花一分半厘。虽然现代领导不能像封建皇帝那样如此而为，但是，领导者确实应该洞悉用人艺术中的辩证法。如此则既能避免用人行为的简单化，又能节省激励资源。

领导者制造“重赏”，具有很多经典方法。康熙皇帝平台期间，曾经派遣宰相明珠前往台湾与郑经谈判，没有想到明珠竟然参与郑氏的家族内乱，从

而使和平收回台湾的希望付诸东流。若以明珠的罪过，即使杀之亦不过分。然而，因为康熙需要利用明珠牵制索额图，所以，他必须让明珠服服帖帖、感恩戴德。为此，康熙皇帝先把明珠降职，再恢复其职务。如此既逞威又施恩，巧妙制造了一种“重赏”，既有原则性，又有灵活性。对于明珠而言，虽然什么都没有额外得到，但是，他不能不认为自己得到了“重赏”。这说明“重赏”二字，未必只能用“赏银”数量和“官衔”高低来体现。不言而喻，尊重部下的业绩，论功行赏，也有“艺术”二字可供琢磨。

第五节　尊重部下公平感

领导者尊重部下，既有普遍性表现，也有特殊性表现。一般情况下所谓的“尊重”，属于普遍性表现。在特殊情况下，即在面对亲疏远近、逆顺离合、功过得失、是非善恶之时，领导者的态度、行为，就具备了特殊性。一般的尊重多数人都能做到，特殊情况下的真正的尊重，通常是难以做到的。在组织内部，尊重与公平往往密不可分。领导者处事不公，就谈不上尊重。对此，领导者不可不察。

领导是组织和权力的代表，他指挥被领导者，并使之服从领导，以实现组织目标和自身价值。一般说来，被领导者往往具有双重心理需求，既要依赖组织，愿意成为一名符合组织需要的成员，又极其渴望领导发现和器重，从而成为组织重视的“明星”。当领导者的做法与下属的“明星梦”相左时，下属就会产生失落、消极情绪和怨恨心理。特别是，当领导者处事明显地有失公平的时候，对抗心理就会加重。

领导者处事不公，是一种品德的瑕疵。这不仅是对下属的不尊重，而且是对原则和道义的不尊重，同时还是对领导者自己的不尊重。古人认为，天无私照，地无私载，做人本来就应该公道正派。权力虽然是由领导者支配，但是，就其本质而言，权力无疑是公众所赋予的，所以，领导者行权理事，理应公道、公平、公正。

领导者要做到公平处事，最重要的就是要具有正直的品性，坚持正直的原则。美国学者米勒说：“在采用新式领导方式的所有原则中，正直绝对不能妥协。”米勒还说：“共识可以不完全，目标偶尔也可以不清楚或发生转变，卓越可以打折扣，成效也可以大致符合标准，但是，正直却不能有任何偏差。”在米勒看来，“正直”既是当代新型组织文化的基石，更是新型领导者不可缺少的品质。

所谓正直，就是诚实、正派、公道和前后一致，它是领导者得到下属认可的必要条件。米勒说：“每个领导者都需要跟随者，跟随是一种信任行为，也就是下属对领导者有信心。”米勒强调：只有当领导者本身正直时，下属才会产生信心；只有在领导者与追随者相互信任、相互吸引时，才能激发下属的潜能。

无论怎么说，领导者的个人品质至关重要。美国管理学会在广泛调查的基础上，总结出领导者包括气度恢宏、才干突出、乐于合作、人品可靠、决心坚定、公正民主、长于创造、正直无私、聪明敏锐、领导能力、忠诚、成熟、坦荡、体谅他人、支持他人在内的最受人推崇的15项品质。调查人员要求管理人员回答：对于下属、同事和上司，你最重视的品质是什么？结果，“正直”是其中最受重视的三种品质之一。可见，领导者如果缺乏正直的品质和人格，就很难得到下属的认可。

事实证明，那些表现出正直人格的杰出领导者，内心都有一种崇高信念和远大使命感，并且始终把这种使命感作为终极目标不懈追求，所以，他们才会在实践活动中表现出正直的品格和正直的行为。这使得他们在必要的时候能够作出牺牲——比如牺牲面子和短期利益，并使他们在作出牺牲时并不觉得自己是在牺牲什么。因为，为着崇高目标而作出牺牲，将使自己更有价值。

正因为这样，才使他们能够长期赢得部属的信任和爱戴。这使他们即使是在困难重重、孤立无援的境地中，仍能冷静沉着，信心坚定。

如果说士气来自公平感，那么，领导者的正直就是公平感的来源。请看：

美国《幸福》杂志曾经做过一个调查：在你和对手之间，你最希望得到什么？他们总共发出100份调查问卷，一个月后返回了99份。结果显示：希望得到金钱、智慧和机遇的答卷竟各占三分之一！那么，究竟哪一项答案才是一个人与对手之间最希望得到的呢？看来，只有收回最后那份问卷，才有可能找到答案。于是，有人提议去找最后那份问卷。按照发送问卷时的记录，最后一份问卷很快就找到了。

答卷人是一位60多岁的老人。当工作人员找到他，并说明来意后，他却说：“我真不知道怎么回答。我刚开始创业时，仗着父亲的财力支持开了一家顾问公司。当时竞争激烈，我最强劲的对手又是久经沙场聪慧

过人的老将，他们用钱贿赂了我的一名职员，我因此赔了一大笔钱，公司也被迫关门。后来，我去了父亲的酒店，不久就可以独当一面了。当时有一家酒店与我们势均力敌，为了打败对手，我听取了朋友的‘计策’，使对手陷入难堪的境地。可是，在随后的几年，我的酒店由于疏于管理，开始日益萧条。后来，我又做过很多生意。在打败对手时，我就得意扬扬；失败后，我又沮丧懊恼，成功与失败总在我与对手之间重复地上演着。我真不知道，在我与对手的竞争中有什么可以让我永远立于不败之地。”他沉思片刻，又说：“不过，我想起小时候的一件事，也许从中能够找到我要找的答案。我10岁那年，曾经跟一个同学比赛倒着跑。一开始我就遥遥领先，他回过头对我说：你这样的速度会让我输得很惨。成就感冲昏了我的头脑，我看着他的背影，趁其不备，转过身，健步如飞地向前跑去，想把他拉得更远。就在我转过身准备再倒着跑时，我看见他一边笨拙地倒着跑，一边惊愕地回头看着我。他看见了我的‘小动作’。本来，我有99%的机会可以赢他，但是，多年后，他仍然一直不承认他输了。为此，我们争执了好几年，直到大学毕业后断了联系。”调查人员被老人的故事深深地吸引住了，于是产生了帮助老人找到那个同学的念头，想看看那个同学现在还服不服输。半个月后，老人的那个同学找到了，他仍然趾高气扬地回答：“我们的比赛是不公平的，所以我永远不服输！”

这不过只是儿时的一件小事，可是整整50年了，那个同学仍然不服输！

老人回去后，只在那份问卷上写下了两个字：“公平！”

于是，《幸福》杂志的工作人员便把金钱、智慧、机遇、公平四个答案全部公布出来，并把每一种答案的理由附于其后，让更多的读者来参与评定。当然，他们也在“公平”这一答案的后面，附上了那个老人讲的那个故事。最后，杂志社收到了145封评比信，这些信中所有选择的都是——“公平”！

人世之中不可能没有竞争，只要存在竞争，就会有输有赢。要想让输的人服气，赢的人坦然，唯有公平才行！普天之下，人们普遍对公平怀有强烈的渴望。领导者如果处事不公，就是对下属意愿的不尊重，就不会得到下属的拥护和爱戴！

领导者处事公平，不仅能使下属感受到尊重，而且还能赢得下属的拥护和爱戴。这样，下属才能忠心耿耿地跟随领导者创立大业。唐高祖李渊能够推翻隋朝的统治，统一国家，建立唐朝，不仅是靠他和李世民的才能，而且还依靠处事公正。

公元617年，李渊举起反隋大旗，许多州郡纷纷响应，队伍很快壮大到几万人。他的部队人员成分很复杂，有隋朝中下层官吏、地主豪绅、贫民奴隶，遍及各个阶层。李渊率领他们东征西讨，开始了推翻隋朝的战争。这年7月，李渊率军攻打霍邑，当时阴雨连绵，道路泥泞，粮草不济，全军将士仍然上下同心、奋勇作战，终于攻克霍邑，并杀死了顽强抵抗的隋将宋老生。李渊决定召开庆功大会，吩咐各部首长议定下属军功。有人认为应该按照高低贵贱论功行赏，有人认为应该不论贵贱一视同仁。

李渊觉得部队里奴隶出身的钱九陇、樊兴、马三宝等一批勇将屡建奇功，而军中绝大多数士卒属于贫民和奴隶，如果要分高低贵贱，他们就无法得到奖励，肯定会深受伤害，到时谁还肯卖力拼杀呢？

想到这里，他说："两军交战，刀枪弓箭不管贫富贵贱，为什么我们评议军功要分什么贫富贵贱呢？评议军功必须一视同仁，不论出身，论功行赏。"

命令一下，全军上下欢呼雀跃。这一政策的出台，极大地激励了全军将士。

公平，能够创造尊重，也能产生激励。唯有让下属感觉他们受到了公平的对待，他们才能信任、尊重和拥护领导，才会焕发斗志。领导者如果不能做到一视同仁、正直无私、公平公正，就会影响士气。这里，读者不妨看看下面的寓言：

> 傍晚的大草原上，有个牧羊人像往常一样赶着羊群回家。走着走着，他突然发现羊群里混进了几只野山羊，悄悄地把所有的羊都赶进洞里。第二天下雨，牧羊人无法出去牧羊，羊群只得留在洞穴里。为了留住这些野山羊，他只给自己的羊少许食物，却给做客的野山羊很多食物。
>
> 雨停以后，牧羊人又把羊群赶到牧场。野山羊一到草原就想逃走。牧羊人生气地说："我对你们那么好，你们还想逃走，真是忘恩负义。"
>
> 有只野山羊回敬道："正因如此，我们才感到怀疑。那些羊跟你那么久了，你对我们却比对他们还要好。如果我们留下来，又有其他羊来了，我们的下场不是和他们一样吗？"
>
> 牧羊人既没有留住野山羊，又让自己的羊感到寒心，落了个两头不讨好。

当然，这只是一个寓言，用以讽刺生活中那种有失公平的行为。寓言中那些受到牧羊人关爱的野山羊，就好比现代组织里的“空降兵”，又好像家庭之外的“第三者”，让牧羊人倍加照顾。原来的那些羊，则相当于领导者的老部下。然而，领导者只顾关照“空降兵”，却不以那些老部下为念，不仅使老部下心生不满，而且也使新进者心生疑虑，以致大失人心。对原来的羊而言，它们的遭遇无疑是不公平的。

领导者不仅不能自己破坏公平，而且还要竭力维护公平，才能收揽人心。在这方面，领导者应该学一学唐代名臣，唐太宗手下的“法官”戴胄。

戴胄素以执法严格、公平而出名。有一次，皇后的哥哥长孙无忌忘记解下佩刀，就进入了皇宫的东上阁。这本是死罪，但因长孙无忌既是皇亲，又是唐太宗登上皇位的功臣，按照法律，此案件应由朝臣集议，再提出处置意见，然后由皇帝御批。宰相封德彝认为长孙无忌是过失犯罪，应判刑两年，可以判处罚铜20斤赎罪；守卫东上阁的校尉没有及时发现长孙无忌带刀，应该判处绞刑。戴胄坚决反对：“这样量刑不公平。长孙无忌带刀入宫，校尉没有发现，两方面都是由于一时疏忽。如要判刑，应当一视同仁，怎能重此轻彼?”

唐太宗思考了一会，说道：“法律不是某一人的法律，不能因为长孙无忌是我的亲戚就得到优待。”他要求大臣继续讨论。封德彝仍然坚持原来的意见，戴胄争辩说：“长孙无忌和校尉，论其过失，情况相同，而校尉是由于无忌带刀入宫的缘故获罪的，于法当轻。现在，轻罪反而重判，重罪反而轻判，很不合理，应当重新判决。”

唐太宗感到戴胄说得有理，免除了校尉的死罪。

制度是保障公平的社会化设置，应该具有不可动摇的权威性。领导者执行制度，本应不分贵贱、不论亲疏、一视同仁、保持公平，才能算尊重制度和广大下属的意愿。如果制度权威性和严肃性受到侵犯，领导者必将失去公信力。

从社会学和政治学角度讲，公平是文明社会最基本的价值标准。整个人类历史发展的历程，就是公平这一社会价值标准不断巩固的过程。人类的解放的历程，既是自由、民主日益成为天赋人权的过程，又是公平感不断加强的过程。一个不公平的社会，本质上就是人压迫人的社会，就是一个罪恶的社会。一个不公平的组织，本质上就是一个人与人不平等的组织，就是一个肮脏的组织。一个不公平的领导，本质上就是一个不正直的领导，就是一个卑鄙的领导。从这个意义上讲，公平，绝不仅是个人品质的问题，而是社会文明的标志。给予下属公平，乃是领导者的基本素质。

尊重部下之所以重要，是因为尊重本来就属于人的高级需要，而给予部下以尊重，就是满足其高级需要。因此，得到尊重，使人感到自己有价值，使人感到自己有尊严，使人感到自己很重要，能够使人的生命更有意义。任何人得不到尊重，都会深感沮丧和愤怒。使下属感到被重视，正是产生更高期望和士气的秘密所在。

第四章

善待部下　感召人心

领导者对于“领导”二字，需要有正确的认识。领导的出现和存在，仅仅因为人群需要组织，组织需要首领，才能提高效率。作为一种职务或社会现象，领导在其产生之初，主要意义在于帮助群体满足生存的需要。早期人类为了存活下去，不得不组成群体，进行围猎或其他方式的劳动，不得不有人组织和指导这些活动。因此，那些能够满足群体要求的勇敢智慧的人，就成了今人所说的“领导”。

这就不难说明：早期社会的领导就是那些才智出众的人，就是那些能够满足群体要求的人，就是那些能够为群体提供特殊价值的人。

虽然进入阶级社会之后，领导逐渐与特权、地位、荣耀、财富相联系。即便如此，促进组织发展，提高社会效率，改善生存状况，增加民众福祉，仍是领导存在的根本前提。随着社会民主化程度的提高，领导存在的意义更侧重于效率供给、福利供给、价值供给、文化供给。尤其是文化供给，更代表着未来管理的主调。既然领导者要“为官一任，造福一方”，那么，善待部下，就成了领导工作的题中应有之义。

善待部下，是基本的用人技巧，能够使领导者赢得人心，增强威信，提高士气和领导效率。领导者善待部下，包括平易近人、关心下属、宽容待人等内容。

第一节　平易近人得人心

领导者应该清醒地认识到，位居人下的人，未必甘心于自己的处境，所以，他们的心灵深处本能地对身份差别特别敏感。对上级的态度自然也会异常敏感、在乎。

高明的领导者总是特别善于送给部下一个大大的精神胜利："领导对我太好了！"

撇开其他问题不谈，这样的领导至少不傻："不管我对部下多么平易近人、和善可亲，毕竟，我是他们的领导而他们不是我的领导！"

从另一个角度讲，唯有领导或身份高贵的人，才会面对"平易近人"这个话题，一般百姓何必如此费心？因此，平易近人既是领导者的本色，又可视为领导资格的标志。

明智的领导者的明智之处，就是十分明白这样一个道理：也许你是一个品格优秀、水平很高的人，对下属也怀有深厚的感情，但是，这些因素并不足以使领导者拥有威信。因为职务不会对威信的形成具有太大的帮助，对下级的感情也只能在与下级的交往中才能表现出来，威信只能在下属心灵中成长。因此，领导者必须平易近人。

美国第34任总统艾森豪威尔的成功，得益于他严格的治军风格和平易近人的作风。换句话说，治军严格和平易近人是他成就事业的不可或缺的两个条件。领导者只凭严格管理而不能平易近人，就不足以树立威信，因而不足以获得重大成功。

第二次世界大战期间，大批美军部队涌入英伦三岛，给英国的供给造成了极大的困难，而训练用地也极易引起民事纠纷。为了减少麻烦，艾森豪威尔同英国当局商定了一整套防范措施，强调对部下进行教育。

他首先让刚到英国的美军军官参观遭到德军轰炸的城市的惨状，然后又通过英国相关机构安排美军士兵自带口粮到英国家庭去度周末。

这些办法使美军官兵熟悉了英国的环境，看到了英国人当时的艰难，改变了生活习惯，并消除了"拯救者"的优越意识，与英国民众建立起相互信赖的感情。

由此可见，艾森豪威尔通晓人情世故，对人之常情怀有坚定而善良的信念，并且善于用小道道解决大问题。他的朴素、平和、友善的做法，比高压政策更加有效。如果不是对人性抱有坚定的信念，就不可能想出这种以小图大、以柔怀远的办法。

他对破坏盟国之间团结的人，从来都是严惩不贷。有一次，英军和美军两名军官发生口角，并打起架来。艾森豪威尔立即把两名军官叫来，严厉训斥他们，然后让那个英国军官先走，留下那个美国军官狠狠训斥了一顿，并将他遣送回国。

还有一次，艾森豪威尔到前线视察，并对官兵们发表演说，以鼓舞士气。不巧下雨路滑，就在讲完话要离去时，他摔了一跤，引得官兵哄堂大笑。

站在他身旁的部队指挥官赶紧扶起他，并为官兵无礼的哄笑郑重地向他致歉。

艾森豪威尔对指挥官悄声说道："没关系，我相信这一跤比刚刚所讲的话更能鼓舞士气。"

作为一个统帅，艾森豪威尔特别注重鼓舞士气。为了达到这一目的，他经常视察部队。在视察过程中，他总是以和蔼的面容、亲切的交谈、幽默的话语、鼓动性的演说，鼓励部队的士气。其实，艾森豪威尔脾气暴烈，人皆尽知。

第二次世界大战后期，美军因为伤亡惨重，鼓励大家献血。艾森豪威尔以身作则，立刻以行动来响应这个号召。有一次，他得知前线急需 O 型血，便去部队诊疗所献血。当他正要离开时，一个士兵突然大叫起来："艾克！"

接着，许多人认出了艾森豪威尔，齐声高喊："艾克！艾克！"

当他向人们挥手告别时，有个士兵在他身后悄悄地说："如果我输进他的血，也许我就可能成为将军了。"

艾森豪威尔立刻回过头来，微笑着对那个士兵说道："如果真是那样的话，我希望你可不要接受我的坏脾气。"

可以设想，艾森豪威尔温和的小幽默，将会产生多么神奇的效果。领导者之所以应该平易近人，是因为平易近人能使部下由衷地产生孺慕、爱戴之情。

领导者平易近人，并不仅限于说话和态度，还表现在处理问题上，尤其是在处理有些尴尬的问题时，能够宽容待下、大度大气，而且合乎常理。

宋朝开国皇帝赵匡胤，还算有容人的度量，也很重视人才。他还制定了一些开明的规矩作为宋朝的祖训，包括皇帝不能在朝堂上鞭打大臣，不准辱骂公卿，臣下除了谋反和叛逆外不得随意杀戮，表现出一个英明帝王的大度。

有一次，他慨叹道："要是有古时桑维翰那样的宰相就好了。"

宰相赵普听了，心里有些不舒服，于是说道："就算有了桑维翰，您也不会任用，因为他是个非常贪财的人。"

赵匡胤说："贪财怕什么，有才能最重要。要是有那样的人，就赏他十万贯，把他的屋子撑破。"

当时天下还没有统一，吴越国君送给赵普十筐海鲜，赵普也没有在意，一直放在屋檐下。赵匡胤探望赵普时碰巧看见了，就问是什么东西。

赵普觉得没什么，就说了实话。赵匡胤很想知道吴越国君给赵普送的是什么，打开一看，全是黄澄澄的金子。

赵普哪料到是这个，登时傻了眼，扑腾跪倒，连称死罪。

赵匡胤相信赵普，很大度地哈哈一笑，说道："收下吧，他们还以为天下大事是你这个书呆子说了算呢。"

这样一件大事，就此轻松化解，赵匡胤的度量可见一斑。如果说赵普是他最信任的大臣，所以他能容人的话，那么，王著的事就更能说明问题了。

赵匡胤在朝中设宴，后周臣子王著喝醉了酒，突然思念故主，当众喧哗，群臣大惊。赵匡胤也曾是后周臣子，毫不怪罪，只是命人将他扶出去休息。

王著却不肯出去，在屏风后面大声痛哭，被左右硬搀着扶了出去。

第二天，朝中有人上奏，要求严惩王著。

赵匡胤说："王著只是喝醉了，世宗时候，我就和他同朝为臣，熟悉他的脾气。他是一个书呆子，哭哭故主也没有什么，由他去吧。"他最终没有追究此事。

领导者如果能够大度容人，则万物兼济。用人之道，唯有大度容人，才能平易近人，进而才能赢得人心。因此，领导者不要觉得自己高于人一等，为人傲慢，处事霸道，甚至唯我独尊，独断专行。一旦脱离群众，就离犯错误的日子不远了。

现代社会重视民主管理，不论是政府，还是企业，都应提倡让组织成员参与决策。企业领导在作出涉及部属的决定时，如果能让他们参与决策，并且认真听取他们的意见，不仅能够满足他们的自尊心，激发他们的热忱，提高他们的士气，还能汲取他们的智慧，从而避免决策失误，提高工作效率。

如果企业领导把下属和员工排斥在决策之外，致使他们感到自己希望表达的观点没人愿意听取，自己内心的意愿没人愿意尊重，自己能够出力的事情也无法出力，就会产生被人忽视和被人摆布的挫折感。

实行民主管理，要求领导者平易近人，接近群众，尊重群众，相信群众，依靠群众，集思广益，共同创业。民主管理的实质就是打破上下级界限，集思广益，实行全员经营。全员经营，并不是要取消领导的权力，而是注重分享员工的智慧。集思广益也不是说遇事必定找人开会商量，更不是要取消自己的主见，也不是左右摇摆拿不定主意，而是指领导者心里要经常装着"集思广益办事情"的原则，放下自己的架子，形成随时随地听取别人意见的习惯，从内心深处欢迎属下提出意见和建议。

实行民主管理，还要求领导者坦诚待人，并且不受自身利益、感情、知识以及先入为主意识的影响，能够从事物的本来面貌出发采取适当的行动。只有心地坦诚，才能知道事物的真实面貌和本质，并顺应客观规律处理问题。只有倾听员工的呼声，集中广大员工的智慧，才会产生“理当如此”的真正的勇气，才会产生宽容和仁慈的心态与情感，才能真正做到平易近人，才能敢于领导和善于领导。

平易近人、民主管理，不应该是仅仅挂在嘴上的辞令，而是应该确实体现在日常工作之中。领导者应该多听少说，充分发扬“听”的艺术，虚心听取下属意见，绝不能心不在焉。企业领导应该鼓励部下反映来自下面的意见，倡导员工参与企业管理，广泛开展群众性技术创新活动；企业领导还要废除陈规陋习，深入群众，加强沟通；企业领导要信任员工，注重建立良好的工作环境，实行灵活的弹性工作制，重视医疗保健工作，并且善于通过非正规活动促进员工参与管理。

领导者平易近人，不能仅仅停留在表面层次，还要把这种处事风格与尊重下级、尊重群众、尊重实际、注重调查研究、虚心向下级和群众学习的工作方式结合起来，形成相信群众、依靠群众的优良作风和注重民主管理的工作方法。唯有这样，才能把平易近人的处事风格坚持到底，使之具有更大的价值。

第二节　关心下属学问大

中国人既重面子，也重感情。重面子，渴望得到尊重；重感情，渴望得到理解、体谅与关心。在现实生活中，面子与感情往往合而为一，变成“情面”。“情”字竟然排在了“面”的前边，似乎说明没有“情分”，也就没有“面子”。

对于中国人来说，相互之间看重对方的面子，是因为相互之间有情有义，因此才讲“情面”。可以说，中国的伦理道德准则差不多都能还原为情感概念和情感法则。比如，“仁”是一种情感，也叫“仁爱”；“义”是一种情感，也有“义勇”“义举”“义气”“义愤”等词为证。又如，“孝”是父子之情；“悌”是兄弟之情。

此外，在中国人的情感世界里，似乎所有情感都是双向的：君仁则臣忠，父慈则子孝，兄友则弟恭，夫爱则妻顺。反之，则是“你不仁”，“我不义”；君视臣若“草芥”，臣则视君为“寇仇”。另外，中国的道德律令总是相辅相成。例如“尊师爱生”“拥军爱民”等。也就是说，只有以情感为基础，道德才易于为众人所接受。

中国人对情感和面子具有独特的理解。面子可以作伪（假面），情感却必须真实（衷情）。面子有大有小，情感也有深有浅，但情感的深浅并不以面子的大小为转移，而面子的大小却以情感的深浅而变化。如果仅仅出于面子而为人办事，大多都是不得已而为之；相反，出于情感而为人办事，则会尽心尽力超水平发挥。

中国古代的宗教、哲学、政治、法律，也都与情感有着千丝万缕的关系。佛家讲“慈悲”，儒家讲“仁爱”，都是着眼于情感。《庄子》讲“道”虽“无为无形”，却也“有情有信”，至少是不排斥情感。至于政治上的“以德服人，以柔怀远”，教育上的“动之以情，晓之以理”，都是借美好情感做就锦绣文章。就连铁面无私的法律，在遇到“理无可恕”但“情有可原”的情况时，也不得不适当减刑。因情废法的事，大致都是这样发生的。当然，我们应该坚决反对因情废法。

古人认为，会做官的人，必定会做人；会做人的人，必定会做官。会做人的人和会做官的人，总是能够时时处处表现出关心他人、尊重他人的特点。中国的寻常百姓，也相当重视“人缘”，而“人缘”则是“人情”“面子”“情面”的综合，是人们在相处中做下的“情分”。中国人说“人缘”而不说“势力”，是为了使自己和别人都显得高尚而不势利。事实上，“人缘”是一种比物质力量更可怕的势力。拥有“人缘”，就拥有实力。所谓“家有万亩良田，不如有个好人缘”，足见“人缘”好厉害！

中国人人情法则的基本理念，无疑是“滴水之恩，涌泉相报”。由此产生的交际理念，则必然是“有恩不报非君子”。忘恩负义，自是为人所不齿；恩将仇报，更是为别人所痛恨。报恩大于受惠，以“涌泉”报答“滴水”，似乎理所应当。在中国人的心灵深处，无论怎样加倍回报别人的恩惠，都是应该努力而为的事情。

如果领导者深通民族文化心理，就不能不善待部下，广结善缘，并通过善待部下而赢得人心，使部下衷心回报。如此一来，当群体大多数成员出于报效之心团结奋斗之时，就会形成惊人的力量，帮助领导者成就大业。完全可以说，领导者的情感付出和行为感召，是维系群体动力最基本的手段之一。为此，领导者必须关心部下的疾苦，理解部下的难处，体谅部下的苦衷，以

无形的力量统率组织。

身为领导者，关心下属是一门必修课。人们必须具备衣食住行等生活条件，才能从事政治经济等活动。下属的生活状况如何，直接影响到他们的思想活动、精神状态和工作效率。一个高明的老板不仅善于驾驭下属，更善于通过为下属排忧解难而唤起下属的主动性、积极性、创造性，使其全身心投入工作。

美国钢铁大王安德鲁·卡内基的突出特点是很注意关心下属。卡内基年轻时，刚刚工作不久，就遇到一个急得满嘴是泡的青年下属，说他妻子和女儿因为家乡房屋拆迁而失去住所，他想请假回家安排一下。因为当时人手太紧，工作很忙，卡内基不想准假，就以“工作重于私事”之类的大道理开导他，要求他安心工作。没想到那个青年下属却愤愤地顶撞说：“这在你们眼里是小事，可在我眼里却是天大的事。我妻子和女儿连个住处都没有，我能安心工作吗?”青年人愤愤地走了，卡内基很受震动。他稍作思考后，立即找到那位下属，向他道歉并准其请假。后来，卡内基还专程到他家里进行慰问。当时，只有23岁的卡耐基只是帮他父亲处理一些事务，就已通晓关心下属的重要性。多少年后，他仍然念念不忘。他曾在回忆录中这样写道：“这是我在通向老板的道路上所学的第一课，也是刻骨铭心的 课。”

卡内基认为，关心下属，解决下属的后顾之忧，是调动下属积极性的重要方法。领导者对于下属，尤其是生活较困难的下属的家庭情况要心中有数，适时给予他们以安慰、鼓励和帮助。领导者关心部下，还要注意把握几个重要时机。例如，下属要出差，就要考虑他们是否需要帮助；下属及其家人生病了，就要准予休假、及时探望，或者适当减轻其工作负荷；不要认为是小事情，就可以不管不问；下属家庭遭遇特别的困难，就要给予救济以缓解其燃眉之急。如果领导者如此善待部下，不仅受惠者本人会感激不尽，而且还会感染、激励所有的人。在下属不幸遇到大灾大难时，作为老板，不仅自己要关心施爱，而且还要发动大家踊跃帮助，解除下属的后顾之忧。这样一来，就有利于展示领导者的仁爱，也有利于树立良好的风气。

领导者关心部下，一定要做到施恩不图报，行善不张扬，以免使人觉得自己的痛苦成了领导标榜仁慈的材料。领导者关心部下，严格说来是一种责任、义务和工作需要，并不是什么额外的恩惠。唯有具备这样的意识，才能把关心部下的种种方法升华为用人艺术，以便取得更大的情感激励效用。

唐太宗不仅用人有方，而且深知关心人的重要性。他能知人善任，用人之长，也能宽容待人，善于纳谏，而且很注意关心臣下，让大臣们感恩戴德。

李勣战功很高，唐太宗十分器重。贞观十七年，太子李治住进东宫，李勣被任命为太子詹事。有一次，唐太宗设宴款待大臣，席间看着李勣说："我打算把太子托付于人，考虑再三也没有找到比你更合适的，你以前不背弃李密，如今也不会辜负我的。"李勣感激得流下了眼泪，他一边擦，一边应允，并把手指头咬出血来，表示自己的忠心。过了一会，李勣喝得大醉，昏昏沉沉，太宗脱去自己的外衣为他盖上。李勣兵略非凡，打败了突厥颉利可汗。唐太宗对他的恩宠也超过了其他大臣。李勣得了重病，有个土方说胡须烧成灰可以治病，太宗亲自剪下自己的胡须，烧成灰为他治病配药。古人讲究"身体须发受之父母"，不敢有损，剪掉胡须是不孝的行为。李勣感动得连连磕头，以致磕出血来，哭着谢恩。唐太宗说："这是为了国家啊，用不着如此重谢。"

中国古代贵生、惜生、爱生的思想，使得中国人具有深厚的恻隐之心，成为中国人崇尚仁爱、善良、厚道和宽容的基础。关心、同情他人，乃是人际交往的普遍原则。领导者和下属虽然是上下级关系，也不能脱离人际交往的艺术法则。因此。领导者真心关怀下属，不仅能拉近与下属之间心灵的距离，而且能激发下属的使命感与责任感，从而使之自发地提高工作的积极性与主动性。

领导者关心部下，并不排斥"锦上添花"，切忌只提倡"雪中送炭"。如果只是强调"雪中送炭"，就会忽略日常生活中各种应该关注的问题。关心下属，首先要注重于平常处见精神，其次才是于危难时见义举。

领导者关心下属，不应局限于生活方面，还应体现在工作方面，尤其是要关心部下的成长和发展。

第三节　宽以待人有奇效

领导者善待部下，包含信任、尊重、关心、激励、重用、宽容、厚道等很多内容，其中也包括宽容待人。这里，我主要探讨领导者应该怎样宽容待人。

领导者宽容待人，包括容忍别人的性格缺陷，容忍别人那些无伤大雅的行为习惯，容忍别人才智方面的不足之处，容忍别人那种并无危害的生活方式等等。然而，其中最重要的，一是宽容地对待别人的过错，二是宽容地对待别人的冒犯。

领导者宽容待人，容人忍事，关键在于容错能力；有了较高的容错能力，才能有较高的“纠错”能力。领导者如能宽容地对待部下，就能够收到巨大的感化效应，从而更有利于部下的自我完善，让部下主动自我“纠错”，胜于领导者直接迫使部下被动“纠错”。当然，我们提倡宽容，并不是指无限宽容，并不是不讲原则。相反，宽容恰恰是相对于原则而言的。没有原则，就不存在孤立的宽容。宽容待下，正是为了让部下心悦诚服，自动自发地完善自我，本质上恰恰是为了更好地坚持原则。换句话说，通过感化，实现情感净化和精神教化，才是避免犯错的最重要的方法。

在一次国学培训课上，我讲到“地势坤，君子以厚德载物”——试看大地广阔无际，温顺超过处子，沉静更胜无言；风吹日晒不损阔荡之大，含污纳垢不改生生之德；雷霆不能使之稍惧，刀火无以使之稍损；豁达无与伦比，坚韧无可复加。残虐及体无怨无悔，污秽加身无声无息；加之污秽，则能化腐朽为神奇；种以毒草，亦难夺鲜花之美丽。大地之所以这样伟大，完全有赖于她的德之“厚”也！

我甚至跟那些听课的领导们开玩笑说：“把毒草放进我们胃里，我们会被毒死；把毒草种在大地，丝毫无损于大地的生机；大地如果不能承受毒草，怎么能繁育鲜花？切记，您的用人能力取决于您的容人能力，您的容人能力取决于您的容错能力！”我进一步说：“大地厚德载物，江流厚谦以存。涧谷把自己放低，方有万涓成水，千溪俱纳，长流不息。领导者唯有虚心以空，虑事以静，立身以诚，守志以拙，养心以正，断事以公，才能容物受事，待人以宽。”

最后，我说：“把自己看得高了，就绝对不可能宽以待人！”

我必须强调一下：宽容待人，最根本的含义就在于“弘德”“容错”，而不是低一层次的礼贤下士、待人和气等等。礼贤下士、待人和气，仍然难免陷于妇人之仁；而“弘德”“容错”，则非大丈夫而莫能为。试想，领导者如不“弘德”，岂能“厚德载物”？如不“厚德载物”，岂能容人忍事、容错恕过？

领导者待人以礼，更要待人以宽，待人以和，才能论事客观，对人公道，分寸妥当，火候适宜，才有宽容待下之可能！提倡宽容待人，意味着领导者不能动辄以强制手段维护原则，意味要让部下自觉主动、深刻地认同原则。我们所说的宽容，孔夫子所说的“仁”“恕”，凡是志向高远的领导者，都有必要身体力行。

日本战国时代，上山千信和武田信玄是死对头。他们在川岛会战之后，又发生了几次激烈的战斗。一向供应食盐给武田信玄的今川氏和北条氏两个部落，都和武田信玄发生了冲突，因此中止了食盐供应。武田信玄的属地申州和信州地处内陆，都不生产食盐，两个州都陷入了缺盐的困境。上山千信听到这个消息后，马上写信给武田信玄说："现在今川氏和北条氏都中止了对你的食盐供应，使你陷入困境，我不愿趁火打劫，因为那是武将最卑鄙的做法。我还是希望在战场上和你分个胜负，所以食盐的问题，我来帮你解决。"上山千信很快就派人把大批的食盐送到申州和信州，替武田信玄解决了食盐危机。武田信玄以及两州的人民，都很感激上山千信的义举。

以人之常情而论，上山千信应该为敌人陷入困难而幸灾乐祸，甚至应该抓住这个难得的机会打败敌人。然而，上山千信认为，虽然两国正处于战争状态，但是不能让百姓陷于无盐可吃的苦境。至于争夺胜负，那是战场上的事。

对待敌人尚能如此仁慈和宽容，虽然看起来有些愚昧，实则是绝顶聪明之举。如果一个善行能够瓦解对方军民的仇恨和斗志，即使是为敌人帮个大忙，那又有何不可呢？上山千信的行为，看起来愚蠢之极，实际上却是精明之至。

领导者要宽容待下，不要求全责备，尤其不能要求部下做好他们根本不可能做到的事情。领导者若是要求部下完全合乎自己的心意，未免过分天真。客观地讲，任何人难免存在缺点错误。对于某些事件，有的部下可能经验不足，可能对问题缺乏深入的研究和正确的认识，也可能偶尔粗心大意，还有可能因为一时无法适应突如其来的变化而造成过失。如果领导者能够拟情度理，实事求是，宽容善待部下，部下就会衷心感激，并且努力改善自身的行为。事实证明，原谅一个人的过失，比赞美和奖赏一个人的功绩更能得到人心。

北魏孝文帝拓跋宏（鲜卑人）是位年轻有为的皇帝，也是一个仁慈宽厚的君主。他即位之后，志在奋发图强。为了选拔人才，他跳出皇亲国戚的圈子，不拘一格取用官吏。这在当时确实需要顶住很大的压力。有人向他举荐在宫中伺候皇帝吃饭的赵黑。赵黑出身于僮隶户，后来入宫当了宦官，但他从小博闻强记，经常为大家排忧解难，深受宫中上上下下喜爱，孝文帝也有所耳闻。为了表示对赵黑的尊重，孝文帝亲自找他面谈，并摆上丰盛的宴席，君臣二人边吃边谈。孝文帝说想派他去镇守定州。赵黑想到定州是北魏三大重镇之一，便说："我出身微贱，才疏学浅，又是汉人，恐怕不能胜任。"正说着，厨师又端上一道菜。一只苍蝇正巧掉进菜盘里。厨师非常害怕，孝文

帝笑了笑，毫不在意地用筷子把苍蝇挑了出去。他让赵黑坐下，诚恳地说："你不要那样说了，你越说我越惭愧。周文王渭水访贤才，而你这样的贤才，就在我的眼皮底下，却一直没有得到重用，我与周文王相比，真是一个天上，一个地下啊！"这时，厨师又端着一碗热汤进来。他越是倍加小心，越是精神紧张。他的手微微地颤抖着，一不小心，碗一倾斜，热汤正好泼在孝文帝的右手上。厨师脸都吓白了，连忙跪在孝文帝面前请罪。赵黑也为那个厨师担心。谁知孝文帝却和颜悦色地请那位厨师站起来，宽慰他说："人有失手，马有失蹄，这点小事算不得什么，你不必放在心上。"厨师感激涕零，流着眼泪退了下去。孝文帝继续和赵黑谈论要派他去镇守定州的事。赵黑被打动了，相信孝文帝是个英明君主。他声泪俱下地向孝文帝表示："主上对我这样信任，仁慈宽厚，体恤下情，我一定尽心竭力地把定州治好，决不辜负主上对我的知遇之恩。"后来，赵黑在定州任上，确实把定州治理得很好。

眼光高远的领导者，从来不会把视线停留在下属的小过错上。因为在他们宽广的胸怀中，从来只装着大目标。领导者只有做到宽以待人、容人之过，下属才能感恩戴德，忠心报答，也不会在工作中过于紧张，更有利于发挥潜能、创造佳绩。

虽然领导者的魅力和风度并不在于一味宽容，然而，对于领导者来说，宽容待人是必不可少的美德，也是成就大业所必须具备的一种能力。因为宽容总是有利于事情向着好的方向转化，而刻薄则往往会把事情搞得更糟。我之所以说宽容待人是一种成就大业的能力，乃是因为很多的人无法做到宽容待人，所以人间才生出许多怨愤。虽然这种说法听看起来似乎有点让人不太舒服，但它绝对符合事实。

松下幸之助是一个仁慈的企业家，也是一个对下属要求极其严格的人。他的恩威并用的用人艺术，向来颇受世人称道。有一次，他手下某厂经理由于管理不善，造成厂房失火，损失不小。那位经理觉得肯定会被炒鱼，惴惴不安地拿起话筒，拨通了松下幸之助的电话，准备先挨一顿臭骂，然后卷铺盖滚蛋。松下幸之助静静地听完了汇报，沉默了一阵，才语调平缓地说："好好干吧！"那位经理简直不能相信，一向待人极其严厉的社长，这次竟然如此宽容！从此以后，他更加竭尽全力搞好经营，报答松下幸之助的大恩大德。那么，松下幸之助为什么会一反常态，如此宽容呢？

按照他的说法，因为人们平常对小过失不太在乎，所以应该严厉无情；当人们犯了大错时，即使你不去批评他们，他们也会狠狠责骂自己，没有必要再去严加训斥。此话一语道破天机——如果用宽容的善行能够彻底赢得一个人的忠心，那些损失早晚必会得到弥补！

然而，并不是所有领导都能宽容待人。有位管理学家曾经做过厂长，那时他还不甚了解用人艺术。当时，工厂技术科有个副科长为自己的亲戚提供了一份生产工艺设计图。事后，他知道错了，并向厂长作过三次检讨，厂长仍然耿耿于怀，丝毫不愿意原谅他。常言道“同行是冤家”，对于这类支援对手的事情，我做厂长的怎么能置之不理呢？这是绝对不能原谅的！于是，在厂务会议上，他宣布开除了这个副科长，尽管他认错态度很诚恳。由于那名副科长平时工作勤奋，许多人不同意厂长的意见。厂长始终没有让步，坚持把他开除了事。他很欣慰，认为自己是在坚持原则，杀一儆百。多年以后，那位厂长“华丽转身”“改行”求学，并且成了一位著名的管理学家。他在回忆这件事时，说道：“我坚持开除那个犯有过失的副科长，这就等于解放了他。从此以后，他可以毫无顾忌地把所有技术都贡献给他的亲戚了。时间不久，那位副科长就设计出好几种相当不错的产品，夺走了我好大一块市场。”

领导者宽以待人，给人以纠正错误和完善自身的机会，既符合领导用人的理念，也符合人才成长的规律。人世间绝对没有与生俱来的天才，任何人都是吃一堑而长一智。即使有人生来就有天才的禀赋，没有后天的挫折、磨砺和学习，也不可能成为天才。因此，真正英明的领导者，都能宽容大度、善待部下。

道格拉斯·麦格雷戈认为：外部控制和惩罚并不是使人朝着组织目标努力的唯一办法，人们对自己所赞同的工作目标不但不会消极抵制，而且还会积极行动，并且能够在行动过程中实行自我指挥和自我控制。这意味着领导者可以通过改变下属的内心信念而使下属进行自我管理，从而在多数情况下不必动辄使用监督和惩罚的方法。不仅如此，如果领导者通过平易近人、关心爱护、宽以待人等方法感化了下属，下属就更能自觉地进行自我管理，完全可能通过追求更高的目标来报答领导。毫无疑问，这比那种“眼里容不得沙子”的批评和惩罚要好得多。

第五章

洞悉人性　善于沟通

领导者用人艺术的要点，在于以德服人，因情济事，以小图大，以柔怀远，刚柔并济，变化得体。为了锤炼用人艺术，提高用人效果，领导者除了锤炼性格和心灵之外，还需要深刻地洞察人性人心，特别需要从因情济事和以柔怀远做起。

洞悉人性，善于沟通，是以柔怀远的一个方面，是促进沟通和协调人际关系的一种手段，是求同存异和化异为同的基本方法。领导者唯有洞悉人性和善于说服，才不至于以势压人。因为唯有善于说服，才能避免粗暴命令和蛮横指挥。

洞悉人性，善于沟通，要求领导者必须具备较高的沟通艺术。此处，我所说的沟通艺术，特指领导用人所涉及的沟通艺术。它以普通意义上的沟通艺术为基础，同时又带有自身的特殊性。

领导者与下级的沟通既包括普遍意义上的人际交往范畴的沟通，也包括特殊意义上的体现领导身份和职能的工作范畴的沟通。因此，领导者与下级的沟通，既要体现一般沟通所提倡的尊重他人、平等待人、与人为善、真诚友好、循循善诱、以理服人、求同存异、合作双赢等原则，还要努力体现坚持正义、维护原则、教育引导、培育人才等原则，以便保证沟通角色不至于发生错位，真正体现领导的职能和责任。

本章将重点探讨沟通的基本理论以及与人为善、避免争胜，尊重实际、道法中庸，诚于倾听、长于理解，正视责任、敢于说不，万法归一、倾注感情，意理明确、实用至上，诲人有道、教人有方，小中见大、珍惜形象等内容。

第一节　了解理论　重视沟通

所谓沟通，就是人们在人际互动过程中互动双方信息发送与接收的过程或行为。其一般模式是信息源发出信息，通过信道传递，再由信息接受者接受信息、进行信息译码、信息编码、信息反馈；如果信息发受双方意见不一致，就需要再进行沟通。

一般认为，沟通的关键是意义的传递与理解。也就是说，要想使沟通成功，意义不仅需要传递，还需要被理解。一般意义上的人际沟通包括浅层沟通和深层沟通、双向沟通和单向沟通、正式沟通和非正式沟通、言语沟通和非言语沟通以及人际、群体、组织和跨文化沟通。广义的沟通包括会议沟通、政策宣传、新闻报道、演讲、辩论、写作、推销、讲课、公关，以及对话、谈心等，狭义的沟通是指人与人之间的互动。这里所说的领导用人行为中的沟通，是指领导者与部下上下级之间的互动，包括传递信息、了解情况、疏通思想、教育指导等。其目的是统一思想认识、明确行动目标和方法、改善下属行为、提高行为效果和管理执行力。为了更好地与下级沟通，领导者需要重视沟通，并了解沟通的基本理论。一般认为，有效沟通需要具备六项基本要领，包括态度得体、有效倾听、有效表达、有效反馈、避免争执、有效引导。

从沟通失败的种种现象看，要想达到沟通目的，就需要克服种种障碍，包括情绪激动、主观太强、说多听少、强迫接受、代人决策、信息不清、态度轻浮、情境不对、问题不解、公平不够、技巧不好、威严不足、解决不力、无心沟通。

美国管理协会曾经提出沟通的十项原则，包括：第一，进行沟通前要明确思想，认真考查沟通目的；第二，认清物质和人事环境；第三，计划沟通时要和团队商量；第四，争取获得更多的支持；第五，深入考虑信息内容及含义；第六，沟通时传送的信息应对接收者有益；第七，持续不断地沟通；第八，使用长期和短期信息；第九，管理者的言行须与所传送的信息一致；第十，要耐心听取他人的意见。

基思·戴维斯曾经提出“沟通的十点金言”，具体包括：第一，自己先别说话，让别人先说话；第二，尽量想办法使对方精神状态放松；第三，做出可信的表示，使对方感觉你很想听取他的意见；第四，去除一切能转移注意的因素；第五，从为对方着想的角度入手；第六，要有耐心倾听下去；第七，克制自己不发脾气；第八，辩论或批判的态度要从容；第九，多提问题引导对方思路；第十，任何情况下都别多嘴。

在现代社会，组织内部的沟通无所不在，涉及管理工作、领导工作的方方面面。范围较大的沟通一般属于正式沟通，包括利用政策、制度、宣传、

教育、文体活动、会议、检查、指导以及经验研讨、双向反馈等方式进行沟通。小范围的沟通主要是利用语言进行沟通。还有，利用无声语言，包括形体语言和环境因素、道具中介等，也可以提高沟通效果。

组织内部沟通具有正式沟通和非正式沟通，会议沟通就是正式沟通，个人谈话多数属于非正式沟通，有时候也属于正式沟通。由于我们探讨的重点是领导者用人行为中的沟通艺术，所以不再涉及过多内容。有关内容，读者可以参阅有关专著。

值得一提的是，由于沟通对管理来说越来越显得重要，所以，不仅非正式沟通越来越受到关注，很多企业也在积极创新正式的沟通方式方法，已经使沟通变成了一种基本的管理手段。例如，GE 前 CEO 韦尔奇，就发明了一种大型的正式的沟通方法——员工听证会。韦尔奇利用这种方法，极大提高了领导效率。

杰克·韦尔奇的“员工听证会”的功能，主要包括五个方面：第一，通过沟通，建立上下级乃至企业之中全面的信任感；第二，在有效的沟通之后，决定应该在哪些方面和多大程度上授权给员工；第三，通过沟通，弄清楚哪些工作是应该除去的多余的工作；第四，通过沟通，为通用电气创造一个无组织界限的新典范。

在具体的执行过程中，韦尔奇重点关注的是以下五个问题：第一，将疲软的表现与不具生产力的工作实务联系起来加以思考；第二，当面说清事实，将同事们集结在接受考验的过程中；第三，检视那些导致企业效率不彰的流程与实务；第四，企业内部功能性团体要达成一致的改革建议；第五，将这些建议上呈给会议主持人（老板），让他决定是接受，还是驳回，或者是要求进一步进行研究。

对于正式沟通来说，不同的沟通方式具有不同的效果。现代社会强调人本主义，任何组织都需要从人性化管理原则出发而改进正式沟通方式，以便真正营造学习型组织和人本主义文化。因此，选择合适的沟通方式，给予下属尊严，淡化下属和组织成员的敌意，也是领导者在组织内部的沟通中应该注意的问题。

有家网络公司由于受全球经济危机的影响，经营受到严重打击，公司不得不决定裁员。第一次裁员时，公司领导通知全部被裁人员到会议室开会，当众宣布裁员计划，要求他们立即拿走自己的东西。公司所有被裁员工，甚至包括很多留下的人都感到沮丧不已，这极大地影响了员工的士气。第二次裁员时，公司接受了上次的教训，不是把大家叫到会议室里，而是在咖啡厅单独约见被裁人员。喝咖啡时，被裁人员被告知：由于公司的原因致使其暂时失去了这份工作，请他谅解，并给他一个月的时间寻找下一份工作。和上次相比，这次裁员没有引起多大不安，所有员工都感到可以理解，并且表示如果公司需要，随时可以通知他们，他们会毫不犹豫地再回公司来。两次裁员，由于选择了不同的沟通方式，效果截然不同。

可以肯定，沟通方式影响沟通效果，正确的沟通方式能使属员感到被人尊重，可以收到预期的效果。在组织内部的正式沟通中，特别是涉及下属重大切身利益的沟通，领导者尤其应该选择合适的沟通方式，尽量体现出对下属的尊重。

第二节　与人为善　避免争胜

凡是有自尊心的人，谁都不愿意承认自己不如别人，谁都希望自己的观点和行为受到赞扬。芸芸众生，很少有人乐意受到别人的否定。因此，领导者必须通晓人性奥秘，善于说服部下，一般情况下勿与部下争论，而应巧妙地引导他们一起寻求共识，以便把领导意志顺利地贯彻到下级的行动中去。

美国学者卡耐基认为：在多数情况下，争论的结果只会使争论双方更加坚信自己绝对正确。你能赢得争论，但你改变不了别人的观点。避免争论，善于说服，是人际交往中的一种沟通艺术技巧，也属于领导用人的基本技巧之一。它与领导者的性格、心胸、境界、能力和言语技巧关系至密，要求领导者必须具备这样一个基本观念：无论我是否同意你的观点，我都将尊重你，给予你说出它的权利，并且以你的观点去理解它；同时，我也会把我的观点更有效地与你交换。具体来说，就是领导者如果想要与部下进行有效的沟通，就必须注意这样四个方面：其一，避免以自己的职务、地位、身份为基础而进行沟通；其二，在沟通过程中，试着去适应对方的思维方法，并体会他的看法；其三，身为领导者者，你的目标是要沟通认识，促进改善，而不是抬杠；其四，你要善于用分析、说理的办法疏通部下的思想，提高部下的认识。

领导者与部下沟通，要做到与人为善、避免争胜，就要做到处上宜谦、给人尊严、大度能容、化敌为友、耐心分析、以理服人，自找台阶、勇于妥协、明智自处、讲究风度。

一、处上宜谦　给人尊严

洞悉人性、处上宜谦，是领导者与下级沟通的基本原则和方法。使用人才的艺术之所以强调领导者要少说多听，其一是因为言多有失，领导者的观点越是鲜明，发自内心的支持者反而越少；其二是需要深刻理解部下的意图，最好的办法是让他们多说一些；其三是在聆听之中选择发言立论的最佳时机和角度、支点，从而既能沟通思想，又能防止争论；其四，身在高位的人必须懂得给那些地位低于自己的人一种心理补偿。当然，对于重大原则问题，领导者必须旗帜鲜明。然而，领导者为了在重大问题上说话灵验，平时就应该少说多听，力求谦虚。

领导者要想赢得人心，就要洞悉人性、处上宜谦、给人尊严，竭尽所能地避免与人争论，包括避免与下属争论，尽量借助说服的技巧统一下属的思想。

众所周知，美国著名人物戴尔·卡耐基十分精通处世之道和领导艺术。然而，年轻时候的卡耐基却是一个有名的“杠子头”。上大学时，他又选修了逻辑学和辩论术，经常参加辩论比赛。他听过、看过、参加过数千次的争论，曾经想写一本辩论方面的书。后来，他得出结论：普天之下只有一种能在争论中获胜的方式，那就是避免争论。他强调指出：“你应该像躲开响尾蛇和地震那样避免争论。”

在第二次世界大战结束后，卡耐基成了罗斯·史密斯爵士的私人经纪。有一天晚上，卡耐基参加了一场为罗斯·史密斯爵士举行的宴会。席间，坐在卡耐基右边的一位先生讲了一段幽默故事，并引用了一句话，意思是“谋事在人，成事在天”。

实际上，那人征引的话并非出自《圣经》，但他却执意说是出自圣经。卡耐基知道出处，就给那人指正。没想到那位先生立刻反唇相讥：“什么？你说出自莎士比亚？不可能！绝对不可能！我确定它是出自《圣经》。”卡耐基的朋友法兰克·葛孟坐在卡耐基的左边。他研究莎士比亚已有多年，俩人都同意向他请教。法兰克·葛孟悄悄地踢了卡耐基一下，然后说：“戴尔，你错了，这位先生是对的，这句话是出自《圣经》。”晚宴结束后，在回家的路上，卡耐基对葛孟说：“法兰克，你明明知道那句话是出自莎士比亚，为什么还说出自《圣经》呢？”“是的，当然，”葛孟说道，“那句话出自哈姆雷特第五幕第二场。可是，亲爱的戴尔，我们是宴会上的客人。为什么要证明他错了？那样会使他喜欢你吗？为什么不保留他的颜面呢？从另一方面考虑，他不需要你的意见。为什么你要跟他抬杠呢？你这样做是不会招人喜欢的。”

说到沟通，美国前总统威尔逊任内的财政部长威廉·麦肯铎，曾经把多年的经验归结为一句话：“靠辩论不可能使无知的人信服。”

释迦牟尼也曾教导世人说：“恨不消恨，端赖爱上。”这句话的意思是争强疾辩、睚眦必报、以忿攻怨，绝不可能使误会消除，只能靠宽容的态度容纳歧见，只能靠圆活的技巧弥合冲突，只能靠善意的言语和行为提高沟通效果。

早在三百多年以前，意大利伟大的天文学家、物理学家、哲学家伽利略就曾说过：“你不可能教会一个人任何知识，你只能帮助他学会知识。”

英国十九世纪著名的政治家查士德·斐尔爵士就曾对他的儿子说过：“如果可能的话，要比别人聪明，却不要告诉人家你比他聪明。”

“美国之父”本杰明·富兰克林曾说：“如果你老是抬杠、反驳，也许偶尔能获胜；但那是空洞的胜利，因为你永远无法取得对方的信任。”

富兰克林年轻时经常与人争论，有个朋友曾经严厉批评他：“本，你真是无可救药。你已经打击了第一位和你意见不同的人。你的意见变得太珍贵了，弄得没有人能够承受得起。你的朋友发觉，如果你不在场，他们会自在得多。你知道的太多了，没有人能再教给你什么；没有人打算告诉你些什么，因为那样会吃力不讨好，又弄得不愉快。因此，你不可能再吸收新知识了。想想你将来的结局吧，本。”

富兰克林这才发现，他正面临社交失败的命运。他接受了教训，发誓要立即改掉这个恶习，重新做人。后来，他克服了争强好辩的坏习惯，最终成为美国历史上最能干、最和善、最圆滑的外交家。本杰明·富兰克林曾说：“起初，我这样去做时，确实觉得这和我的本性相冲突，但是，久而久之，就越来越容易，越像是我的习惯了。也许五十年以来，没有人听我讲过一些什么太武断的话。这个习惯，使我在提出新法案或修改旧条文时，能够得到同胞们的重视，并且是我在成为民众协会的一员后，能够具有相当影响力的重要原因。虽然我并不善于辞令，更谈不上雄辩，遣词用字也很迟钝，有时还会把话说错，但是，总的来说，我能够深得民心。”

富兰克林之所以要坚决改正自己的错误，乃是因为他曾经有过教训。

据说，富兰克林年轻时比较气盛，喜欢与人争论，经常得罪别人，人际关系变得糟糕起来。有位德高望重的老前辈很想开导他认识到自己的错误，就约他见面谈谈。富兰克林个子很高，走路时挺胸抬头，大步迈进，就跟他的为人一样。富兰克林一副志得意满的样子，根本没有注意到老前辈的门框

很低，依然昂首而进。他还没进门，脑袋就狠狠地撞在门框上，疼得他一边不停地用手揉搓，一边看着比他的身子还要矮一大截的门框。出来迎接他的前辈看他这副样子，笑了笑，说道："你一定很痛吧？可是，这将是你今天访问我的最大收获。孩子，一个人要想平安无事地活在世上，就必须时刻记住：该低头时就低头。这也是我要教你的事情。"富兰克林终身没有忘记这个教训，最终成了受人称道的智者。

人生在世，难免要低头抬头。中国老百姓所谓"抬头不见低头见"，强调的是人际相处的现实。我们不妨稍加联想，倒过来思考一下，只要是"见"面，必然会"抬头低头"。足见"抬头低头"，实为人生之必然。即使是只有一个人独自行走，尚且需要低头看路，抬头迈步。何况世事多艰，成功不易，加之人事纷扰，矛盾多多，更需要低头抬头——凡该低头时就低头，需要抬头就抬头。低头时，"包羞忍耻是男儿，卷土重来未可知"；抬头处，"仰天大笑出门去，我辈岂是蓬蒿人"。人际相处，当然要"低头"做人，意指虚心容物、谦虚谨慎；成就事业，当然要"抬头"励志，意指胸怀理想、孜孜追求。唯有"低头"与"抬头"相结合，才能成就大业。

毫无疑问，领导者在为人处世方面，一定要像老子说的那样"处下不处上"，不与人争，最终人皆"无可与之争"；而在工作和事业方面，则应像《周易》说的那样"天行健，君子以自强不息"，为了理想而奋斗不止。

如前所述，宋代大文豪苏轼曾经写了一篇《贾谊论》。他认为贾谊恃才傲物，不知进退，也没有注意团结当朝的老臣，最终招致杀身之祸。因此，他在《贾谊论》中写道："君子之所取者远，则必有所待；所就者大，则必有所忍。"

我承认苏轼的话具有一定的道理，但我不能完全赞同他的观点。因为千百年来，人们每当谈到才子们的悲剧时，往往较为注重他们自身的缺点，而不强调客观环境及其领导的缺陷，以致对制度创新和文化创新失去关注。其最终结果，无非是劝人深具城府和明哲保身。时至今日，如果我们在评价人事是非时仍然坚持这种倾向，就会忽视对制度文化环境的批判和领导者的要求。因为问题的关键是：贾谊固然恃才傲物，他的上级就没有小肚鸡肠、宠信奸佞的毛病吗？即使贾谊费尽心机团结老臣，老臣们就一定乐意被他团结吗？即使贾谊真的能够团结老臣，汉景帝就一定不贬他吗？再说，如果社会真的需要变革，矛盾的主要焦点难道不是利益冲突，而是变革者为人的技巧吗？忽视了改革者与既得利益者根本上的利益的冲突，忽视了封建皇帝的人品和用心，难道是公平的吗？如果贾谊需要自我完善，那么，君主及其赖以行使统治的制度文化就不需要完善吗？毫无疑问，无论是下级，还是领导，都需要自我完善！

在此，我提倡所有的人都应该自我完善，更提倡领导者首先应该自我完善。如果说做人都要忍让，那么，领导者更是应该修炼“忍德”。这不仅因为他们的所作所为关系到社会的安宁和民众的福祉，而且还因为他们唯有具备“忍德”，才能成就自己的事业，才能在与下级沟通时虚心以待，尊重部下，与人为善，避免虚荣争胜，善于说服部下，杜绝简单、粗暴和武断的行为，至少是不压制别人的意见。

拿破仑的家务总管康斯丹在《拿破仑私生活拾遗》一书中写道，拿破仑曾说：“虽然我的技术不错，但我总是让她赢，这样她就非常高兴。”拿破仑说的是约瑟芬。

避免争论既需要大度、聪明，又需要虚心、明智。此外，要想避免争论，领导者特别需要正视自己，必要时还要有勇气承认自己的错误。

早在两千多年以前，耶稣就曾说过：“尽快同意反对你的人。”

对此，我们不要理解为不讲原则，而是应该正面理解。

人性深处有一种自我怜悯的倾向，当它和人的虚荣心结合起来之后，就会形成一种自我辩护的本能。我们通常把这种本能称为“自我防卫”。这使得人们既不愿意相信自己错了，更不喜欢别人说他愚蠢——无论是明说，还是暗示。

据说，卡耐基曾请一位室内设计师为他家布置窗帘。当他看到账单时，不禁瞠目结舌。他觉得自己被人耍弄了，心里很不高兴。过了几天，有位朋友去看他，谈话中她问起那些窗帘的价钱，而后面有得色地说：“什么？太过分了。你上当受骗了。”

卡耐基知道她说的是实话，内心却很不舒服。因为没有人爱听别人羞辱自己判断力的实话。试想，谁愿意被别人看成是傻瓜呢？于是，卡耐基开始为自己辩护：“价格昂贵的东西肯定有它的优点，你不可能以便宜的价钱买到高品质而又有品味的东西。”第二天，另一位朋友去拜访卡耐基。她说她欣赏那些窗帘，她也很想装上这样的窗帘，她说她希望家里负担得起那些精美的窗帘。这次，卡耐基的反应完全不同了。“说句老实话，”卡耐基说，“我自己也负担不起。我付的价钱太高了，如果再让我选择的话，也许不会要它的。”基于这种经历和感受，卡耐基说：“当一个人心中充满了怨恨时，你不可能说服他依照你的想法行事。现实生活中那些喜欢骂人的父母、酷爱挑剔的老板、喋喋不休的妻子……都应该明白这个道理。你不能强迫别人同意你的意见，

但是，你却可以用引导的方式，使对方轻松自然地接受你的观点。”

看到这里，我们不妨扪心自问：“普天之下，谁没有自我怜悯的倾向呢?”

领导者应该了解，大多数人在不得不面对自己的错误时，即使自己心里知道自己确实错了，也受不了别人的指责。如果对方处理得巧妙得体而又和善可亲，当事人就可能解除自我防卫心理，甚至还会坦率地承认错误。如果想要逼着别人承认错误，那就无异于把难以下咽的事实硬塞进别人的食道，结果只能适得其反。领导者必须尊重这一人性的弱点，并且掌握说服他人的技巧。因为诱导的方式能够使人获得一个虚假的满足，内心能够舒服一点。对此，卡耐基说：“如果你想说服一个人，首先要让他认为你是他的挚友，然后，你再逐渐达到自己的目的。你必须以若无实有的方式教导别人，提醒他——把他本不知道的事情当作他忘记了。”请看，“把他本不知道的事情当作他忘记了”，就是一种高明的说服技巧。

卡耐基的这些话，为我们指明了领导者宽容待人、圆活处世以及超越平庸的原则和手段。

二、大度能容　化敌为友

虽然领导者难免要得罪一些人，但是，正确的原则是除非重大原则问题，能不得罪人就不得罪人。这既有利于双方心情愉快地相处，更有利于更好地开展工作。如果上下级发生了矛盾，领导者也不要因为自己地位高于部下就满不在乎，而是应该在适当的场合、适当的时机，以适当的方式沟通认识，化解内心的疙瘩，避免让人际关系的阴影影响心情和工作。特别是，如果是领导者自己错了，那就更应该通过沟通消除分歧、隔阂与矛盾。否则，如果有了矛盾就搁置起来，岂不是越积越多?

再说，工作中出现的矛盾，多数不是私人矛盾，没有必要耿耿于怀。

有个故事描述了两个生死相搏的剑客是怎样化敌为友的，此处不妨一看。

从前，欧洲有个超级剑术大师欧玛尔，曾经与一名挑战他的敌手争斗了30年。对手非常强大，争斗一直持续着，那是一生的战斗。最后有一天，机会终于来了。敌手从马上摔下来，欧玛尔手持长矛跳到他身上。只需一秒钟，那柄长矛就可以刺穿敌手的心脏，这一切就都结束了。然而，就在这一瞬间，敌手做了一件事。他向欧玛尔的脸上吐了口唾沫，长矛停住了。欧玛尔抹了抹脸，起身对敌手说：“明天我们再开始。”敌手糊涂了，问道：“这是怎么回事?我等这一刻等了30年，你等这一刻也等了30年。我一直在等待，希望有一天我能持着长矛骑在你胸前，事情就了结了。那种机会从未光顾我，却给你遇上了。你可以在一瞬间把我干掉。你这是怎么啦?”欧玛尔说：“这不是一场普通的战斗。我起了一个誓，我将不带怒气作战。30年来，我从不带怒气作战。只有那一会儿，我的愤怒来了。当你啐我的时候，只有一会儿我感到了愤怒，这就成了私人冤仇了。我想杀了你，30年，至今，我们为了一个目标而战。你不是我的敌人，无论如何都不是私人冤仇。我对杀你这一点不感兴趣，我只想达到这个目标。但是，就在刚才那一瞬间，我忘记了这个目标：你是我的敌人，我想杀了你。这就是为什么我不能杀你的原因。因此，明天我们重新开始。”不过，这场争斗永远没有重新开始，因为敌人成了欧玛尔的朋友。他说：“教教我，做我的师父，让我做你的学生。我也想不带怒气作战。”

欧玛尔能够化敌为友的全部秘密，就是作战时没有自我情绪。如果你能够没有自我情绪地作战，你就可以没有自我情绪地做任何事情。欧玛尔30年克制自己不带自我地作战，可能就是他的武功臻于一流的原因。领导者如果能够“不带自我”地从事领导工作，心无杂念地服膺于伟大的理想和事业，肯定也能获得成功。

无疑，这对领导来说很困难。英国文豪毛姆在其名著《人性的枷锁》中说过一句至理名言：“身居高位之人，即使请你批评指教，他所真正要的还是赞美。”

这是人性的特点，也是人性的痼疾。领导者为了事业和人格的辉煌，应该努力超越这种误区，从内心把自己变得强大起来。如果领导者真想与人为善、避免争论，甚至面对矛盾能够主动化敌为友，首先就必须虚心、大度、宽容。因为有多大的心胸，就能成就多大的事业。如果一个人不虚心，也没有大度和宽容之心，事事斤斤计较，那他一定不会有很好的人际关系和很大的成就。

看看拾得高僧的故事，想必你就能明白其中的道理。

国庆寺里面曾经有一个高僧。因为他从小就被家人遗弃了，后来由庙里抚养成人，所以就取法号为“拾得”。有一天，寺里的寒山和尚问拾得法师：“人家谤我、欺我、辱我、笑我、轻我、恶我、骂我、骗我时，如何处治乎?”只听那拾得法师平静地说：“只可忍他、由他、避他、耐他、敬他、不要理他，再待几年你且看他。”

可见，不争一时之愤，面向未来处理冲突，即使是寻常人际交往，也是广为提倡的一种原则。对于领导者来说，更应该着眼于工作、大局和未来而进行沟通。

林肯总统善于在合作中消灭“对手”，为他平添了巨大的人格魅力。

林肯因为在南北战争中实现了国家的统一和黑人奴隶的解放，一直备受美国人的尊崇。甚至可以说，他在各方面的言行都成了后人的楷模。然而，即便是伟大的林肯总统，也有忍无可忍以致失态的时候。有一次，他与另一位政治人物因为政见不合而反目，林肯当时气得大骂：“这个混蛋！他就是我的死敌！我要干掉他！”然而，令人惊讶的是，几天之后，人们就发现那个让林肯恨得咬牙切齿的政治家，居然和林肯谈笑风生，俨然如好友一般。林肯的朋友感到不解，就问林肯：“他不是你的政敌吗？你不是要干掉他吗？”林肯泰然地说道：“不错啊，我是要干掉这个敌人。现在，我把他变成了我的朋友，那个‘敌人’不就等于被我‘干掉’了吗？”

生命短暂，时光无多。一个人有限的生命，即使时刻都在奉献，又能有多少时日可以把握。因此，人与人之间的爱恨情仇，看起来好像势不两立，其实多数都可以化干戈为玉帛。领导者若在与下属沟通时产生了矛盾，如果自己对了，就应该肚量宏大，不要让下级老是抱有思想压力；如果自己错了，就应该诚恳地认识错误，并发扬智慧和勇敢的精神，采取合适的办法化解分歧。美国第一任总统华盛顿心胸豁达，待人诚恳，历来备受称道。他用枪炮作战，领导美国人民赶走了英国军队；他用心灵作战，感化对手成为朋友，堪称君子类型的领袖。

1754 年，华盛顿还是一位上校，率领部下驻守在亚历山大里亚。在选举弗吉尼亚州议会议员时，威廉·佩思反对华盛顿所支持的候选人。华盛顿与佩思在发生了激烈的争论，说了一些冒犯威廉·佩思的话。威廉·佩思一怒之下，把华盛顿一拳打倒在地。华盛顿的部下马上赶了过来，准备替他们的长官报仇。华盛顿当场阻止了，并劝他们返回营地。第二天一早，华盛顿托人送给佩思一张便条，请他尽快赶到一家小酒店去。佩思如约到来，他是准备来进行一场决斗的。令他感到十分惊奇的是，他看到的竟然不是手枪，而是两只酒杯。“佩思先生，”华盛顿说，“犯错误乃人之常情，纠正错误是一件光荣的事。我相信昨天我是不对的，你已经在某种程度上得到了满足。如果你认为问题就此可以解决，那么，请握住我的手，让我们交个朋友吧。”

你肯定能够理解，从此以后，为什么佩思一直是华盛顿坚定的支持者！

历史上身居高位、大度谦让、化敌为友的事例很多。

据说，明朝，山东济阳人董笃行在京城做官。有一天，他接到了家里的来信，信中说家里盖房子，因为地基而与邻居发生争吵，希望他能出面解决此事。董笃行看完信后，马上修书一封，上面写道："千里捎书只为墙，不禁使我笑断肠；你仁我义结近邻，让出两尺又何妨。"家人读后，觉得董笃行说得有道理，便主动在建房时让出了几尺。邻居家见董家如此大方，同样也让出了几尺。结果，两家共让出八尺宽的地方。房子盖成后，就有了一条胡同，世称"仁义胡同"。

清朝康熙年间，桐城人张英官至文华殿大学士兼礼部尚书。邻居是桐城另一大户叶府，主人是与张英同朝为官的叶侍郎。两家因院墙发生纠纷。张老夫人修书给张英。张英见信回复老夫人："千里家书只为墙，让人三尺又何妨？万里长城今犹在，不见当年秦始皇。"张老夫人读罢，便令家丁后退三尺筑墙。叶家人很受感动，也命家人把院墙后移三尺。从此，张、叶两府消除隔阂，成为通家之谊。这条巷子就叫"六尺巷"。

看来，在人际交往之中，多一点谦让，就少一点敌意；多一句感谢，就少一句埋怨；多一份温馨，就少一点疑心；多一些包容，就少一些争辩；多一些亲密，就少一些距离。有时候，忍让，就是化解矛盾的最有力的法宝。领导者不要认为自己拥有地位和权力，就不必忍让部下，或者认为忍让是下级的事情。实际上，越是身居高位的人，越应该懂得忍让，越应该胸有大志，谋大事，成大业。

有鉴于此，领导者应该允许不同意见存在，甚至应该想尽办法鼓励人们提出不同意见，并把了解不同意见的过程，变成自己学习的过程，这样就能不断使自己变得强大。领导者应该衷心感谢部下提出不同的意见，因为不同意见是领导者避免重大错误的最好参照，同时也是不用花钱就能得到的宝贵资源。如果领导者喜好争论，甚至是高高在上、自以为是，总想使自己的观点压倒部下的观点，并试图以此证明自己的权威，那就不能无偿地学习部下的经验，那就不能免费享受部下的智慧。因此，领导者应该尊重歧见、虚心待下、与人为善、真心沟通、避免争论。

三、耐心分析　以理服人

很多人都喜欢为自己的错误辩护，但是，能够承认自己错误的人，却会凌驾于其他人之上，做到别人无法做到的事情，并且给人一种高贵怡然的感

觉。因此，当领导者正确的时候，就要试着用温和的态度、合适的技巧，使对方同意自己的看法；当领导者错了的时候，就要迅速而热诚地承认自己错了。这种技巧不仅能够产生惊人的效果，不仅不会损害自身权威，而且比为自己争辩更能使部下产生敬意。试想，领导者若是顽固坚持自己错误的观点，即使语言华美动听，别人也不会产生敬意。

耐心分析、以理服人，是领导者说服下级常用的方法。即使下属的意见并不正确，一般也不要直接反驳。直接驳斥他人，只能把对方逼进死胡同里负隅顽抗。在上下级沟通过程中，领导者应该善于通过合适的发问澄清问题，并把下属的思路引向自己的立场，从而彻底说服对方。这里，我们不妨看看下面这个故事。

推销员阿里森拜访一家刚刚发展的新客户，想再推销一批新型电动机。他刚到那家公司，总工程师威尔斯劈头就说："阿里森，你还指望我们购买你的电动机吗？"原来，公司认为他们刚刚购买的那一批电动机发热超过正常标准。阿里森知道争辩没有任何意义，故意说道："好的，威尔斯先生，我的意见和你相同，假如那台电动机发热过高，你们要准备退货，是吗？""是的！"总工程师果然想退货。阿里森开始讨论具体问题，他说："按标准，电动机的温度可以比室内温度高出 72 华氏度，是不是？""是啊，"总工程说，"可是，你的产品却比这高出很多，难道不是事实吗？"阿里森也不争辩，问道："你车间里的温度是多少？"总工程师略微思索，回答说："大约 75 度。"阿里森兴奋起来，说："对啊，车间温度是 75 度，加上 72 度，应该是 147 度左右。如果你把手放到 147 度的热水里，是否会把手烫伤呢？"总工程师虽不情愿，也不得不点头称是。阿里森接着说："那么，以后你不要去摸发动机了。请放心，那完全是正常的。"结果，阿里森又顺利地卖出了第二批电动机。

阿里森没有与对方争论，而是步步设问，运用说服技巧把对方引向自己的立场，最终达到了目的。在领导与下级的沟通中，虽然下级通常不敢据理力争或"负隅顽抗"，但是，如果他们对上级的意见并不认同，思想情绪消极，必然影响行动效果。为了廓清问题和思想认识，领导者可以通过发问，一步步引导下属。

在沟通过程中，创设相关情景，利用这种情景现身说法，阐明道理，使对方受到深刻的触动，也是一种非常有效的沟通说服方法。请看下面的故事：

菲尔是位学识渊博、善解人意的长者，许多人都向他请教。有一次，有个年轻女孩找到菲尔倾诉自己的苦恼：她很寂寞，因为她的身边一个朋友也没有。菲尔明白了女孩的缺点，其实她心地倒也不坏，只是她常常说三道四，喜欢说些无聊的闲话。这些闲话传出去以后，就会给别人造成伤害，她却没有意识到这一点。菲尔说："你到市场上买一只母鸡，走出城镇后，沿路拔下鸡毛并四处散布。你要一刻不停地拔，直到拔完为止。你做完之后就回到这里告诉我。"女孩觉得这是一种非常奇怪的赎罪方式。为了消除自己的烦恼，她没有任何异议。她买了鸡，遵照菲尔的吩咐拔下鸡毛，然后扔掉，然后回去告诉了菲尔。菲尔说："好了，现在你必须回到你来的路上，捡起所有的鸡毛。"女孩为难地说："这怎么可能呢？风已经把它们吹得到处都是。也许我可以捡回一些，但我不可能捡回所有的鸡毛。""没错，我的孩子。那些你脱口而出的错误话语不也是如此吗？你不也常常从口中吐出一些愚蠢的谣言吗？它们不也是散落路途，口耳相传到各处吗？你有可能跟在它们后面，在你想收回的时候就收回吗？"女孩说："不能。""那么，当你想说别人的闲话时，请闭上你的嘴，不要让这些邪恶的羽毛散落路旁，这样，人们就不再讨厌你，你自然就会有很多朋友的。"

领导者面对有缺点的员工，要想让他们改正缺点，就应当让他们认识到这些缺点会带来的损失。为此，领导者需要借助一些令人难忘的方法，使部下加深印象，引起反思，促进改善。而创设相似的情景，引导对方进行分析，就是很好的方法。

善于利用现场情景，就地取材，就事说事，讲明道理。尤其是那些不易说清或不便明说的道理，更需采用这种方法。此处，请看下面一个故事：

上小学的女儿不明白"气愤"和"哭笑不得"有什么区别，就向父亲求教。父亲想了想，把她领到电话机旁，拿起电话，随便拨了个号码，叫女儿仔细听着。"喂，"他对那边接电话的人说，"我找麦尔文。""这儿没有叫麦尔文的，你打错了。"对方很快就挂了电话。只见父亲又拨那个号码，还是问道："麦尔文在吗？""怎么回事！"对方吼道，"我刚才不是对你说过这儿没有麦尔文？"说罢，"砰"的一声挂了电话。"你瞧，"父亲解释道，"这就叫气愤。现在我让你看看什么是哭笑不得。"他又一次拨了那个号码，听见对方吼了声"喂"时，他心平气和地说："我就是麦尔文，刚才哪个打电话找我？"父亲挂了电话，微笑着对女儿说："对方现在正哭笑不得。"

故事中这个做父亲的人真够聪明的。他对自己也难以解释明白的问题，临时创造了一种“现场情景”，让女儿身临其境，真切体会到了“气愤”和“哭笑不得”的区别。我们姑且不考虑这种方法存在的“骚扰”之嫌，但就沟通技巧而言，实在不失为一种好方法。领导者要成为下属的好教练，就需要采用多种方法，并且要注意做到寓教于乐，寓理于情，寓理于事，善于说服，从而加深下属的印象。

当下属有了思想困惑，或者陷入心理挫折的时候，为了做好他们的思想工作，领导者在与下属沟通时，也可以利用“设问法”与“情景创设法”，借助情景因素，不断地提出问题，澄清问题，使下属明白道理，消除困惑。请看下面的例子：

有一个徒弟不停地抱怨，师傅感到非常厌烦。于是，有一天早晨，他派徒弟去取一些盐回来。徒弟很不情愿地把盐取回来后，师傅让徒弟把盐倒进水杯里，然后喝下去。师傅问他：“味道如何？”徒弟吐了出来，说：“很苦。”师傅笑着让徒弟带着一些盐，跟着他一起去湖边。他们一路上没有说话。来到湖边后，师傅让徒弟把盐撒进湖水里，然后对徒弟说：“现在你喝点儿湖水。”徒弟喝了口湖水。师傅问：“有什么味道？”徒弟回答：“很清凉。”师傅问：“尝到咸味了吗？”徒弟说：“没有。”师傅坐在这个总爱怨天尤人的徒弟身边，握着他的手说：“人生的痛苦如同这些盐，有一定数量，既不会多也不会少。我们承受痛苦的容积的大小决定痛苦的程度。所以，当你感到痛苦时，就把你承受的容积放大些，不是一杯水，而是一个湖。”

师傅意在让徒弟明白：人生的痛苦是有限的，而我们的心胸可以无限扩大。因此，当你感到痛苦的时候，不要怨天尤人，哀叹命运不公。那样做只会徒增烦恼。最明智的办法是扩大自己的心胸，使自己豁达起来，包容一切，痛苦反而减小了。

对于一些很难解释的道理，沟通能力较低的人往往无法应付。领导者于沟通中分析事理，开导部下，可以综合利用“情景创设法”和“设问法”，创设情景，并不断地提出问题，引导部下一层一层向下思考。需要注意的是，使用这种方法，要注意一步步使问题越来越简单，越来越向问题的实质聚焦、靠拢，即向自己要讲明的道理靠近，对方很容易就能明白这个道理。这里，再请看下面的故事：

一位信徒问无德禅师道：“同样一颗心，为什么心量有大小的分别？”

禅师并未直接作答，他告诉信徒道："请你将眼睛闭起来，默造一座城垣。"信徒闭目冥思，心中构想了一座城垣，并报告禅师："城垣造毕。"禅师又说："请你再闭眼默造一根毫毛。"信徒又照样在心中幻想了一根毫毛，再次报告禅师："毫毛造毕。"无德禅师就问信徒："当你造城垣时，是用你一个人的心去造的，还是借用别人的心共同去造的呢？"信徒回答："只用我一个人的心去造。"禅师再问："当你造毫毛时，是用你全部的心去造，还是只用了一部分的心去造？"信徒说："用全部的心去造。"于是，禅师就对信徒开示道："你造一座大的城垣，只用一个心；造一根小的毫毛，还是用一个心，可见你的心是能大能小啊！"

这个故事显示，对于佛学中所说的"心量不同"这个复杂而难解的问题，无德禅师并没有直接给以解释，而是先创设一个"用心造物"的情景，再不断设问，最后竟能举重若轻，从心中想象造一座大城，是用整颗心；心中想象造一个小毫毛，亦用整颗心，巧妙开释了"心量能大能小"的道理，告诫信徒做人不论大事小事，都须竭尽全力，正如狮子搏象，是用全力；狮子搏兔，也应用全力。

有时候，领导者说服部下，可以综合采用算数字、打比方、讲故事和"创设情境"的方法，让下属领悟道理，比简单的、直接的、硬性的批评教育更有效果。

有个大学生毕业后，应聘到一家公司策划部工作。上班伊始，部长就对他们几个新人说："公司要做一个全国性促销方案策划，时间是一周，董事长要亲自过目。你们大家都是年轻人，好好抓住这个机会吧。"冥思苦想之后，他决定在策划方案的数量上超过别人。在规定的时间里，他把四份文案交给了部长。几天后，部长告诉他，董事长要召见他。屋里坐着一个和蔼的老人："坐下来，小伙子，我有个故事要讲给你听。"老人说："森林之王老虎一胎产下两个宝宝，所有的动物都来祝贺，唯有老鼠不以为然。因为它刚刚产下10只老鼠，觉得森林之王不如它。猴子知道了它的心思，说'老鼠呀，10∶2是客观存在，但你忘了，人家的品种比你好得多呀！'"老人接着说："我的故事讲完了。你的四个策划案我都看了，也看出你尽了100%的努力。但是，你忘了，当你把100%的努力投入到四个策划案的时候，每个方案就只有你25%的努力。如果你把100%的努力投入到一个策划案的时候，你得到的就是一个100%的策划案。"他听着，似乎有点明白了。接着，老人和蔼地对他说道：

“数量只是一个标志，质量才是根本，我要的是精品，而不是要庸作，哪怕你有很多很多。”两年后，他当上了策划部主任，他也经常对手下这样说。后来，他又从由策划部调到经营部。这一年，公司董事会决定由现任中层干部各自率领自己的团队开展为期一年的改革试验，自负盈亏，做得好，年终奖励，做不好，末位淘汰。很快，公司将分管的城市名单分配下来。看到分到手里的几个城市，他心里不禁凉了半截，全是偏远不发达地区，这不明摆着是刁难人吗？第二天，他就向公司递交了辞职申请。董事长又一次把他叫进办公室。他不知道董事长要说什么，只好静静地等着。“盘子里有 3 块西瓜，一块 300 克，另两块都是 200 克，你要哪块？”“我要大的，要 300 克的。”他赌气地说。“好，那我要 200 克的，我们一起吃，我吃的是相对小的，所以我先吃完，盘里剩下的自然应该归我吧。你刚才赌气要大的，想占便宜，但是结果呢？是我吃了亏吃到小的，但我两块可是 400 克呀，比你要占便宜呀！”董事长看到他若有所思，继续说道：“同样，你并没有了解那些城市的本质，为什么就断定那里没有市场前景呢？表面的东西可能很迷惑人，但是，一个成功的商人不会被表面的大小好坏所迷惑，市场是做出来的，不分大小好坏。这是你的辞职信，你可以选择重新递交或者收回。”

你可以想象一下，他是会把辞职信收回去，还是留下呢？

后来，就在他被破格提升为公司高级管理人员的当天，董事长在办公室又给他讲了第三个故事：“在一个仓库里，几个人把一块手表掉了，大家竭力寻找，却怎么也找不到，后来……”他没想到是这样一个老掉牙的故事，就插言道：“后来，一个小孩趁着人们休息的时候来到仓库，趴在地下，找到了那个手表，因为他用耳朵听到了手表嘀嘀哒哒的声音……”“很好，看来你知道这个故事，但是，你理解这个故事吗？”“当然知道，就是要我们学会倾听，倾听可以发现许多意想不到的事情！”“没错，但是，你在倾听我说话吗？孩子，自信是商人成功的标志，但是，自信和自负是不同的。你现在是公司的高级管理人员，如果你不去倾听来自员工的话，你将和市场脱节，你懂了吗？”他一直记着这个故事，要求自己既要自信，更要具备亲和力。

在这个故事里，董事长既没有批评部下，也没有上纲上线，讲什么大原则、大道理，而是借助算数字、打比方、讲故事来引发部下的思考，然后才讲出其中的道理。如此一来，董事长既做到了以理服人，又使部下觉得和蔼可亲，因而更乐于主动改进自己的不足。可见，耐心分析，以理服人，胜过发号施令、批评教育。这里，使人感兴趣的并不是什么常人所说的“和风细雨往往比电闪雷鸣更有效果”，而是怎样找到“和风细雨”的方式。这正是提高领导用人能力的关键。有的人明知应该“和风细雨”，不要“电闪雷鸣”，然而，事到临头，一是控制不住自己的脾气，二是苦于没有具体的办法。实际上，控制不住脾气就想不出好办法；没有好办法，往往就控制不住脾气。因此，领导者要学会运用各种方法说服部下。

四、自找台阶　勇于妥协

人世间不可能没有分歧和冲突，领导和部下同样如此。只不过这种冲突往往会被地位差别掩盖起来，平常不易发现。对于上下级沟通而言，要求领导者完美无缺，也是不合情理的事情；要求领导者完全没有脾气，同样不可想象；领导者肩负责任，也不能为了人际关系而牺牲原则。因此，领导者不可能永远都能保持平静心态，他们也像常人一样有烦恼、有忧愁、有个性、有局限，难免也有出错的时候。问题的关键不在于领导者在沟通中也可能出错，关键在于他们对待自身错误的态度。有的领导永远不承认自己有错，最后只能无可避免地走向失败。因此，如果领导者发现自己错了，就要主动自找台阶，顺势下台。这样的领导在下级眼里不仅伟大，而且可爱。

领导者能够改正错误，本身就能让下级感到亲近和尊敬。相反，有些领导发现自己错了，因为虚荣心作怪，不仅不敢承认，反而极力推脱，甚至嫁祸于人，只能让下级觉得领导刚愎自用、虚荣可笑、品质恶劣，徒令下属所不齿。

在司马光编撰的《资治通鉴》中，有这样一个故事：宋太祖赵匡胤曾在臣子张思先面前说过大话：“你这次为君为国作出了如此重大的贡献，我决意拜你为司徒。”张思先左等右等总不见任命下来，可又不好当面询问，因为这会让皇帝面子上不好看。万一皇帝不高兴，此事可就吹了。左思右想，只能幽默一下，来个皆大欢喜。有一天，张思先故意骑了一匹奇瘦之马从太祖面前经过，并惊慌下马向皇帝请安。皇帝问道：“你这匹马为何如此之瘦？是不是你不好好喂它？”张思先答：“一天三斗。”太祖又问：“吃得这么多，为何还如此之瘦？”张思先答：“我答应给它一天三斗粮，可是我没给它吃那么多。”太祖听罢，大笑不止，张思先也大笑起来。太祖是个聪明人，马上有所领悟。第二天，他就下旨任命张思先为司徒长史。

试想，如果赵匡胤不是这么“哈哈一笑”，就此兑现自己的诺言，而是反过来恐吓或惩罚张思先，岂不是错上加错？再说，既然总是要安排官吏，只要张思先能够胜任，赵匡胤就此下个台阶，又有什么不可以呢？

也许，赵匡胤完全是无辜的，例如，当时并没有合适的职位可以安排，原因只是张思先太心急，赵匡胤也没有必要恼羞成怒吧？如果他真的恼羞成怒，那才说明他从心里压根就没想提拔张思先，那就说明他说的全是假话。

从历史发展的角度看，秦始皇镇压六国贵族残余势力，强制统一文字和度量衡，确实具有一定的合理性。然而，毫无节制地大兴土木和嗜杀滥杀，导致民生艰难，确实又是极其残暴的。不过，秦始皇对手下的大臣，堪称中国历史上所有皇帝中颇有仁义的一个。他不仅尊重臣下，而且没有屠戮功臣。有时候，他也有所有皇帝都无法避免的“渴望长生不老症”，并因此闹出了不少笑话，但是，当他发现错了的时候，他也要自己找个台阶，自己“走”下来，以充分显示他的气度。这里，我们不妨看看甘罗的故事。

秦国有个叫甘罗的孩子，因为与秦始皇有过一次关于“公鸡下蛋”的辩论，年仅12岁就做了秦国上卿。秦始皇大概皇帝当得很过瘾，特别希望长生不老。他养了一些妖言惑众的方士，告诉他吃公鸡下的蛋可以让人长生不老。秦始皇便命令甘罗的爷爷前去寻找。甘罗的爷爷根本没有办法找到下蛋的公鸡，他愁眉不展，惶惶不安。甘罗看到爷爷这个样子，便上前问道。“爷爷，您有什么心事吗？”爷爷无奈地说：“唉，皇上听信了方士的话，要吃公鸡的蛋以求长生不老。现在命令我去找，要是两天之内找不到，就得受罚啊！”甘罗一听，也着急起来。突然，他灵机一动，有了主意。“爷爷，你不用再为此事操心，三天后我替您上朝去，自有办法应付皇上。”三天后，甘罗不慌不忙地随着大臣们走进宫殿。秦始皇生气地问：“你来干什么？是不是你爷爷找不到鸡蛋不敢来了？”“启禀陛下，我爷爷来不了啦，他在家生里孩子，所以，我替他来上朝了。”秦始皇说：“你这孩子真是胡说八道，男人怎么会生孩子呢？”“既然公鸡能下蛋，为什么男人就不会生孩子呢？”甘罗反问道。秦始皇一听，便知道自己错了。他看到甘罗小小年纪就如此聪明，于是便破格录用，拜他为秦国上卿。

请看，秦始皇不仅能够知错，而且还顺势发挥，把一个12岁的孩子提拔成上卿。至于能给他多少权力，还不是始皇帝大人说了算。然而，无论怎么说，他完全可以把这个孩子杀掉。问题是，他若真的因为自己要吃公鸡蛋而杀掉一个孩子，估计连他自己都会觉得不成体统。这就是说，领导者要善于给自己一个台阶。

有评论者认为，下级干部要让上级“自己”认识到错误，是指正上级错误的有效的沟通艺术；要想让上级意识到自己的错误，最好让他看到“相同”的错误。下级与上级沟通，要特别注重沟通艺术。对此，我也深表赞同，就以甘罗而论，他说“既然公鸡能下蛋，为什么男人就不会生孩子呢”，而没有说“公鸡不能下蛋”，等于没有否定秦始皇的观点。这就是抓住了细节要点的相当有讲究的一句话。虽然如此，我仍然更强调领导者自己认识错误后要自找台阶，不必非要下级给你准备台阶。

历史上很多大人物都善于自找台阶，顺梯下台。汉高祖刘邦便是其中一个。

韩信率领大军灭了齐国，可谓兵强马壮。刘邦被项羽重重围困，脱身乏术，派人命令韩信急来救援。韩信听了谋士蒯通的建议，要求刘邦给他封王。他派人送信给刘邦，信中写道：“齐国人虚伪狡诈，屡生变故，反复无常；另外，齐楚接壤，若不立王镇守，齐国形势恐怕难以控制。希望您让我暂为代理，以防后患。”刘邦看信后大怒道：“我被项羽围困在荥阳，已经危在旦夕，日夜盼他前来救我，如今不来救我，反而想自立为王，真是可恨，”张良对刘邦说：“汉军处于朝不保夕的不利地位，无力阻止韩信称王。如果韩信造反，则一发不可收拾。如今只能顺水推舟，同意他为齐国的代理国王。”刘邦一点就通，假装生气地说道：“韩信乃大丈夫，平定诸侯，军功卓著，要当就当真齐王，何故还要当假的呢？”之后，刘邦很快派张良专门奔赴韩信军中，向他授予齐国国王的封号和印信。

请注意，刘邦在与手下谋臣沟通时，不仅能对手下的建议心领神会，而且还能顺势高度发挥用人艺术的精华之笔——让奖赏超过部下的要求：不管韩信心里是怎么想的，毕竟他开口要的是“假齐王”，即使刘邦封他为“假齐王”，也算满足了韩信的要求。可是，如果刘邦真的只封韩信为“假齐王”，韩信能够满意吗？刘邦的封赏超过了韩信表面上的要求，才能激励韩信。

试问，以刘邦的地位，尚且需要自己找个梯子下台阶，我们又有何不可呢？

五、明智自处　讲究风度

领导者具备了宽广的胸怀、远大的志向、博大的气度，就能在沟通时超越人性的误区，从而不仅不去无端争胜，而且还要具有优雅、豁达的修养和风度，在与部下沟通时既不纠缠于细节，又能避免与那些粗暴无礼的人纠缠。

林肯总统指出，为了建立良好的人际关系，必须学会忍让。他打比方说：“在狭窄的路上碰到一只狗，若是为了强调自己的权利与狗争道，一定会遭狗

咬。与其如此，不如让狗先过去，既无伤大雅也不伤身体，这是较聪明的办法。若被狗咬了，再恨，再想杀掉它，也无济于事，伤口仍然需要长时间的治疗才会痊愈。”

美国第 25 任总统麦金利因为用人问题，遭到一些人的强烈反对。在国会的一次会议上，有位议员当面粗野地讥骂他。他极力忍耐，没有发作。等对方骂完了，他才用温和的口吻道：“你现在怒气应该平和了吧，照理你是没有权利这样责问我的，但是，现在我仍然愿详细解释给你听……”他这种应付和处理反对意见的姿态，使那位议员不禁涨红了脸。他也没有再说话，矛盾立即缓和下来。试想，如果麦金利得理不让人，利用自己职位上的优势，咄咄逼人地进行反击的话，对方是绝不会服气的。由此可见，当双方处于尖锐对抗状态时，得理者的忍让态度，能使对立情绪“降温”。

生活中常有一些人特别固执己见，十分容易为一些小事情同别人争论，而且充满了火药味。对付这样的人，首先是切勿与之纠缠，避免冲突的扩大；其次是等他们火气发完并且自己也感到不好意思的时候，再软中带硬地予以解释。

人和人之间相互发火，多数源于缺乏沟通、互不了解。这时候，得理的一方切不可因为遭到对方误解和侮辱而以怒制怒，也不能急于解释，最好是找准时机和切入点，采用理性的方法使对方冷静下来，然后再作解释。

面对蛮横无理的人，得理者如果用以恶制恶的方式，等于是石头碰石头，最终导致“玉碎瓦不全”，两败俱伤。领导者应该明白，你的事业和身份需要你顾及形象，而对方却不一定需要这样。因此，要明智自处，讲究风度，不与粗人纠缠。

在普通的沟通场合，有人认为平息风波的较好方式，就是勇敢地站出来，主动承担责任，以自责的方式对抗恶人恶语，这叫以柔克刚。不过，我要强调一点，这时候的“柔”中，必须包含一点“刚”，否则，就不足以平息事态。

有一个商场女营业员，遇到一个中年男子想退掉一台洗衣机。那洗衣机已经用三个多月，上面都有划痕，他却板着脸说：“我只用了一个星期就坏了，你们卖的是伪劣商品？你得给我换一台！”营业员轻言细语地解释着，他的嗓门却越来越大，并且满口脏话，还说：“你们不仅要给我退货，还得付我误工费！耽误了我很长时间！”

营业员虽然占理，但是，为了使对方尽快停止叫骂，她温和地对他说：“这台洗衣机已经用了这么长时间了，又没有质量问题，按规定是不能退货的，可以给你修好。可是你执意要退，那就干脆卖给我好了。”说罢，她就掏出钱来。粗暴的男顾客刷地脸红了，终于停止了叫骂，答应让修理工回家去修。这位女营业员的退让方式，反衬出对方的无理和不文明，起到了良好作用，制止了事态的扩大。

还有一种办法，就是面对非常无礼的人，你应该视若无物，任其发疯，直到他们力气用完，你还要劝他们继续发疯，对方肯定只有逃之夭夭。

葛力内在一次会议中对一项决议投了反对票，违背了该党领袖的意思。这个党魁来到葛力内办公室，指责他是本党的叛徒，企图破坏党组织。葛力内正在撰写文稿，党魁过来时也没抬头，好像不知道他就在身旁。来客见葛力内如此冷淡，更是火上加油，越发生气，就对葛力内破口辱骂。葛力内就是不予理睬，依旧默默地写着他的文稿。来客无可奈何，绕着葛力内的桌子兜了一圈，回到原位，又滔滔不绝地重说了一遍。虽然来客几番重复这套盛气凌人的指责，葛力内始终没有停下手中的笔。直到来客词穷怒息准备离去，葛力内才慢慢地停下手中的笔，抬起头来，轻轻地一笑，丢过去一个得意的眼神，说：“干吗那么着急走啊？回来尽情地发泄吧！”

洛克菲勒之所以能够成为洛克菲勒，也是因为他有在“狂风暴雨”面前稳如泰山的本事。曾经有一位不速之客突然闯入洛克菲勒办公室，直奔他的写字台，拳头猛击着桌子，大发雷霆：“洛克菲勒，我恨你！我有绝对的理由恨你！”

接着，他恣意谩骂洛克菲勒达几分钟之久。办公室所有的职员都感到无比气愤，以为洛克菲勒一定会拿起墨水瓶朝他掷去，或是吩咐保安将他赶走。出人意料的是，洛克菲勒却并没有这样做。他停下手中的活，和善地看着这位攻击者，一言不发。那人见状，愈发暴躁，连砸带骂，洛克菲勒却显得越发和善！

就这样，那个无理之徒被弄得莫名其妙，渐渐平息下来。他咽了一口气，开始显出疲态。本来，他准备好了要与洛克菲勒舌战一番，并想好了洛克菲勒怎样回击他，他再用什么言辞去反驳。然而，洛克菲勒就是不开口，他却不知道如何是好了。最后，那家伙又在洛克菲勒桌子上敲了几下，看到仍然得不到回应，只得索然无味地离去。洛克菲勒呢，就像根本没有发生任何事，重新拿起笔，继续他的工作。

正如洛克菲勒所说：“一个人发怒时，如果遭不到反击，他是坚持不了多久的。”因此，不理睬他人对自己的无礼攻击，就是给他们的最严厉的迎头痛击。成功者与人冲突每战必胜的原因，就是当对手急不可耐的时候，他们依然故我，照样沉着冷静。由此可见，领导者在沟通过程遇到不礼貌的人，一

定要明智自处、讲究风度。

你想，假如让一个人用拳头猛击棉花，他的兴趣能够坚持多久呢？

第三节 尊重实际 道法中庸

《中庸》中说："君子中庸，小人反中庸。君子之中庸也，君子而时中。小人之反中庸也，小人而无忌惮也。"这是孔子对当时社会人生的痛切指斥。细想之下，它也应该成为当今人世令人振聋发聩的指斥，让那些"反中庸"的人改行中庸。

我向来认为，在孔子的诸多思想中，中庸之道才是最宝贵的精华。孔子那些能够与中庸之道统一起来的种种思想和言论，可谓洞悟和把握了天地人生的至理，足以使他成为流芳万世的睿智贤哲。自古以来，无论是赞同孔子的人，还是反对孔子的人，都不会不佩服他的中庸之道，除非出于政治上的别有用心，才会对着几千年前的学说咬牙切齿。中庸之道既不是不讲原则，也不是一分为二、等量齐观：其不偏不倚、和而不流、立而不倚、适中适用、取中而行，恰恰就是一种原则。

无独有偶，和中国的圣贤孔子一样，古希腊哲学家亚里士多德也发现了道德的两种错误倾向：一是偏激，一是退缩。亚里士多德和孔子都认为在上述两种错误倾向之外，唯一正确的原则就是"中庸"，即"适中"。然而，放眼现实生活，人们所做的往往恰恰相反。有的人做人做事不是"过"分，就是"不及"，而且朝令夕改，完全没有"贞而不谅"的意思。

我认为，所谓中，就是正，就是贞，就是适中，就是本体，就是规律；所谓庸，就是实用，就是实行，就是把"中"的原则和方法用于实践。孔子说的中庸，就是用于中、行于中的大道。《南华经》中说："庸就能用，用就能通，通就能得。"

宋代朱熹等人则把"庸"解释成"常""平常""常理""定理"等。

我所提倡的"中庸沟通法"，要求领导者在沟通过程中做到心气平正、反应适当，适左合右、成人之美，刚柔并济、权变沟通，以退为进、顺逆相合，求同存异、化异为同，既要发挥一般性人际沟通艺术，又要充分体现领导职能和责任。

一、心气平正　反应适当

领导者立身人间，待人处事，包括与部下的沟通，都应该遵循中庸之道。对于上下级的沟通而言，领导者首先应该做到“心气平正，反应适当”。

中庸之道首先是一种中和之道、平常之道。要求领导者在沟通过程中保持内心平和，反应不要过分。因为中道产生适当，适当产生合理，合理产生礼仪。待人处事反应过分，就是不适当，就是不合理，就是不合乎礼仪。

孔子所谓“愚而好自用，贱而好自专”，说明“自用”和“自专”的人，非“愚”则“贱”，唯有“中和”之人，才能具备高贵的品德。

老子提倡人生要“宠辱不惊”，实为人之大德。洪应明则在《菜根谭》中说：“宠辱不惊，闲看庭前花开花落；去留无意，漫随天外云卷云舒。”意思是：一个人对于一切荣耀与屈辱淡然处之，用平静的心情欣赏庭院中的花开花落；对于官职的升迁得失不以为意，游心于天上浮云随风聚散卷舒，那样才能活得自由自在！

诸葛亮《诫子书》曰：“夫君子之行，静以修身，俭以养德。非淡泊无以明志，非宁静无以致远。夫学须静也，才须学也。非学无以广才，非静无以成学。”

洪应明在《菜根谭》说：“躁性者火炽，遇物则焚；寡恩者冰清，逢物必杀；凝滞固执者，如死水腐木，生机已绝；俱难建功业而延福祉。”意思是：性情急躁的人，言行如烈火一般炽热，仿佛所有跟他接触的人物都会被焚烧；刻薄寡恩无情无义的人，言行就好像冰雪一般冷酷，仿佛不论任何人物碰到他都会遭到残害；头脑顽固而呆板的人，既像一潭死水又像一棵朽木，已经完全断绝了生机，这都不是建大功立大业能为社会人类造福的人。这说明，心性偏激的人是难以成功的。

宋人李若拙看破了官场，作了篇《五知先生传》，告诫世人要知时、知难、知命、知退、知足。尤其是其中的“知足”，更应为我们所谨记。因为“知足常足，终身不辱，知止常止，终身不耻”。老子则是智性慧根，更把“知足”二字，进一步提升到“快乐哲学”的高度——“知足之乐，恒乐也”！

洪应明《菜根谭》曰：“心体澄彻，常在明镜止水之中，则天下自无可厌之事；意气和平，常在丽日光风之内，则天下自无可恶之人。当是非邪正之交，不可少迁就，少迁就则失从违之正；值利害得失之会，不可太分明，太分明则起趋避之私。”

孔子《论语》中曰："子绝四：毋意，毋必，毋固，毋我。"其中，"毋意"就是说为人处世不要主观化，不必非要坚持自己既定的意见。如果你本来想这样做，假如别人有更好的办法，那就不妨接受它。"毋必"，就是说人间的事没有哪一个是"必然"的。人们希望如何如何，事实却未必符合我们的愿望。正所谓"不如意事常八九，可与人言无二三"，所以，人们应该承认现实，做到因时任势，尽力而为，不必沉浸于苦恼之中。"毋固"，就是不要固执自己的成见，拒不接受别人良好的建议。"毋我"，就是不要任何事都为自己着想，而是应该多替别人考虑。即使不能真正做到"无我"，至少也要有平常心和佛学所说的"平等相"，能够体谅别人。孔子的"四毋"，意在告诫人们要克服四种毛病，从而达到思考问题不要凭空臆想，看待问题不要绝对化，行动不要固执己见，待人处事不要事事为自己着想的境界。

洪应明在《菜根谭》一书中写道："清能有容，仁能善断，明不伤察，直不过矫。是谓蜜饯不甜，海味不咸，才是懿德。"即清廉纯洁而有容忍的雅量，心地仁慈而又能当机立断，才思精明而又不失之于苛求，性情刚直而又不矫枉过正。这种道理就像蜜饯虽然浸在糖里却不过分地甜，海产鱼虾虽然腌在缸里却不过分地咸，一个人要能把持住这种不偏不倚的尺度，才算是为人处世的美德。显然，这就是中庸之德。

领导者在与部下沟通时，无论是认识事物，还是评价事物，或者是沟通反馈，无论是从思想方法，还是从反馈语言来说，都应该把握中庸之道的精义。然而，领导者用人治事、沟通反馈，要想真正做到心气平正，反应适当，实际上并不是一件容易的事。

唐太宗李世民在朝间与吏部尚书唐俭下棋，被直肠直性、不善逢迎、逞强好胜的唐俭杀得落花流水。"他与朕下棋，竟也这样使出浑身解数！"唐太宗心中大怒，想起对方平时的种种不敬，更是无法抑制自己，立即把唐俭贬为潭州刺史。然而，李世民仍然觉得恨意难解，他又找来了唐俭的朋友尉迟恭，说什么唐俭对我这样不敬，我想借他告诫百官。不过，现在我还没有找到具体的罪名可以治他死罪。你去他家一次，问问他是否对我的处理有什么怨言。如果他有怨言，我就可以以此定他的死罪！尉迟恭听了唐太宗的话，觉得太宗这种张网杀人的做法太过分。第二天，唐太宗召他问起唐俭的情况，尉迟恭就是不肯直接回答。他只是说，请陛下再好好考虑考虑到底应该怎样处理。唐太宗气极了，把茶杯狠狠地朝地下一摔，转身就走。

唐太宗回去以后，逐渐冷静下来，自己也觉得没有道理。为了挽回面子，他大摆宴席，宣召三品以上官员入席。唐太宗自己则主持宴会，并向大家宣布："今天请大家来，是为了表彰尉迟恭的品行。由于尉迟恭的劝谏，唐俭得以免死，使他有再生之幸，我也因此免了枉杀的罪名。尉迟恭不仅教我以知过即改的品德，自己也免去了说假话冤屈别人的罪过，得到了忠直的荣誉。因此，特赐尉迟恭绸缎千匹。"

唐太宗因为输了一盘棋就恼羞成怒，不仅把唐俭贬出京城，而且还想寻找借口杀掉唐俭，反应过分之极，实在令人不可想象。好在李世民还能自我警醒，知错改错，仍然不失为圣明君主。当然，尉迟恭没有顺着李世民的意思陷害唐俭，而是侧面请求李世民再考虑考虑——尉迟恭的中庸之举，使得李世民深感自己的做法实在无以服众，这才幡然醒悟。假如迟尉恭真的按李世民的话去做，唐俭只有冤死。

苏轼曾说："威不可立也，惟公则威；明不可作也，惟虚则明。"唐太宗这样做，当然是为了显示自己的"公正"、"圣明"。他感谢尉迟恭，也是出于真意。

由此可见，领导者与部下沟通，难免也有意气从事的时候。因此，我们才更应提倡"心气平正，反应适当"，依据中庸之道进行沟通。

以我之见，中庸沟通法用途极广，只要是沟通行为，都可以加以运用。

意大利知名女记者奥里亚娜·法拉奇，擅长使用迂回曲折的提问方式采访名人政要，这使她成为名扬世界的著名记者。只要我们稍加留意，就不难发现，她的迂回曲折的提问方式，就是我所说的"中庸沟通法"之一。她用这种方法，换个角度，减轻力度，委婉地提出问题，成功地采访过不少难缠的政客。法拉奇在采访南越总理阮文绍时，就使用了这种方法。阮文绍曾被外界评论为"南越最腐败的人"，法拉奇想了解他对这种评论的看法。如果她直接提问，阮文绍肯定不会说实话。因此，法拉奇就把这个问题分解为两个具有内在联系的小问题：其一是"出身贫穷"，其二是现在"富足"，二者之间隐含着一个怎么富起来的问题。法拉奇从最容易引起阮文绍说话的第一个问题开始提问，意在利用间接的、曲折的方式诱使阮文绍说话。她说："您出身十分贫穷，对吗？"阮文绍听了这话，深有感触，开始动情地描述他小时候的艰难处境。得到阮文绍肯定的回答之后，法拉奇又从侧面发问："今天，您富裕至极，在瑞士、伦敦、巴黎和澳大利亚有银行存款和住房，对吗？"阮文绍虽然否认了，但是，为了对舆论有个交代，他不得不硬着头皮道出他的"少许家产"。

阮文绍到底是像人们所说的那样富裕、腐败，还是如他所言并不奢华，此时已经昭然若揭，读者自然会从他所罗列的财产"清单"中得出自己的

判断。

大千世界，穷极则反，盛极则衰，周而复始，循环往复，乃是宇宙运行的不变的规律。此乃“变易”中的“简易”，“简易”中的“不易”之律。《周易·复卦·彖辞》说：“复，其见天地之心乎！”“日盈则昃，月盈则食”，“无来不陂，无往不复”，老子称之为“反者道之动”！因为事盛则衰，物壮则老，物极必反，做人就应处处保持恰当的分寸。如果说“不及”是大错，那么，“过犹不及”，太过则是大恶，恰到好处的是不偏不倚的中和。这就启发我们，做人不要做绝，说话不要说尽。正如俗语所谓“凡事留一线，日后好见面”，凡事都能留有余地，方可避免走向极端。

清代学者、诗人李密庵也作过一首《半半歌》，又称《半半诗》。这首诗颂田园，写人伦，叙情趣，论时弊，文笔轻快，意味深远，读来令人耳目一新。请看：

> 看破浮生过半，半之受用半无边。半中岁月尽幽闲，半里乾坤宽展。
> 半廓半乡村舍，半山半水田园。半耕半读半经纶，半士半姻半眷。
> 半雅半粗器具，半华半实庭轩。衾衣半素半鲜，肴馔半丰半俭。
> 僮仆半能半拙，妻儿半朴半贤。心神半佛半神仙，姓字半藏半显。
> 一半还给天地，留将一半人间：半思后代之桑田，半想阎罗怎见?
> 饮酒半酣正好，花开半时偏妍。半帆张扇免翻颠，马放生缰稳便。
> 半少饶有滋味，半多反嫌纠缠。百年苦乐相参，会占便宜只半。

林语堂曾说：“生活的最高典型应属子思所倡导的中庸生活。一首 28 行的小诗（李密庵《半半歌》）把这种理想很美妙地表达了出来……”

松下幸之助在其《关于中庸之道》一文中说，中庸之道的真谛是“不为拘泥，不为偏激，寻求适度、适当”；中庸之道“不是模棱两可，而是真理之道，中正之道”。松下呼吁世人“但愿真正的中庸之道能普遍实践于整个社会生活中”。

宋代大儒朱熹说：“中者，无过无不及之名也；庸，平常也。”宋代大儒程颢则解释说：“不偏之谓中，不易之为庸。中者，天下之正道；庸者，天下之定理。”

中庸之道反映了一种合情合理的精神，唯有合情合理，才能“致中和”，即达到中正和平——甚至是“使无事不达于和谐的境界”。

任何事物，都以适度为美。一个聪慧的女人懂得适度地打扮自己，一个成熟的男子知道恰当地表现自己。美酒饮到微醉处，好花看到半开时。因此，做人要有一种自惕惕人的心情，做到“得意时莫忘回头，着手处当留余步”。毫无疑问，领导者与下级沟通，也要借鉴这种思想，做到心气平正、反应适当，达到中庸的境界。

二、适左合右　成人之美

人与人之间难免有摩擦，如果能加强直接沟通，则可以避免误会和隔膜。诚可谓“谣言止于沟通”。领导者对于他人的传言或传话要正确判断，认真分析，以免产生误会。把中庸的思想用于沟通，要求领导者不仅不能搬弄是非，而且要时刻对搬弄是非的部下保持警惕。对于手下一些处事平和的人，则应给予较多的关注。

有个关于狮子和老虎寓言故事，值得我们欣赏一下：

狮子和老虎本来在各自的地盘逍遥自在，相安无事。有一只狐狸想：“森林里要是除掉了狮子和老虎，我就是森林的霸主了”。狐狸找到狮子说：“狮子大王，老虎想抢占您的地盘，要和你比试一下。”它又到老虎面前说：“老虎大王，狮子想侵略您的地盘，约你较量一下。”于是，狮子和老虎之间爆发了一场激烈的战斗，最后两败俱伤。狮子快要断气时，对老虎说：“如果不是你非要抢我的地盘，我们也不会弄成现在这样。”老虎吃惊地说：“我从未想过要抢你的地盘，我一直以为是你要侵略我。”

寓言中的狐狸真是唯恐天下不乱，极尽挑拨离间之能事，终于挑起了老虎和狮子之间的战争，致使二者两败俱伤。在现实生活中，这样的人和这样的事都不稀奇。在很多情况下，领导者之间的矛盾斗争，往往与别有用心的部下的挑拨不无关系。然而，真正得益的人并不是斗争的双方，而是居间挑拨的小人。

中庸之道不是死板划一，既不能一刀切，也不能一成不变，而是应该借助权变而达于“时中”。《礼记·中庸》所谓“君子之中庸也，君子而时中”，就是指尽管一时一地的具体情况不同，君子仍能灵活对待，随时都能做到适宜。这就是说，任何时候，任何地点，任何事件，都有其特定的“中”。面对比较单纯的人事问题，能够做到“中和”“中正”，尚且有一定的困难。如果面对极其复杂的人事问题，做到“中和”“中正”，那就更加困难了。然而，人生在世，又不可能不面对不同的人和事，若能做到“时中”，实属难能可贵。领导者面对不同的人进行沟通，就需要“和而不流”“不偏不倚”，同时又要做到成人之美，绝对不能挑拨离间。

前面的寓言中的狐狸不懂中庸之道，在狮子和老虎之间挑拨离间，违背了成人之美的原则。下面寓言中的狐狸，学会中庸之道以后，就变成了“成人之美”。

> 狼和豹是草原上的两个霸主，各自统治一方。它们之间互不服气，经常发生争斗，常常闹得两败俱伤，草原上的其他动物也经常饱受争斗之苦。终于，动物们再也无法忍受它们无休止的争斗了，一致推举聪明的狐狸前去协调它们之间的矛盾。狐狸满怀信心，先找到争强好胜的狼，对狼说：“最近您没有听说吗？草原上都在议论您与豹谁最绅士，最佳绅士将获得无比的尊敬，您一定不能输呀！”狼心想：打架都不输给它，这方面也一定不能输。它决定让自己变成最有礼貌的绅士，用微笑和问好的方式战胜对手。狐狸觉得豹子性格孤僻，不爱说话，于是就给豹子写了封信，内容很诚恳：“狼豹相斗何时了，两败俱伤终不好，武力不过撕和咬，何不比比谁礼貌。”豹子看后，顿时醒悟，放弃了与狼一比高下的决心。几天后，两个霸主从仇敌变成了朋友，它们见面时彬彬有礼地向对方问好，以前的事好像从来没有发生过。

狐狸在跟狼和豹的沟通中，没有搬弄是非、挑拨离间，而且还采取不同的沟通方式，分别与狼和豹子沟通，消除了它们的冲突，促进了动物世界的和谐。

领导者贵为领导，必然少不了拍马溜须的人。这种人不会遵循中庸之道，而是像孔子非常反感的“乡愿”之人一样，人话鬼话全都说。然而，如果领导者身份意识太强，往往分辨不出哪些是实实在在的话，那些是拍马奉迎的话。

生活中拍马溜须的事情，多得让人见怪不怪。有个富翁对仆人说：“茄子增进食欲，是好东西。”“不错，难怪它戴着一顶王冠！”仆人说。几天后，富翁又说：“茄子倒人胃口，还生痰，是坏东西。”“是呀，”仆人说，“怪不得它头上长着刺呢！”富翁生气了：“前天你说茄子是好东西，今天却说它是坏东西，你是什么意思？”“我该怎么说呢？”仆人说，“我是老爷您的仆人，不是茄子的仆人呀。”

领导者在与下属沟通时，应该保持冷静的心态，注意识别那些见风使舵、巧言令色的人。须知，一味顺着上级说话的下属，不一定就是好下属。同理，那些喜欢在领导面前说人坏话的人，通常也不是什么君子。唐玄宗时，李适之和李林甫两位宰相共同辅政。虽然二人一向勾心斗角，互相倾轧，但表面上都很客气。由于唐玄宗沉湎酒色，穷奢极欲，弄得国库日见空虚，满朝文武都很着急，不得不苦苦思谋开源节流之计。唐玄宗为了解决财政危机，下诏让两位宰相想想办法。两人都很着急。然而，李林甫最关心的却是如何斗倒政敌，独揽大权。看着李适之好像热锅上的蚂蚁，李林甫生出一条毒计来。罢朝之后，李林甫装作无意中说出有人在华山淘出金子的消息。他看到李适之眼睛一亮，知道目的已经达到了，便引开话题说起别的事。李适之果然中计，忙不迭回家写起奏章来，建议皇帝批准开采华山金矿，以应国库急用。唐玄宗见到奏章大喜，急忙召李林甫来商议这件事。李林甫装出欲言又止的样子，唐玄宗等得不耐烦了，催促他说："有话快讲!"李林甫压住了声音，故作神秘地说："华山有金子，这事谁不知道？只是这华山乃是皇家龙脉所在，一旦开矿破了风水，国运难测啊。"玄宗听罢一愣，陷入沉思。李林甫看到皇帝的脸上出现了不悦之色，忙说："听人讲，李适之常在背后议论皇上的生活小节，话说得很难听，说不定，这个开矿破坏风水的主意是他有意的……"唐玄宗心烦意乱，拂袖而去。李林甫见目的达到，心中暗喜。自此以后，玄宗见了李适之就觉得不顺眼，最后找了个过错，把他革职了事。这样，朝政几乎全落到了李林甫手中。这对唐玄宗和国家而言，的确不是好事。

领导者精通中庸之道，其一是可以在沟通中识破陷阱，并且深入把握部下的人品；其二，领导者在沟通过程中，难免涉及人事纠纷，切勿论人是非。

这就提醒我们，人与人之间，难免有眉高眼低、爱恨恩仇；工作之中，难免有是非功过、得失毁誉，领导者如何隐恶扬善、成人之美，不偏不倚、不废不弃、仁而不饰、义而不标、廉而不矫、高而不夸、雅而不矜、和而不流、威而不猛、刚而不厉、正而不冲、直而不犯、严而不酷、宽而不纵、平而不淡、常而不俗，如此等等，实属领导者依据中庸之道，于人际沟通之中，乃至工作和人生历程中形象设计和自我修练的理想准则。基于这一原因，同时又考虑到很多学者把领导用人中的沟通艺术混同于一般人际交往艺术，我才在本书中专门加上了"尊重实际、取法中庸"一节。

三、刚柔并济　权变沟通

没有沟通就没有理解，甚至会产生误会。领导者面对性格不同的沟通对象，要根据其性格特点、思维习惯、思想方法，采取有针对性的沟通方式和沟通方法。此外，领导者还要根据对方的身份、地位、影响力以及沟通的客观需要与主观目的，富于智慧地设计沟通策略和语言表达策略——特别是对于组织外部的沟通。

表达是沟通过程重要的一环，一个人的表达能力如何，直接决定了向别人传递信息的质量，决定着沟通目的是否能够实现。不过，表达能力取决于思维能力。

看过《三国演义》的人，都很佩服诸葛亮令人叫绝的表达能力。

话说曹操吞并荆州，兵临赤壁。东吴文臣大多认为曹操不可战胜，主张投降，而武将多是宁死不降，孙权则犹豫不决。诸葛亮奉刘备之命前去说服孙权联合抗曹。诸葛亮上演了中国历史上“舌辩张昭”和“智激孙权”的两出好戏。

诸葛亮舌战张昭，近乎完美地体现了中庸之道。为了联吴抗曹，他既不能与东吴大臣完全闹僵，又不能对他们阻止孙刘联合的言行置之不理，反而有必要打下他们的气焰，但要注意理性。尤其是无论怎么抗辩，都要从孙权的利益和角度出发。如此才能既不跟东吴大臣翻脸，又使孙权同意联合抗曹，同时还不显得是在求助于孙权。

在与诸葛亮见面之前，孙权让鲁肃先见见那些主张投降的大臣们。鲁肃领命，第二天就带着诸葛亮来到朝堂之上。只见张昭、顾雍等一班文武大臣二十余人，峨冠博带，整衣端坐。诸葛亮与他们逐一寒暄。张昭等人见孔明气宇轩昂，料定此人必是说客。张昭首先发言：“听说先生把自己比作管仲、乐毅，是真的吗？”诸葛亮说：“这是我一个小小的比喻。”张昭又问：“听说刘豫州三顾茅庐得到先生，觉得如鱼得水，于是便想夺取荆州。现在荆州却归了曹操，不知道先生怎么看？”

张昭乃孙权手下第一谋士，不难倒他，又如何说服孙权。于是，诸葛亮说：“取荆襄易如反掌，我主仁义，不忍心夺取同宗（刘表）的基业。刘琮（刘表之子）暗自投降，致使曹操得以猖狂。现在我主屯兵江夏，别有良图，不是等闲之辈可以知道的。”

张昭继续问道：“如果是这样，先生的话可是自相矛盾啊。先生把自己比作管乐，管仲、乐毅都是真正的济世之才。刘豫州没有得到先生之前，尚能纵横江湖，割据城池，自从得到先生，曹兵一出便丢盔弃甲，望风而逃，为什么刘豫州反不如从前了呢？管仲、乐毅是这样的吗？”诸葛亮笑着说：“鹏程万里，志向岂能是群鸟能够看出来的？就好像人得了重病，必须先让他喝些糜粥，服用一些药力缓和之药，等到他腑脏调和，形体渐安，然后再让他补充肉食，治以猛药，则病根尽除。若不等气脉缓和，便用猛药厚味，想求安保，当然很难。我主刘豫州，曾经兵败汝南，寄居于刘表，士兵不到一千，战将只有关羽、张飞、赵云，这正像病重之时。新野是偏僻小县，人口稀少，粮食不足，刘豫州只不过暂时借以容身，岂能真的坐守此地？但仍然在兵微将寡、城郭不牢固、军队少操练、粮食不充足的情况下，火烧博望、水淹白河，使夏侯惇、曹仁等辈心惊胆战，管仲、乐毅用兵，未必超过这些。刘琮投降曹操，我主实在一点都不知道，又不忍心乘乱夺取同宗的基业，这是大仁大义。当阳的失败，是因为豫州看见有数十万赴义之民，扶老携幼相随，不忍心丢弃他们，每天走十里，甘心与他们一起遭受失败，这也是大仁大义呀。寡不敌众，胜负乃兵家常事。当初高祖多次败于项羽，而垓下一战成功，这不是韩信的良谋吗？韩信跟随高祖那么久，也不是经常获胜。所以，国家大计，社稷安危，必须有良谋主策。那些夸夸其谈之辈，只会沽名钓誉，自欺欺人。平时高谈阔论，没有谁比得过，面对危险需要随机应变时，却百无一能，只能被天下人笑话。”诸葛亮一番话，说得东吴才子张昭哑口无言。

诸葛亮智激孙权，其言语策略同样符合中庸之道。

鲁肃引诸葛亮去见孙权，路上嘱咐道：“千万不要告诉他曹操兵多。”诸葛亮答应了。见面之后，稍事寒暄，孙权就直奔主题，问道：“你与曹军多次交战，了解情况，曹军到底有多少军队？”诸葛亮答：“马、步、水军大约有一百多万。”孙权：“莫非这是曹操欺骗我们。”诸葛亮说：“非也。曹操原有军队二三十万，战胜袁绍得到五六十万，现在占领荆州又得到二三十万。这样算来不下一百五十万。我说一百万，怕吓着江东人士。”孙权道：“现在曹操有吞并我的意图，抵抗不抵抗，请你给我一些意见。”诸葛亮说：“我有一个建议，恐怕您不肯听从。”孙权道：“那你先说说看。”诸葛亮说：“以前天下大乱的时候，将军你在江东，我主刘备在汉南，同时起兵，与曹操共争天下。现在曹操已经扫平四方，最近又攻占荆州，威震天下。就是真有英雄，也已没有用武之地，所以我家主公败逃至今。希望将军你量力而为，若能与曹操抗衡就早点与他绝交，如果不能，就赶快向他投降。现在你表面上服从，私下又犹豫不决，长期下去就会大祸临头啊。”孙权：“如你所说，刘备为何不投降曹操？”诸葛亮慷慨激昂地说道：“从前齐国的壮士田横，尚能为了大义宁死不受辱，何况我家主公是王室之后，盖世英才，天下人仰慕。如果事情不能成功，那是天意。怎么能屈身于他人之下呢？”孙权听罢大怒，当即下定了联刘抗曹的决心。

面对张昭的刁难，诸葛亮采用刚柔并济的策略，并运用高超的语言艺术，化被动为主动，最终使张昭哑口无言。在说服孙权时，诸葛亮没有从正面进行劝说，而是巧妙地运用激将法，一个劲地吹捧刘备，刺激孙权下定联刘抗曹的决心。

诸葛亮的表达能力几乎到了出神入化的地步，并因此轻松地实现他的目标。然而，这并不是最重要的，最重要的是他的言语技巧所遵循的刚柔并济的总体表达策略，几近完美地体现了中庸之道的精髓——不能太刚，太刚则容易激化矛盾而闹翻，导致不欢而散；不能太柔，太柔则显得有求于人，从而使谈判陷入被动。还有，诸葛亮对张昭和孙权采取了不同的言语策略，则体现了“时中”的原则。

孔子所谓“时中”，说白了，就是“时时都要求中用中”，即在世事无常、纷纭多变的发展变化过程中，对任何事物都应施以中庸之道，与时俱进，因势利导，择人任势，取中而行，而不是妄想妄为，固执己见，极端激烈，偏执片面。

采用中庸的沟通方法，有时能够顺利解决非常棘手的问题。这是发生在吉林市的一个真实的故事。

当时，一辆8路公交车刚刚行驶到北大街路口时，一名中年男子突然大喊：“司机师傅，我的钱包丢了！”女司机王丽梅连忙问他什么时候丢的，中年男子说他是在前一站水门洞上的车，刚刚发现口袋里的钱包不见了。他焦急地说，钱是给老人治病用的，老人病得很重，急等着钱做手术。丢钱包的男子和一些乘客提议：“中途没有停车，小偷仍然在车上，干脆把车直接开到公安局去。”王丽梅想了想，把车停在路边，并锁上了车门。然后，她拿起扩音话筒对车内的乘客说：“乘客朋友们，谁家都有老人，谁挣钱都不容易，请捡到钱的乘客想一想，如果丢的是你的救命钱，你此刻的心情会怎样？捡钱的乘客，我作为本车的司机发自内心地请你把钱还给失主。如果你确实有困难，迫使你这样做，相信所有乘客都会原谅你，但是，你今天一定要把钱还给失主。”看见车内静了下来，王丽梅接着说：“只要你把钱还给失主，我们大家不会让你难堪的。”这时，车内异常安静。王丽梅接着对乘客说：“请大家协助一下，我数一二三，大家闭上眼睛半分钟。捡钱的乘客不要把钱包扔在自己的脚下。”半分钟后，大家睁开眼睛，奇迹出现了，钱包真的出现在车厢地板上。王丽梅激动地提议：“乘客朋友们，让我们为‘捡钱包’的乘客‘拾金不昧’，为失主丢失的钱失而复得而鼓掌！”顿时，车上响起了热烈的掌声。

王丽梅只不过是个公交车司机，她的办法竟然高度体现了中庸之道的智慧。试想，小偷在她的车上偷了其他乘客的钱，总的来说办法只有三个：其一，置之不理，继续开车——这是一个极端；这个办法不仗义，不能用。其二，把车开进公安局——这是另一个极端；这个办法有危险，怕的是小偷孤注一掷，危害其他顾客。那么，既然这两个办法都不能用，就只用采取中间型方法——既不能不管，也不能送公安局，那就只有把汽车停下、锁住，让偷钱包的人把钱包扔掉。这里，女司机王丽梅面对的沟通对象包括三个方面：其一是丢钱的失主，其二是偷钱的小偷，其三是其他的乘客。要保护乘客和司机本人的安全，又要使失主丢失的钱失而复得，王丽梅采取的做法可谓上上之选。就沟通的总体策略而言，王丽梅能使小偷避免被抓；基于这个角度进行表达，小偷多半会按照王丽梅的要求扔掉钱包。另外，王丽梅选择的词汇也很合适，比如，她还让乘客为“捡到钱”的“乘客”鼓掌，客观上给足了他面子，从而消除了后遗症。王丽梅在危急时刻，表达沉着冷静，善于运用智慧掌握对方的心理，并让对方能从心理上接受自己的提议。她在表达上站在对方的角度，并注意运用中性和褒义的词汇，让对方从危机或尴尬中解脱出来，从而帮助乘客找回了钱包。

现在，请你再看看下面这个寓言。

> 猴王正在某公众场合演讲，台下传上来一张纸条，上面写着两个字“笨蛋”。猴王一看便知道台下有反对者等着看它出丑，便神色从容地对大家说道：“刚才我收到一张纸条，可惜我只看到了署名，看来对方忘了写具体内容。”

试想，猴王接到辱骂它的字条，办法无非只有这么几个：其一，置之不理，甘心挨骂，这显得太窝囊。其二，大发雷霆，这显得太粗鲁，没修养。可见软硬两种办法都不行，只有不软不硬——因此，它见字条上只有两个字“笨蛋”，就故意说成对方的“署名”。它用这种刚柔结合的中庸之法骂了对方，对方也无话可说。

由此可见，领导者对待他人的挑衅，应该机智的运用中庸的方法进行反馈。为此，领导者就需要控制自己的情绪，以便充分运用自身的智慧。掌握中庸沟通方法，对领导者来说非常有益。因为领导与下属的沟通，毕竟不同于一般的人际沟通。领导者拥有责任和义务，就不能不树立权威。然而，领导者若与部下发生争吵，实在是一件很没水平的事。因此，取法中庸，软中带硬的沟通策略，有时候还是十分必要的。

中庸沟通法用途广泛，实践中经常运用。例如，对于犯了大错的部下，有人主张撤职，有人更提倡宽恕、感化。然而，问题在于，有时候不必撤职，有时候又非撤不行，采取哪种办法，还要看形势需要和环境特质。不加分析

地推崇哪一种办法，都是对用人艺术理解不深的表现。再说，即使是领导宽宏大度，不予处罚，也不能简单地宽恕、感化。此时，领导者就需要采用中庸沟通法。请看下面的故事：

美国 IBM 公司有个高级经理，因为工作失误而给公司造成了 1000 万美元的损失。因为损失太大，有人主张把他开除。他心里很难过，觉得这次肯定要被炒鱿鱼。第二天，董事长把这个高级经理叫到了自己的办公室。出人意料的是，董事长并没有开除他，而是向他宣布了调任同级新职的决定。高级经理惊诧地问董事长："为什么不把我开除或降职使用？"董事长微笑着说："如果那样做，我在你身上花的 1000 万学费不就都打了水漂？"后来，这个高级经理发奋工作，为公司作出了巨大贡献。

此例中的那个下属损失了 1000 万美元，处理方法无非三个：一是不予追究，就此了事；二是撤职开除，严惩不贷；三是既不撤职降职，也不能无视错误，而是采用调职的方法象征性地处理一下，并在上下级沟通时让当事人明白自己需要将功补过。这属于一种中庸的方法。可以说，故事中的董事长真是足够宽容了，但他并没有简单地采用宽恕、感化的方法，而是保留职务级别，调动工作岗位，意在让当事人明白他确实犯了严重的错误，同时等于给其他领导一个交代，表明并不是毫无原则的宽恕。同时，也能让其他下属引以为戒。还有，即董事长在跟犯错的部下对话时，讲明了不想让 1000 万美元打水漂，侧面提醒他损失之大，暗示他要将功补过。

领导者对于犯错误的下属，可以严厉处罚，可以置之不理，也可以让他们"戴罪立功"，以观后效。选择严惩之法，手下人就小心翼翼，竭力避免犯错，很可能因此陷于保守，不敢创新；选择置之不理的方法，犯错的人就可能会麻木不仁。选择"戴罪立功"之法，更有利于那些本已满怀歉疚的当事人吸取教训，在今后的工作中努力挽回损失，并加倍回报组织。

四、以退为进　顺逆相合

中国人自古以来的处世哲学强调：当人遭遇羞辱时，应该做到内心不失矜持。这表明人们既不能在无端遭受侮辱时有失礼份，又不能完全无视这种羞辱。

从遭遇侮辱而不失礼份的角度讲，自古以来，人们莫不把忍辱负重作为堪当大任的素质和美德。古今中外成功人士，无不因为容人忍事而成就事业。清代中兴名臣曾国藩，人生之路每进一步都要忍受莫大耻辱。他在初办团练时，绿营之兵曾与湘勇哄闹，黑夜闯入曾国藩行台。曾国藩亲自告知巡抚，巡抚置之不理。曾国藩不禁叹息："大难未已，吾人敢以私愤渎君父乎？"意思是说，大敌当前，我怎能为个人的利益泄私愤呢？这说明曾国藩遭遇侮辱，虽然心有不平，但他并没有忘了大局。曾国藩曾经这样总结他的忍辱负重之术："好汉打脱了牙和血吞。这句话是我生平咬牙立志的秘诀。自出道以来，无不遭到屈辱。我在庚午、辛亥年间被京城的权贵们所唾骂，以后又有岳州、靖江、湖口三次打了败仗，没有一次不是打脱牙和着鲜血往肚里咽。"正是依靠这种坚忍，曾国藩终于踏上了很高的权力台阶，成为清朝上层集团信得过的重要的汉人大臣。曾国藩曾说"傲为凶德"，特别是文人做官大多为所谓的自好之士，比较讲究气节。然而，如果不通中庸之道，往往容易变得清高自负、恃才傲物、目中无人。风度气节本来是守于己身，傲气却容易在别人面前显露。这就难免遭人侧目，造成不和，甚至招来不测之祸。以曾国藩这种能忍之人，尚且认为自己"忍"得不够，曾说自己有三大过错：平日不取信、不尊敬别人，傲慢太甚，此其一；平时一句话不对劲，就怨恨无礼，此其二；抵触分歧之后，别人反而恢复了平静，自己却悍然不近人情，此其三。或许因为意识到这三点不足，曾国藩更加注重"忍"术的修炼。

从遭遇侮辱又不能完全无视这种羞辱的角度说，我们虽然强调能屈能伸，忍字为重，然而，"屈"不是不要尊严，"伸"不是不要分寸，两个方面统一起来，方能算是中庸。《荀子》曰："君子崇人之德，扬人之美，非谄谀也；正议直指，举人之过，非毁疵也；言己之光美，拟于舜、禹，参于天地，非夸诞也；与时屈伸，柔从若蒲苇，非慑怯也；刚强猛毅，靡所不信，非骄暴也。以义变应，知当曲直故也。"

荀子的意思是：大丈夫推崇他人的德行，颂扬他人的美德，这不是出于阿谀奉承；公正地、坦率地指出他人的错误，不是出于诽谤和挑剔；客观地、中肯地表白自己光明磊落，与舜禹相比拟，与天地相参合，也不是虚夸狂妄。随时任势能屈能伸，柔顺如同蒲席，可卷可张，不是出于胆小怕事；刚强勇敢而又坚毅，从不屈服于人，也不是出于骄傲暴戾。这是大丈夫根据时势和原则大义，深通曲直屈伸变化之道。

人生在世，精通屈伸之道，屈，不卑贱；伸，不张狂，乃是屈伸之间的中庸之道。屈，是为了保存力量，养造自我；伸，是为了发挥力量，高扬自我。屈，是生之低谷不失昂奋之志；伸，是生之峰巅不带浮狂之态。屈伸之间的变化，恰似人生丰富多彩、奇幻跌宕的画卷：重峦叠嶂，波谲浪诡；山重水复，柳暗花明，尽在画中。

有鉴于此，领导者在沟通中遭遇无礼的对待，也需把握“与时屈伸”的策略。如果斤斤计较、睚眦必报，就会显得没有风度；如果麻木不仁、视而不见，则会显得没有分量，因此必须采用中庸之道，以退为进，顺逆相合，以不软不硬、软中有硬、软硬合一、亦软亦硬的语言策略，制止对方的无礼，维护自己的尊严。

长期以来，人们对王安石与苏东坡的关系议论颇多。其中不少人认为，王安石过于武断，苏轼值得同情。实际上，问题也不是这样简单。总的来看，两个人都有不够中庸之处，但以苏轼为甚。他正直有余、书生意气，为官之道却颇有不足。

王安石和苏轼是北宋著名的文章大家，两人都曾师从欧阳修，王安石还是苏轼的老师。苏东坡原来是翰林学士，后来被贬为潮州刺史。苏轼一直认为这是因为自己揭了王安石的短处而遭到他的报复。三年刺史任满，苏轼回到京城，择日前去拜见王安石。他在东书房等待时，偶然看见砚台底下压着一首没有写完的诗稿，题目为《咏菊》，但只写了“西风昨夜过园林，吹落黄花满地金”两句。苏东坡心想，按照常理，秋天才刮西风，菊花开在秋天，老了也只是枯萎，不会落下花瓣的，就挥笔依韵续了两句：“秋花不比春花落，说与诗人仔细吟。”苏轼写完之后，不等王安石回来，就匆匆离开了相府。苏轼是否因为心有芥蒂才这样做的，我们当然无法简单地加以肯定或否定。然而，在两人关系出现阴影的情况下，这种做法很容易让人产生误解。

王安石看到了苏东坡续的诗句，笑了笑，接着写起奏章。他建议皇上让苏东坡到黄州当团练副使。皇帝也对苏轼乱发议论、反对变法很不满意，于是照准。苏东坡对此很不满意，到任后心事也不放不在政事上，经常游山玩水，饮酒赋诗。有一天，好友陈季常去看他，苏东坡忽然想起他家后园的几株黄菊，便邀好友一同前去玩赏。当时正值前天刮了大风，只见满地铺金，而菊枝上一朵花也没有了，苏东坡惊讶不已，半晌说不出话来。直到这时，苏东坡才知道王安石让他到黄州任职的真意，原是让他来看菊花的。至于王安石还有什么深意，是否还有别的暗示，他也没有深思。

苏东坡在黄州目睹了菊花落瓣，认识到错改了王安石“咏菊”诗，想向王安石赔罪，只是找不到进京的机会。正巧，马太守决定把冬至节派人上朝进贺表的差事交给苏东坡，贺表也由苏东坡来写。苏东坡忽然记起将到黄州上任时，王安石嘱咐他代取一瓮瞿塘中峡之水。客船顺流而下，一泻千里。苏轼因为鞍马颠簸，身体困倦，不觉竟睡了过去，忘了吩咐水手打水。等到他醒来时，船已到了下峡。苏东坡赶紧吩咐拨转船头，回去取中峡之水。然而，逆水行舟，速度很慢。苏东坡不耐烦了，就叫水手将下峡水装满了一瓮。苏东坡星夜赶到东京，到相府见了王安石，并对错改诗句一事表示谢罪。王安石说："你没看见过菊花落瓣，不怪你。"王安石叫人取来苏东坡带回的水瓮，生火煮水，冲泡阳羡茶，但那茶色却是半晌方见。王安石问道："此水何处取来?"苏东坡回答："巫峡。"王安石说："是中峡水了。"东坡答："正是。"王安石笑着说："又来欺老夫了，此乃下峡之水，如何假名中峡?"苏东坡大惊，说是问过当地有经验的老者，告诉他三峡之水都一样，于是听信了他的话，所以才取了下峡之水。说完，苏轼就问："老师怎么辨别出来的?"

王安石教育苏轼，士人为官不可轻举妄动，凡事都要寻根究底，并向他解释说："上峡水性太急，下峡太缓，只有中峡缓急相半。太医院名医知老夫患中脘变症，故用中峡水引经。此水煮阳羡茶，上峡味浓，下峡味淡，中峡浓淡之间。今见茶色半晌方见，故知是下峡水。"东坡听后，心悦诚服，离席谢罪。王安石又安慰他说并无罪过。王安石对东坡这次做错了事，开始时还想混过去，没有斥责他，而是耐心向他介绍三峡之水的区别，这使东坡心悦诚服。不过，王安石中肯地指出东坡过于聪明，反而不能寻根究底，对人对事容易疏略，而且容易犯自以为是的毛病。

虽然苏轼信佛，但因他的文人性情，所以很难佛心精进。他才华横溢，为人正直，性格直爽，才思敏捷，敢于批评时政的弊病。他自已曾经说过："我心里有什么话，我非说出来不可，正像饭里有只苍蝇，非吐出来不可。"因此，他经常在众人面前编故事，以嬉笑诙谐的形式，发泄心中的抑郁不平之气。有一次，大家请苏轼讲故事，苏轼当仁不让，并当场编了一个新奇的故事：

昨夜我做了一个梦，梦见两个峨冠博带的人来找我，说海龙王请我去吃饭。我也确实很久没吃过饱饭了，听说龙王请我吃饭，心中很高兴，于是就冲波踏浪，跟着他俩到了龙王的水晶宫。水晶宫里琼楼玉宇，百宝纷呈。龙王带着一大群臣僚，还有妃嫔出来迎接我。他们说了许多称赞我的话。满桌山珍海味，身边有一个美人专门给我斟酒。那美人身材窈窕，肤色白嫩，双目就像太液池里的秋波，一闪一闪地瞅着我，身上散发着香气，使我神魂颠倒。正在这时，龙王让我为今日之幸会题诗。我当即提笔挥就，盛赞龙王功德和水晶宫里的豪华，并颂扬君臣的才学与嫔妃们的艳美。龙王高兴极了，夸奖我的文笔，赏赐了我大量的珍宝。正在我得意的时候，忽然来了一个丞相模样的大臣，低声告诉龙王，说

我写的诗里有讥讽大王的语气。龙王一听大怒，吩咐虾兵蟹将把我赶了出来。我一看这位相公，原来是王八变的。唉！我苏东坡处处受王相公的算计呀！大家听罢，笑得前仰后合。

苏轼用“王八变的”“丞相”“王相公”讽刺王安石，实乃刻毒之至！公道地说，王安石认为不知遮掩的苏轼才气高超，过于聪明，遇事缺乏综合思考，可谓客观公道。他希望苏轼支持变法的心情，可能会因二人是师生关系而过于迫切，因而贬他一下，批他一下，点他一下，期望他早日觉悟，也是人之常情。苏轼身为文坛领袖，说话做事本该取法中庸，讲究一点方式方法，但他却不仅写诗讽刺王安石的新政，还很失分寸地赞美司马光。可惜，等到司马光当政之后，对苏轼的打击却比王安石狠辣得多。苏东坡被贬到荒僻遥远的海南岛，那是宋代仅仅比流放稍好一点的待遇。总之，苏轼说到底是个文人，是性情中人。正是这种诙谐豪放的性情，不仅支撑他度过了屡遭贬逐的生活，还使他充分发挥了文学才华，成为名震古今的一代大文豪。

因为领导工作的特殊性，领导者对于沟通中出现的一些无礼之举，理所当然应该作出反馈。其中最好的方式，莫过于用我所说的中庸沟通法。

领导者应该怎样对付那些突如其来的挑衅，可以借鉴苏格拉底的方法。有一天，苏格拉底正在上课，有个人突然闯进教室无理取闹。这个人曾经也是一位教师，因为学生都倒向苏格拉底，他怀恨在心。“听别人说你很会迷惑众人，叫别人干什么就干什么，我很不服气！”他向苏格拉底挑衅，轻蔑地说，“如果你今天能叫我乖乖听你的话，那就好说，否则……”苏格拉底从容地说：“尊敬的先生，你站得太远了，我听不到你在说什么，可否请你走近一点？”挑衅者听了，向前走了几步。“再往前点。”苏格拉底又轻轻地说。挑衅者又向前走了几步。“阁下，”苏格拉底微笑着说，“刚才你不是乖乖地听我的话了吗？”挑衅者这才醒悟过来，满脸羞愧，快快离去。

领导者面对沟通中出现的挑衅行为，既不能熟视无睹，不作反馈；又不能直来直去，以硬碰硬，以粗对粗，应该取法中庸，软中有硬，顺中有逆，退中有进，并且要注意做到反应机敏，“就地取材”，镇定自如地作出反馈，使对方知难而退。

谢立丹是 18 世纪后期英国最有成就的喜剧家，其沟通艺术也颇具喜剧性。他的第一部喜剧《情敌》初次上演时，反响极大，他应观众的要求谢幕，有个家伙大声叫道：“这个喜剧真是糟透了！”全场观众都听见了，都想看看谢立丹有什么反应。谢立丹微笑着鞠了一躬，说道：“我的朋友，我完全同意你的意见，”他一边耸耸肩，一边指着剧场里那些刚才为演出热烈鼓掌叫好的观众说：“可是，我们两个人反对这么多的观众，你认为能起什么作用呢?”观众对谢立丹的回答报以更热烈的掌声。

谢立丹面对反对意见，并没有直接与其争论，而是以退为进，首先承认对方的观点，然后再借用“外援”，使对方确认真实情况，感受群体压力，从而不再责难。

有时，面对特别的挑衅，不能仅靠大度与和气，必须软中带硬。

> 生物学家巴斯德正在实验室工作，有个朋友突然闯进来，指责他诱骗了自己的老婆。绝对清白的巴斯德完全可以将他赶出门去，甚至可以给他一顿拳头，但是，那样并不能解决问题，甚至会造成两败俱伤的恶果。只见巴斯德沉着地说：“我是无辜的……如果你非要决斗，我就有权选择武器。”对方同意决斗。巴斯德指着面前的两只烧杯说：“你看这两只烧杯，一只有天花病毒，一只是净水。你先选择一瓶子喝掉，我再喝余下的一瓶，这该可以了吧?”那男子怔住了，一下子陷于惶恐之中，只得停止争论与挑衅，尴尬地退出了实验室。巴斯德这种柔中带刚的解决方式，最终使决斗告吹。后来，巴斯德找机会主动与朋友澄清了问题，规劝他不要轻信谣言，更不能胡乱猜疑。那位朋友明白了自己的过错，表示了歉意，两人继续维持着朋友关系。

试想，巴斯德如果不是软中带硬，岂不显得心虚气弱？如果巴斯德不够聪明，怎么能使对方知难而退？你看，巴斯德在对方同意他选择武器之后，就让对方先喝下一烧杯液体，如果对方喝的是有天花病毒的液体，那么，巴斯德岂不是占了便宜？那人岂不会染上天花？巴斯德正是用这种方法让对方产生了恐惧心理，中止了吵闹。不过，最关键的一点是巴斯德不亢不卑的态度，使他显得并不心虚。

领导与下属的沟通具有一定的特殊性，不同于寻常的人际沟通。其特点是必须注意保持和谐人际关系与领导权威的平衡。这就要求领导者超越一般的沟通艺术，采用中庸沟通艺术。不过，采用中庸沟通术，尤其要尊重实际，客观地对待下级的意见和建议及其功过是非，才能广泛地寻求共识，推进事业发展。

五、求同存异　化异为同

领导者发挥中庸沟通艺术的目的之一，就是求同存异，化异为同，凝聚

共识。

求同存异和化异为同，代表着人际沟通的手段和目的。领导者与下级沟通，唯有求同存异，才有可能化异为同。为了化异为同，就需要求同存异。求同存异和化异为同，有助于领导者把领导意图落实到下属行动中去。领导命令的有效与否，既不完全取决于命令本身，也不完全取决于命令方式，主要还是取决上下级关系。

找到双方的共同点，借此建立双方的共识，是人际沟通的基本学问，也是最难掌握的一种交际技巧。由于人们自我心理定势和思维定势的影响，一般人常常沉浸于自己的思路之中，不能领会和接受他人的观点，甚至懒于“求同”。至于“存异”，当然更是没有那等海量。于是，人与人之间只有“伐异”，即自作聪明或热衷于争论和批评。其结果是分歧越来越大，根本不可能化异为同。

据说，早在四千多年以前，埃及的国王阿克图就曾告诫他的儿子：“圆滑一点，它可以使你予取予求。”我当然不能提倡“圆滑”，而是应该提倡亦屈亦直、处世圆活。如此一来，领导者就能和谐人事关系，并与大多数人求同存异，进而化异为同。

领导者和部下沟通意见时，如果善于把握双方的共同点，就能及时、适当地切入谈话进程，从而驾驭谈话主题，以免越扯越多而浪费时间。这方面的学问，领导者也应不断精进，并臻于完美。明白了这些道理，领导者就能更进一步，把求同存异和化异为同的技巧发挥得淋漓尽致，并且运用到整个人际互动中去。

美国学者戴尔·卡耐基不仅是这方面的理论大师，而且还是一位行动的大师。他善于从双方利害冲突中，精明地找到了对方可以认同的观点。

卡耐基曾向纽约某家饭店租用了一个大舞厅。他打算每一季度使用二十个晚上，用以举办培训讲座。有一天，他突然接到饭店通知，要求他必须付出比以前高出三倍的租金，才能继续租用饭店的舞厅。卡耐基收到通知的时候，入场券已经分发出去，学员们肯定会按时参加学习。卡耐基既不能取消讲座，又不想多付那么高昂的租金。他知道争论没有用处，因为饭店只对增加租金感兴趣。

几天之后，卡耐基去见饭店的经理。“收到你的信，我有点吃惊，”他说，“但是我根本不怪你。如果我是你，我想我也会这样做的。你身为饭店经理，有责任尽可能使收入增加。如果你不这样做，你也就无法做到经理的位子。现在，让我们拿出一张纸来，把你可能得到的利弊列出来，如果你坚持原来的观点的话。”

卡耐基取出一张信纸，在中间划了一条竖线，一边写上“利”，另一边写上“弊”。卡耐基在“利”的下面写道：“舞厅空下来，你有把舞厅租给别人开舞会或开大会的好处。这是一个很大的好处，因为像这类的活动，比租给人家当讲课场地更能增加收入。如果我把你的舞厅占用二十个晚上来讲课，当然对你不利。”卡耐基说：“现在，我们来考虑不好的一面。第一，你不但不能从我这儿增加你的收入，反而会减少你的收入。事实上，你将一点收入也没有，因为我无法支付你所要求的租金。那么，我将离开这个地方。”他继续说：“你还有一个坏处。我的这些课程能够吸引不少受教育、水准高的人到你的饭店来，他们对你来说，可是非常必要的客户。事实上，如果你花费五千美元在报上登广告的话，也无法像我的这些课程那样，能够吸引这么多的人来看看你的饭店。你觉得我这样说有错误的地方吗?”

卡耐基一面说，一面把这两项坏处写在“弊”的下面，然后把纸条递给饭店经理，说道：“我希望你好好考虑你可能得到的利弊，明天给我一个答复。”第二天早晨，卡耐基收到饭店的一封信，通知他租金只涨百分之五十，而不是百分之三百。

卡耐基只字不提自己的要求，仍然达到了预期的目的。如果他指责对方失信，对方出于自尊而不作让步，真正倒霉的还是卡耐基。戴尔·卡耐基为此提出一个至理名言：“如果成功有秘诀的话，那就是了解对方的观点，并且从他们的角度和你的角度来看事情的利弊得失。”这句话简单而又精彩，领导者应该身体力行。

孔子曾说：“君子和而不同，小人同而不和。”其中的“和而不同”就是指君子相处即使是有意见分歧，仍然能够求同存异，相互尊重，保持和谐关系。

领导者与部下相处，怎样才能做到求同存异和化异为同呢？其中的要点在于“求”字，说明“同”者并非唾手可得，需要去认真“求”取！怎样去“求”呢？首先是善于倾听，关于这一点，我稍后就将专门探讨；其次是善于分析，并通过具体分析而把握沟通双方的共同点；再者就是善于引导对方发现双方的共同之处。

虽然权利和强制都能迫使下级执行上级的指令，然而，沟通思想，统一认识，无疑能够取得更好的效果。毋庸讳言，领导者和下级的目标常常存在

着反差，而求同存异就是统一行动的一种方法；更进一步的境界，则是化异为同，能够使组织内部“上下同欲”，干劲倍增，效率更高。然而，在某些特殊时刻，对于某些重大问题，要想做到求同存异、化异为同，难度的确很高。为此，就需要分领域，分步骤，借助间接的方法，一步步聚焦到根本问题上，从而把上下级的目标完全统一起来。

美国得克萨斯州电视机厂曾因经营不善而濒临倒闭，老板聘请山田耕夫来管理工厂。山田不负众望，上任伊始就用“三把温火”成功融洽了他与员工的感情。

第一把火是“烧环境”。山田刚到工厂，就发现厂里的生产环境非常糟糕，于是他在厂区组织了一个集体活动，召集员工聚在一起喝咖啡、谈心事，同时还赠送给每位员工一台半导体收音机。在融洽的气氛中，山田说：“你们看，这么脏的环境怎么搞生产？”于是大家一齐动手清理垃圾，使工厂面貌焕然一新。

第二把火是“烧关系”。当时资方与工会长期对立，山田却主动登门拜访工会负责人，希望“多多关照”，这使工人们很快消除了戒备心理，在感情上接受了山田。

第三把火是“烧人心”。为了取得工人的信任，山田请回了部分被解雇的老工人，这更加拉近了员工和工厂的感情。

山田耕夫使用的“三把温情火”，使工人的感恩之心油然而生。从此，工人为了工厂忘我劳动，工厂不久就起死回生了。

山田耕夫的成功，就在于通过“三把温火”，烧通了领导者和下属之间的隔阂，烧热了下属对领导者的信心，烧烫了员工对企业的忠心。故事中的山田耕夫从三个侧面，利用他的行动与员工沟通思想，最终达成共识，挽救了工厂。他首先改善工作环境，用这一方法与工人“求同”；他拜访工会领导，请求工会支持，又使大家看到了在双方利益上的“求同”的可能性；他找回被辞退的老员工，使工人相信了双方完全可以在利益上真正“求同”。如此一来，受到感动的工人主动不再“存异”，双方的沟通超越了求同存异的境界，达到了“化异为同”的效果。当上下的目标完全统一之后，就出现了“上下同欲者胜”的局面。

在这里，你可以把山田耕夫的方法看成激励艺术，因为他的做法确实产生了巨大的激励效果。实际上，我宁愿从方法论的角度，从可操作性的角度，强调他的分领域、分步骤、分层次的沟通技巧，使得上上下下统一了思想认识和目标，从而焕发了热忱。事实很明显：首先是因为沟通的成功，才产生了激励效果。

领导者为了与下级求同存异，乃至化异为同，通常是采用“软技巧”，但也不妨软硬结合，适时、适地、适情采用“硬措施”。例如，山田耕夫在与员工达成一致目标之后，就需要在劳动纪律、质量管理等方面采取“硬措施”。

一般来说，“软沟通”和“硬沟通”的搭配方式是先软后硬，特殊情况下也有例外。例如，领导者与个别下属的沟通，当以软沟通为主，而与所有组织成员的沟通，当然应该理直气壮地强调制度的严肃性；领导者初到陌生的领域，初期的沟通不能不以柔和为主；长期在某一组织担任领导的资深领导者，如果具有较高的威望，在面对普遍性重大问题时，就可以采取刚性的沟通方法，迫使下级迅速认同领导者的目标。相反，在个别性问题上，拥有威望的资深领导者如果能够经常采用柔性沟通方法，则会取得惊人的效果。因为这类资深领导在个别沟通的时候，最忌讳利用威望以势压人。所以，拥有威望的资深领导仅仅因为平易近人，就能产生巨大的激励作用。

韩国三星集团前首脑李健熙，面对产品质量缺陷这一普遍性问题，就曾采用相当激烈的沟通方式，使上上下下迅速认同了企业的根本目标。

1993 年 2 月 18 日，三星集团召开了名为“电子部门出口商品现场比较与评价”的会议——这是一个“马拉松式”的会议。会议刚开始，一向沉默寡言的李健熙一反常态，痛心疾首地说道：“诸位，你们知道我们是一种什么处境吗？到电子商场看一看吧，我们的产品摆在什么柜台上？在每个商店的角落里，在不细心的顾客难以发现的地方，上面落满了灰尘！”

他的眼睛里含着泪水，声音有些颤抖。所有下属都不敢正视他的目光。

他接着说：“在美国，一支普通的高尔夫球杆卖到 150 ~ 250 美元，是我们三星 13 英寸彩电价格的三倍！要知道，我们的彩电是由 1000 多个零部件组成的：一支高档的高尔夫球杆可以卖到 500 美元，而我们 27 英寸的彩电才卖 400 美元！即便如此，我们的产品在商店里仍然布满了灰尘！请问，这样的产品，还能贴上‘SAMSUNG’的商标，摆在柜台吗？”

他怒吼的声音在寂静的会议室里回荡着，更增添了一股威严，“如此生产，如此经营……你们意识到问题的严重性了吗？这是对股东、对 18 万三星人的欺骗！是对韩国国民和祖国的亵渎！”

这次会议整整开了8个小时，李健熙痛心疾首的一番批评，让三星人如梦初醒，从此拉开了三星品牌大变革的序幕。这次会后又用了整整一天的时间，把三星电子产品与世界上78种同类产品逐一进行比较分析，具体找出了各方面的差距，尤其是质量差距。1993年6月7日，李健熙又公布了一项惊世骇俗的决定，明确要求公司上上下下“除了老婆和孩子不能变，其他一切都要变”！

正是李健熙这场严厉无情的批评，让三星人下定决心开始变革。

故事显示，李健熙面对普遍存在的质量问题，采取了如此激烈的沟通方式，产生了预期的效果。因为他长期担任三星集团首脑，好处是具有崇高的威信，坏处是人头太熟，如果不采取刚硬的沟通方式，就不足以引起下属的重视。何况，他不是针对哪个个别的人，可以采用这种方式。不过，由于他投入了真挚的情感，例如，他不仅“眼睛里含着泪水，声音有些颤抖”“痛心疾首”，而且把问题提升到“这是对股东、对18万三星人的欺骗！是对韩国国民和祖国的亵渎”之爱国主义的高度，显得大义凛然而又满怀深情；他还把三星产品与美国产品进行价格比较，可谓有理有据，硬中有软，所以能够沟通成功，不仅做到了求同存异，而且实现了“化异为同”。

我也和其他学者一样，希望领导者采用柔性工作方法，包括柔性沟通法。然而，我更提倡领导者敢于愤怒和学会愤怒，对于具有普遍性意义的重大问题，领导者如果缺乏那么一点愤怒，那就很难指望能够从根本上得到解决。

放眼古今中外，我们可以发现，英明领导的根本特色并不是“温良恭俭让”，而是在“温良恭俭让”的基调之上，更具有大义凛然的勇气、正直无私的品格、敢于负责的精神以及造福国家和苍生的能力与贡献。否则，只能是庸人当道，贤才受阻。

由于我还要在领导者树立权威的艺术部分专门探讨这一问题，所以，此处仅就领导用人过程中的沟通方法稍加议论。

第四节 诚于倾听 长于理解

我在前面曾经提到沟通的六项基本要领，排在第一的就是“有效倾听”。前面提到的美国管理协会关于沟通的十项原则，也包括“耐心听取他人的意见”。在前面提到的基思·戴维斯“沟通的十点金言”中，其第六条就是“要有耐心倾听下去”。其中的第一条“自己先别说话，让别人先说话”、第三条“做出可信的表示，使对方感觉你想听取他的意见”以及第十条“在任何情况下都别多嘴”，都与倾听有关。

现实中，为什么开创性的知识成果不能转变为现实的产品？为什么聪明的人才不能形成起码的合力？为什么企业大规模的投入不能变成相应的回报？为什么激励约束不能变成员工的工作动力？为什么完善的管理制度不能变成产生效率的保证？为什么富有成效的革新无法推广？所有这些现象，都与沟通不畅密不可分。沟通不畅的原因，往往又表现在两个方面：其一是领导者不善于说服下级理解组织的政策和策略；其二是领导者对下属的意见和建议倾听不够，因此无法采取有效的沟通策略。

领导者不仅要乐于倾听部下的想法，还要具备有效倾听的技巧，包括：

第一，创造良好的倾听环境；

第二，要有良好的精神状态，集中精力进行倾听；

第三，建立信任关系；

第四，明确倾听目的；

第五，使用开放性动作；

第六，及时用动作和表情给予呼应；

第七，适时适度地提问；

第八，必要的沉默。

诚于倾听、长于理解，是领导者与下级沟通的基础，其重要性超过一般人际交往中的倾听。因为领导者的倾听不仅仅是表示尊重和改善关系而已，还要借助沟通了解、掌握情况，疏通下级思想，鼓舞下级干劲，把握关键问题，决定解决方法。这就需要一个保障，即领导爱听，下级愿说。否则，沟通的目的就会变成空中楼阁。

有一个年轻人曾向大哲学家苏格拉底请教演讲术。他为了表示自己有着过人的好口才，滔滔不绝地讲了许多话，苏格拉底一言未发。

末了，苏格拉底要求他缴纳双倍的学费。

那个年轻人惊诧地问道：“为什么要我加倍付费呢？”

苏格拉底说：“因为我得教你两样功课，一是怎样闭嘴，另外才是怎样演讲。”

请看，年轻人想请教演讲术，本来应该请大师先说，自己以听为主，可是他却自己说个没完。苏格拉底让他支付双倍费用，说明倾听也需要劳神费

力，并不是什么好享受。另外，苏格拉底让年轻人学会“闭嘴”，也说明了倾听的重要性。试想，如果演讲者不能从听众的角度设计自己的演讲，怎能成为受人欢迎的演讲家？

中国古代的哲学家墨子，曾用蝉鸣与鸡叫作比，强调少说话的重要性。

据《太平御览》记载：墨子在讲学时，学生子禽问他：“先生，多说话是一件好事吗？”墨子回答说：“青蛙蝉蝇日夜鸣叫，以至于口干舌燥，却没有人驻足聆听。可是，一只公鸡只需在天亮时长鸣一声，就会惊动天下梦中人。所以说，人言贵在言时、言意，贵在实用。喋喋不休的空谈何益之有？”

墨子认为，只有在关键的时刻说出切中要害的话，才是最有分量的。这就提醒我们：在与人沟通时，絮叨不是强调，强调也不是重复，贵在言简意赅、时机恰当。墨子强调的要点是言贵恰逢其时、表意精准，其中无疑也包含着少说话的意思。领导者在与下属沟通时急于反馈，就不能完整倾听。这是应该竭力避免的。

有位女士走进一家餐厅，点了一份汤，服务员端上来后很礼貌地走开了。

服务员刚走开，这位女士便将服务员叫过来说道：“对不起，这碗汤我没法喝，因为……”还没等她说完，服务员立马说了声对不起，并重新为她端上来一碗汤。

可是，那位女顾客仍旧说：“对不起，这碗汤我没法喝，因为……”

服务员一时有点不知所措，他试探着解释道：“尊敬的女士，您点的这道菜是本店最拿手的，深受顾客欢迎，您对我们的服务有什么不满吗？”

“先生，我只是想问一下，喝汤的勺子在哪儿？”

故事显示，笨拙的沟通者往往不注意认真倾听，就急于作出反馈，随便打断对方的话，甚至总是喋喋不休地表白、解释。这是沟通最忌讳的毛病。领导者要慎于说话，就要诚于倾听，而且至少要用70%的时间认真倾听，然后才是说话。

下面的寓言，能够告诉我们学会倾听的好处。请看：

有一天，猫妈妈对自己的孩子说：“孩子，你现在已经长大了，再过一段时间，你就应该独自去找东西吃了。”小猫惶恐地问：“妈妈，我应该吃什么东西呢？”

猫妈妈说：“这样吧，这几天晚上，你就躲在一些合适的地方，仔细地倾听人们的谈话，到时候你就明白了。”

第一天晚上，小猫躲在角落里，听到一个大人对孩子说：“宝贝，把鱼和牛肉放在冰箱里，别让猫给叼走了，猫可爱吃这些东西了。”

第二天晚上，小猫躲在陶罐边，听见一个女人对男人说：“老公，记得把香肠、腊肉挂在房梁上，尽量挂高一点，别让小猫偷吃了。”

第三天晚上，小猫躲在屋顶上，听见一个妇人叨念自己的孩子：“奶酪、鱼干吃剩了，要记得收好，猫的鼻子可灵了，若不收拾好，明天就成它的美餐了。”

就这样，小猫慢慢地知道自己应该吃什么了。

上天赋予人类一个嘴巴，两只眼睛，两个耳朵，意在告诫人类要少说，多看，多听，最好是看过，听过，然后再去说。三国时期的刘邵所谓“臣以能言为能，君以能听为能”，意思是做臣子的人应该能够向君主进谏善言，而君主则应该善于听取部下的言论。刘邵的话大为有理，但他只说对了一半，因为领导者所需要的，先是“能听”，接着就是“能言”。也就是说，善于听人说话，还要巧妙地给予回答。

领导者要做一个善于倾听的人，以便从他人的谈话中得到信息和教益。真正的倾听不仅仅是坐在那里被动地接受对方传递的信息，还应注意别人的真实想法是什么？有没有合理之处？他的漏洞在哪里？从哪个角度，以及用什么方式、方法与他沟通最有效？领导者在考虑这些问题之后，还要进一步引发思考：相关的工作怎样改进？

俗话说，若要懂，人前听，说明学会倾听，就等于学会了一项生存技巧。

耐心倾听，能够满足别人宣泄的欲望，往往容易取得良好的沟通效果。

纽约电话公司的接线员碰到一个大发脾气的用户，他说要他付的那些费用是敲竹杠。那个人怒火满腔，扬言要把电话线连根拔掉，并且到处申诉、告状。

最后，电话公司派了一位最干练的“调解员”去见那位用户。

那位“调解员”静静地听着，让那个暴怒的用户淋漓尽致地发泄，不时地说“是的”，对他的不满表示同情。除此之外，他什么都不说。

“他滔滔不绝地说着，而我却一直都在洗耳恭听，整整听了3个小时。”那位“调解员”后来对别人说道，“我先后见过他四次，每次都对他发表的论点表示同情。在第四次会面时，他说他要成立一个‘电话用户保障协会’，我立刻赞成，并说我一定会成为这个协会的会员。他从未

见到过电话公司的人用这样的态度和方式说话，渐渐地变得友善起来。在前三次见面时，我甚至连与他见面的原因都没有提过。在第四次见面时，我就把这件事完全解决了。他所应付的费用全都付清了，还撤销了向有关方面的申诉。”

这个故事表明，倾听不但能平息顾客的抱怨，还能改善与顾客的关系。领导者难免要听部下的抱怨，表示同情并认真倾听是最好的沟通态度。如果能在倾听之后给予积极的反馈，并且寻求合适的方法来解决部下提出的问题，效果就会更好。

在商业谈判中，利用沉默和倾听，可以使人赢得更大的利益，远远超过争论。

一个印刷业主得知另一家公司打算购买他的一台旧印刷机，他感到非常高兴。经过仔细核算，他决定以 250 万美元的价格出售，并想好了理由。

他在坐下来谈判时，暗暗交代自己一定要沉住气。

终于，买主按捺不住了，开始滔滔不绝地对机器进行贬损。卖主依然一言不发。这时买主说：“我们可以付给您 350 万美元，但一个子儿也不能多给了。”在不到 1 个小时的时间内，买卖成交了，成交价是 380 万美元。

这个故事表明，在沟通过程中，沉默和倾听都有其不可取代的价值。沉默是金，倾听是玉，领导应该理解沉默和倾听在沟通中的重要作用。首先，沉默和倾听有助于领导者保持冷静，认真分析情况，形成正确的判断；其次，沉默和倾听能够给对方一种积极暗示；最后，沉默和倾听能够有助于领导者掌控沟通过程。

下面这个经过改编的寓言，能够使我们了解倾听的价值。

东海龙王派人给西海龙王送来了三个一模一样的金人，西海龙王很高兴。可是，东海龙王还给西海龙王出了一道难题：这三个金人哪个最有价值？

西海龙王率领他的臣子，想了很多办法，称重量，看做工，验成色，都没有看出奥秘。所有大才都用上了，仍然是虾帅无门、鳖圣无方。

龙宫众臣子和西海龙王深感焦虑：我们这么大一个西海，可不能叫东海笑话呀！这时，站在不起眼的位置的一个蟹将说话了，它说有办法解决这个问题。

蟹将拿起三根稻草，分别插入这三个金人的耳朵里，发现第一个金人的稻草从另一只耳朵里出来了；第二个金人里的稻草掉在金人肚子里面；第三个金人里的稻草则从脚下掉出来了。于是，蟹将说道："第二个金人最有价值。"

这个故事说明了这样一个道理：最有价值的人，不一定是最能说的人，可能是善于倾听的人。看来，领导者要懂得倾听的价值，不断提高自己的倾听能力。

松下幸之助深知没有人喜欢被否定，所以，虽然他对部下要求极严，但对部下的建议和方案，却总是抱着开明的态度。对于部下良好的建议和方案，他会痛快地予以批准。对于部下那些还能说得过去的建议和方案，他照样予以批准。他以严厉出名，更以善于栽培人才出名。他曾对一位部门经理说："我每天要做很多决定，并要批准别人的很多决定。实际上，只有40%的决策是我真正认同的，而60%的决策是我有所保留，或者是我觉得过得去的。"经理觉得很惊讶，他认为松下对于自己不同意的事，大可一口否决就行了。松下说："你不可以对任何事都说'不'，对于那些你认为过得去的计划，你可以在实行过程中指导他们，使他们重新回到你所预期的轨道。我想，一个领导人有时应该接受他不喜欢的事，因为任何人都不喜欢被否定。"

松下幸之助为什么要这样呢？因为他知道提高下属的自信心，鼓舞下属的士气，激励他们敢于做主和敢于担当，乃是下属干好工作的重要保证，同时也是领导者与下属沟通的重要目的之一。因此，领导者应该善于通过友善的询问、关切的聆听和鼓励的态度为下属助长信心，尽量避免对下属说"不"，包括"你不行""你不会""你不知道"之类的挫伤信心的字眼，同时也应该尽量避免"也许""大概""可能"之类的语意含混、模棱两可的字眼，以免使对方产生上级应付他的感觉。

另外，对于不是特别紧急、特别重大的事情，本来就有调整的时间和余地。只要部下愿意干好工作，就完全可以在执行过程中对原来的计划加以补充、完善；何况，领导者可以根据自己的预感而对某些项目和计划的执行情况多加了解，随时指导，照样能够在短期内使各方面完善起来，没必要在前期沟通中就否定部下。

领导者面对沟通中出现的分歧，一定要沉着冷静，切勿意气从事、恶言恶语，导致沟通无法继续下去。此时，领导者首先应该控制情绪，其次是要注意选择合适的词汇。再者，适当地运用沉默，建议冷静一下再谈，申明自己的良好初衷，或者换个话题先聊一聊，都是可以选择的办法。尤其重要的是，没任何必要让沟通伤害感情。

林小姐是一家广告公司的总经理。年初，公司与电视台签订合同，承办了电视台半个小时的汽车栏目。为了更好地办好这个栏目，公司引进了一个新的合伙人。新的合伙人非常有能力。林小姐与新合伙人在工作中产生了一些摩擦，有时会因为一些小事情产生争执。有一天，因为林小姐修改了他的方案，两个人产生了争执。林小姐随口说道："真是没办法，不行就散伙吧！"

合伙人听了后没有再说什么，但是，从那天起，两个人的矛盾逐渐加深。后来，合伙人对林小姐讲述了自己的看法，觉得林小姐说出的"散伙"二字特别刺耳。林小姐这才知道，那个合伙人几年前离婚了，所以对"散伙"二字特别敏感。其实，林小姐的那句话只是争论中随口说的，并没有经过思考，也不是真的想要"散伙"。她也没有想到会对合伙人造成那样大的伤害。

无论在任何情况下，领导者都应怀抱善意与下属沟通。唯有如此，才能摆脱情绪的支配，防止意气用事，免得口不择言，伤害对方。纵使伤害下级并无危害，领导者仍然要竭力避免，因为伤害别人毕竟毫无意义，也不会给自己带来任何乐趣。

俗话说，良言一句三冬暖，恶语伤人六月寒，这是人性万古不变的情感逻辑，领导者没有必要加以冒犯。因此，人生在世，即使是贵为领导，也应该本着一个平常心，像平凡的人一样待人处世。这样，领导者在沟通之前，就应该认真考虑对方能够接受什么样的语言，最好运用什么沟通方式与之沟通，这是成功沟通的第一步。在沟通过程中，领导者还要做到耐心细致，注意观察、把握对方情绪的变化，避免自己的言语无意之中伤害对方。在沟通结束以后，则要注意做到言而有信，恪守承诺。

领导者要学会"听话"，就要学会鼓励部下说话。部下不说，领导者如何能听？唯有表现出对部下的话很感兴趣，部下才会乐于说话。这里的"听话"，是指不管好听还是难听，都应平静地甚至是饶有兴味地听完。善于"听话"的领导，通常能够大有作为。多数人一听到自己不感兴趣或反感的话语，就不愿再听下去，到头来只有少数人善于"听话"，所以成了德高望重的领导人。西方上流社会的小姐们在进入社交圈之前，需要专门培训"听人说话"的能耐，足见"听话"大有学问。美国人现在已经有人专以"听话"挣钱，并且收入不菲，可见"听话"并不容易。否则，美国人就不会搞"陪听公司"。

"陪听公司"的出现，似乎更证明了人类有着"被听"的需求。因此，当美国的老人痛感孤独无助而需要有人听听他们的唠叨时，聪明的家伙们才想出了成立"陪听公司"的妙计。据说，高明的陪听员擅长让主顾打开话匣子畅谈下去，反正是计时收费，时间越长收入越高。有的主顾被人听得乐不可支，竟以自己的财产相赠。

对于领导者来说，虽然自己的部下没有美国老人那么强烈的“被听”的需求，并且也不会向“爱听”的领导付费，但是，领导者可以无偿地收取别人的智慧，并且还能满足别人的渴望，同时又能借助沟通求同存异、化异为同，提高部下的才干和自己的业绩。既然如此，领导者又何乐而不为呢？

阿静一直以为儿子是一个很内向、不爱说话的人，但是，有一天，她和儿子的一场扑克游戏，完全改变了她的看法。两人玩的是“争上游”的游戏，这是在中国老百姓中很流行的扑克牌玩法。它的规则是：在每次新开一局时，前一局的负者要向胜者上缴一张最好的牌，以示奖惩。

上一局阿静输了，正好她手上有一张大王，这可是最大的一张牌。她想让儿子开心一下，于是说：“儿子，妈妈给你一张大王。”

然而，儿子并不像她想象中的那样开心。阿静问他为什么给他大王还不高兴，儿子说：“我不想要大王，我想要一张小六。”

原来他手上已经有三张小六，再多一张就可以凑成“四大金刚”了。

阿静突然有所领悟：我一直以为自己已经给了他最好的一切，没有想到他需要的可能并不是这些，他有他自己的需要啊！于是，她问儿子：“你是喜欢妈妈给你买电脑呢，还是喜欢给你买游戏机，还是喜欢妈妈跟你聊天、关心你？”

儿子没有立即作选择，却说：“妈妈，你再说一遍刚才的话。”

“为什么？”阿静问道。“因为我想听。”

儿子说。那天，阿静的儿子跟她聊了足足三个小时。

其实，总是用自己的观点代替别人的判断，乃是我们通常易犯的错误。在很多情况下，我们所给予的，其实并不是别人想要的，而我们还误以为别人很需要，很高兴。人们经常会给孩子一堆高级的玩具，给恋人昂贵的钻戒或项链，给父母补品或钱物，然后就可以理直气壮地以为：我已经给了你最好的东西了，你还要怎样？

这种情况说明，领导者在与下属沟通时，要注重“听懂”下属，要注重从下属的角度反馈信息。这样，他们就更易于接受你的观点，你也就能够自然而然地对他们进行指导。即使是批评他们的缺点，纠正他们的错误，他们也乐于接受。

第五节　正视责任　敢于说不

对于任何组织而言，沟通都是很重要的。有人甚至说，管理就是沟通，这就把沟通提高到了无以复加的高度。没错——如果组织管理缺位而又缺乏沟通，必然会陷入混乱；如果组织管理过度而沟通不足，气氛就会僵化。如果组织内部管理到位，说明沟通也很到位；如果组织内部沟通到位，管理就不会存在多大的问题。由此可见，组织内部缺乏沟通，无论如何都不能改善管理。然而，沟通并不是万能的，当真诚的沟通无效时，领导者仍然需要运用权力，执行制度，并利用制度、政策建立认同。

这就要求领导者既要超越一般的人际交往艺术，充分体现用人行为中沟通艺术的特殊性。例如，一般性人际交往艺术更强调人情世故，相对来说更注重“软”的一面。领导用人中的沟通艺术则是既强调人情世故，也强调领导职能、原则正义、提高效率、培养人才，尤其提倡把领导对下属的鞭策、驾驭、驱动、激励等领导职能，有机地融入人际交往艺术中去。为此，领导者自然需要做到尊重实际、客观公允、刚柔并济。相对来说，在多数情况下，领导用人行为中的沟通更强调“软”的一面，少数情况下强调“硬”的一面，在相当程度上强调“软”“硬”结合。

总之，我们不能把领导用人艺术中的沟通艺术混同于一般沟通艺术。

可以肯定地说，人与人之间缺乏坦率真诚的沟通，就很容易造成误会。事情可能不大，伤害未必不重。换言之，人们所受的伤害，未必全以事情大小而论。

台湾影视界有位名人说，有一次拍电影，她打电话叫了无线电计程车回家。下车时计费表上显示的是一百八十元，她拿出两百元给司机，司机默默地收下了。

以台北市的计费标准，表上数字再加十五元等于车费，她稍微等了一下，以为司机会找五元钱给她，司机却一点动静也没有。

她想，算了，才五元钱嘛，就拉开车门下车了。

就在关上车门的那一刹那，她忽然想起是自己叫的无线电车，按规矩需要再加叫车费十元，是她还欠司机五元才对。她赶紧敲了敲前车窗，把五元钱递给司机。

没想到，司机冷冷地摇下车窗，说道："哼，亏你想到了，不然我还以为你这样一个名人也想贪我五块钱的小便宜！"

虽然误会是化解了，但是，这个名人心里却老大不舒服。后来，对人谈起起这件事，她说："他为什么不直接告诉我，我少给了他五元钱呢？"

是不是有些时候，我们也像那个司机一样，无声地在忍耐着某个人的作为，然而，兴许我们的沉默反而伤害那个无辜的人，让他根本不知道哪里得罪了你？你心里不舒服，他的名誉也因而受损。为什么你不说出来呢？

很多这类"五块钱"的问题，影响了友谊和爱情的品质以及人际关系。有些婆婆嫌恶媳妇洗的碗不干净，又怕变成坏婆婆，忍着不说，自己把媳妇洗过的碗再洗一遍，媳妇反而老大不高兴；有些婆婆觉得媳妇做的菜不顺口，硬把每餐揽来自己做，背地里又感到自己好委屈。

办公室也一样，你虽然喜欢帮助人，但是，别人却不清楚你"助人"的尺度有多大，常常让你满足他们过分的要求。你默默地做了，却又咬牙切齿地记在心里，在别的同事面前对那些人表示不屑，这是办公室里常有的事情。在不少时候，虽然我们也想"认栽"了事，不愿意表达自己的看法，但是，在无意之中，就是因为心里确实不舒服，我们却用成见或闲话伤害了彼此的关系或无辜者的名誉。

在我看来，忍，不一定任何时候都是美德。除非你忍了就忘。然而，忘记，究竟有多少人能够做到呢？

古人说"不知者无罪"，如果对方并不知道他哪里得罪了你，你的忍耐只会让他人受损而已。因为忍耐人的时候，脸色通常很难看。如果你忍耐的是自己很亲密的人，他的情绪和你们的关系，一定受损更甚。因此，我的忠告就是有话不妨直说。

林肯总统既善于倾听下属的意见，又敢于承担责任，力排众议，大胆拍板。在上任总统后不久，他将六个幕僚召集起来开会。林肯提出了一个重要法案，而幕僚们的看法并不统一，七个人便热烈地争论起来。

林肯仔细听取其他六个人的意见，仍然感到自己是正确的。在最后决策的时候，六个幕僚一致反对林肯的意见，但是，林肯仍然果断地说："虽然只有我一个人赞成，但我仍要宣布，这个法案通过了。"

虽然领导者在决策之前，需要认真听取下属的意见和建议，但是，只要

通过沟通，发现自己的主张是正确的，就应该顶住压力，并注意吸收各种意见的可取之处，注意执行中的细节问题和策略问题，就可以大胆地作出决策。这就是说，领导决策既要听取众人的意见，更要坚持自己的正确判断。

领导者与下属的沟通，无论是正式沟通还是非正式沟通，都与广义的人际沟通不同。广义的人际沟通更强调“柔”的一面，领导与下属沟通，却需要适当地注意“刚”的一面。具体说来，为了较好地履行领导职责，领导者在决策时既要从善如流，又要坚决果断，面对不同的意见和压力，要敢于说“不”！

年轻的领导者面对重大事务，在沟通无效时，也应敢于坚持正确的主张。

蜀汉大意失荆州、特别是关羽死后，刘备一直耿耿于怀，他不听赵云等人的劝阻，亲自领兵伐吴。蜀军长驱直下，很快占领了秭归。孙权拜书生陆逊为大都督，统军五万余人仓促御敌。蜀军声势浩大，进展神速，从巫峡到彝陵的长江沿岸，军营绵延七百多里。

形势对吴军十分不利，吴军统帅陆逊面临着严峻的考验。面对这种形势，陆逊只能实行战略退却，退守彝陵，按兵不动。吴军有些将领却沉不住气，纷纷要求出兵，给蜀军以迎头痛击。陆逊则认为蜀军举兵东下，锐气正盛，现在又居高临下，占据险要地形，应该避其锐气，冷静地等待战机。

陆逊手下的将领，有的是孙策的旧将，久经沙场，资格很老；有的是王公贵戚，地位很高。他们都很傲慢，心里又轻视初次统军的陆逊，对他的策略很不服气，不肯受其节制。他们还以为陆逊畏惧敌人，心中都愤愤不平。

陆逊内外备受压力。然而，大敌当前，这种倾向如果不能及时纠正，后果将不堪设想。陆逊召集诸将，手按佩剑对他们说：“刘备闻名天下，曹操尚且顾忌他。现在他就在我们面前，确实是我们的劲敌。诸位都受到国家重用，理应同心协力，共同抗敌。我虽是一介书生，但受命为全军统帅，主上之所以让大家听从我的指挥，是因为我多少还有可取之处，能够忍辱负重。你们都应履行自己的职责，不得违抗命令。军法无情，不可冒犯！”

时间慢慢流逝，吴军始终坚守阵地，拒不应战；蜀军无计可施，思想上渐渐松懈。到了盛夏，陆逊发现蜀军营寨多用木栅构筑，而且地处峡谷，草木丛生，利于火攻。陆逊命令士兵带上茅草，顺风点火。吴军将士冲入蜀军阵地，放起火来，火势熊熊，蜀军营地顿时化作一片火海。

趁着蜀军大乱之际，陆逊向蜀军发起进攻，蜀军大败。

东吴转弱为强，占据了主动。经过一系列战斗，刘备败退到白帝城，在愤恨交加中病死。陆逊也在东吴军队中树立了威望，成为一代名帅。

年轻的领导者应面对来自组织内部和外部的各种压力，首先应该积极沟通，诚心诚意借助沟通化解下属的不信任。面对下属的质疑，应该保持清醒的头脑，正确分析判断，不能轻易屈服于压力。领导者应该清楚地认识到，虽然沟通具有非常重要的作用，但是，沟通并非万能；忽视沟通，当然是大错特错；完全依赖沟通，同样愚不可及。在沟通失败的情况下，毕竟还是要由领导者依据制度，乾纲独断，行使权力。

在重大的外交场合和高级别沟通中，任何决定都涉及重大利益。为了维护自身的利益，领导者尤其应该敢于说“不”，还要善于说“不”。

1807 年 7 月，拿破仑与俄国皇帝亚历山大一世在提尔亚西特会晤。奥地利王后路易莎也来到这里，请求拿破仑把北德意志马格德堡归还给奥地利。

路易莎王后先是赞美拿破仑的头“像恺撒的一样”，然后直截了当地向拿破仑提出归还马格德堡的恳求。拿破仑不好当面拒绝，又不能轻易答应。他没话找话地赞美皇后的服装如何好看，以此转移话题。

路易莎王后回敬了一句：“在这样的时刻，我们要拿时装作话题吗?”

她再次提出请求，拿破仑又用一些毫不相干的话来对付她。

路易莎王后再三央求拿破仑宽大为怀，态度谦恭而又诚恳，拿破仑多少有些动摇。这时，奥地利弗西斯国王进来了，拿破仑的调子冷了下来。

宴会结束时，拿破仑得体地向路易莎王后奉送了一朵玫瑰花。王后灵机一动，脱口而出：“不可否认这是友谊的象征。我的请求已蒙答允?”

拿破仑早有戒备，用一句不着边际的话岔开了话题。路易莎王后没有达到目的，失落地离开了提尔亚西特。拿破仑“受宠不惊”，没被王后的热情和赞赏所征服。

在外交场合中，重要的是坚持自己的原则和立场，无论怎样被对方吹捧，不该做出让步的事绝不松口，同时又要做到言行得体，不失礼仪，这是一门高超的艺术。

在涉及重大问题沟通无效的时候，领导者不应退缩，而是要着眼于制度创新，通过实行新制度而绕开难以沟通的问题，使对方不得不就范。下面的这个故事讲的就是如何绕开无法成功的沟通而另辟蹊径，可能会给读者一定的启发。

这是发生在第二次世界大战中期的一个真实故事。在战争中扮演了重要角色的美国空军，为了降落伞的安全性问题与降落伞制造商发生了纠纷。

当时，降落伞的安全性能不够，合格率较低。虽然厂商说他们采取了种种措施，使合格率提升到99.9%，但是，军方要求产品的合格率必须达到100%。

厂商认为这是天方夜谭，他们一再强调，任何产品也不可能达到100%的合格率，除非奇迹出现；99.9%的合格率已经相当高了，没有必要再继续改进。

军方认为，99.9%的合格率乍看很不错，但是，对于战士来说，这就意味着每一千个伞兵必然会有一人因此而在跳伞时送命。后来，军方改变了检查产品质量的方法，决定从厂商上周交货的降落伞中随机挑出一个，让厂商负责人亲自跳伞。

这个方法实施后，奇迹出现了：不合格率变成了零！

产品验收制度一改，绕开了难以成功的谈判，原本认为不可能的事，因此迎刃而解。因此，不论我们怎样强调沟通艺术，领导者都不应该放弃原则。如果沟通目的无法实现，就需要从制度创新方面寻求主动，使对方因为顾及自己的利益而正视别人的要求。因为关心自己的利益是人的本性，所以，领导者需要注意抓住别人最大的利益关注点，并围绕这个主题设置一种强制性情景，使对方接受你的原则。

我们强调领导者必须待人以宽，但是，这并不是说领导者对任何事情都应和颜悦色。对于部下较为严重的错误，领导者还是应该拥有某种分量和威严。

唐朝时，唐太宗在庆善宫举行宴会，同州刺史尉迟敬德被邀请参加。他一看自己的上座有人，便很生气地质问道："你有什么功劳，竟坐在我的上首？"

任城王李道宗的席位安排在他的下首，他见此情形，赶忙劝解。

尉迟敬德不但不听，反而举起拳头殴打李道宗，几乎把李道宗的眼睛打瞎了。

唐太宗很不高兴地宣布宴会停止。然后，他对尉迟敬德说："我本想和你共富贵，然而，你做了官以后已经好几次触犯法律了。我这才明白像韩信、彭越那样的结局，并不一定是汉高祖刘邦的错啊！"

唐太宗虽然没有大声指责，但是，他的话是非常严厉的。尉迟敬德听到这种极其严厉的警告，越想越怕。从此以后，他才开始逐渐学会克制自己。

我们提倡相信群众，但是，群众的意见也不总是正确的。特别是对组织的未来规划、战略方向，群众未必都能从大局着眼。因此，领导者还是应该本着负责任的态度，坚持长远目标，并积极与下属乃至所有组织成员沟通，引导大家形成共识。

下面的寓言告诉我们：领导者必须在不放弃领导原则的前提下进行沟通。

有个狼王除了带领群狼觅食、嬉戏和管理狼群内部事务外，还组织群狼操练格斗技术、演练战斗阵型，因为在它们领地的周围还有三个狼群虎视眈眈，伺机入侵。经过狼王以及群狼的努力，它们几次成功地击退了来犯的狼群。

威胁解除以后，群狼以为大家不必像从前那样辛苦了，没想到狼王不仅更加严格地训练群狼，自己也加大了锻炼强度。

群狼很不理解，就派代表询问狼王。

狼王了解了大家的困惑，便对大家说道："我作为狼王，有两个主要职责，一是要保护并扩张领地，使大家生活安然无忧；二是要把我的许多想法付诸实施，多为狼群做些事。虽然我们赶走了侵犯我们的狼群，但是，必然还会有更强大的敌人出现。我们只有不断提高自己，才能立于不败之地。我们的对手不是别人，而是自己。我们只有不断地挑战自己，强迫自己提高，才能保护和发展自己。"

听了狼王的话，群狼们恍然大悟，训练更加积极了。

为了组织的发展，领导者应该高瞻远瞩，不能迎合下属中那些不利于组织发展的思想意识，包括忽视危机、自我满足、故步自封意识。领导者要通过正式与非正式沟通，引导下属树立危机意识，提高自身素质，增强抗风险能力。

我们提倡领导者敢于说"不"，但不提倡用粗暴、生硬的方式说"不"。因此，领导者还需要掌握拒绝的艺术。请看下面的故事：

有位夫人找到林肯总统，理直气壮地说："总统先生，你一定要给我儿子一个上校的职位。我并不是要求您的恩赐，而是我们应该有这样的权利。因为我的祖父曾参加过雷斯顿战役，我的叔父在布拉敦斯堡是唯一没有逃跑的人，而我的父亲又参加过纳奥林斯之战，我丈夫是在曼特莱战死的，所以我说……"

林肯接过话说："夫人，你们一家三代为国服务，对于国家的贡献实在够多了，我深表敬意。现在你能不能也给别人一个为国效力的机会？"

林肯总统把拒绝变成赞美，非常“诚挚”地拒绝了那位夫人不合理的要求，同时还给她留足了面子。如果她还算聪明，就不会再继续纠缠。看来，领导者确实应该掌握拒绝的艺术，以免在对不合理的要求和建议说“不”时显得过于生硬。

当组织面临重大调整的时候，领导者更应通过沟通建立共识。如果忽视沟通，强制推行新的计划、规则和方法，就有可能遭到巨大的反弹。

如果说命令、督促是“强推”，那么，沟通、说服就是“硬拉”。面对重大事变，领导者首先应该通过有力的沟通手段“硬拉”，然后才是“强推”。如果只“推”不“拉”，即只有抨击的爱好而没有怀柔的手段，往往容易失败。

下面这个故事，能够使我们了解上下级沟通中只“推”不“拉”的危害。

> 一艘航船满载着出海远航的人们出发了。船主具有丰富的航海经验，傍晚时刻，他预测到午夜时分将有狂风暴雨。他十分着急，希望船夫们能加把劲，在午夜前将船划进最近的渔港躲避风浪，以确保轮船和乘客的安全。
>
> 船夫们缺乏经验，不熟悉海上气候的变化，依旧按照平时的节奏划着船。
>
> 船主十分生气，大声吼道：“你们这些蠢货、懒虫，海上就要起风浪了，你们再不划快点儿，我就用石头砸死你们。”
>
> 船夫们很气愤，有人赌气地说：“但愿您能在船到达港口之前找到石头！”

这个故事显示，“船主”预感到暴风不久就要袭来，要求船员奋力快划，无疑是正确的。然而，他没有和船员沟通，就威胁船员“用石头砸死”他们，结果遭到船员的抵制。由此可见，即使领导者是正确的，如果采取简单粗暴的办法支配下属，而不做说服、解释、教育工作，仍然有可能遭到下属的抗拒。

当组织面临重大调整的时候，领导者更应该讲清道理，说明原因，沟通认识，统一思想，协调行动，而不能简单命令，粗暴指挥。

试想，“船主”既然不愿意货物受损、轮船倾覆、乘客丧生，那么，船员就愿意死吗？肯定不会。既然如此，船员和船主就存在着利益的一致性——谁都不愿意死！那么，船主就可以说明原因，并强调双方利益的共同性，从而建立生死相随的“利益共同感”，促动大家奋发努力，逃出险境。因此，领导者应该善于发现与下属利益的共同之处，使之成为建立共识的基点，并通过进一步的沟通统一思想和行动。

第六节　借喻沟通　巧用暗示

我所说的借喻沟通、巧用暗示，不仅是指通过“打比方”加以暗示，而且泛指沟通中的语汇、形体语言、环境语言、道具语言以及其他各种微妙的暗示。例如，在沟通对话中，字音轻重、停顿长短、语速快慢，以及形体语言特征，都能用来暗示某种意义。如果把有声语言和无声语言，包括形体语言和其他无声的表达因素有机结合起来，更能起到暗示作用。此外，还有许多更高明的“借喻暗示”之法。

1944 年，富兰克林·罗斯福第四次连任美国总统。有一位记者问他对自己连任四届总统有什么感想。罗斯福笑而不答，却热情地请记者吃了一片三明治。记者觉得这是殊荣，很快就吃下去了。罗斯福又请他吃第二片、第三片……记者受宠若惊，虽然肚子已经不需要了，他还是硬着头皮吃了下去。这时候，罗斯福微笑着对那位记者说：“我看我现在已经不用再回答您的提问了，因为您已经有了亲身感受。”

对于连任四届总统，无论罗斯福说什么，别人都未必信以为真。如果说自己很高兴连任，未免显得低俗；如果说自己不高兴，那就可能会使支持他的人不高兴；如果说是勉为其难的苦差事，那就难免会有虚伪之嫌，哪怕他是真心诚意。罗斯福通过让记者连续吃三明治——直到吃撑为止的方法，让记者自己体会，确实属于高招。

暗示法的沟通效果，往往比一般沟通方法更好。对于一些敏感的问题，或者是不好回答的问题，领导者又不能不作出反馈，就可以采用间接的方式进行暗示。这样做既能避免让人感到虚假，又能够降低风险。因为领导者的反馈信息究竟是什么意义，毕竟是由对方体会、理解。至于理解正确与否，当然是对方的问题。

一般说来，领导者利用暗示法与下级沟通，比利用语言沟通效果更好。

有家大型工厂的老板，原来是种田人出身。大概是因为厂区中有块

很大的空地，老板觉得空着可惜，便留做自己闲暇时种草之用。他天南地北引进了不同种类的草，全都种在那里。老板亲自耕耘，就像他当年种庄稼那样。

第一年，老板的辛勤劳动换来了可怕的景象：一丛丛、一蓬蓬不同品种的草儿长起来了，有的叶子纤长，有的叶子肥短，有的杆儿向上挺立，有的杆儿匍匐在地，给人的感觉是杂乱无章，一片狼藉。

员工们打心眼里瞧不起老板，认为此人没有品位。

老板似乎感觉到了什么，以后每逢节日闲暇之时，就召集手下大小头目，到草地挖沟整墒，施肥浇水。大伙一同将那些长势不旺、病怏怏、乱蓬蓬的草除掉了，留下那些生命力特别旺盛、出类拔萃的草，在草地上繁衍生息。

第二年早春，田野里的野草才刚刚发芽，老板的草地已是芳草青绿、春意盎然。大家这才明白，老板留下的是最优秀的草。

就在这年春季，有个考察团来到老板的企业取经。老板闭口不谈企业的经营管理，却把考察团引到他的草地上，大谈种草经验，弄得人家丈二和尚摸不着头脑。

老板说："我在这块空地上引进了不同种类的草，让这些草儿自由生长，不管它是名贵的还是普通的，谁在这块地盘上长得最好就留下，不好的就淘汰。我不光自己种，还让下属来种。结果，大家通过种草都明白一个道理……"

老板卖起了关子，不说了。考察团团长接过话茬说："明白了，这个道理就是：发现、留住、养好最优秀的草，这与用好人才是一个道理啊！"

老板没有用语言宣布什么文化理念，而是用种草来比喻公司的企业文化，让员工注重公平竞争，奉行能者上、平者让、庸者下、劣者汰的用人方针，希望人才脱颖而出，并为最好的人才搭建更好的平台。可谓不落俗套，富于趣味。

巧妙地利用模糊语言暗示法，能够收到良好的沟通效果。在女人从一而终的封建社会，有一个寡妇利用模糊语言暗示法，成功地达到了再嫁的目的。

清朝有位女子，自幼兰心蕙质，婚后夫家虽然不富裕，小夫妻倒也融洽恩爱。不想一年后丈夫身染绝症撒手西归。其时少妇还不到 20 岁，家中婆母早已亡故，只有 40 多岁的公公与日渐长大的小叔子。

少妇日夜操持家务，倒是不嫌劳累，但她正值青春妙龄，夜夜独守空房，日子久了，就生出再嫁的念头。

此事非同小可，夫家当地素以“民情淳厚、风俗清明”著称，族人们非常看重贞节操守，乡镇里还建有贞节碑坊多座，贸然提出改嫁的要求，必为夫家不容。

少妇想来想去，终于想出一条计策，并趁回娘家之机请人写了诉状藏好。邻村一位男子托人前来说媒，少妇同意了。然而，她的行为遭到夫家及其族人的坚决反对，并且讼诸公堂。少妇拿出早准备好的诉状，递进县衙。

诉状上仅有16个字：“夫亡妇少，翁壮叔大，瓜田李下，该不该嫁？”

县令阅后，沉吟良久，批准了她再嫁的请求，并暗暗为少妇的慧思所折服。

故事中的寡妇并没有正面与节烈风俗作斗争，而是委婉地暗示出可能使人更加伤风败俗的危险因素，从而达到了自己的目的。这就是暗示法的好处。

抓住问题的关键设计沟通表达策略，使用委婉的暗示性语言，只需切中要害，而不是直接说出危害，让对方作出判断，有时更容易达到自己的目的。

下面的例子表明：一个母亲利用设喻暗示法，使她女儿领悟了幸福之道。

有个即将出嫁的女孩，向母亲请教一个问题：“妈妈，婚后我该怎样把握爱情呢？”母亲听了女儿的问话，温情地笑了笑，然后，她从地上捧起一捧沙子。

女孩发现那捧沙在母亲的手里，圆圆满满的，一点也没有散落。

接着，母亲用力将双手握紧，沙子立刻从母亲的指缝间泻落下来。

等到母亲再把双手张开时，原来那捧沙已经所剩无几了。女孩望着母亲手中的沙子，若有所思地点了点头。

那位母亲意在用“一捧沙”这个比喻，暗示女儿一个婚姻幸福之道：爱情无须刻意去把握，越是想抓牢，反而越容易失去自我，失去原则，失去彼此之间应该保持的宽容、谅解和幽默。如此一来，爱情、婚姻就会因此变成毫无美感的形式。

有个佛教故事说：一个青年和尚时常轻视饱经风霜的老人。有一天，他和师父同游郊外的林园。青年和尚顺手摘下一朵鲜花，说道：“师父，我们青年人就像这朵鲜花一样，洋溢着生命的活力。你们老年人，怎么

能和青年人相比呢?”

师父听了，什么也没说。

在经过一片果林时，师父摘下一棵核桃，托在手心里，说道：“孩子，你比喻得不错。如果你是鲜花，我就是这干皱的果实。不过，事实告诉人们：鲜花，喜欢让生命显露在炫目的花瓣上；果实，却爱把生命凝结在深藏的种子里!”

青年和尚还不服气：“要是没有鲜花，哪儿来的果实呢?”

师父哈哈大笑：“是啊，所有的果实都曾经是鲜花，然而，却不是所有的鲜花都能够成为果实!”

古人云：“大本领人，当时不见有奇异处；敏学问者，终身无所谓满足时。”老和尚现场用核桃和鲜花作喻，告诉小和尚一个道理：敏学问者，终身没有满足之时。唯有这样，鲜花才能够成为果实，不至于成为一朵“谎花”。我曾说过，佛家不乏高明的沟通技巧，无论多难的问题，都能设喻释疑。对此，领导者应该认真借鉴。

为了告诫弟子们要谦虚谨慎，戒骄戒躁，不断精进，虚云禅师经常给弟子们讲述下面的寓言故事：有一棵与众不同的树种被选了出来，要种在一片荒漠的土地上。

“多么优秀的一棵树种啊，你应该为此感到骄傲。”人们赞美道。

“我只是一棵树种而已，还没有资格骄傲。”树种小声地说。

过了一段时间，树种发芽了，它长势良好，隆冬酷暑、狂风暴雨，都不能摧毁它。“多么坚强的一棵小树啊，你应该为你自己骄傲。”

人们赞美道。“我还只是一棵小树，没有勇气骄傲。”小树轻声地说。

小树长大了，它粗壮挺拔，枝繁叶茂，高入云端。“多么高大的一棵树啊，你应该为此骄傲。”人们又赞美道。

“我已经是一棵大树了，没有必要再骄傲。”大树无声地说。

虚云禅师从树种到大树不同的阶段，处处设喻作比，形象地说明了一个道理：不管你是谁，不管处于什么样的位置，都不要骄傲自满，而是应该时刻清醒地认识自己，保持谦虚谨慎的姿态。同时，事情不管大小，都应该全力以赴。由此可以看出，领导者要想极大地提高沟通艺术，除了学好中庸沟通艺术之外，还要学好佛家“庄子寓言式”沟通术。

第七节　万法归心　倾注情感

万法归心、倾注情感，是人际沟通以及领导与下属沟通的重要的艺术法则。其字面意思就是用心沟通，真心沟通，倾注感情，真情沟通。因为心通、情通，则识通、理通。脱离了这一原则，恐怕任何沟通艺术都会大打折扣。

中国古代哲学重视关系，关系是中国人的重大价值追求。沟通的实质是改善关系，沟通的要诀是实心、实际、实惠、实用，沟通大法是通情、通理、通心、通俗。

俗话说得好，能够关心别人的人才能掌握别人。领导者与下级沟通，只要真心诚意，倾注感情，就等于掌握了打开人们心灵大门的金钥匙。请看下面的寓言：

> 一把坚实的大锁挂在大门上，一根铁棒费了九牛二虎之力，还是无法将它打开。钥匙来了，把瘦小的身子钻进锁孔，只轻轻一转，那大锁"啪"的一声就打开了。
>
> 铁棒奇怪地问："为什么我费了那么大力气也打不开，你却轻而易举就把它打开了呢？"钥匙说："因为我最了解它的心。"

每个人的心都像上了锁的大门，铁棒粗了反而进不去，打不开。唯有关怀，才能把自己变成一只细小的钥匙，钻进别人的心里，了解别人，感动别人，打开别人的心扉。唯有穿鞋的人，才知道哪一处挤脚。只有自己的鞋，才知道是否合脚。

下面一则寓言故事，说的就是沟通时要采取温和的、情感的策略。

> 有一天，太阳和风在争论谁更强大，更有威力。风说："我来证明我更强大，你看到那儿有个穿大衣的老头吗？我打赌我能比你更快地让他脱掉大衣。"
>
> 于是，太阳躲到云层后面，风就开始吹起来，越吹越大，像一场飓风。然而，风吹得越急越猛，老人越是发冷，越是把身上的大衣裹得紧紧的。
>
> 终于，风累坏了，平息了下来，放弃了无谓的努力。
>
> 这时，太阳从云层后面露出面孔，开始以她温和的微笑照耀着老人，

默默地加大热量。不久，老人开始不断地擦汗，继而，他干脆脱掉了大衣。

于是，太阳对风说："温和与友善总是要比愤怒和暴力更强而有力。"

太阳的温和使人们乐意脱去外衣，风的冷峻反而使人们更加裹紧衣服。沟通时亲切、友善、赞美的态度，能使对方抛弃成见和自我防卫，从而趋于理性，进而接受正确的观念；冷酷、严厉、过分的批评和责备，只能使人加强自我防卫和抗拒心理。因此，领导者与下属沟通，应该采取温和的态度、方式以及温和的语言策略。

有时候，我们诚心诚意给予别人的，未必就是他们想要的。因为不屑于理会下属的情感，从来不考虑怎样才能使下属感受到尊重，所以就会出现种种生硬的做法。

甲乙两个公司，每年都组织员工参加"深圳欢乐谷一日游"活动。这项活动的组织方式大体相同：都是一天时间，单位只提供门票和来往用车。不同的是，几乎完全相同的活动，事前的通知却给人留下了完全不同的感觉。

甲单位的《通知》写道："经研究决定，单位拟定于'三八妇女节'组织全体员工去深圳欢乐谷游玩，时间为一天，全体员工务必带好身份证、边防证，于当日早8点赶到单位门前集合，否则，一切后果自负。另外，单位只负责门票和来回车费，游玩期间伙食自理。如无特殊情况，不得请假。秘书科"

乙公司却把惯常使用的《通知》改成了《邀请书》，其中这样写道："如果你想尖叫而办公室里又不允许，如果你想牵着漂亮MM的手而又找不到借口和机会，如果你想体验从没体验过的惊险和快乐，如果你想忘记无处发泄的郁闷和不快，那就请您在下面签上你的大名，参加公司每年一度的'深圳欢乐谷之旅'吧！"

在启程的前一天，乙公司报名的员工都收到了一张门票和一张制作精美的卡片，上面写着："恭喜你已成为三八欢乐谷之旅的成员！请你做好行前准备：①带好边防证、身份证，保管好你的门票；②带好让你轻松、保暖的衣服；③约好你的朋友；④如果你嫌开私家车麻烦，步行又太累，请早上8点前到单位门前乘车；⑤如果你不吃不喝，可以不带一分钱。祝三八节玩得愉快！"

对于这种特殊的沟通，相信两个公司的员工如果互换一下，感触一定很深！

同样的规则，同样的条款，既可以用负面、生硬的方式，加上诸如“不许”“后果自负”之类的字眼表现出来，也可以用积极、正面的方式来表达，而且是那样生动有趣。其中一个冷酷无情，另一个则是热诚地投入情感。对于员工来说，两种不同方式带来的心理感觉肯定截然不同。在现实生活中，很多领导者、管理者都已经习惯了使用冷酷的威胁的方式，但是，领导者不要忘了，人是感情的动物，需要情感的欢乐。也许，你的下级写的这类“通知”你并没审阅过，但是，没有倡导建立某种亲密感的文化，组织内部大小官员喜欢摆出官僚主义的面孔，无疑是你领导者的责任。

上面的故事表明，尽管都是旅游通知，却表现了两个单位不同的文化。其中一个是可憎的、僵硬的、死板的官僚主义文化，另一个则是充满人文关怀的“人性化”的文化。在组织正式化的沟通中，一些小事，往往也能表现出文化的不同。

根据沟通的基本原则，我提倡站在别人的角度，理解别人的处境和感情。如果缺乏理解，缺乏感情，缺乏同情心，即使是好心好意地去劝说，也显得高高在上，不疼不痒，说不定只能是隔靴搔痒，越搔越痒。在此，请看下面的故事：

苏联商品奇缺，不少东西需要排长队才能买到。有个穷人为了招待他来访的外国友人，正兴致勃勃地卖力地打扫着自己的房子。正当他很认真地扫地的时候，一不小心，“啪”的一声，竟然将唯一的一柄扫把给弄断了。苏联人愣了一秒钟，马上反应过来，登时跌坐在地上号啕大哭。

这时，他的几个外国朋友正好赶到。看到苏联人望着断掉的扫把痛哭不已，都热心地安慰他。经济强盛的日本人说：“唉，你看，一柄扫把又值不了多少钱，再去买一把不就行了，你又何必哭得这么伤心呢?”

知法守法的美国人说：“我建议你到法院去控告制造这柄劣质扫把的厂商，请求赔偿，反正官司打输了，也不用你付钱啊！”

浪漫成性的法国人说：“你竟然能把这柄扫把给弄断，这么强的臂力，我羡慕都还来不及呢，你又有什么好哭的啊?”

实事求是的德国人说：“不用担心，大家一起研究研究。一定有什么东西可以将扫把粘得像新的一样好用，我们一定可以找到办法的！”

最后，可怜的苏联人哭着说：“你们所说的这些，都不是我哭的原

因：真正的原因是，我明天非得去排队，才可以买到一柄新的扫把，那我就不能搭你们的便车一起出去玩了，呜……呜……呜……"

俗话说得好：穿别人的鞋，才知痛在哪里。置于别人的处境，方知别人的不平。不能设身处地、换位思考，就无法理解别人的情感。不能理解别人的情感，就不能尊重别人的想法。因此，领导者与下属沟通，要注意从下属的角度思考问题。

人与人之间的同理心，是人际沟通双方建立共识的中介、触媒剂和心理纽带，也是最容易被忽略的关键因素。故事显示，缺乏同理心的人际互动，将会产生多么荒谬可笑的后果。每个人都有自己既定的立场，这种立场又跟他们所处的环境紧密相关，因而每个人都是不同的，甚至都有着他坚执的一面。

因此，我们在与他人沟通之前，就要试着先将自己的想法放下来，真正设身处地站在对方的立场，仔细地为别人想一想。如果能够这样与他人沟通，你将会发现，说服别人竟会变得出人意料的容易。

或许你会说，这样的道理谁不知道，有什么新鲜的，不就是"将心比心"吗？不错，许多简单有效的成功法则，包括沟通时利用同理心的方法，一直就在我们身边存在着，只不过我们从来没有真正重视它，更没有尝试把它做到最好。

领导者在与下属沟通时，如果抱有成见，就无法体谅下属的心情和难处。因此，我们提倡人与人之间相互都要怀有正常的、健康的情感，当然包括领导者。

如果对人对事抱有成见，就不可能有健康的情感。南非白人政府曾经实行"种族隔离"政策，不允许黑人进入白人专用的公共场所。白人也不喜欢与黑人来往，认为他们是低贱的种族，唯恐避之不及。请看下面的故事：

有一天，有个长发的白人小姐在沙滩上晒日光浴。由于过度疲劳，她睡着了。当她醒来时，太阳已经下山。她觉得肚子饿，便走进沙滩附近的一家餐馆。

她推门而入，选了张靠窗的椅子坐下，但是，她坐了 15 分钟，都没有侍者前来招待她。她看着那些招待员都忙着侍候比她来得更迟的顾客，对她却不屑一顾，顿时怒气满腔，就想走上前去责问那些招待员。

正当她站起来想向前走时，忽然看到旁边有一面大镜子。当然，她也看到了镜子中的自己，顿时泪流满面。原来，她已被太阳晒黑了。

此时，她才真正体会到黑人被白人歧视的滋味！

故事中的白人小姐也许从此能够明白了一个道理：人类生来就应该是平等的，不分肤色，不分种族。无论做什么事，都要设身处地地去为他人着想。中庸之道的“恕道”强调“己所不欲，勿施于人”，反对将自己的观点强加于人。领导者与下属沟通，也要注意不要把自己的观点强加于下属。试想，如果你不喜欢你的上级粗暴地对待你，那么，你的部下就喜欢你粗暴地对待他们吗？

平等待人，尊重他人，真诚待人，倾注情感，是领导与下属有效沟通的基本法则。任何人都会因为得到尊重、理解、同情、关怀而感动，任何人都应该得到尊重、理解、同情、关怀，任何人都应尊重、理解、同情、关怀别人，即使你是领导或者什么别的大人物，也不能冷漠待人，哪怕他们只是一个清洁工。请看下面一个故事：

我是一名清洁工，只要顾客不挑剔，就已经深感幸运了。要是能得到尊重，更是一件让人感到幸福的事。有一次，我去好莱坞一个演员家里做临时清洁。女主人在给我布置完工作后，突然问我：“我现在是否可以吸一支烟？”

我吃了一惊，诚惶诚恐地说道：“这是你的家呀，为什么还要问我？”

她接着说：“吸烟会妨碍你，当然应该得到你的允许。”

我赶忙说：“你以后不用问，尽管吸好啦！”她这才拿起烟。

我不得不承认，在那一刻，我非常高兴，也非常感动，因为作为普通的清洁工，我得到了尊重，即使是在别人家里，我也是和主人一样平等。

从那以后，不论在哪里，我都用心地工作，因为我感受到了我劳动的价值。

由此可见，诚恳，尊重，真心真意，倾注情感，是深度沟通的重要条件。

领导者应该本着尊重的态度，投入情感与下属沟通，并用沟通实现激励价值。因为尊重 = 尊 + 重。领导者只有把“尊”送给对方，自己的话语才会“重”。领导者只有倾注情感进行沟通，才能更加获得下属的认同，从而更易于达到自己的目的。

第八节　意义明确　实用至上

沟通的一个基本要求是清楚明了，易于理解。这就涉及两个方面的问题，其一是语言表达要准确无误，确保不至于产生歧义；其二是信息接收者要有较高的信息识别、判读能力，确保不至于出现理解偏差，导致反馈错位。

从沟通的理论和方法来看，沟通似乎并不难。然而，人类的弊病往往表现在两方面，其一是把复杂的问题简单化；其二是把简单的问题复杂化。前者表现为把深层沟通变成浅层沟通，即把本该细致深刻的沟通变得粗疏简单，官僚主义者一般都是这样。后者是把一般沟通变成深层沟通，以至画蛇添足，导致沟通失败。

这里，我们先看看一个把简单沟通搞得复杂的例子。

有个人在家里请客，看着约定的时间已经过了，还有一大半的客人没来。主人心里很焦急，便说："怎么搞的，该来的客人还不来?"有些敏感的客人听了这话，心想："该来的没来，那我们是不该来的人啦?"于是，他们悄悄地走了。主人一看又走掉好几位客人，越发着急了，便说："怎么这些不该走的客人，反倒走了呢?"剩下的客人一听，心想："走了的是不该走的，那我们这些没走的倒是该走的了!"于是找个借口也走了。最后只剩下一个跟主人非常亲近的朋友，看到这种尴尬的场面，就劝他说："你说话前应该先考虑一下，否则，说错了，就不容易收回来了。"主人大叫冤枉，急忙解释说："我并不是叫他们走啊!"朋友听了大为恼火，说道："你不是叫他们走，那就是叫我走了。"说完，他也气呼呼地离开了。

领导者应该充分认识到准确表达的重要性。在沟通过程中，如果表达不当，就等于信息描述不清晰，就容易产生歧义、误解，从而造成沟通障碍。领导者在与下属沟通时，要准确地表达自己的意见，有时甚至还需要作点补充说明。

现在，请你读一读下面的寓言，看看信息描述不清晰的后果吧!

猫到林中捕鸟，碰到一只老鹰。老鹰问它："亲爱的大哥，你到哪儿去呀?""我去林子里捕鸟。"猫答道。"啊，猫大哥，千万别伤害我的孩子。”老鹰诚恳地请求道。猫问道：“你的孩子长得什么样，这你可得让我知道呀。”“我的孩子呀，长得最漂亮。”老鹰说。“知道啦。”猫认真地答道。老鹰听猫这么说，才放心地飞走了。

猫在矮树丛中找来找去，鸟巢里尽是一些美丽的小鸟，猫担心是老鹰的孩子而没有抓它们。最后，猫发现了一群长得非常难看的小鸟，就放心地饱餐了一顿。猫在回家的路上，又碰到老鹰。猫说：“你放心吧，我吃的是最丑的鸟。”老鹰到树林一看，它的“漂亮”孩子一个都不见了，窝里还有猫的几根胡须。

由此可见，由于人们信息意义识别的不对等，领导者在沟通时应该清楚地描述客观事实或事物的客观特征，不能用模糊的标准界定事物，以免引起听者的误解。领导者发布命令，作出指示，都应该力求准确和易于辨别，不能使表述主观化，以免传递错误信息。否则，就容易引起信息接受者的误解，极不利于执行力的提高。

以下是课堂上的一段连环问答，请您看过之后体会一下您有什么感受：

某日，老师在课堂上想看看一个学生的智商如何，就问他：“树上有10只鸟，开枪打死一只，还剩几只?”

学生反问道：“是无声手枪吗?”

“不是。”

“枪声有多大?”

“80～100分贝。”

“那就是说会震得耳朵疼?”

“是的。”

“在这个城市里打鸟犯不犯法?”

“不犯。”

“您确定那只鸟真的被打死了?”

“确定，”老师已经不耐烦了，“拜托，你告诉我还剩几只就行了，OK?”

“OK，树上的那些鸟有没有聋子?”

“没有。”

“有没有关在笼子里的?”

“没有。”

“边上还有没有其他的树，树上还有没有其他鸟?”

“没有。”

“有没有残疾的或饿得飞不动的鸟?”

“没有。”

“打鸟人的眼有没有花?保证是10只?”

“没有花，就10只。”

老师已经满头是汗，而且下课铃也响了，但学生还在问:“有没有傻到不怕死的?”

“都怕死。”

“会不会一枪打死2只?”

“不会。”

“所有的鸟都可以自由活动吗?”

“完全可以。”

“如果您的回答没有骗人，”学生满怀信心地说，“打死的鸟要是挂在树上没掉下来，那么就剩一只;如果掉下来了，那就一只不剩。”

老师当即晕倒了，立即被几个学生送进了医院。

看起来，这段问答中学生的发问实在多余。实际上，他所提的每一个问题，都是得到正确答案需要排除的疑问。不管其中哪一步存有疑问，都不足以得出答案。因此，这段把老师折腾进医院的对话，向我们清楚地描述了澄清某些信息的全部过程。如此家喻户晓的“打鸟”的问题，竟然被这个学生找出那么多疑问，这是我们平常疏于思考的。我们有时候回答问题，并没有在脑海中清楚地呈现推出结论所需要的所有步骤，因为人类的思维具有跳跃性，有时不用全部过滤每一个步骤。不过，我们思维中确实包含了这些步骤。这场课堂问答启发我们:表达应该力求做到清楚、准确。

有时候，对于比较熟悉的人来说，沟通可以变得非常简单。雨果写完一本新书，将书稿投寄给一位出版商。稿子寄出很长一段时间仍没有回音，雨果就在纸上画了一个很大的“?”，寄给了出版商。出版商回信时，也是一个字没写，只画了一个“!”。雨果知道有希望了。果然，他的《悲惨世界》不久就出版了，并且大获成功。

领导者在与部下沟通的过程中，要善于用巧妙的沟通方式和简洁的沟通语言达到沟通目的。其原则是只要对方能够理解，力求简单，切勿人为地把沟通复杂化。

人生在世，任何事都应把握尺度与分寸。《唐诗纪事》记载了一个写诗适可而止却金榜得中的故事，令人感到作诗也需要讲究中庸之道。据说，考官出了一道诗歌题，叫《终南望余雪》。按照当时规定的格式，应该写成六韵十二句，才算符合要求。考生祖咏觉得没那么多话要说，并没有按照规定写，他只写了两韵四句：

终南阴岭秀，积雪浮云端。林表明霁色，城中增暮寒。

考官问他为什么不按规定写全十二句。祖咏说："要写的意思都写完了。"

考官深明"意尽而止"的美学意蕴和适可而止的中庸之道，没有硬性地按照规定判卷，最终才没有埋没人才。就这样，祖咏中了进士。

清代有一位名士，曾经写了一篇褒扬其母"不避秽亵，躬亲熏濯"为其祖父除污洁身的孝行文章。可是，后来他又节外生枝说他祖父"于时蹙然不安"，他的母亲乃肃然对曰："妇年五十，今事八十老翁，何嫌何疑!"

请看，名士添此一笔，本想为其母凑上几句"闪光"的语言，哪知妄加雕饰，反而却徒增"此地无银三百两"之嫌，此乃因文害义。有时候，人们为了力求说得更明白，反而会弄出一些漏洞和疑问。这是沟通中经常发生的现象。请看：

某地着火了，当事人立即拨通了消防队的电话。

消防队员问："哪里着火了?"

报警人说："我家。"

消防队员说："我是问在什么地方?"

报警人说："在厨房。"

消防队又问道："我是说我们怎么去?"

报警人说道："你们不是有消防车吗?"

上面这段火灾报警和接警的沟通对话，读者看着会不会也感到着急呢?

故事中接警人的问题和报警人的回答，显然都不够明确，致使问题就像是推磨一样转来转去。可见，有效的沟通既需要倾听技巧，也需要表达技巧。因此，领导者发布命令，解释政策，都应该明确无误，才有利于下级的执行。

有时候，信息传输与识别错位，很容易导致反馈错位。有一个人驾驶着热气球升上了天空，忽然间意识到自己迷失了方向。他只得降低高度。看到地面上有位正在散步的女士。他冲着她喊道："对不起，你能帮帮我吗?我约了个朋友在第五大道见面，可我不知道自己现在在哪儿。"女士说："你正在一个离地面30英尺高的热气球里，位于北纬40°~41°，西经59°~60°之间。"

“你一定是个技术工作者。”那男人说。“是的，”女士说，“你怎么知道的？”“嗯，你所告诉我的话，从技术上来说是完全正确的。可是，我不知道如何利用你给我的这些信息。坦白地说，你根本没有帮到我。就算你真的做了什么的话，也只是耽误了我的时间。”

对于这个例子，多数评论者认为，那位女士的回答显然属于反馈错位。这话我也赞同。问题是，那个驾驶热气球的男士的问话也有问题——他本来想问热气球对应的地面处于什么位置，但是，他的问话却是“我不知道自己现在在哪儿”。这样，那位女士理解为——或者故意说成是热气球在空中的位置（离地面30英尺高），也不算什么错误。然而，她忘记了男士也说了“第五大道”，并且显然没有把这些信息联系起来加以理解，反而说出了热气球在地球的位置（北纬40°～41°，西经59°～60°之间），这就是反馈错位的问题了。

试想，如果领导者这样与下级沟通，能不能有什么实用价值呢？这就要求领导者不断地自我学习，反复钻研，提高文字水平，本着实用至上的原则，力求做到表达简练，意义明确，容易理解，充分发挥自己的教练才能。

第九节　诲人有道　教人有方

领导者与下属工作、相处，其中一个重要的职能就是培养人才。因此，领导者在与部下沟通的过程中，时刻都应注意体现育人价值，包括注意提高下属的思想境界和工作能力。学习型组织理论强调，领导者要成为下属的教练，正是着眼于这一点。

清朝著名学者李西沤说：“批评人的过错不要过于严厉，要考虑到他能否接受；教育人从善，要求不能过高，要使他能够做到。称赞人的善，应当根据他的事迹，不应该苛求他的心；攻击人的过失，应当原谅他的心，不应当拘泥于他的劣迹。”

不难看出，李西沤强调了一种留有余地的方法。这要求领导者客观公正地对待部下，因人而异，因材施教，既不要苛责于人，也不要急于求成。

然而，与留有余地的方法并存的，还有一种高标准、严要求的培养方法，我们也应该承认其合理性。松下幸之助就曾利用这种严酷的方法，培养了不少干才。

领导在与部下沟通的过程中，的确需要担当教练，以便向下属“传道、授业、解惑”。当部下需要指导时，领导者要善于把握对方的心态，并通过一系列方向性的问题，帮助下属澄清事物的真相，让他们自己找出问题的症结所在。请看：

有个年轻人正逢服兵役的年龄，被召入最艰苦的海军陆战队。他整日忧心忡忡，几乎到了茶不思、饭不想的地步。他那睿智的祖父看到自己的孙子这副模样，就想好好开导他。老祖父说：“孩子啊，参加海军陆战队，没什么好担心的。到了部队后，你还有两个机会，一个是内勤职务，另一个是外勤职务。如果你被分派到内勤单位，也就没什么好担心的了！”

年轻人问道：“那，若是被分派到外勤单位呢?”

老祖父说：“那还有两个机会，一个是留在后方，另一个是被派到最前线。如果你留在后方单位，也是很轻松的！”

年轻人又问：“若是分派到最前线呢?”

老祖父说：“那还是有两个机会，一个是当卫兵，平安退伍；另一个是会遇上意外事故。如果你能平安退伍，又有什么好怕的呢?”

年轻人问：“若是遇上意外事故呢?”

老祖父说：“那还是有两个机会，一个是受轻伤，被送回家；另一个是受了重伤，可能不治。如果你受了轻伤，送回家来，也不用担心呀！”

年轻人最恐惧的事来了，他颤声问：“那……若是遇上后者呢?”

老祖父大声笑道：“若是遇上那种情况，那时你人都死了，还有什么好担心的? 倒是我要担心，那种白发人送黑发人的痛苦场面，可不是好玩的喔！”

故事中睿智的老人成功地通过一系列符合情理、环环相扣的解释，引导年轻人理清了自己所面临的处境，从而调整好自己的心态，从容地面对军旅生活！

领导者在与下属沟通时，更应该注意体现教练的职能，帮助下属解决思想认识问题，还要注意引导下属分析、研究工作中的问题，促使下属承担更多的责任。领导者若要扮演好教练角色，就必须不断提高自己的沟通能力。请看：

中国著名教育家陶行知曾在育才小学当校长。有一天，他在校园里看到男生代小强用泥块砸同学，当即制止了他，并令他放学后到校长办

公室去。

放学后，陶行知来到校长办公室，代小强已经等在门口准备挨训了。

可是一见面，陶行知却掏出一块糖送给他，并说："这是奖给你的，因为你按时来到这里，我却迟到了。"

代小强惊疑地接过糖。陶行知又掏出一块糖放到他手里，说："这块糖也是奖给你的，因为当我不让你再打人时，你立即就住手了，说明你很尊重我，我应该奖励你。"代小强更惊疑了，眼睛睁得大大的。

陶行知又掏出第三块糖塞到代小强手里，说："我调查过了，你用泥块砸那些男生，是因为他们不遵守游戏规则，欺负女生；你砸他们，说明你很正直善良，具有跟坏人做斗争的勇气，应该奖励你啊！"

代小强感动极了，他流着眼泪后悔地说道："校长，你打我两下吧！我错了。我砸的不是坏人，而是自己的同学呀！"

陶行知笑了，掏出第四块糖，说："为了你正确地认识了错误，我再奖给你一块糖，可惜我只有这一块糖了。我的糖发完了，我看我们的谈话也该结束了吧！"

领导者对待犯了错误的下属，如果一味批评训斥，反而会使他们产生抵触的情绪，无助于他们认识和改正自己的错误。领导者应该是一个好教师、好教练，有办法帮助下属完善自我。如果能用奖励的方式教导下属主动面对错误，那自然是最好不过的。至少，也应该用公允的态度，适当肯定部下可以赞扬的某些表现。

领导者教导下级，沟通方式多种多样，没有必要非用语言。如果能够因时因地因情因势利用合适的行动加以暗示，让部下自己琢磨，效果更好。请看：

有个将军正在视察麾下军队的射击训练，当他看到士兵们射击训练的状况后，摇了摇头。这时，大家纷纷要求将军作一下示范，将军欣然应允。

将军的第一枪清脆有力，报靶士兵高声喊道："八环！"

整个靶场的空气瞬间似乎都紧缩了一下，只有将军本人不露声色。毕竟将军年事已高，偶尔一靶失常也是可以理解的，于是人们依旧屏息等着下一枪。谁想，后几枪并没有改善，最好的也就八环，甚至还有几枪几乎都快脱靶了！

现场的官兵在惊异的同时开始骚动起来，有人开始低声说些风凉话。

将军却一言不发。就在这时，一名眼尖的士兵突然失声叫道："看呐！将军的靶眼连起来，不正是一个标准的正五角星吗?"

良久，整个靶场暴发出了经久不息的掌声。

故事中的将军到下面视察，又是当着众多士兵，即使可以强调各种要求，也不宜用批评的口吻讲话。现场示范，确实不失为一种好办法。如果将军枪法好，那就等于暗示大家还有很大的差距，需要继续刻苦练兵，提高本领。

将军并没有打十环，而是愿意打哪儿就打哪儿，最后打出一个正五角星。这绝对是比打十环更为高明的枪法——将军就这样行使了他的不言之教！

下面的故事告诉我们，领导者完全可以不用批评的方式，就能改变一个人。

安德鲁和卡洛斯是一对很要好的朋友。有一天，安德鲁很气愤地对卡洛斯说："我现在要离开这里，我恨这个公司！"

卡洛斯建议道："我举双手赞成你的抱负！对这种破公司就是要给它点颜色看看。不过，你现在离开还不是最好的时机……"

安德鲁奇怪地问："为什么?"

卡洛斯说："如果你现在走，公司的损失并不大。但是，如果你趁着现在拼命去为自己拉一些客户，成为公司独当一面的人物，然后再带着这些客户突然离开公司，公司就会遭受重大损失，你也报仇成功了！"

安德鲁觉得卡洛斯说得非常在理，于是努力工作。事如所愿，半年多以后，安德鲁果然有了许多忠实的客户。

两人再见面时，卡洛斯问安德鲁："现在是时机了，赶快行动吧！"

安德鲁却淡然笑道："老总跟我进行了长谈，准备升我做总经理助理，我暂时还没有要离开的打算。"

卡洛斯高兴地笑了，因为这正是他的初衷。

这个故事说明，领导者在沟通中教育、改变部下，未必非要用直接的方式和批评的方式。如果能站在部下的角度进行沟通，就能取得较好的效果。当然，这样的沟通可能显得不够正规、经典，但是，如果能够让部下在自我改变的过程中提高认识，当然也没有什么不好。事实上，没有什么教导比自我教育更好的了。

我曾说过，佛家的教导方法非常高明，领导者不妨借鉴一下。

高僧一心大师刚剃度时，是在法门寺修行的。法门寺是个名寺，每

天晨钟暮鼓，香客如流。一心大师想静下心神，潜心修身，但是法门寺法事应酬太多，自己虽然青灯黄卷苦苦习经多年，但若谈经论道，自己远不如寺里的许多僧人。有人劝一心说："法门寺是个名满天下的名寺，水深龙多，集纳了天下许多名僧。你若想在僧侣中出人头地，不如到一些偏僻小寺阅经读卷。这样，你的才华很快就会光芒尽露。"

一心自忖良久，觉得这话很对，决意辞别师父，离开、高僧济济的法门寺，寻一个偏僻冷落的深山小寺去。他打点了经卷、包裹，向方丈辞行。

方丈明白一心的意图后，问他："烛火和太阳哪个更亮些?"

一心说："当然是太阳了。"

方丈说："你愿做烛火还是太阳呢?"

一心不假思索地说："我当然愿意做太阳!"

方丈微微一笑："我们到寺后的林子走走吧。"

法门寺后是一片郁郁葱葱的松林。方丈将一心带到不远处的一个山头上，这座山头上树木稀疏，只有一些灌木和零星的三两棵松树，方丈指着其中最高大的一棵说："这棵树是这里最大最高的，可它能做什么呢?"

一心围着那树看了看，这棵松树乱枝纵横，树干又短，而且歪七扭八，便说："它只能做煮粥的劈柴。"方丈又信步带一心走到一片郁郁葱葱密密匝匝的林子中，林子遮天蔽日，棵棵松树秀颀、挺拔。

方丈问道："为什么这里的松树每一棵都这么修长、挺直呢?"

一心说："都是为了争着承接天上的阳光吧。"

方丈郑重地说："这些树就像芸芸众生，它们长在一起，就是一个群体，为了一缕的阳光，为了一滴的雨露，它们都奋力向上生长。因此，它们棵棵都可能成为栋梁。而那远离群体零零星星的三两棵树，一团一团的阳光是它们的，许许多多的雨露是它们的，在灌木中它们鹤立鸡群。没有树和它们竞争，所以，它们就成了薪柴啊。"

一心听了，思索了一会儿，惭愧地对方丈说道："法门寺就是这一片莽莽苍苍的大林子，而山野小寺就是那棵远离树林的树了。方丈，我不会再离开法门寺了!"

从此，在法门寺这片森林里，一心苦心潜修，终于成为一代名僧。

是啊，一个立志成才的人是不能远离社会和大众的。就像一棵大树不能远离森林一样。树木一旦远离森林，没有了竞争与限制，不仅长不大，而且长不直。因此，有志者不要害怕竞争，因为竞争只会埋没那些庸庸碌碌的人，却会促进有志者的发展。再说，与其轻松地做一个矮人国里的大汉，何不做一个大汉国里的高人?

方丈不愧是一个教人有方、诲人有道的高手，他利用树的不同现身说法，开导一心和尚，使他明白了只有竞争和限制才能激活生命和成长的道理。

领导用人沟通的重要特色，即领导者在与部下沟通时要体现教育、培养职能，因此，领导者不妨也像方丈那样运用沟通艺术，疏通下属的思想困惑。请看：

> 美国曾做过一个关于成功的社会调查。调查对象是50名公认的成功人士和50名在押犯。调查内容之一是：记忆里对自己影响最大的一件事是什么?
>
> 调查者惊讶地发现：一名进入白宫的成功人士和一名重罪犯所填的答案，竟然是同一件事：小时候妈妈分苹果!
>
> 那名重犯回忆说，小时候，妈妈端着一盘苹果走进来，他一眼就看见所有苹果中最上面的那个最大最红。他特别想要，但是没敢说出口。
>
> 弟弟却抢先叫起来："我要最上面那个!"
>
> 妈妈弯下腰对弟弟说："做人应该谦虚一点……"
>
> 他赶紧说："那我要最小的那个。"
>
> 妈妈马上对弟弟说："你看哥哥多好啊，什么都不跟你争，你应该向他学习!"
>
> 接着，妈妈就把那个大苹果奖给了他。
>
> 这时，他开始明白："原来说谎能够带来利益!"
>
> 那名白宫人员回忆道，小时候，妈妈端着一盘苹果走进来，他们几个兄弟姐妹都伸着手嚷嚷着要上面最大最红的那个苹果。妈妈对他们说："你们都想要最大的，可最大的只有一个。这样吧，你们看咱家院里有一块草坪，我把它分成三块，你们一人一块，谁把草坪修剪得最快最好，我就把这个最大的苹果奖给他!"
>
> 那次他得了第一，也得到了那个最大最红的苹果。
>
> 从此，他意识到："原来勤奋就能换来利益!"

故事中的两个妈妈，两种不同的沟通方法和语言表达，造成了两种截然不同的结果：一个成才，一个犯罪。同样都是给孩子分苹果，一个使孩子认

识到“原来说谎能够带来利益”——利益比利益的来由更重要，于是不择手段，最后为了利益而犯罪。相反，另一个妈妈则让孩子明白了“原来勤奋就能换来利益”——利益的来由比利益更重要。因此，他用正当的手段去获取利益，终于成了名人。

为社会培养德才兼备的人才，是领导者不可忽视的责任。领导者为人处世如何，领导者如何教育部下，对部下的成长具有重要的影响。首先，领导者自身就要按照德才兼备的标准塑造自我。其次，领导者在与部下沟通时，一定要切实有效地对下属的心灵施加积极的影响，特别是不能无意之中鼓励下属的虚伪。故事中的那个母亲确实也是认认真真教育孩子，没有想到却误导了孩子。因此，领导者在沟通中培养人才，切莫自以为是在做文化宣导，却在客观上教唆了伪善与欺骗。

第十节 小中见大 爱惜形象

有人说，领导者与下级沟通，需要巧用放大镜与望远镜；领导者要用放大镜看自己，用望远镜看部下。然而，我倒提倡同时用两个镜子看自己和看部下。如果只用放大镜看自己，看得一无是处，心里压力就会增加，说不定就会扭曲领导行为。如果只用望远镜看自己，看得金光闪闪，说不定就会不可一世。唯有用两个镜子看自己，才能综合得出结论。不过，看自己时，尽量多用放大镜，少用望远镜。

说到用望远镜看部下，当然容易发现长处。然而，如果只用望远镜而不用放大镜看部下，就容易忽视缺点，无法有针对性地进行培养。其实，任何人的优点缺点本就存在，至于想看什么，取决于人的态度、胸襟、志向和水平，而不取决于镜子。不过，多用放大镜看自己，注重自身形象建设，对于任何有志者来说，都是十分必要的。

如果领导者永远拿着放大镜，硬是要把下属看个原形毕露，很可能就会使自己无法相信他人。当我们用望远镜观看远处的青山时，扑面而来的却是如画的风景，迷人的山色，令人心旷神怡。如果领导者时常拿着望远镜看看部下，就能欣赏到他们美好的一面，自己也能够心情愉快。如果领导者经常用放大镜对准自己，就能觉察自己的不足，能虚心地请教他人。

领导者严于律己，要用放大镜；宽以待人，要用望远镜。在与下属沟通时，领导者应该用放大镜，还是用望远镜？哪一种更受人欢迎？自然不难得出结论。

我赞成同时使用放大镜和望远镜，我也赞成领导者对自己多用放大镜。多用放大镜照照自己的缺点，时刻引起警觉，时刻防微杜渐，有助于修炼自身的美德，塑造良好的领导形象。如果领导者在与部下沟通能够注意自身形象，不仅有利于自身作风建设，还有利于部下的健康成长。如果领导者在人际交往中不注意自身的涵养和形象，控制不住优越意识，就很容易令人反感，自污形象。

萧伯纳在莫斯科街头散步时，碰到一个可爱的小女孩正在独自玩游戏。他童心大发，便和小女孩一块兴高采烈地玩起来。分手时，萧伯纳得意地对小女孩说："回去告诉你妈妈，今天和你玩游戏的是世界上大名鼎鼎的萧伯纳。"小女孩看了萧伯纳一眼，学着他的口吻，毫不示弱地说："你也回去告诉你妈妈，今天和你玩游戏的是可爱的小女孩安妮。"萧伯纳呆住了，立刻意识到自己太傲慢了。他后来曾对朋友说："一个人不论有多大的成就，对任何人都应该平等相待，并常常保持谦虚的态度。这个俄国小女孩给我的教训，我一辈子也忘不了啊！"

由此可见，领导者在与下属沟通时，应该端正角色认知，把握角色定位；应该平等待人，礼貌待人，诚实待人，不要有高人一等的意识，更不要高高在上，刚愎自用。否则，下级就不能尽畅其言，沟通也就达不到目的。

领导者在组织中扮演着多种角色，每一种角色都适应于特定的情境，因而应该基于不同的情境和事件，适时适当地进行角色转换。1979 年，撒切尔夫人当选为英国历史上第一位女首相。虽然贵为首相，她仍把自己看成女王的臣民，十分尊敬女王。她向女王行屈膝礼时，蹲得几乎比谁都低；在与女王例行的周二会面时，她总是提前 15 分钟赶到，确保自己不会迟到。作为英国领导人，撒切尔夫人对下属体贴有加。她深夜要会见客人，司机很晚不能回家，她总是会送给司机一束鲜花，并附有一张写有道歉话语的卡片，让他带回家送给妻子。作为母亲和妻子，撒切尔夫人总是设法挤出时间和孩子一起玩，并亲自下厨招待丈夫的生意伙伴。她每天早起为家人做早餐，即使晚上睡得很少，她依然如此。面对女王，她知道自己是臣民；面对下属，她知道自己要做一个合格的领导；面对家人，她也没有忘记自己应该成为一个贤妻良母。

撒切尔夫人的做法，显示了领导者角色认知的重要性。撒切尔夫人在不同的情况下，都能明了自己所要扮演的角色。正是这种较强的角色认知能力，

帮助她很好地处理了各方面的关系，也帮助她树立了良好的形象，使她事业顺利、家庭和睦。

看来，无论是政府官员，还是企业领导，都需要提升自己的角色认知能力，以便在沟通过程中体现出角色要求和形象特质，更好地协调人际，培养人才。

领导者在与下属沟通时，还要注意发挥幽默才能，充分显示宽容的形象。在美国空军俱乐部为空战英雄举行的宴会上，一个年轻的士兵不慎把酒洒在了将军的秃头上。顿时，士兵悚然，全场寂静。那位将军轻轻拍了拍士兵的肩头，说："老弟，你以为这种治疗方法管用吗?"话音刚落，全场立即爆发出了欢乐的笑声。

由此可见，领导者在与下属沟通时，要注意展示富于人情味和大度的形象。特别是对于不慎犯错的下属，领导者更应善于运用幽默的语言，表示自己的善意和理解，帮助下属解除尴尬，减轻心理压力，以便让他们放下包袱，轻装上阵。

在沟通过程中，领导者一旦发生角色认知错位，就有可能伤害部下或其他人。通常是因为领导者把自己看得太高，太重，甚至是太伟大，以致言谈话语流露出强烈的优越感。这不仅有损于领导者的形象，而且也容易伤害他人的自尊，造成沟通的情感障碍。为了深刻理解这一点，我们不妨看看下面的寓言：

> 因为生态恶化，如今的动物也和人类一样喜欢开会。在老虎、熊、狮子等八个动物王国共同参加的研讨会上，熊国王提出的"八国战略合作构想"获得一致赞同。会议结束后，熊国王对他的翻译说："小棕熊，你也将被载入史册了。"
>
> 小棕熊不解其意，迷茫地望着他。熊国王进一步说："你不是我的翻译吗?"
>
> 他的意思是说小棕熊可以沾他的光而扬名于动物世界。
>
> 小棕熊自尊心很强，他不愿意接受这个子虚乌有的"恩惠"，但他又不敢直接反驳自己的上司，于是反问道："请问虎国王的翻译是谁?"
>
> 熊国王答不上来，但他并没有怪罪小棕熊，反而拍手喝彩："问得好!"

领导者无意中的自高自大，往往会伤害下级的感情。寓言中的"熊国王"说自己的翻译"小棕熊"可以"借光"而"名垂史册"，"熊"翻译不仅不高兴，反而觉得受了伤害。它反问“熊国王”“虎国王的翻译是谁”？意在说明比“熊国王”更厉害的“虎国王”的翻译都无人知晓，“熊国王”的翻译不是更加名不见经传吗？好在“熊国王”只是一时失言，马上就恢复了正常。这说明，领导者一旦发现自己失言或失策，就应该痛痛快快地予以改正。

沟通中的机智幽默，是人们最称职的形象化妆大师，领导者也应该善用幽默。

1972 年，美国总统访问某个国家。在该国首都机场，飞机正准备起飞，一个引擎却突然失灵。前往机场送行的该国总统十分着急、恼火。因为在外国政要——特别是世界头号大国美国总统面前竟然出现这种事情，那是很丢面子的事。

怎么办呢？该国总统灵机一动，指着站在一旁的民航局长，问美国总统：“总统先生，您看我应该怎么处分他呢？”

“给他升职吧，”美国总统轻松地回答，“因为在地面发生故障，总要比在空中发生故障要好得多。”美国总统此言一出，大家都高兴笑了。

故事中东道国总统面对机场出现的尴尬，没有对属下大发雷霆，而是把难题抛给了美国总统，处理得甚为机智、得体。美国总统面对主人抛过来的难题，如果说处分民航局长，就会显得太没有风度，而且还有干涉他国事务的嫌疑；如果说不处分他，那就需要找出一个理由。美国总统巧妙地找出了这个事故背后积极的一面，解除了对方的尴尬，也显示了自己的幽默、机智。

由此可见，领导者应该善于解决反馈时遇到的难题，并且借此展示自己豁达、幽默的形象，既解除别人的尴尬，又能给大家带来欢乐。为此，领导者既要提高创新思维能力，又要提高幽默才能。

领导者借助沟通塑造良好的形象，看起来似乎没有多大必要，实际上，良好的领导形象隐含着强大的领导力。如果领导者的形象能被下属衷心接受，那么，他的命令就能不折不扣地得到执行，其领导力当然就会增强。如果领导者的形象不为下属所接受，他的命令就不可能得到很好地贯彻执行。领导者不改忽视这个问题。

下面的例子可告诉我们，领导者于沟通中塑造形象，还有更高的技巧。

古时，洛阳某人因与他人结怨，多次央求当地有名望的人出面调停，对方就是不同意。他找到当时著名的大侠郭解，请他来化解这段恩怨。郭解接受了请求，亲自上门拜访委托人的对手。他做了大量的说服工作，好不容易才使那人同意和解。

按照常理，郭解此时不负所托，完成了这一化解恩怨的任务，本来就可以走人了。可是，郭解还有高人一筹的办法。郭解对那人说："你们两家这个事，我听说过去有许多当地有名望的人调解过，但因不能得到你们双方的认可而作罢。这次我很幸运，你也很给我面子，让我帮你们了结了这件事。我在感谢你的同时，也在为自己担心。因为我毕竟是外乡人。在本地人不能给你们说和的情况下，若由我这个外地人来完成和解，未免使本地那些有名望的人感到丢面子。"

他接着说："这件事我想这么办，请你再帮我一次，从表面上要让人们以为我出面也解决不了问题。等我明天离开此地，本地几位绅士、侠客还会上门，你把面子给他们，算作他们完成了这一善举吧，拜托了。"

真是棒极了——郭解不仅是一个功夫大侠，还是一个富于谋略的大侠！

对于这个故事，有的评论者竟然这样评论道："人都爱面了，给他面子就是给他一份厚礼。有朝一日你求他办事，他自然要'给回面子'，即使他感到为难或者不情愿。这就是操作人情账户的全部精义所在。"

但是他们只说对了其中的一点点！不错，郭解善于操作人情账户，然而，他的动机不在这里。做了好事不求张扬，可以算作他有大侠之风。还有，郭解既已与对方谈妥了和解事宜，口头上又说自己不想让当地有名望的人难堪，需要让他们出面，既显示了他谦虚、厚道，又侧面提醒对方终究还要给当地有名望的人一个面子——谦虚、厚道之中又暗示着那人本来不该不给当地有名望的人一点面子。

不难看出，郭解其实也是在使用"群体压力"技巧，为他的"和解之旅"加上保险——当对方答应了当地那些有名望的人之后，他就再也不能反悔了。这样，这件事才能真正落到实处，郭解的调解才算彻底成功了。

我们可以继续设想：郭解的策略为什么能够成功呢？显然是因为这种做法对那个原本不愿和解的人有好处，即可以使他免于得罪当地那些曾经出面调解而遭到失败的名望之士，所以，他最终肯定能够接受郭解的建议。不仅如此，那人在听了郭解的话之后，一旦幡然醒悟过来，一定会非常感激郭解。等到第二天当地有名望的人来了，他肯定会十分"积极"地给他们足够的面子。由此可见，郭解是一举多得，既得到了矛盾双方和当地名望之士的感激，又能更好地树立了"大侠"的良好形象。

看来，领导首先应该乐于帮助下级，乐于为下级付出；其次，领导者帮助下属，需要使用高超的沟通技巧。因为对方乐于接受，才是最好的帮助和有效的付出。

不言而喻，领导者要在沟通中树立良好的形象，不仅需要克服沟通的诸多障碍，包括情绪激动、主观太强、说多听少、强迫接受、代人决定、信息不清、态度轻浮、情境不对、问题不解、公平不够、技巧不好、威严不足、解决不力、无心沟通等，而且还要进一步发挥自己的智慧，把沟通艺术发挥到极致。

据说，有人曾对楚国宰相孙叔敖说："我听说，做官久了的人，别人嫉妒他；俸禄多的人，百姓怨恨他；官位高的人，君主憎恨他。如今你孙相国当官这么久，俸禄这么高，却没有得罪楚国的士人和民众，这是什么原因呢?"孙叔敖说："我三次做楚国的相国，为人更加谦卑。每当俸禄增加，我的施舍就更加广泛。我的地位越高，我就越礼貌恭敬地待人。因此，我才没有得罪楚国的上上下下。"

在我看来，中国古代哲学重视关系，本质上就是关于关系的哲学。古人重视阴阳五行，却从没有研究金木水火土的分子、原子，而是执着于求索它们的关系。在过去的五千多年中，关系是中国人的重大价值追求。因此，沟通的实质是改善关系，沟通的要诀是实心、实际、实惠、实用，沟通大法是通情、通理、通心、通俗。

人际知觉定型具有顽固的心理作用，并且深受互动双方地位差别的影响，成为一种强烈的心理知觉，留存于意识深处。有的人则长期搁舍不下，甚至异常敏感。一旦潜意识深处的这种特定人际知觉被激活，将会产生巨大的心理冲击。俄国作家契诃夫《小公务员之死》中的小公务员切尔维亚科夫在剧院里看戏的时候，忍不住打了一个喷嚏，唾液溅在了坐在前排的卜里兹查洛夫将军的秃顶上。切尔维亚科夫吓坏了，连忙一再道歉，将军再三表示毫不介意。

过了一段日子，将军渐渐忘了此事，切尔维亚科夫却总是认为将军不久就会报复自己。他接二连三地去找将军解释、道歉，直到将军厌烦透顶，把他大骂一顿，赶出了家门。切尔维亚科夫更加惴惴不安，异常恐惧，没过多久就离开了人间。小公务员切尔维亚科夫就是被知觉定型所控制，因为过分恐惧而被吓死的。

虽然这个故事的寓意是在讽刺专制制度文化环境下漫延于国民中的那种可笑的奴性，但是，它也实实在在地描述了人的不良知觉定型作用的消极影响。

由于下属与领导者地位的差距，渴望被赏识的愿望过于强烈，所以，部下在面对自己的领导时，往往容易产生某种并不妥当的知觉定型。有鉴于此，领导者必须时常提醒自己：或许自己的无意之举，会令部下产生错误的知觉定型，以至于影响上下级之间的沟通；或许，自己应该在部下心中树立起更为良好的形象。

第六章

慨于赞赏　乐于表扬

为了照顾部下的感情需要，领导者应该顺应人性需要，做到慨于赞赏、赞赏有方，乐于表扬，善于表扬。显然，这是领导用人艺术之中的重要内容，是任何一个优秀的领导者都必须具备的工作作风、基本修养和基本技巧。它能使受到赞赏或表扬的人心情愉悦、情绪高昂，更加积极地投入工作；它能帮助领导者创造和谐的人际关系，而和谐的人际关系则是领导环境的重要构成要素。完全可以说，人际关系状况决定着领导环境的性质，而领导环境的性质又较大程度地制约着领导用人效率。因此，领导者充分运用赞赏、表扬艺术，也是使用人才必不可少的一环。

第一节　顺应人性　满足渴望

众所周知，人类意识深处存在着种种渴望。其中，渴望得到赏识、赞扬，是人类根深蒂固的心理需求。其原因是人类特别珍视人格和尊严，因此衍生出种种心理需求。因此，领导者对下级需要顺应人性的需要，满足人性的渴望。

看看下面的寓言，读者当能从中领悟人生的哲理。

有只蜂房里的蜂后从海米德斯山飞上夏林比斯山，把刚从蜂房里取出来的蜜献给天神。天神对蜂后的奉献很高兴，答应给它所要求的任何东西。蜂后请求天神说："请你给我一根刺，如果有人要取我的蜜，我便可以刺他。"

天神很爱人类，听了很不高兴。因为天神已经答应，不便拒绝它的请求，于是对蜂后说："你可以得到刺，但那刺留在对方的创口里，你将因为失去刺而死亡。"

这个寓言告诉我们：每个人都有保护自己的权利，如果你用有毒的“刺”去伤害别人，那你自己就会得到报应。这就要求领导者必须学会赞美。

人人都渴望被称赞，这是人所共知的事实。既然人性如此，领导者就不能不予以重视。由于领导者地位高于常人，应该说更喜欢被称赞。然而，有些领导自己喜欢被称赞，就是不爱称赞部下。就做人的学问而言，所谓设身处地和将心比心，无非是为了强调推己及人，以心换心，或者说“己所不欲，勿施于人”。明智的领导者善于赞美部下，并用各种合适的方法满足部下在面子、尊严和情感方面的内在需求，以便激发他们的工作热忱和报效意识。

《礼记·檀弓》中记载：齐国大灾荒时，富人黔敖善心大发，在道旁设了个饭摊，向过往饥民施舍食物。有个饥民踉跄走来，黔敖便大声向他吆喝起来：“喂，来吃粥呀！”那个饥民抬起头来，睁开饿得无力的双眼说：“我正是因为不吃嗟来之食，才落到这个地步的！”因为施舍的人没有诚意，他拒绝了施舍，终于不食而死。

孟子在《孟子·告子篇》中说：“一箪食，一豆羹，得之则生，弗得则死，呼尔而与之，行道之人弗受。”这个饥民宁愿饿死，也不吃带着侮辱意味而施舍给他的食物，他的精神体现了强烈的人格意识，包括尊严感、自尊、自爱等。

不可否认，人世间虽然有人忽视自己的人格，却有更多地人珍爱自己的人格。事实是，人们对于人格的珍视，已经泛化为一种极其敏感的心理意识。希望自己受到称赞，成了人们天性中的基本欲望之一。虽然这种心理可能也与虚荣有关，但是，它更与人的尊严意识有关，其积极的一面大于消极的一面。

在现实生活中，人们受人性中自尊、自爱、自强、自负、自怜意识的驱使，常常敏感而夸张地表现出自己对自我重要性的渴求。例如，乔治·华盛顿总统虽然非常谦虚，但是，他也非常喜欢人家称呼他“美国总统阁下”；哥伦布也不是一个很虚荣的人，但是，他曾经请求得到一个“海洋大将印度总督”的头衔；虽然人们都知道凯萨琳女皇很高贵，但是，你却想象不到她竟会拒绝拆阅没有写明“女皇陛下”的信件；莎士比亚希望为他的家人弄到一个纹章，以显示他的卓越贡献；麦金利夫人想尽办法迫使她那位担任美国总统的丈夫放下重要的国家大事，在床边陪伴着她，以满足她那受到重视的深切欲望。

更有甚者，为了使自己显得重要，为了得到更多的呵护，人们有时候假装生病，以便得到同情、注意和关爱，从而觉得自己是个“重要人物”。

有的孩子为了抗议父母的冷漠，为了得到父母的陪伴，故意跟父母对抗，故意把事情搞糟，故意做出让父母伤心的事情，竟是为了引起父母的关注。

在我看来，每个健全的人，都希望得到别人的重视和在意。

有些人执着一念，强烈到无以复加的程度，最后只能在梦境中体验自己渴望得到的“巅峰”感觉。正因如此，当代社会精神病患者越来越多。寻找“重要性感觉”，即寻找自己对别人极其重要的情感体验，乃是人类心理的一大特征。完全可以断言，人类的祖先中如果没有人热切追求自身重要性的意识，人类文明就无法产生。进言之，如果人类没有这种特性，就不会去竞争、去奋斗，也不会讲求道德和遵守法纪，更不会有无私奉献和勇于牺牲的人，人类文明必然会衰败下去。

总之，人们对自身的信仰，产生了自尊的需要。这是人类非常重要的特征。

正是由于追求重要人物感觉的驱使，没有受过教育，并且一贫如洗的杂货店店员林肯，用辛辛苦苦挣来的50美分，买了一些别人当破烂卖掉的法学书籍而潜心钻研。他那时还没有书架，只能把那些破书放在杂货底下的木桶中。然而，他终于成为律师、议员、总统。同样是那种要让自己显得重要的渴望，驱使昔日的穷孩子狄更斯写出了许多不朽的作品。甚至可以说，如果没有那种强烈的渴望，洛克菲勒也不会挣到那么多钱财，并且大把大把地捐钱。更有甚者，一些罪犯也以争当天下第一恶人为目标。虽然他们极其邪恶，但是，他们无疑也是在追求一种“重要性感觉”！

韩国某大型公司的一个清洁工，本来是一个最被人忽视、最被人看不起的角色，就是这样一个人，却在一天晚上公司保险箱被窃时，与小偷进行了殊死搏斗。事后，有人为他请功，并询问他的动机，答案却出人意料。他说：当公司总经理从他身旁经过时，总会赞美他“你扫的地真干净”。你看，就是这么一句简单的话，就使这个员工受到了感动。这也正合了中国的一句老话：“士为知己者死。”

美国著名女企业家玛丽·凯·阿什曾经说过：“世界上有两件东西比金钱更为人们所需要，那就是认可与赞赏。”梅琳凯以善于赞赏下属而闻名。

毫无疑问，金钱能够调动下属的积极性，但是，金钱既不是万能的，也不是无限的，而人的欲望也不是单一的，赞美却恰好能够弥补金钱的不足。因为生活中的多数人都有较强的自尊心和荣誉感，都希望得到赞美。领导者对下属真诚的赞美，就是对他们价值的承认和重视，能使他们的心灵需求得到满足，并能激发潜在的热忱和才能。可以说，打动人心最廉价的好方式，

就是真诚地欣赏和善意地赞许。

美国学者戴尔·卡耐基曾经写道："每一个人都喜欢得到别人的赞美。"

心理学家威廉·詹姆斯说："人性中最深切的禀质，是被人赏识的渴望。"

注意，他所说的是"渴望"，足见这种愿望何其强烈！

在卡耐基看来，渴望得到赞赏，是人类一种最为古老而持久的人性饥饿。一个能够真诚地满足他人这种人性饥饿的人，就可以牢牢地把别人握在手心——只要他能够"诚于嘉许，宽于称道"的话！可以说，卡耐基的理论不只适用于领导者激励下属，而且普遍适用于人际交往的各种场合。他告诫那些志在必得的领导者：就像钓鱼要找到合适的鱼饵一样，当你想要钓住别人的时候，为什么不给他最让他高兴的赞美呢？

真心实意地称赞别人，是成功者交际成功的秘诀，也是他们事业成功的秘诀。对此，也可能有人不太相信。然而，看一看成功者的做法，就能知道卓越人物的用人艺术，其实不过是人情世故常识的高度发挥和巧用。

美国著名的电视节目主持人保罗·哈威曾经讲过一个故事，说的是著名歌手、作曲家史蒂夫·汪德尔成功的趣闻。史蒂夫·汪德尔双目失明，听觉敏锐，但他有段时间情绪很低沉。底特律有位老师教室里进去了一只老鼠，然而，他怎么也找不到那只老鼠。于是，他请求史蒂夫·汪德尔帮忙听听老鼠藏在哪里。史蒂夫·汪德尔觉得破天荒受到了别人的赏识，从此焕发了生活的信心。他努力发展自己天赋的听力，成了20世纪70年代世界上最伟大的流行歌曲歌手和作曲家。

西方有个故事说，有一个农村妇女，大半辈子给人家做饭，从来没有受到过赞扬。有一次，在主人一家辛苦了一天之后，这位妇女把一盆青草端到了他们面前。那家人都非常生气，质问她到底是什么意思？是不是疯了？那位妇女说道："哦，想不到你们还能注意到这一点。过去二十年来，我一直为你们做饭。在这二十年中，我从来没有听到你们中的任何人告诉我你们吃得不是草。"

看来，很多时候，人们最最需要的，可能就是所谓"自尊的养分"！

总之，人类的天性需要爱，需要关怀，需要快乐，需要尊敬，需要赞美，这是人所共知的事实。诺曼·文森·皮尔博士认为："人人都有一种内在的价值感、重要感和尊严感。伤害了它，你便永远失去了那个人。"因此，人人需要赏识、赞美和尊重。领导者如果能够慷慨地赏识和赞美部下，能够赢得人心。

第二节　赞赏有方　提高士气

领导者首先要不吝啬于或者大方地赞赏部下；其次，领导者还要赞赏有方，即精通赞赏的方法，借以提高部下士气。可以说，成功的领导者普遍精于此道，不论他们性格、作风如何。

美国第 30 任总统柯立芝的有一位朋友，曾经应邀到白宫去度周末。当他走进总统私人办公室时，凑巧碰上了总统正在称赞他的女秘书："你今天穿的这件衣服真漂亮，你真是一位迷人的年轻小姐。"听到总统的赞赏，那女孩满脸通红，不知所措。接着，柯立芝又说："你很高兴，是吗？我说的是真话。不过，另一方面，我希望你以后对标点符号稍加注意一些，让你打的文件跟你的衣服一样漂亮。"

不难想象，那个女孩从此以后肯定会非常注意标点符号的。总之，正面赞扬别人，总能收到奇效。麦金利在 1896 年竞选总统时，也曾采用过这种方法。请看：

> 共和党一位重要人物替麦金利写了一篇竞选演说稿。他为了收到最佳效果，一遍又一遍地对稿子字斟句酌，巧加润色。他写好后，自以为非常出色，便大声念给麦金利听。麦金利觉得其中有些观点很不妥，可能会引起批评的风暴。其实，他觉得这篇讲稿写得太差劲了，根本就不能采用，但麦金利没有这样说。
>
> 麦金利是这样说的："我的朋友，这是一篇精彩而有力的演说，我听了很兴奋，这些话在许多场合都可以说是正确的。不过，我要是将它用在目前这种特殊场合，是不是很合适呢？因为我还不能不以党的观点来考虑它将来的影响。请你根据我的提示，再写一篇演说稿吧，然后送给我一份副本怎么样？"
>
> 那个撰稿人立刻照办了，没有任何犹豫。此后，那人在竞选活动中为麦金利写出了很多出色的演讲稿，帮助麦金利当选美国总统。

由此可见，诚于嘉许、宽于称道，慨于赞赏、赞赏有方，乃是领导者的处世之道。麦金利总统和柯立芝总统的有关做法，为人们展示了一种具体的技巧。我们不难从中发现，"诚于嘉许、宽于称道"的要点在于"诚"和

“宽”，而“慨于赞赏、赞赏有方”的要点在于“慨”与“方”。浮夸虚假和毫无所指的赞扬，不仅不会让人高兴，反而会使人们觉得是一种讽刺。不得要领的赞美，同样不能收到赞美的效果。

柯立芝总统称赞女秘书衣服漂亮，可能因为那件衣服确实漂亮；即便那件衣服不很漂亮，但是那位女秘书却可能自以为自己的衣服漂亮，要不她就不会买来穿在身上，因此，总统的赞美才显得“诚实”、得当，才能打动人心，并产生奇妙的效果。

麦金利不想过早地吸引别人批判的火力，乃是出于政治需要，而不是下属写的文章真的不好，所以他的笔杆子才乐意接受。相反，缺乏诚意、不着边际、不得要领的赞美，必然显得虚假伪善，令人生厌。那么，究竟怎样才叫“赞赏有方”呢？

洛克菲勒不仅拥有容人的度量，而且善于称赞下属。由于他的合伙人艾德华·贝佛在南美做砸了一项生意，致使公司损失了一百万美元。洛克菲勒大可指责一番，然而，他知道贝佛已经尽了全力，即使指责他，也于事无补。为了不使贝佛觉得难堪，洛克菲勒找出一些值得称赞之处加以称赞。他恭贺贝佛幸而保全了他的投资的百分之六十。“棒极啦，”洛克菲勒说，“我们没法每次都这么幸运的。”

请注意，他是“找出一些值得称赞之处加以称赞”，这就是鼓励人的高招。

卡耐基告诉人们：领导者需要试着找出别人的优点，然后再给予诚恳而真挚的赞赏。这样一来，部下就会把这种赏识视为珍宝，并时常咀嚼领导的赞美的话语。正因为这样，卡耐基才告诫人们：做一个对别人有用的人！

卡耐基的这一见解，包含着丰富而睿智的思想。所谓“试着找出”别人的优点加以赞扬，表明了领导者必须与人为善、宽宏大度，并且实事求是、客观评价他人，如此才能“找出”别人的优点。

曹操是一个具有雄才大略的人，也是一个慨于赞赏、善于赞赏的人。他不仅乐于赞赏并没有功劳的活人，就是对死了的手下，同样赞赏有方。

在《三国演义》中，曹操袁绍决战官渡一役，令人荡气回肠，而其后的故事同样耐人寻味。官渡之战不久，曹操自知虽然取得了胜利，但是，自己的做法能够成功，确实具有某些侥幸的成分，因而实在不足为法。于是，他对当时那些提出过反对意见的人一同进行奖励，用这种方法表示对他们直言不讳提意见的赞赏。

话说官渡之战不久，一败涂地的袁绍很快就被活活气死，袁绍的老巢——北方四州——冀州、幽州、青州、并州分别由他的三个儿子袁谭、袁熙、袁尚继承统辖。曹操要想成就大业，就必须平定北方，剿灭袁绍的残余势力。建安十二年，即公元207年春天，曹操发兵，战事顺利，不久就攻占四州，并斩杀了袁谭，唯一的缺憾是袁熙、袁尚向北漠逃跑了。此时正应一鼓作气，曹操却忽然犹豫起来。

这天，曹操召集高级军事会议，商议继续进军之事。以曹洪为代表的一批将领认为："今袁熙、袁尚已兵败将亡，势穷力尽，如果我们引兵西击，假若刘备、刘表乘虚袭击许都，那我们就会有大麻烦了。还是班师许都为好。"

谋士郭嘉却不以为然，他认为："北漠虽远，但是，正因为其偏远，必定防备不足，如果急速追击，必然全胜。况且，袁绍二子一日不除，就如同放虎归山，日后他们羽翼丰满，必是大患。刘备、刘表二人面合心不合，互相猜忌，即使他们前来袭击许都，也没有什么大不了的。"于是，曹操决定北伐。

行军路上，沙漠地区天气恶劣，曹操又想打退堂鼓，又是重病中的郭嘉力谏进军，曹操才坚持下去。曹军挺过了最艰难的日子，在其后的决战中大获全胜。不久，二袁人头落地。北方就此平定，曹魏基业从此奠定。曹操班师回朝后，调查当时哪些人不同意北伐计划。那些人都认为曹操要严惩他们，十分害怕。

他们没有想到，在庆功会上，曹操除了祭拜已经亡故的郭嘉，还出人意料地嘉奖了曹洪等曾经反对出征的将领。大家都很奇怪，事实证明劝阻北伐是错误的，怎么还会得到赏赐呢？曹操说道："我这次冒险远征，虽然侥幸成功，但是不足为法。你们的劝谏都是万全之计，所以应该奖赏，以后只管直言！"

将领们听到曹操这样说，心里非常感动，从此更加尽心尽力地为他效力。

有人说这是曹操善于使用权谋收买人心，但是，曹操在获得空前成功之后没有自以为是，反而仍能够清醒地意识到自己的成功来源于冒险，属于偶然取巧，"不足为法"，足以说明曹操的谦虚、明智。尤其是奖赏那些曾经持反对意见的将领，以此鼓励他们直言劝谏，更是一般人难以做到的。

如果说是权谋，那也理所应当。试想，最大的功臣郭嘉已经死了，如果曹操只是哭祭和赞美郭嘉，那些活着的将领和曾经持反对意见的将领，就有可能觉得受到冷落。既然曹操以后还要用他们作战，于奖励之时赞美一下，既感动曹军阵营内部手下众将，促进整体的和谐，又激励全军的斗志，如此好处多多，那又有什么不可呢？

曹操哭祭死去的将领，并于哭祭时大加赞赏，更表明了他赞赏有术。

大将典韦来投曹操时，曹操任典韦为帐前都尉，并脱下身上棉袄，解下骏马雕鞍赐予典韦。典韦后来成为曹操手下著名的勇将。在曹操引兵讨伐张绣的时候，中了张绣的计谋，身陷重围。典韦梦中惊醒后，拼死保护曹操撤退，血流满地而死。曹操最后虽然脱险，但是，他的长子和侄子都死于乱军之中。

当曹操整顿军队击退张绣之后，立即祭奠典韦，并且痛哭不已。他对诸将说："我的长子、爱侄战死，我并没有流泪，唯独失去典韦让我大哭啊！"

第二年，曹操再次引军到宛城攻打张绣，行军途中忽然大哭起来，弄得众人全都摸不着头脑。众人连忙劝解，曹操仍是哭个不住。直到曹操哭够了，才向众人解释道："去年在这里我折了大将典韦，触景生情，不由得大哭。"

曹操两次哭典韦，引得全军震动，从士卒到将领，均为曹操的真情所打动。

细说起来，典韦并不是唯一让曹操哭祭的人。对于英年早逝的天才谋士郭嘉，曹操的三次大哭，更是深深打动了手下的将士。曹操第一次哭郭嘉，是在他采纳郭嘉建议率军远征辽西的时候。当时一路上风沙大作，人马行进困难，郭嘉染上了重病。曹操十分心疼，他在探望郭嘉时忍不住流泪不止，郭嘉深受感动。

曹操第二次哭祭郭嘉，是在郭嘉英年早逝的时候。当时，曹操大哭不止，并对文武百官说本来他打算托孤于郭嘉，岂料他英年早逝，痛哉惜哉！曹操情真意切，众人听了，无不为曹操的爱才惜才而万分感动。

曹操第三次哭郭嘉，是在他按照郭嘉的遗计除掉二袁，获得大胜的时候。曹操叹服郭嘉料事如神，又想起他为自己出谋划策十几年，策无不得，屡建奇功，却不幸英年早逝，不禁悲从中来，于是又领众人到郭嘉坟前哭祭。

曹操于哭祭郭嘉之时盛赞郭嘉，而且情真意切，感人至深，使众多部下产生了强烈的归属感，部下因而愿意效死为他作战。

严格地说，这属于情感激励方法，但是，因为其中也包含了我们此处探讨的赞赏有方，所以，作为一种奇特的赏识方法，放在这里也未尝不可。

任何人都希望得到上司器重和赞美，领导者投入感情赞美下属，可以很好地向下属表示自己对他们的赞赏，能够拉近与下属的距离，激发他们的士气。

赞美别人，还可以促进人际关系改善，这是用其他方法很难做到的。下面介绍的是一种“桥梁式赞美法”，请看：

李小姐和苏小姐在同一家公司任职，两人素来不和，关系比较紧张。

有一天，不知因为什么事请，李小姐忍无可忍地对王经理说：“我真受不了她，如果她不改一改她的坏脾气，再也没有人愿意搭理她！”

王经理说道：“是的，我会处理这件事。”

李小姐再见到苏小姐时，苏小姐既和气又礼貌，与从前简直判若两人。之后，李小姐向王经理表示谢意，并好奇地问：“你是怎么说的？竟有如此神奇的效果。”

王经理笑着说：“我跟苏小姐说：‘有好多人称赞你，尤其是李小姐，说你既温柔，又善良，而且脾气好、人缘更佳！’如此而已。”

故事显示，王经理运用“桥梁式赞美法”，对苏小姐“传达”了李小姐对苏小姐的赞美，苏小姐很自然地改善了对李小姐的态度，二人关系因此变得和谐起来。因为赞赏他人，能够使他人重视自己的品行，而受到鼓励的行为，总是倾向于重复出现。领导者如能对部下慨于赞赏、善于赞赏，就能够使他们自觉地改变自己。把这方法用于改善人际关系，就能取得批评所无法收到的效果。

戴尔·卡耐基认为赞赏就是最好的“鱼饵”，可以“钓”得别人高高兴兴。卡耐基还举例说，当你不想让儿子抽烟的时候，别跟他讲什么大道理。你只让他知道：抽烟会使他无法加入篮球队，或者使他无法赢得百米竞赛，他就不会再抽烟了。

齐格飞是百老汇有史以来最辉煌的投资家，他的名气之所以那么大，是因为他有能力使“所有的美国女孩子漂亮起来”。他能使一些没有人会多看一眼的丑小鸭，变成舞台上充满神秘诱惑力的宠物。由于知道赞赏的价值，他以他那殷勤和体贴的强烈力量，使每个丑小鸭都充满了信心。他很重实际：他把歌舞女郎的薪水，从每周30美元增加到175美元。他也很大方：在开幕的那天晚上，他打一封电报给参加演出的明星们，而且送给戏中每一位歌舞女郎一束“美国美女”的玫瑰花。

爱默生能够懂得这个道理，是因为他徒有惊世之誉，却牵不动一头小牛。这对他的女仆来说，却是轻而易举的事。爱默生和他的儿子要把一只小牛赶入牛棚，但他们犯了一个一般人常犯的错误——爱默生在后面推，他儿子在前面拉，那只小牛却死活不愿进入狭窄的牛棚。它蹬紧双腿，顽固地不肯离开原地。爱默生的那位爱尔兰女仆看到了他们的困境——尽管她不是什么有

知识的人，但她想到了那只小牛所要的东西，因此她把她的拇指放入小牛的口中，让小牛吮着手指，最后把它引入牛棚。

由此可见，任何人的所作所为，都是出自某种内在需求。

领导者若要赢得人们的好感，并大幅度提高用人效率，就必须明白一个道理，使人发挥最大效率的方法是赞赏、鼓励。真诚的赞赏和鼓励，比命令、训斥、压制、威胁更加有效，因为这样能使人们心甘情愿地做好工作。

美国著名哲学家杜威认为，人类天性中最深刻的冲力是“做个重要人物的欲望”，意思是说每个健全的人都竭力寻找那种“重要性感觉”，以建立自信和尊严。精神分析学家弗洛伊德认为，人们天生的动力是“做伟人的欲望”。

古人所谓“攘外必先安内”，意思是要想赢得外部竞争，首先必须使内部安定团结，国家富足强大。在竞争空前激烈的当今社会，“攘外必先安内”具有深刻的现实意义。因为唯有努力创造和谐的领导环境，注重锻炼内功，才能提高自身竞争力。领悟这些道理的领导者，自然应该明白人缘和士气的重要性，并且通过良好的方式方法，极力扩展自己的人缘，极大提高部下士气。

我所说的扩展人缘，并不是强调庸俗社交，而且强调人缘的好坏，决定着领导环境的品质，同时也制约着领导效率的提高。至于提高士气，更是领导者提高用人效率之所必须。因此，领导者需要精通赞赏的方法，努力营造良好的领导环境。

在本节即将结束之际，我想诚恳地建议读者不必拘泥于领导者使用人才的艺术而理解用人艺术，还要把领导用人艺术用之于交际与生活。因为万物同源，万事同理，领导用人艺术具有广泛的应用价值。某项技能唯有广泛地用之于工作、生活和人际交往的方方面面，甚至需要使之变成我们日常的行事方式，使之深深楔入我们的生命和思维深处，才能把这种技能不断地生活化、个性化、独创化，才能随时随地基于个人的心性而创新知识和技能，从而使之与我们的生命系统和智慧系统合而为一，成为独属于“你”的知识和技能。无论是领导对部下，老师对学生，情侣对情侣，还是父母对子女，都要注意“试着找出对方的优点加以赞赏”，都要“乐于把好主意的发明权让给对方”，这样就能于无形中、于无声处，使对方变得自信、兴奋、积极、主动。

第三节 法有常规 循规守道

表扬与我前面探讨的赞赏相比，显得更为正式化一些。赞赏侧重于日常沟通中的称赞、鼓励，随时随地都可以赞赏他人。表扬则比较郑重化、正式化，是指以组织的名义进行表扬。当然，表扬也不完全是正式化的，也包括口头表扬。为了与“批评的方法和艺术”相对应，我没有把它放到激励艺术部分。本节将简要地探讨一下表扬的一般方法。

领导者表扬部下的方法很多，既有正式化方法，又有非正式化方法。正式化方法是在经过评选后，对获选的先进人物进行公开的表彰，包括大会表扬、通电嘉奖、立功受奖等方式、方法。多数情况下，这类表扬同时伴随着各种奖励，包括颁发证书、奖金、纪念章等。非正式化表扬是在指日常交往、沟通中随机对部下进行的“口头表扬”，具有灵活性强、情感性高等特点。由于这类表扬不是正式的，所以通常不会发奖。非正式化表扬与沟通艺术、激励艺术都具有密切的关系，读者完全可以通过学习沟通艺术和激励艺术加以了解，所以，我们不在此处讨论非正式化表扬。

所谓法有常规，是指表扬方法具有约定俗成的注意事项和原则，即常规。这种常规都是基于心理学规律、实践经验、工作需要与提高用人效率的要求而形成的，构成了表扬之“道”。使用常规方法进行表扬，虽然看起来可能平淡无奇，但是，如果违背常规原则进行表扬，很可能就会产生危害。

所谓循规守道，是指在通常情况下，领导者应该遵循表扬的一般原则而进行表扬，然后才是创新表扬方法，绝对不能为了创新表扬方法而随意违背表扬的原则——“表扬之道”。如果不能确实提高表扬的效果，我们宁肯“循规守道”，也不要任意盲目创新，以免适得其反。

正式化表扬方法，人们普遍比较熟悉。这种方法代表着激励部下的普遍模式，属于最一般化的方法。

正式表扬常常伴随着奖励，一般情况下应该注意以下几点：

第一，表扬的内容要具体切实，不能含糊不清。表扬的目的是使所有人——包括受表扬的个人都知道因为什么贡献而受表扬，因而表扬的理由——内容具体切实，不能含糊不清。其原因是空泛的表扬不仅起不到激励作用，反而会使部下觉得领导虚假伪善。讲明原因，还可以供大家进行比较。

第二，表扬要诉诸真情实感，显得真心诚意。表扬是为了通过激励个体而教育群体，因此，顺手牵羊的捎带式表扬和虚情假意的客套性表扬只能令人生厌，起不到激励作用。

第三，表扬奖励要及时到位，不要因时间拖延而影响激励效果。如果领导者事先承诺在表扬的同时给予奖励，最好是同步进行，至少不要拖得时间太长。

第四，公开表扬要郑重其事，切勿轻描淡写、随随便便。这里所说的“郑重其事”，不仅是指开大会、戴红花、颁证书、发奖金，而且还指兑现领导或组织事先所有的有关的承诺，并且尽力使“仪式”“隆重”，方能显得“郑重其事”。这里所说的“仪式”包括一切有助于提高表扬效果的可行的方式方法，尽可开动脑筋加以创新，并不只是召开大会。其次，现场气氛应该务求隆重，以便充分唤起人们的荣誉感。

第五，表扬奖励要点面结合而又重点突出。领导者表彰部下，不是为了表彰而表彰，也不是因为关系亲密才表彰，而是为了推进工作、提高效率而表彰。因此，绝不能拔高一人而压抑众人。值得考虑的方法是区分先进人物梯度等级，使表现比较优秀的人都能受到表扬、激励。

第六，表扬奖励方式要追求变化，以便做到新颖有效。长期以来固定不变的表扬方式毫无新意，早已使人感到厌倦，因此要采取新颖有效的表扬奖励方式，以达到激励的目的。

第七，精神激励与物质激励必须配合得当，切勿有所偏废。虽然表扬并不一定非要辅以其他奖励，但在现实生活中，表扬和奖励往往结合在一起，人们已经习以为常，所以，领导者需要注意精神激励和物质激励的搭配。

第八，利用重大活动或特殊机会使荣誉扩及下属亲属。

第九，区分下属的优势需要和个性特征予以表扬奖励。

第十，表扬奖励力度应该遵循逐渐增进的方式。

第十一，在表扬奖励后以个别交谈的方式提出希望。这样不仅能够是表扬显得更加郑重，而且能够使优秀的先进人物更加受到激励。对于尚需改进或者尚有较大潜力的先进人物，领导者可以借助个别谈话加以指导，使他们能够客观看待自己，找到改进方向，以便获得更大进步。

第十二，综合使用各种表扬奖励方式，注重其密度分布。这是因为如果表扬密度太小，就无法激励更多的人；如果表扬密度太大，就会失去对先进人物的激励价值，同时也可能会增加成本。所以，领导者既要善于综合使用各种表扬方式，又要合理设定先进评选的人数——评选密度。

第十三，表扬个人和表扬团队相结合，并视组织特性决定轻重搭配。在一般情况下，有的团队应该以表扬集体为主，以表扬个人为辅；有的团队则应该以表扬个人为主，而以表扬团队为辅，当看团队的组织特性而定。从普遍意义上说，操作性团队因为强调熟练性，个人之间差别不大，应以表彰集体为主，而以表彰个人为辅；技术性团队因为强调创造性，则应以表彰个人为主，而以表彰团队为辅。

第十四，严格评选程序，力求符合工作实际和民意要求。正式的表扬一定要优中选优、适得其人，以免引发意想不到的后遗症。

第十五，表彰时应该侧重使用货币奖励方式。

第四节　书信表扬　效果奇佳

对于大型组织的领导者来说，其属下机构遍布全国乃至世界各地。对于有功之臣而言，在正常表扬奖励之外，如果能够得到上司赞扬备至的书信，自然会更加感受到强大的精神激励力量，从而收到奇效。如果领导者采取自谦、敬意和赞美相结合的语言风格给作出重要贡献的部下写封信，部下更会诚惶诚恐、不胜荣幸。

林肯是一个善于采纳部下意见的人，他经常“倾听下属意见进行领导”。他的另一个用人法宝就是承担责任，推功揽过，有功必赏，而且还在奖赏之外，不惜“浪费时间”写信赞扬部下。这似乎成了他的一个习惯，一直坚持不改。

在南北战争中，林肯总统数次写信赞扬手下得力的将军，表现了一个伟大人物崇高的人品和至情至性的待人之道。这种做法不仅体现了林肯诚实、正直的人格尊严与理想，而且还给他的下属一个深切感受：在许多方面，正是他们而不是林肯在进行领导。这使他的部下工作起来心情舒畅，更加富于创造性和冒险精神。因为他们知道，如果自己失败了，林肯也不会责怪他们的。他们同时感到：在林肯手下工作是幸运的、幸福的。因为总统先生善于推功揽过和诚挚地表彰部下。

当下属工作出色时，林肯就会表扬、祝贺并给予奖励。当部下出现错误时，他就主动承担责任。例如，林肯总统欣然承担了内战中几次败仗的责任。他力图让他的将领们懂得，如果他们吃败仗，就等于他这个总统也吃了败仗。

第二次布尔河战役的失利，在华盛顿引起了极大的愤懑情绪。愤怒的矛

头主要指向乔治·麦克莱伦将军，愤怒的内阁成员要求将他免职。林肯认为麦克莱伦不应为这次失败承担全部责任，他冒着内阁总辞职的风险，再次任命了麦克莱伦。

在整个战争过程中，林肯不断地为打了败仗或者坐失良机的将军们公开承担责任。在葛底斯堡战役结束后，林肯认为如果米德将军果断地发起攻击，罗伯特·李将军的南方军队就没有机会渡河撤退。然而，他仍然苦口婆心，希望、鼓励米德勇敢起来。林肯还通过哈勒克将军向米德转交了一封信，并让他转告米德将军：如果米德果断地向李将军发起进攻，“成功的荣誉归于他，失败的责任归于我”。

就在格兰特将军攻下维克斯堡后不久，林肯就给他写了一封私人贺信。他在信中承认，他最初曾经怀疑过格兰特的战略战术，但是，他现在对格兰特将军的拼搏精神表示极度的赞赏。此处，我们不妨看看林肯信件的原文：

> 我不记得您和我曾经见过面。我给您写信是感激您对国家作出的几乎无可估量的贡献。我还想再说一句，当您最初抵达维克斯堡附近时……我一点也没有信心，只是冷冷地希望您比我更了解此次远征定能胜利……我想这是一个错误，现在我向您承认：当时是您对了，我错了。

林肯给格兰特写的这封信，等于直接告诉格兰特将军，总统和政府真诚地赞赏并同意他的行动，以便激励他继续进攻。林肯还间接地表示他不会将格兰特将军的成就据为己有。格兰特倍感自身的价值受到了充分尊重，当然就会更加高兴。何况，总统的信件白纸黑字，多有纪念意义啊！

内战期间，林肯曾给数名采取主动进攻，并获得成就的将军写过内容相似的信。1864 年 12 月 26 日，林肯给谢尔曼将军写了一封信，信中写道：

> 非常感谢您以占领萨凡那市作为圣诞节的礼物。当您行将离开亚特兰大而奔赴大西洋海岸前线时，我曾经非常焦虑，如果说不是恐惧的话……现在，这件大事成功了，荣誉全部归于您。因为我相信我们所做的事不过就是默认您的行动，谁也没有做更多的事……至于下一步应该怎么办？我觉得如果我让格兰特将军和您本人来决定的话，可能会更有把握。

谢尔曼将军收到林肯的信，很快回信说：“我接到您的信深感荣幸……尤其是看到您赞赏我让部队分兵作战的办法。万一我过分冒险并不幸失败，我将预先请求您显示宽宏大量……我已做好准备，一旦我得知……您选择的目标，我就再次进军”。

从此，谢尔曼更加乐于采取主动行动了。林肯所要做的，就是提供某种总体指导，至于其余的事情，谢尔曼自己就会去完成。如果领导人经常这样做——如果他们对部下良好的表现真诚地予以表扬，并鼓励人们做更多的事——那么，领导人就可以松一口气，让下属去完成绝大部分任务。林肯给人们造成的印象是人们在领导他，而不是他领导下级。他的主要目标是让他的下属觉得：“这件事是我们自己完成的。”

林肯奖励部下，从来毫不吝啬。早在1862年2月16日，倍受压制的格兰特上校攻下了唐威尔逊要塞，林肯当天就提升他为少将。许多人坚决要求撤销格兰特的职务，林肯却坚定不移地支持格兰特。他说：“我不能不要这个人，他骁勇善战。”

林肯称赞和表扬部下，绝对与众多政治懦夫不同，而是往往让部下觉得十分“过瘾”。身为总统，他喜欢痛快淋漓地赞扬部下，就像寻常百姓爱说“粗话”一样。

有一次，格兰特提出了一个大胆的作战计划，林肯竟大声叫道：“这下子那些不干剥皮活儿的人可以帮着扶扶腿了！”当人们说格兰特将军的坏话时，林肯总统反而对他大加赞扬。他说：“胜利完全是靠格兰特那份坚韧不拔的精神取得的。”

有一次，林肯给格兰特发了一份电报，电文竟然是希望他、相信他一定会“像猎狗那样咬住不放，能咬下多少肉就咬下多少肉！”这话甚为不雅，但是很过瘾！

当格兰特在进攻葛底斯堡受阻时，林肯亲往前线与他商讨对策。他极为赞赏格兰特无所顾忌的决心，像个粗人一样热诚地称赞他。他还对格兰特的参谋这样盛赞格兰特将军：“他一旦占领一个地方就抓住不放，好像是他继承来的财产一样。”

请看，这种痛快淋漓的“平民化”的赞扬，多么诚恳感人！由此可见，表扬的艺术人外有人、天外有天。林肯对格兰特毫无保留地褒扬、奖励和支持，成为北方取得美国南北战争胜利的保证。

在日益开放的信息社会，信息手段越来越丰富多样。长期使用电脑，使得人们普遍出现了“提笔忘字”的现象。至于书法，很多人已经不屑一顾。殊不知，古人练字的目的不仅在于提高书法艺术，更在于磨炼性格，祛除狂躁之气，寻找宁静心境，修炼领导艺术和处世之道。另外，现代人日益开放、自由，新生事物光怪陆离，令人眼花缭乱，人的思想感情变化极快。情感的

空虚，欲望的膨胀，使得人们不断地追逐着一种无望的补偿，以致越是放纵，越是空虚。在情感世界的这种恶性循环中，人们没有自我的追求着自我，到头来反而再也找不到自我。这既是堕落的原因，也是堕落的结果。唯因如此，那种真挚、美好和恒久的情感，才显得越发可贵。

我曾经多次对领导干部和大学生们讲过，给自己最尊重和最亲近的人写信，一定要用手写，不要在电脑上打印。虽然发短信非常容易，但对父母和重要的关系，还是不能只发短信，偶尔也该亲笔写一封信。因为当我们的亲人、朋友拿到我们手写的书信时，心里就会有一种别样的感觉。给至亲至敬的人亲手写一封信，而不是只发短信，这看起来是件小事，实际上却有情感投资的效果，而且还能帮助我们修炼一种不同凡俗的生活方式、处世之道和成功之道。

第五节　创新方法　增强激励

如果要在“表扬”二字之后冠以“艺术”二字，上述方法就显得有些简单了。为了最大限度地提高情感激励效果，人们创造了很多行之有效的方法。这些方法有的可以独立使用，有的可以作为辅助性方法补充使用。因为这些方法灵活多样，大小不一，而且都与沟通艺术和激励艺术紧密相关，所以既不好分门别类，又容易造成叙述上的重复，因而只能仅就其中一些容易执行的方法，简要地介绍一下。

第一，真诚地向上级推介。

日本某企业有一位厂长，在表扬奖励了一个年轻干部之后，正好碰上公司领导下来视察。这位厂长专门把那位年轻人叫去，向公司领导介绍说：“这就是×××!”那位部下感激不尽，工作更加卖力，并且更加富有成效。

这种做法之所以特别有效，就在于厂长向部下暗示了两个信息，其一是他绝对真心诚意地赞赏他的贡献。其二，在此之前他曾经向上级专门作过介绍。对于那位青年人而言，他肯定能感受到领导的真心诚意，额外地更加满足了荣誉感。由此可见，领导行为的象征意义大于公开表白、示好，领导者应该重视领导行为的象征意义。

领导者在表扬部下时，如能乐于帮助部下出名，满足他们荣誉感的渴求，激发他们的感恩之心，培育他们的正能量，则能收到更好的效果。

第二，刻意为部下创造扬名的机会。

才志卓异的人相对地更为重视名气，而不是相对地更为重视物质利益。因此，领导者对于表现优秀的部下，在等量奖励的情况下，让他们为大家作一个演说，他们就会更加高兴。虽然这样多出了力气，他们也不会有什么怨言，反而更能满足荣誉感。这种方法既可以提高激励效果，也有助于培养人才。因为他们为了做好演说，就必须认真推敲沟通策略，尽力提高文字水平和口头表达能力。如果他们追求的目标再高一点，那就需要在表演才能方面下点功夫。

这种方法在政府、教育、科研、销售等适于做报告、演说、示范的部门更加有效。例如，领导者安排受到表彰的优秀教师讲一堂“表演性”的示范课，既能满足他们荣誉感的需要，又能提高全体教师的水平；既能通过他们的良好示范“表演”，显示先进评比的公正性和说服力，同时又能借助这种机会，迫使他们尽展绝学，倾情奉献，从而更上一层楼。因为他们为了证明自己当之无愧，为了避免丢人现眼，肯定会集中精力，认真准备。对于他们来说，即使是多做了工作，心中仍然会有得意之感。

为了提高表扬的激励作用，在召开表彰大会时，不仅要让先进人物披红戴花，登台亮相，而且是每一个人轮流登台，全场人员全部起立，长时间热烈欢呼，热情鼓掌；每一个先进人物都要说几句话，可以引用别人的格言警句，也可以是自己写的一首小诗；可以表达对大家的祝愿，可以抒发自己的理想，可以表达自己的谢意，也可以描述单位的灿烂前景，等等。然后，才在大家的欢呼和掌声中走下主席台。

这种方法不仅有助于提高先进人物的表达能力，而且还能使颁奖现场变得十分热闹，大家群情振奋，情绪高涨，有助于强化组织文化建设。

领导者让笔杆子为先进人物写篇报道，形诸报章，同样十分有效。有的企业年年为先进人物撰写报道，把他们的事迹形诸报端，同时还配发照片。此外，对于特别优秀的先进人物，单位约请电视台进行专访，并在电视台播放。这种帮助部下扬名的办法，能够极大地激励部下的上进心和荣誉感，从而带动所有人奋发向上。

领导者在表彰部下时，若是注意引用部下的话，也能帮助部下扬名。这就要求领导者改变工作方法，事先接触受奖人员，或者事先布置下去，让所有受奖人员都写一句格言警句或座右铭。如果写不出来，也可以引用别人的格言警句。这样，领导者就能在写讲话稿时加以引用。当然，如果领导者只想显摆自己的水平，或者只想高高在上，不屑于做这些深入下级的深层沟通，那也没有什么办法。

在表彰先进的时候，制作富有纪念意义的精美奖章、纪念币，也是一种良好方法。比较重大的正式表彰，往往要发放数量不菲的奖金。如果能够添上一部分，或者从中拿出一部分，用以制作金质、银质奖章、纪念币，上面刻上先进人物的姓名、奖项、授奖时间，就能起到很好的激励作用。因为这些奖章、纪念币本身就有价值，加上其中包含的荣誉，足以使先进人物经常拿出来欣赏一番。

更为人性化和富于激励意义的方法，是在表彰先进时，邀请他们的配偶、儿女一同分享荣耀。这种方法不仅能使受到表扬的人感受到更大的激励，而且还有助于他们家庭的和谐与子女教育的改善，从而使激励的意义更加丰富充实。

有的单位不仅让优秀下属的配偶、儿女分享荣誉，而且还把这种方法推向更广泛的领域。例如，他们在内部信息通报方面，不再滥发一些毫无意义的信息，而是适当登录下属亲人的一些信息。谁的家属取得了什么重大成果，获得了什么重大奖励；谁的孩子考上了什么名牌大学，找到了什么令人满意的好工作；哪个下属在孝敬父母方面表现突出，哪个下属在亲子教育方面富有经验；哪个下属提出了什么新奇的建议，哪个下属正在哪一方面寻求突破和创新，如此等等，都能起到替部下扬名的作用。

有的单位在表彰先进之后，举办酒会、联谊会，让大家欢聚一堂，沟通感情，交流经验，也能收到较好的激励效果。不过，有的单位领导热衷于利用公款笼络私交，宁肯花很多的钱大吃大喝，也不愿提高奖励力度，肯定不是一种可取的方法。

有时，领导者让下属帮着办点不费劲的小小的私事，部下就会受宠若惊。例如，领导者可以告诉部下："把你的经验浓缩成几句话，我有个讲话要引用一下。"

第三，领导者亲手书写奖状或证书。

领导者给特别重要的朋友或部下亲手书写书信、贺信、嘉奖令、奖状或证书，无疑是一种莫大的尊重，绝对比印刷品金贵许多。书法较好的领导手书的奖状、证书、书信等等，部下肯定会经常翻开来"赏析"一番。毛泽东主席经常亲笔给各界人士赠诗存念、书写回信。我们姑且不说毛泽东主席书法作品的市场价值，仅就激励意义而言，亦可用无比巨大而谓之。

第四，真心地与先进人物交朋友。

这种方法会是先进人物更加受到情感激励，更加看重自己的行为。

第五，诚恳地征求先进人物的意见。

诚恳地征求先进人物的意见，积极采纳他们良好的建议，能够极大地提高表扬的效果。如果在工作中加以重点培养，更能收到其妙的效果。

毫无疑问，志在成功的领导者在表扬部下时，应该注重发挥感情投资的艺术。如果能把表扬部下也纳入文化战略和情感管理体系，就可以在领导工作的方方面面加以发挥和创新，从而发明许多有趣和实用的表扬方法。为了做到这一点，领导者必须做到“宏观在宇，微观在握”，具体说来，就是抓大事，能够高屋建瓴、纲举目张；抓小事，能够细致入微、严谨有效，才能不断创新用人艺术。

在我看来，使用人才的艺术的学科诠释逻辑一般分为三种：

其一，自上而下的从领导者角度加以诠释，往往难免功利和权术之嫌；

其二，自下而上的从被领导者角度加以诠释，侧重于怎样得民心长士气；

其三，从领导者与被领导者相统一的角度加以诠释，侧重于领导需要与群众愿望的统一而加以诠释。

第七章

善于批评　注重效果

众所周知，人的心灵有其自身的内在逻辑。在多数时候，它不承认别的逻辑。虽然人的心灵并不像电脑程序那样只能认同自己的程序，但是，它确实会以各种方式抵制那些它所不能承认和接受的态度、观点以及行为。

基于人性中自我表现和自身尊严的需求，我们承认表扬为主的原则。

基于人性的缺点和可能存在的缺陷、痼疾，我们承认组织内部不能没有批评。

同样基于上述原因，我们强调只宜把批评作为一种辅助性用人方法。

然而，我们也应该看到，所谓表扬为主，批评为辅，一是为了强调用人的基本原则和精神，二是相对而言才能成立。实际上，批评作为领导用人的一种手段，无疑又是绝对不能缺少的。因此，领导者必须熟练掌握批评的方法和技巧。

在现实生活中，没有人渴望被批评，也没有多少人喜欢批评别人。然而，假如下属的缺点妨碍工作的开展、业绩的提升，或者严重损害人际关系，领导者职责所在，客观上又需要行使批评。不过，无论领导者怎样行使批评，其根本原则都应该是促进业绩的提升，提高部下的素质和能力，促进部下的健康成长，而不是发泄领导的怒气，显示领导的权威，压制部下的意见，伤害部下的情感。因此，领导者要想收到批评的正面效果，反而更应该深刻地认同真诚、宽容、赞美、表扬、激励等核心概念。进一步说，唯有把行使批评与上述概念统一起来，才能充分发挥批评的价值。

关于批评的总体原则，我总结为三点：敢于批评，善于批评，慎于批评。

在诸多领导学著作中，人们常常把批评的原则、方法和艺术混为一谈。不过，由于原则之中往往包含着方法的成分，所以，我们仍然可以援引一些一向流行的看法，作为一般批评方法来对待。通常而言，这些原则性的方法包括：

第一，批评的态度应该公正客观，务必做到对事不对人，要实事求是，留有余地，不要把话说得太满、太绝、太过。不要歪曲事实，更不要一棍子把人打死。

第二，批评的力度应该恰如其分，尤其不要加大“火力”，以免引起对抗。

第三，批评的时机应该恰到好处，批评过早，一是事实还可能有待查证，二是对方还没有意识到错误，不利于提高批评的效果——领导者既要把握延迟批评的原则，又要把握延迟批评的时限，一般来说，当被批评者的不当行为有可能重复发生时，就需要及时进行批评，以免对方的错误加剧。如果批评过晚，假如对方已经自己改正了错误，就会感到委屈；假如对方没有认识到错误，错误及其危害就会更大。总之，领导者要着眼于批评的需要、批评的目的和预期的效果而选择时机。

第四，批评的方式方法要区分对象而使用，要对症下药，不要千篇一律。

第五，批评要就事论事，切勿“挖祖坟”、“翻碗底” 和 “找后账”。

第六，根据被批评者的反应适可而止，给对方留下自我反省的时间。

第七，根据情况确定批评范围大小，不应不计后果地扩大或缩小范围。

第八，本着正确的态度和发展的眼光对待被批评者，给对方指明方向。

第九，一般应该私下批评，“使批评成为对方的隐私”，给对方留下面子。

第十，避免使用含混不清或讽刺性措辞，也不能表现出置身事外的态度。

第十一，批评的原则是与人为善，促进下属的改善与成长。

这些原则、方法还能衍生出许多更细的方法，无须一一叙述。何况，一般的批评方法并不是我要探讨的重点，所以只作简要介绍。

需要说明的是，当部下的错误还能够予以纠正时，才有批评的必要。因为批评一般适用于比较小的错误，在生活和工作中极为常见。如果错误比较严重，“批评” 就会正式化——即升级为惩罚，包括通报批评、警告、记过、留用察看、撤职、开除等方式。这时我们所说的 “批评” 就会退居其后，成为一种附带的行为。

现实中的批评方法并没有什么固定的模式，它和沟通方法、激励方法一样，具有很高的灵活性、艺术性，实在不好硬性归类，只能大致归纳一下。

特别值得注意的是：无论任何情形与对象，批评效果都与被批评者对领导者的信任程度成正比，所以，领导者要与人为善、豁达大度、善解人意，以诚感人、平等待人、尊重部下、公道正派，尽量与下级处好关系，客观上可以增进批评效果。

下面探讨几种比较特殊且较具实效的批评方法。

第一节 夹心饼式批评法

所谓夹心饼式批评法，是指由表扬→批评→表扬的言语结构方式构成的批评方法。具体说来，就是指领导者在批评部下之前，先是客观公正地给予某种肯定，或者是表扬一下长处，然后再进行批评，最后又以展示期望的方式给予肯定或表扬。

夹心饼式批评法是最一般的批评方法，具有普遍适用性。这个比喻式名称来源西方人的夹心饼，就是我们中国人所说的双层肉饼或菜饼。它上下两层是金黄油亮的表面，中间包着一层“辣馅”。夹心饼批评法的好处是让人吃下去以后，才能感觉出辣味。如果一开始就把辣馅往硬他人嘴里猛塞，那就很容易遭到抵制。如果吃进去以后才觉出辣味，即使再吐出来，已经于事无补。

据说，这种方法是美国领导学家柯维命名的。美国著名女企业家玛丽·凯·阿什在她《用人之道》一书中，进一步把它的模式明确为“表扬→批评→表扬”。

实际上，这种方法的由来肯定更为久远，中国人广为熟知。

广告公司经理乔治·本在批评雇员琼斯时，巧妙使用了典型的夹心饼方法。

乔治·本把琼斯叫到自己的办公室，他礼貌地站起来，惊喜地说：“你这几天的工作成绩很不错，有几项创意已经被大公司重金买断，的确很不错，实在是公司不可多得的人才”。（先来表扬一下——展示夹心饼好看的上层）

“琼斯，这几天有个单位听说你的策划很有特色，多次找我交涉，我想和你单独谈谈。昨天那个单位的一位公关人员早晨一上班就打来了电话，我回绝了。因为那时你还没有到公司来。今天早上，那人又亲自来了一趟，可是等到8点20分你仍然没有来上班，他还以为你有什么急事不能脱身，今天不来上班了呢?”（暗示不是有意挑刺，不是同事告状，不是自己小气找茬，不是自己不通情达理，而是“别人”找不到琼斯，而是一个不可否认的事实——向下面的批评自然过渡）

“你看你总是上班迟到，有时联系人来了以后你又不在，我也不知道如何是好。这对你的工作是一种损失，对公司的利益也是一大损失。

（先替他着想，再谈公司损失，开始装上或抹上辣馅）

“因此，我希望你能按时上班，不要给其他员工偶尔迟到找到借口。”

（适时地再把辣馅抹它一下，同时暗示迟到并不是迟到者一个人的事）

“琼斯，你作为公司的骨干人员，的确为大家带来不少利益，公司不能没有你，我希望你能明白自己的位置，我们大家都对你的工作寄予厚望。”

（表扬，期待，结束）

这样进行批评，挨批评的人多半会既惭愧又感激！即使他并不感激，也不能否认客观存在的事实！从各方面讲，他都没有理由否认领导的公正性！

原来，高明的批评竟然是先表扬，后批评，再表扬。应该说，这是一种最为牢靠的批评方法。只要领导者实事求是，真心诚意，部下一般能够心悦诚服地接受批评并改正缺点、错误。究其原因，还是因为它体现了实事求是、客观公正的原则，体现了全面评价和辩证分析的原则，体现了尊重部下的原则。

乔治·本经理在批评琼斯时，既没有什么情绪化色彩，也没有以偏概全，而是在肯定的前提下再进行否定，而且听起来又不像是生硬、直接的否定，最后又热诚地肯定一下。琼斯受这种信息结构制约，根本来不及抵抗就已经成为“俘虏”。因为他即使不同意领导的批评，也不能不承认自己的重要性——“公司不能没有你”。

此外，有意把信息弄得混乱一点，有意把信息结构弄得复杂一点，有时会特别有效。因为这种做法能够“扰乱”被批评者的信息识别过程，相对淡化批评的力度。

这种夹心饼式批评方法，日本人称为“三明治式批评法”。它之所以有效，其原因是批评的信息结构符合客观事物发展的规律。所谓“表扬→批评→表扬”，换一种说法就是“肯定→否定→肯定”。这不就是中国古代阴阳哲学“阳→阴→阳”之阴阳相互转化、对立统一规律的表现吗？这不就是佛家“是→非→非非”规律的再现吗？这不正是马克思主义“肯定→否定→否定之否定”规律的翻版吗？

从这个意义上说，经理乔治·本尊重事物发展的规律，用发展的眼光看

待琼斯，琼斯自然能够心服口服地接受批评。从某种程度上说，琼斯与其说是尊重领导，倒不如说是尊重真理。换句话说，琼斯能够不尊重领导，但是，他不能不尊重事实，不能不尊重真理。

中国古代圣贤之所以特别强调“道”，哲学家们之所以提倡科学和真理，邓小平之所以强调实事求是，乃是因为“道”——规律、真理具有不可战胜的力量。人世之间的物理、道理、事理、情理、心理，综合而成为人间正道，虽有沧桑变化而不能改变其根本之“道”。只是一般人并不深入思考人间常识和情理究竟与沧桑之“道”有何关系，因而限制了自身智慧和能力的发展。

领导者不能只懂小道理而不懂大道理，领导者也不能只懂大道理而不懂小道理。无论二者之中哪一方面不能通晓，都会使自己虚弱不堪。人世之间的大道理所对应的规律，虽然有其自我满足的形式，但是，这个大道理有时却必须用小道理所对应的方法和技巧来满足。孙子兵法中所谓“数中有术，术中有数”，揭示了规律和技巧的关系。代表大道理的“数”，必然包含、容纳着代表小道理的技巧——“术”，反之亦然。然而，更为重要的却是“数”不等于“术”，而“术”也不等于“数”，唯有二者能够相互统一和相互满足的时候，人的行为才能奏效。

因此，对于任何人来说，能够了解大道理和小道理，并非值得推崇的本事。真正值得推崇的本事，则是能够根据大道理和小道理之间的关系，创造出特定情景中能够满足大道理和小道理的技巧，并且必须在不违背大道理的前提下“创新”小道理，在“创新”小道理的时候而又不违背大道理，才能保证自己颠扑不破和功成名就。对于领导者而言，这既是自身创造性思维能力的一项基本要求，也是个人成长必须跨越的心路历程，同时还是决定事业成败的关键。只懂大道理而不通小技巧的人，往往志大才疏，缺乏耐性与行为能力。精通小技巧而不重大道理的人，往往聪明外露、迷失大局或险巧奸猾，即使偶有所得，仍不足以自我保全，谈不上成就大业。

我在前面所说的“举轻若重”和“举重若轻”，同样包含了这种思想。唯有“举轻若重”，才能用小道道解决大问题；唯有“举重若轻”，才能不惧艰难、服从大局、恪守大义；唯有把“举轻若重”和“举重若轻”结合起来，才能洞悉成功的奥秘。领导者如能把这个道理用于批评艺术的创新，一定能大有收获。

否则，如果我们只是背诵专家的理论，套用人家的方法，而不能自创“套路”和“招式”，根本谈不上批评艺术乃至用人艺术的创新。

我向来认为，从批评的信息结构特点入手来探讨批评艺术，实在不失为一种良好的方法。因为如此一来，就能把批评方法诉诸人的语言模式记忆，从而变得易学、易懂、易记、易用。从信息结构的角度探讨夹心饼批评法的有效性，必然涉及信息结构的心理定势等概念，或者说从前的物理心理学流派的心理向量概念。领导者批评部下时先表扬，为挨批者制造了一种良好的心理向量，这种得意的感受进而产生“思维漫延”或“信息惯性”。等到领导再指出其缺点时，先前的定势产生的“信息惯性”，就会干扰批评性信息，而“思维漫延”则使得挨批者一时无法迅速调整大脑神经活动态势，两种信息的冲撞导致挨批者敏感性降低。等到挨批者努力集中注意时，批评性信息惯性开始产生，而领导者最后的表扬又及时冲淡了挨批者的逆反心理定势，没等挨批者的精神完全武装起来，又迅速转换成性质相反的正向心理定势。

从这个意义上说，批评应该以短为佳，不能过长，而且要抓住要点，点到为止，切勿重复。夹心饼式批评法在表扬上戛然而止，意在保留表扬性信息惯性。如此一来，由于人们都有自我珍视的天性，所以会本能地把自己往好处想象，自然比较容易接受表扬性信息。至于离开领导之后怎样回过味来，那就无关紧要了。应该说，夹心饼批评法既有利于保护下属的自尊心和积极性，又有利于促进其自我完善。

夹心饼式批评法的原理，还与人的自尊、自爱、自强、自怜的天性以领导要关心、爱护、帮助、支持、尊重、信任、嘉勉部下的领导理念有关。

从权术的角度讲，之所以要采用“表扬→批评→表扬”的模式进行批评，并把表扬放在前边，是因为这样可以瓦解挨批者的斗志或抵触情绪。中间的实质性批评无疑会令人不舒服，等挨批的人的斗志还没有完全武装起来，领导者又变成了表扬，这样牵着他们的感觉走，挨批者一般来不及跟领导反驳、吵架，批评就已经结束。

还有一点必须提示，人类感知和认识问题，具有关注两头的倾向。例如，关注动机、结果而忽视过程，写文章和看文章都希望有个好开头和好结尾，领导干部抓两头而带中间等等，都表现了人们关注两头的特点。夹心饼式批评法表扬→批评→表扬的模式，两头都是表扬，甚为符合人类的心理规律。总而言之，夹心饼式批评法具有深厚的理论基础和良好的实用效果，领导者应该善于运用。

第二节　情理交融批评法

领导者批评部下的态度、力度和方式，既与部下过失事件的性质、危害有关，也与上下级关系有关，同时还与领导者的作风有关。关系相对疏远的人，批评时一般应该比较客气，这与相互了解不深有关。关系相当密切的人，批评时相对直露，这与相互了解较深有关。作风正派而又德高望重的人，无论是严厉批评还是和气劝导，批评效果都会很不错。威信较差的领导，无论采用什么方法，批评效果都不会很好。

情理交融的批评方法多种多样，凡是诉诸人间情理而实现批评日的的批评方法，都属于情理交融批评法。在此，我首先要介绍一下松下幸之助的严厉训斥法。

松下幸之助是一个极其仁慈而又极其严厉的人，他特别重视大义，也特别重视人情。有时候，因为一点小小的过失，他会严厉无情地加以训斥。当部下因为偶尔疏忽闯了大祸时，他反而一点也不加以指责，只说："好好干吧！"

总体来说，受到训斥的人并不记恨他，得到宽恕的人衷心敬畏他，而有了错误没有受到他的批评的人，多数是在辞退之列。没有指望的人，何必还去批评！

松下幸之助白手起家，把一个仅有三人的小小的电器作坊，发展成为世界上为数不多的超一流大公司，必定有他成功的秘诀。日本学者藤井行夫花了20余年的时间，完成了《松下企业管理经验》一书，概括了松下的成功之道。

藤井行夫认为：松下幸之助是拿着玉与剑来领导和指挥部属的。所谓"玉"，象征着领导者的慈悲之心；而"剑"，则代表着领导者的训导或者处罚。如今，"一手擎玉，一手持剑"，已经成为风行世界的管理名言。松下在对部下做到严格要求的同时，又实施温暖的人情政策。例如：给予部下超过本人能力的职务以培养人；职工的奖金福利，包括家属在内的某些馈赠，全部优厚给予；在职工困难的时候，他就像对亲人一样给予照顾和关怀。松下正是出色地通过"玉"，将职工个人需要与组织的成就联系在一起，激发出部下拼命工作的动力。然而，仅仅只有"玉"的宠爱，而没有"剑"的威严，还不足以成就事业，也不可能培养和造就人才；仅仅只有"剑"的严厉，也不能真正使人们心悦诚服，反而会使人望而生畏，敬而远之。因此，只有“玉”和“剑”交替并用，才能够培育人才和高效使用人才，进而创造大业。

松下幸之助在训斥部下的同时，又注意情理的沟通和认同。他在训导亲信部下时常说：“连你也这样干吗?”要不就是：“正因为是你，我才这样训你的。”虽然部下挨了训，心里却仍然很高兴，因为他们认为自己是受松下器重的人，至少没有被他视为外人。因此，部下只能深刻反省自己的过失，悔恨自己辜负了恩主的信任。当然，这种方法必须以领导者待人有情有义和崇高的威望为基础。

对于批评艺术，松下幸之助具有东方式的独到的见解。以我的观点而言，东方文化无论怎样西方化，毕竟会有某种特色保留下来。东方人强调忠心、仁慈、大义凛然、公正无私。只要有这样的领导，人们就会衷心拥护。西方人虽然也会如此，但是角度和方式都有所不同。其原因是，东方人根深蒂固地存在着忠顺思想。尤其是对人格完美的领导，人们并不在乎他们怎样严厉无情。大凡通情达理的人，反而能从德高望重、人格完美、公正无私、大义凛然的领导人身上，看出其严厉无情中的伟大情怀。

应该说，中国人更欣赏松下式的领导。因为这样的人虽然严厉无比，但是对人对事公道仁慈、毫无虚情假意，既不搞阴谋诡计，也绝不迫害别人。他们并不是靠什么技巧、方法、艺术赢得人心，而是靠近乎完美的人格和卓越非凡的业绩赢得部属拥戴。他们所凭借的是超凡人格的感召力，无需什么技巧。可以肯定地说，这种修身而治事的模式，代表着人世间最最简单而又最最崇高的领导艺术——包括使用人才的艺术。

相反，品质恶劣的人的任何方法、技巧，都会沦落为诡计伎俩，绝不能与“艺术”二字“沾亲带故”。在正常的社会环境中，品格高尚而又勇敢无畏的领导，即使机智不足，也很符合鲁迅先生的话——“浅则浅矣，然而清澈见底”。相反，则是“深则深矣，不过是个烂泥塘”。在中国古代，哪怕是腐败透顶的朝代，也有一些人格高尚的政治家。他们之所以高高立足于政坛，主要就是依靠人格的力量。总之，正因拥有崇高的威望，松下幸之助的严厉批评法才显得合乎情理而又特别有效。

就像理发师给顾客刮胡子一样，他们在动刀以前，首先要在顾客脸上涂上肥皂并敷上热毛巾，然后才动用冰冷的剃刀，杀向嘴上的胡子。医生给人做手术时，也不能不先打麻醉药。哪怕是像松下幸之助式的严厉训斥，也不乏感情投资的成分。因此，任何正确的批评方法都以尊重当事人为原则，以友善的动机为前提。不同的是，各种批评方式所包含的情感投入强度与表现

方式不同。一般的批评方法情感因素较强，而且都是正向投入。严厉训斥的方法包含的情感因素较弱，而且表现为反向暗示。例如，松下式批评的情感投入，挨批者需要对反面暗示加以体会。

不过，在特殊情况下，松下式批评的情感反向弹射有可能更为强烈——即能够引起对方强烈的心理反响，使对方深感惭愧，觉得不该辜负领导的期望。这也很符合辩证法的原理，值得我们深刻而辩证地领悟其中的奥秘。

情理交融批评法的要点不在于方法的运用多么纯熟，而是在于领导者平时就需要十分注重提高自己的威信，努力使自己成为部下爱戴的人。换言之，领导者需要在品德修养、才能业绩方面受人钦佩，成为德高望重的人。反之，一个不受人爱戴的人使用情理交融法，就不可能产生预期的效果。其原因在于，如果被批评者对批评者心里没有那种敬畏之情，岂能情理交融？岂能提高批评效果？

领导用人，关键不在于发号施令，安排任务，行使赏罚，而是在于怎样才能使部下乐于“被用”——关键在于领导者的自我修炼！

第三节　请求式批评法

所谓请求式批评法，是指批评者诉诸情感并以请求的口吻向被批评者传达批评的信息，以达到批评教育的目的。这种批评方法一般都能为人们乐意接受，因而效果很好。如果这种批评发生在地位悬殊的上下级之间，效果则更为良好。

据说，在20世纪中期的美国，一年得到百万美元薪水的人，大概只有两个，其中一个就是美国钢铁大王安德鲁·卡内基的助理查利斯·施瓦布。安德鲁·卡内基付给施瓦布年薪100万美元，即一天3000多美元，不是因为他比别人更知道如何炼出钢铁，而是因为查利斯·施瓦布出色的用人艺术，包括批评艺术。请看：

有一天中午，查利斯·施瓦布在卡内基旗下一个钢铁厂发现几个雇员正在车间里那块“严禁吸烟”的大招牌下吸烟。对于这些违犯规定的人，施瓦布并没有指着那块牌子对他们说：“难道你们都是文盲吗？难道你们看不见吗？”否则，卡耐基就不会每天给他3000多美元了。

施瓦布朝那些吸烟的人走过去，友好地给每个人递过一支雪茄，说道：“孩子们，如果你们能到外面去抽掉这些雪茄，我将十分感激。”

那些吸烟的人意识到自己违犯了纪律，于是赶紧把烟头掐灭。

自此以后，他们从不在工作时抽烟。查利斯·施瓦布在纠正了下属错误的同时，并没有伤害他们的自尊。他们对施瓦布先生产生了好感，谁还愿意和他作对呢？

领导者切勿小看查利斯·施瓦布的这种“请求式批评法”。对于地位悬殊的上下级来说，这种方法包含着多种意义。具体说来大致如下：

其一，在地位悬殊的上下级关系中，上级要注重施予恩惠——由于并非经常见到基层干部和工作人员，如果发现他们的错误就直接批评、训斥，那就只能给人留下面目可憎的印象，所以，身在上位者对身在下位者，应该态度友善，注重感化。

其二，严以治吏，宽以待民——这种原则也适用于较高级别的领导批评教育基层干部。其目的既在于树立良好形象，也在于为中层干部树立表率。

其三，领导者不可越级行权——为了尊重这一原则，领导者宁肯严厉批评、惩罚高层和中层干部，也不宜直接严厉批评犯了过失的基层干部和工作人员——因为关键是他们的顶头上司管理监督他们，高层领导通常无暇管理基层干部和员工。再说，过失者的上司一般也不是没有责任，这也未尝不是一种公道。由此看来，每一种用人方法的创新，必然有其道理可以依托，绝不是随意而为的。

其四，慈悲为怀，与人为善——如果领导者越级训斥他人，不仅会给其本人造成巨大心理压力，而且还会使中层干部因为丢了面子而向责任人员泄愤，如此则往往造成处分过重的情况，领导者也会给人们留下不近人情的形象。

其五，自我保护——领导者越级训斥别人，如果受到自尊心特强的工作人员的顶撞，不管你领导地位多高，仍然难免自取其辱或自找气受；如果情绪被对方刺激出火花，一怒之下就要开除人家，则会闹出更大的笑话，因而更加受到基层下属的耻笑。有的领导不知是出于无知，还是出于愚昧，或者是出于霸道成性的作风，时常降低身份批评基层干部和工作人员，实在是大有颟顸之嫌。

因此，当地位较高的领导发现基层干部需要批评时，就可以使用请求式

批评法。

查利斯·施瓦布所使用的请求式批评法，在生活中也有所表现。从前，很多公园里都竖着威胁性的牌子，上面写着：“攀折花木，罚款50！”

试想，假若真的激怒了那些喜欢恶作剧的人，他们偏要偷偷地折些花木，公园岂能每次都能发现？岂能每次都能罚款？岂能更好地保护花木？

粗暴的批评方法的症结在于：这类威胁性语言不仅惩戒不了行为不良的人，而且连带侮辱了所有的人。只有在法制水平低下的国家，才能免于官司。

现在，随着文化的进步，观念的转变，根据请求式批评的原理，多数公园已经改换了说法：“鲜花向你微笑，请你爱护它吧！”

有的汽车屁股上写着“请不要吻我，我老公不同意”，也属于一种“请求”！

从前，很多商场挂着“警惕扒手，偷一罚十”的牌子。现在，几乎所有商场都撤掉了这样的警告牌，换成了对顾客的善意忠告。

银行里写着警告扒手的标语，自然是为了震慑扒手，然而，这种语言无疑也会使顾客产生不安全感。现在，银行不仅安装了监控，而且还善意地提醒人们：“你已进入监控区，请保护好您的钱包和银行卡！”这也属于请求式批评法的应用实例。

营销人员在处理顾客争议时使用请求式批评法，可以缓和气氛，避免矛盾升级。

请求式批评法之所以有效，是因为其中包含着某种尊重！

请求式批评法之所以有效，是因为它让人感到有人请求他！

请求式批评法不仅适用于领导对部下，也适用于老师对学生、家长对孩子。一般说来，老师和家长使用请求式批评法，比领导者具有更大的灵活性，完全可以大力创新，巧妙运用。特别是家长在教育孩子时使用请求式批评法，可以根据情景、事件、孩子的性格特点、现实状况的不同，适当注入亲和、幽默、诙谐、征询和适度讽刺的味道，则可取得更好的效果。

用好请求式批评法，需要在四个方面下工夫：第一，任何时候都要对人性抱有坚定的信念，坚信人们能够接受正确、良好的意见；第二，养成宽厚、幽默的性格；第三，培养一种好脾气；第四，每逢面对争议或者行使批评，都要认真思考怎样把直露的批评性语言变成请求式批评语言——最好是平常就很重视语言表达训练。

第四节 幽默式批评法

在领导语言艺术中，幽默语言独有一席之地。俗话说，幽默是心灵的润滑剂，健康的人都应该富于幽默。然而，幽默代表着一种才华，并非人人都能具备。幽默语言不仅仅能够成就人们“瞬间的崇高”，而且能够深刻地改变人的性格、思想、心态、情绪。只要人们愿意幽默地面对一切，长期坚持，就能够发现自己惊人的变化。领导者使用幽默语言，可以活跃气氛，制造乐趣，融洽上下级关系。此外，幽默语言还可用于批评与反批评。如果使用得当，往往具有出人意料的效果。

有人说，没有幽默感的人，不能成为政治家；没有幽默感的人，不能成为领导者；没有幽默感的人，不能成为好丈夫、好妻子、好孩子；没有幽默感的人，不知道什么是快乐。美国幽默专栏作家阿特·布克瓦尔德说得更绝：“幽默能够拯救世界。”

瑞士幽默画刊《扫雪》主编鲍克说：“这个世界必须有幽默，否则就完蛋了。”

虽然他们这些说法难免有些夸张，但是并非没有道理。

幽默——包括幽默批评，是一种高级智力活动。幽默批评的要点在于避开对方的锋芒或中断对方的辩解，或者是利用言外之意使对方明白真相，从而达到纠正错误的目的。因此，人们常把幽默式批评称为“回马枪”或“拖刀计”。不管哪一种情况，只要是利用幽默语言进行批评，都应该以对方无法反驳为标准。

女店员的幽默批评。一位女士怒气冲冲地走进食品商店，大声向营业员喝道：“我叫我儿子到你们这儿买果酱，你们为什么缺斤少两?”服务员先是一愣，马上明白了原因，于是，她不慌不忙，很有礼貌地说：“夫人，请你回去称称孩子，看他是否长重了。”那位女士恍然大悟，连声说道：“噢，对不起，误会了。”

显然，服务员小姐认准了自己不会称错，觉得很可能是小孩偷吃了果酱。如果明说“我不会搞错的，肯定是你儿子偷吃了”，或者“你不找自己儿子的麻烦，倒来埋怨我称错了，真是莫名其妙”，那就不但不能平息顾客的怒气，反而会引发一场更大的争论。因此，女服务员用幽默委婉的语气指出那位女

士所忽视的问题，既维护了商店的信誉，又避免了一场争吵。领导者借鉴这种方法批评部下，效果同样不错。

军长的幽默批评。在政治挂帅的年代，某军长到某营检查政治学习情况。营长非常重视，他命令士兵列队接受首长检阅。军礼行毕，营长大声发问："有谁知道马克思是哪国人？""报告首长，我知道，"一名士兵出列之后，大声说道，"马克思是苏联人！"全营军官顿时面面相觑，惶恐无地，吓得连气都喘不过来。军长见状，大声笑着说道："噢，大概马克思也会搬家呀，同志们好，解散！"

试想，这位军长若不是早早结束这种尴尬场面，并且以幽默的方式指出士兵的错误之处，他将何以处理部下呢？军长机智地以幽默方式避免了更加尴尬的情况出现，既保护了手下的军官和士兵，也保护了自己——因为他毕竟指出了士兵的错误。

歌德的幽默"反批评"。宴会上，一个贵族拦住歌德的去路，挑衅地说："先生，我从来不给混蛋让路！"歌德侧身行礼："对不起，我恰恰与你相反！"歌德没有与他对骂，却轻松地借用对方的话"骂"了回去。

上个例子是幽默式反批评的实例。当然，歌德都是为了回击挑衅者而不得已为之。对方只能自讨苦吃。此处借用这些例子解释批评方法，并不提倡这种方法。领导者一般不会遇到这样的情况，但可借鉴这种方法。

婉拒式幽默批评法。罗斯福在当选美国总统以前，曾在海军部担任海军部长助理。有一天，他的一位朋友向他打听美国海军在加勒比海的一个小岛上建立潜艇基地的有关计划。这显然是一个不能向任何人泄露的军事机密。罗斯福故意向左看看，向右看看，继而凑过去，压低声音，神秘地问道："你能保密吗？""能！"那位朋友赶紧说。"我也能！"罗斯福诡秘地笑着说道。

这是一种婉拒式幽默批评法。罗斯福不好意思告诫朋友不要打听国家机密，又不愿生硬地说明自己必须保守秘密，于是采用这种欲擒故纵的幽默批评法。罗斯福运用这种批评方法，既不伤害友情，又使朋友知难而退，还显得自己饶有趣味。

即兴式幽默批评法。丘吉尔脱离保守党而加入自由党时，引起了很多人的抨击。有一次，一位媚态十足年轻女子轻佻地对他说："丘吉尔，你有两点我不喜欢。""哪两点？"丘吉尔装作吃惊的样子，连忙问道。"你执行的新政策和你嘴上的胡须。"那个轻佻女子说道。"哎呀，真的，夫人，"丘吉尔彬彬有礼地说，"请您千万不要在意，您没有机会接触到其中任何一点。"

这样的幽默批评使人不敢轻辱于丘吉尔，而他，实在没有必要与挑衅者对攻，何况对方又是那样一个女人。他的这种幽默语言能使别人自取其辱，知难而退，并且自愧不如，再也不敢向他叫阵。作为领导者，为了避免在琐碎的小事上得罪人，同时又要维护自己的尊严，有时就需要采用幽默批评方法。

回避式幽默。运用幽默避开不好回答的问题，可以帮助人们解脱困境。有个女士问政治家："男人和女人之间有什么呢？有没有真正的爱情呢?""男人和女人之间嘛，"政治家说，"男人和女人之间恐怕只有'和'字。"这是多么机智的回答！政治家巧借女士所谓"男人和女人"中的"和"字来作答；"和"一语双关，既不冷，也不热，同事也道出了男女关系的实质和天下男女的希望——"和"。

严厉式幽默批评。幽默批评并非只有"温情脉脉"的类型，还有一种严厉无情的类型。在领导者特别愤怒的时候，它比直接批评更有威力——既能增强领导者的权威，又能使对方无地自容。两种效果结合起来，反而使被批评者无法——也没有理由憎恨领导。假如被批评者言行丑恶、虚弱不堪，那他就只能自惭形秽。例如，威尔逊在担任新泽西州州长时，他的一位好朋友——新泽西州的一位议员去世了。威尔逊接到电话后，甚为震动和悲痛，他立即取消了当天的所有约会，以表示对故友的深切哀悼。谁想仅仅几分钟后，他就接到新泽西州的一位政客的电话。"州长，"那人结结巴巴地说，"我希望能够代替那位议员的位置。""好吧，"威尔逊对此人迫不及待"抢班夺权"感到恶心，他立即答道，"如果殡仪馆同意的话，我本人毫无意见。"

威尔逊州长并没有直截了当地表示自己的不满，而是采取了幽默的方法表达了自己的愤怒和鄙视。他明明知道对方想要的是议员的位置，而不是殡仪馆中安放死尸的位置，但是，他借题发挥，"同意"了对方的无理的要求，使得对方无地自容，收到了一箭双雕的效果。显然，这种方法有助于领导者树立权威。

反射式幽默批评法。所谓反射式幽默批评法，就是指否定原来的说法，重新对原话向相反的方向加以澄清。在有些场合，我也把这种方法称为"循环式幽默批评法"。有时候，对于高手来说，幽默批评可以"循环"使用。如果幽默式批评受到了反批评，那么，你再用否定的方式进行道歉，就能形成新的幽默式反批评。

有一次，世界著名的滑稽演员侯波在一次表演时说："我住的那家旅馆，房间又小又矮，就连老鼠都是驼背的。"旅馆老板知道后十分生气，认为侯波诋毁了旅馆的声誉，要控告他。侯波实在无法证明"老鼠都是驼背的"，为了

不吃官司，同时又能诋毁那家旅馆，他按照对方的要求，在电视台发表了一个声明，向对方表示歉意。声明写道："我曾经说过，我住的旅馆房间里的老鼠都是驼背的。这句话我说错了。我现在郑重地予以更正：那里的老鼠没有一只是驼背的。"

这里，侯波虽然否定了自己原来的话，但是，他并没有否定自己原话的意思。"就连那里的老鼠都是驼背的"，意在说明旅馆小而矮；"那里的老鼠没有一只是驼背的"，虽然否定了旅馆的小和矮，但是并没有否认旅馆里有老鼠；其中的"没有一只"，说明不止一只，说不定有很多很多。可见，侯波的道歉声明，明为更正，实则仍然是在批评旅馆的卫生情况太差。他不仅坚持了以前的看法，讽刺反而更加有力。

再看下面的例子，其中的查尔斯使用的也是反射式幽默批评法。

英国牛津大学有个名叫艾尔弗雷特的学生，因为能写诗而在学校小有名气。有一天，他在同学面前朗诵自己的得意诗作。有个叫查尔斯的学生私下说："我对艾尔弗雷特的诗非常感兴趣，因为它是从一本书里偷来的。"这话传到艾尔弗雷特的耳朵里，他非常恼火，要求查尔斯当众向他道歉。查尔斯想了想，说道："我以前很少收回自己讲过的话，但这一次我要认错：我本来以为艾尔弗雷特的诗是从我所读的那本书里偷来的，但我到房间里翻开那本书一看，发现那首诗仍然躺在里边。"查尔斯确实更正了自己的话，但是，他不仅没有取消指责，反而更证实了他的话。

自贬式幽默批评法。所谓自贬式幽默批评法，即通过自我贬低的方式进行批评的一种方法。萧伯纳成名之后，收到一位女舞蹈家的求爱信。她在信中说："我有第一美丽的身体，你有第一聪明的脑子，如果我们能够结婚，生下的孩子像你一样聪明，像我一样漂亮，那该是多么美好的事情呀！"萧伯纳以他特有的幽默，拒绝了他认为肤浅无聊的女舞蹈家。他在回信中写道："这可不行。如果我们结婚，生下来的孩子长得像我一样难看，头脑像你一样简单，那该是多么可怕的事情呀！"

自贬式幽默批评法，也可以称为戏谑式幽默批评法。它以戏谑的方式淡化情绪色彩，并且先贬低自己，再贬低对方。对方虽然不满，但也无可奈何。其中的戏谑意味，多少有助于避免双方反目成仇。如此一来，萧伯纳居高临下，及时打消了对方求爱的念头。显然，这种方法避免了当断不断的做法可能导致的种种尴尬。

防守反击式幽默批评法。这种幽默批评法是指使用幽默语言，承认对方的部分观点以进行防守，攻击对方的另一部分观点以进行反击。合起来，就是反击式幽默批评法。例如，里根为了连任总统，在与竞选对手蒙代尔进行的第二次电视辩论中，曾经巧妙地使用过这种方法。当时，记者特里惠特问里根："总统先生……你已经是美国历史上最年老的总统了。你的一些助手说，在你与蒙代尔最近的几次交锋中，你感到力不从心。我记得，肯尼迪总统在处理古巴导弹危机时，可以几天几夜不合眼。你难道没有怀疑自己能对付得了吗？"里根幽默地笑笑，说道："我要让你知道，在这次竞选中，我之所以不想就年龄问题争论，是因为我不打算为了政治目的去揭露对手的年幼无知。"他用幽默批评法讨好观众，并巧妙指责对手"年幼无知"。在被人击中弱点时，里根挟枪带棒地防守反击式幽默，赢得了选民的好感。

滑稽式幽默批评法。所谓滑稽式幽默批评法，是指以一种孩子气的顽皮、滑稽的幽默方式而进行批评或反批评的方法。据说，英国前首相丘吉尔惯于此道。有一次，与丘吉尔共事的保守党议员威廉·乔因森希克斯在议会发表演说。他看到丘吉尔摇头晃脑地表示不同意，心里很不舒服，于是看着丘吉尔，说道："我想提醒尊敬的议员注意，我只不过是在议会大厦里发表我自己的意见。"丘吉尔立即答道："我也想提醒演讲者注意，我只是在摇晃我自己的脑袋。"

丘吉尔是否怀有扰乱对方讲演的动机，只有他自己知道。至于威廉·乔因森希克斯本人，肯定怀疑丘吉尔摇头晃脑的用心，所以才提醒大家注意丘吉尔缺乏礼貌的举动。丘吉尔大概正是为了影响对方的演讲，才公开给予幽默反批评。据说，与会者听了丘吉尔的话，当即哄堂大笑。丘吉尔是既要了赖皮，又讨好了众人。因为他敏锐地抓住了对方的言语误差，即"我只不过是在议会大厦里发表我自己的意见"，那么，如果不在议会大厦里，他所说的话是否就是不能代表他"自己的意见"的胡话呢？

丘吉尔的幽默反批评，无形中向与会者暗示了这种指责，因而才能得到大家的喝彩。可见，有些时候，多余的文字——垃圾信息，反而会造成歧义。

英国前首相温斯顿·丘吉尔才华出众，总是跟各种入流和不入流的幽默有关。据说，他在年轻时就不守政界惯例，向来以越级进言而闻名。在第一次世界大战之后，英国民间广泛流传着一则笑话：法国首相克莱门斯、英国首相苏埃德·乔治以及温斯顿·丘吉尔去世后，相继到上帝那里去讨赏。当克莱门斯走到珍珠门外时，圣彼得出来挡驾。他要求克莱门斯说明自己的身份、履历，以便由上帝据此赐以永恒的奖赏，克莱门斯顺从地照办了。稍后而来的苏埃德·乔治，同样履行了这个手续。轮到丘吉尔时，他却厉声质问圣彼得："你究竟是什么人，把上帝给我叫来！"

幽默的确能使人爆发出瞬间的闪光，可以使人刮目相看。得体的幽默能够迅速使说话人的形象被阅听者所接受，这对人们社交的成功具有很大的作用。现实生活中的“阳光幽默”或“粉色幽默”，在促进情感沟通和润滑人际关系方面具有不可替代的作用。人们之所以会赞赏格调高雅的幽默，幽默的人之所以比较容易取得社交的成功，乃是因为一个人所共知的常识：平庸、无聊、低贱、龌龊的人，实在是幽默不起来的。因为幽默需要某种品质和才华！我曾经借助色彩，区分生活中各种幽默。批评性幽默软中带硬，属于“蓝色幽默”；那些温暖人心、快慰感情的“阳光幽默”，可以称为“粉色幽默”；那些广泛流行于成人世界的色情幽默，则是“紫色幽默”或“黄色幽默”；那些尖刻辛辣的讽刺性幽默，不妨称之为“黑色幽默”或“灰色幽默”，以其“火药味”轻重为标准；至于尖酸刻薄、毫无美感的幽默，则只能称为“白色幽默”。领导者学会幽默，增强魅力，不应该仅限于学会幽默批评法，而且还应该学会“阳光幽默”，并借以装点生活，使得幽默真正成为“心灵的润滑剂”。

任何一段幽默语言，都包含着一种创新思维模型。如果思维不能创新，那就无法制造幽默。对于领导者来说，学会幽默，除了满足领导工作需要、人际交往需要和生活需要之外，还有助于培养机智灵活、闪展腾挪的思维，极有益于改善处事方式和工作作风。我要强调的是，领导者既要学会批评性幽默，也不能忽视“阳光幽默”的作用。

第五节　压力暗示批评法

所谓压力暗示批评法，是指领导者通过特殊行为方式向犯有过失或表现不良的部下暗示压力，迫使他们自省其身和自行纠正自身错误的一种方法。这种方法暗含着某种压力，也没有更好的名称，所以，我才把它称为“压力暗示批评法”。

当领导者要与职务较高的部下保持一定的距离时，或者特别不满意于部下的行为时，就可以选择这种方法使部下自省、自责。

显然，这种方法很有利于领导者维护权威。

有一年仲夏，玛斯公司的创始人玛斯先生到旗下一家巧克力工厂视察。那天天气炎热，酷暑逼人。当他走到三楼制造巧克力的机器旁边时，感到一阵阵热浪迎面扑来，于是，他就问工厂经理：“你们怎么没有在这里安装空调器?”

经理说没有这笔预算。玛斯先生听罢，当即拨通了维修车间的电话，要求他们立刻上楼。他对那些维修工说：“请你们到楼下去，把你们经理办公室里的所有东西都搬到这里来，我和他在这里等着。”

玛斯转脸又对制造巧克力的工人说：“如果不影响你们工作的话，就把他的办公桌椅放在这台最大的巧克力机器旁。”玛斯还对那个经理说：“一旦完成了这项工作，你随时都可以搬回自己的办公室。”玛斯走后，经理当天就装好了空调器。

玛斯先生说了很多话，但他没有半点指责下属过失的话语，其威严、老辣之处是用行为体现出严重不满，并且让部下感受工人的反感。这表明老板极其光火。

在《赢得优势》一书中，记述了这样一个故事：

> 有一次，美国空军战术指挥部四星上将比尔·克里奇将军到下面去视察，偶尔经过一间年久失修、破破烂烂的军需部办公室。一把灰色军用椅子吸引了他的注意力：这把椅子已经破烂不堪，上面多处用电工胶带粘着，而且只有三条腿，第四条“腿”架在一块木头上。克里奇将军当即命令助手，将那把椅子装箱运回弗吉尼亚州的兰雷战术空军指挥总部。随后，克里奇将军举行了一个盛大的仪式，将那把破椅子“奖给”了负责后勤工作的一位三星将军，并且宣布从此开始让他使用这把椅子办公，直到整个军需工作走上正轨为止。
>
> 克里奇将军极富戏剧性的批评艺术的要点，在于让部下感受基层军官和普通军人的压力，以唤醒他们的良知：这样对待军人，不遭人憎恨才怪呢!

领导者向下级暗示压力的方法很多，既有刚厉的方式，也有一些相对柔和一点的方式。无论什么方式，其要点都是要让下级感受到巨大的压力。

麦当劳的前身——麦克唐纳快餐公司创建期间，雷·克罗克总裁曾经一度对一些经理很不满意。因为按照雷·克罗克总裁的要求，他们没有花足够的时间到外面柜台上去看看。为此，他下令锯掉了经理们座椅的靠背。经理们由此看到了总裁对管理干部与顾客保持直接接触多么重视，自然就再也不会等闲视之。

雷·克罗克总裁的做法，意在提倡一种新的管理理念和模式——“走动

式管理”。为此，他命人砍掉经理人员的椅子靠背，暗示他们不能老是坐在办公室里发号施令。现在，如果领导者仅仅借助电脑获得信息，也会导致领导者和部下以及顾客的关系越发疏远，甚至会被引入歧途。因此，现代领导必须实行“走动式管理”，以便亲身获得“第一手资料”——自己去看、去听，得到真实信息，根据自己的见闻和经验建立自己的判断，绝不能只听部下的汇报。

此外，在“走动式管理”中进行检查、督促、指导，并与员工沟通感情，是领导者用人治事不可缺少的一环。克罗克手下的经理人员不愿到基层走走听听看看，克罗克当然要想办法批评他们。砍掉他们椅子的靠背，让他们不能像从前那样舒舒服服地坐着喝茶看报，大概属于最有效的方法。

美国有不少卓有成就的大企业家，十分信奉这种“走动式领导”方式。他们认为，领导者不能仅仅依靠公司的反馈机制获得信息，必须离开靠背椅，各处走一走。如今，“砍掉椅子靠背，到各地走一走，也许就会有奇迹发生”，已经成为美国企业领导的座右铭。实际上，这种方法就是我们常说的注重调查研究，密切联系群众，从群众中来，到群众中去的方法。有人也把这种方式列入情感管理范畴。

艾森豪威尔当选为总统时，他的前任杜鲁门总统怀疑他能否实行“走动式领导”。杜鲁门说：“可怜的艾克，他是个军人，下达命令后必须有人执行；现在他要坐在这间大办公室里了，只怕他发布命令之后，一件事也做不成。”

我所说的柔性化压力暗示批评法，也可以称为象征性批评法。虽然是柔和的暗示，压力却并非因此而降低。不信，请看下面的例子：

普罗克特·甘布尔公司生产经理乔治刚被提升为经理后的某一天，半夜里接到上司打来的电话：“乔治，你的产品出了问题，我们这里发现了一块不合格的肥皂，你能在明天一早6点半以前赶到这里来吗？”

须知，这个电话是从300英里以外的一个地方打来的，上司说话的口气也让乔治觉得上司不只是表示邀请，而是有别的什么更严重的问题，所以，他只能肯定地答复了上司。稍后，他才明白了上司的意思。

试想：当他以每小时70英里的车速穿过田纳西州南部的山区，驾车300英里后看到那块只值34美分的肥皂时，他一定能够牢牢记住：普罗克特·甘布尔公司对待产品质量确实是非常严肃的。

乔治对此深有感慨：“此后，我再也用不着那种厚达200页的详尽烦琐的规章制度来提醒我这一点了。”

可以看出，即使是柔性化压力暗示批评法或象征性批评法，同样具有相当大的威力。它不用直接批评部下，却能够引起部下深刻的反思，并能使部下产生一种戒惧。试想，上级领导是那样重视，下级心里岂能不掂量掂量？有时候，上级没有只言片语，却亲自“替下级改正错误”，下级心里有何感想？这肯定比直接批评更有威力。

领导者对于百姓普遍怨恨的行为，当众直接批评下属，并且让他们作出整改的承诺，或者让被批评者亲身体验一下普通民众的苦处，“折磨”被批评者身临其境的感受一下百姓的怨愤，都是压力暗示批评法的变用。

在2017年热播的《人民的名义》一剧中，京州市委书记李达康让区长孙连诚半蹲半坐在信访局低矮的窗口下，体会一下上访人员的苦处，同时让他按照银行柜台的模样进行改造。孙连诚当着上访群众的面把手下大批一通，赚取了群众的感激和新闻媒体的称赞，却又欺上瞒下，阳奉阴违，应付公事，仅在低矮的窗口下加了一把小小的竹椅以及在窗台上放上了半盘冰糖块。

网民把照片发到了省委书记沙瑞金的微信上，省委书记沙瑞金又如法炮制，也让市委书记李达康体验了一下上访群众半蹲半坐的滋味，李达康只能诚恳地向省委书记作检讨。接着，二人商定，组织部门要把不作为的“懒政”干部“召回”，参加党章党纪学习班，并且降职一至三级，而且就以京州市作为试点城市。可以设想，由于孙连诚没有执行市委书记李达康的命令，而市委书记李达康又因此而遭受到省委书记沙瑞金的“折磨”，那么，市委书记李达康能够轻易饶恕“懒政”区长孙连诚吗？

省委书记沙瑞金如此这般地让市委书记李达康真切感受了一下省委和人民群众的“压力”，同时也让市委书记李达康深感自己工作作风不深入、不细致，工作有布置、没检查、不到位、不落实，导致人民群众长期普遍反感的现象不能改善。省委书记沙瑞金根本没有怎么批评市委书记李达康，李达康既已诚惶诚恐。这说明，即使是柔性化压力暗示批评法，也具有相当巨大的威力。

领导者使用柔性化压力暗示批评法，能够极大提高自身权威，而且往往能使上级领导在下级干部心目中不仅有权有威，而且有情有义、情高义重。更重要的是，由于下级犯错者感受到巨大的压力，所以能够较快地促使工作得到改善，同时也很有利于培养人才，促使下属健康成长。

第六节 自我教育式批评法

自我教育式批评法是一种即兴的批评方法，可以根据随时出现的不良情况随机设计、创新。一般来说，它经常使用于那种既无法定性也无法处理，然而又令领导者极其讨厌的行为。例如开会时离题万里、争论不休、议而不决等。所谓自我教育式批评法，就是领导者想方设法让部下检视自己的行为，进行自我反省和自我教育。

现实生活中的有些错误，可能很难用语言令人信服地描述给犯错者。即使能够描述，仍然无法定性和无法正式处理。对于管理过程中一些无聊、低效的现象，领导者明知不好，但是，他们实在很难将其定性为何种性质的错误，应该进行何种力度的处罚。平常人们所说的"大错不犯，小错不断"中的"小错"，就是指这类不好处理的错误。正是这些所谓"小错"，常常能够搞垮一个组织。对此，领导者可以让部下自己"照镜自观，重新梳妆"，使他们自我反省，自我完善。其具体办法就是将犯错误的人"请"到其错误的"对面"，让他们看看自己的表现。

据说，通用汽车公司召开会议讨论某一重要问题，参加会议的人怎么也不能取得一致意见，人们都在千方百计地证明自己正确，想方设法反驳别人的观点。虽然大家情绪非常激昂，争论不休，问题却是更加纠缠不清。然而，主持会议的领导并不着急，因为这样的会议已经不是第一次了，他也早已想出了应付的办法。会议进行了 2 个小时后，他建议大家休息一下，让大家出去透透风。

重新开会之后，他并没有请大家继续发言，而是请大家再听听刚才所有的提议和争论的情况。于是，他打开了录音机。原来，在参加会议的人并不知道的情况下，全部发言都被录音机录了下来。人们听着自己刚才说过的那些自认为理由充分的话，觉得竟是那样漏洞百出。这时，会议主席提议继续讨论，大家的发言都变得简短明确。由于人们都变得负责任了，所以很快就找到了解决问题的办法。

从此以后，在那位领导者办公室里召开的会议，也都进行得颇为顺利。因为参加会议的人都认为录音机又打开了，所以不敢信口开河。

本来，那位领导可以直接批评下属：即使不在意浪费自己和同事的时间，起码也应该尊重领导的时间观念。然而，他并没有简单地进行批评。看来，批评者的任务并不是批评本身，更重要的是设法让犯错误的人看清楚自己的错误，或者说让他们不得不自己面对自己的错误，从而促使他们自我完善。

自我教育式批评法活性很强，可以随时随地根据需要进行创新。另外，现代领导培训教学也积极引进自我批评的思想，让受训者在模拟的行为过程中进行自我评价，这比强制性灌输知识更为有效。人们熟知的成就动机训练、敏感性训练、案例教学、角色扮演、体验式培训等，都包含了这种思想。

学习型组织理论强调五项修炼，包括勇于自我超越、改善心智模式、树立共同愿景、尝试团队学习、熟悉系统思考。其中勇于自我超越，必然地包含了自我批评，因为离开了自我批评，就不可能自我超越。其中的改善心智模式，提倡通过省察、检索、反思自我思维，祛除那些无形中影响着人们认识和思维的不良心态以及这些不良心态赖以存在的心里假设，同样必然的包含着自我批评、自我完善的意思。

微软公司让员工们自己总结、检讨自己的工作，多找差距和教训，少讲经验和成绩，甚至是只谈差距和教训，不谈经验和成绩，使用的就是一种"大型的"、全面的、集体化、制度化的自我教育式批评法。

习近平主席提倡要开好党的民主生活会，大家在会上自我作检讨，相互提意见，就是批评与自我批评相结合的批评方式，其中包含着自我教育。在2017年的热播剧《人民的名义》中，省委书记沙瑞金开完会后，专门留下省委副书记、政法委书记高玉良以及省委常委、京州市委书记李达康，要求他们在过会召开的民主生活会上谈点什么。李达康表示要在会上谈谈他的前妻欧阳菁受贿的事，沙瑞金表示赞成。高玉良试图回避，沙瑞金则让他谈谈他对从前批准长期造化极大污染的"美食城"项目的感受以及对"美食城"拆除的态度。虽然高玉良错误地认为沙瑞金"整人有术"，但是，对于沙瑞金来说，却是为了让高玉良、李达康通过自我批评而进行自我教育。

自我批评，就是一种自我教育方式，乃是现代文化潮流所宗。因为社会越来越民主，人们越来越自由，思想越来越多元，人们个性的冲撞可能越来越多，所以，自我批评更成了符合人类先进文化原则的一种方式。

领导者如果有志于建设以人为本的人本主义文化，就需要更加重视和提倡自我批评的方法。

第七节 双关式批评法

众所周知，双关是汉语语言学中的一种修辞方法，能够使语言表达饶有情趣。修辞学中的双关，是指利用词语同音或多义等条件，有意使某一词语在特定语言环境中同时兼有明暗两种意义。其特点是言此意彼，语意指向偏重于暗含的意义。

汉语中的双关分为两种，一是利用谐音、同音条件构成的谐音双关；二是利用词语或句子的多义性构成的语义双关。例如，“东边日出西边雨，道是无晴却有晴”中的“晴”字，即属于谐音双关。再如，“玉带林中挂，金簪雪里埋”，暗指林黛玉和薛宝钗，则属于语义双关。此外，间谍们使用的暗语，有一些也可以视为双关。例如，《红岩》中陈然接到了一封短信，上面写着：“近日江水暴涨，闻君欲买舟东下，谨祝一路顺风，沿途平安。”这也是利用双关手法，给予战友以通报与警告。

平民百姓中爱说风凉话的人，或者是喜欢指桑骂槐的人，实际上就是利用双关挟枪带棒揶揄别人，其本质就是一种批评。领导者批评部下，本是为了改善部下的行为，不是为了使性寻乐，所以绝对不能援用民间泼妇的伎俩。然而，如果领导者心存善意、待人厚道，既要维护原则，又要保全部下的面子，则完全可以利用双关法批评部下。不过，领导者如果要使用双关式批评法，应该注意尽量使用语义双关，慎重使用谐音双关，以免影响自己的权威和形象。

在现实实践中，有的领导者利用语义双关，创造出比语言学中的双关更为松散和更为宏观化的双关批评法。此处，我们不妨举个例子加以说明。

美国某大银行有位女职员在为顾客办理提款业务时，不慎多给了一位女顾客10美元。女顾客数过钱后诚恳地说：“小姐，您多给了我10美元，您看对不对?”谁知那位女职员却斩钉截铁地说：“夫人，您一定是弄错了，我根本没有多找给您哪怕是1美分，更不用说10美元!”女顾客一看那个女职员态度不好，觉得自己本来好心好意，而她不仅丝毫也不领情，反而好像是很有火气，因而也大为恼火。她提高声音，一字一顿地说：“小姐，您确实多找给了我10美元，请您更正您的错误!”那位女职员反应更加激烈："您不要再纠缠了，我凭什么多给你10美元！"这时，值班经理听到了她们的争吵，赶忙走过去询问原因。女顾客把刚才的情况说了一遍，经理马上郑重其事地说："夫人，谢谢您的好意，您的善良慷慨之举令我们银行所有的人都很感动。不过，我们银行是从来不会出错的！我再次感谢您！如果您还有别的事情，请到我办公室谈谈好吗？"那位女士摇了摇头，无可奈何地走了。

那位经理确信自己的雇员多找了钱，但他十分明智地不去点破。此举一则保护了银行的信誉，二则保住了女职员的面子。因为银行有严格的规定，任何人都必须在业务上达到"零缺陷"标准，确保在现金往来方面绝对不能出现任何一点差错。女职员之所以不愿承认自己找错了钱，一是害怕受到处分，或者害怕被炒鱿鱼；二是害怕公开出丑，因为年轻女性特爱面子。由于只有10美元差错，那位女职员当然自己能够悄悄补上。有了这个教训，她以后肯定不会再次出现类似错误。

事实上，即使是我们不太提倡的谐音式双关批评，它仍然经常为领导者所使用。例如，领导者以慎重而又带有疑虑的口吻重复部下言论中的某个或某些字眼——暗示他不能认可部下的观点。以这种特别强调的语调暗示部下应该重新思考并另作结论，实际上也是在行使一种婉转的双关式批评。有时候，领导者对于自己不赞成的观点，选择对方的关键字眼拖长声调，或者加重语音，都意味着使用谐音式双关批评法而启发部下重新思考问题。当然，这类情况很多时候并非完全属于批评范畴。然而，同样不可否认的是，它们无一例外地都包含着批评的成分。

如果使用得当，双关式批评也有很多好处：首先，它适用于所有言语交流场合，并能和其他用人方法衔接起来。例如，领导者表达对部下的尊重，或者是说服部下、指导部下，均可采用双关式批评法；其二，双关式批评通常带有恩威并施的性质，因而虽然此法不事张扬、含混暧昧，但它同样能使领导者有权有威；其三，这种方法活性很强，一般情况下并没有其他限制，因而可以广泛而随机地加以使用。

第八节　比喻式批评法

所谓比喻式批评法，就是运用比喻这一修辞手法和讲故事而进行批评的

一种方法。它可以只是一个简单的“比方”，也可以是一个很长的故事。

美国之父富兰克林，就曾用讲故事的方法，巧妙地“劝”过杰弗逊。

18 世纪 70 年代初，北美十三个殖民地的代表齐聚一堂，协商脱离英国而独立的事，并推举富兰克林、杰弗逊和亚当斯等人起草文件。执笔撰写《独立宣言》的具体工作，历史性地落到了才华横溢的杰弗逊头上。

杰弗逊年轻气盛，文才过人，平素最不喜欢别人对他写的东西品头论足。他起草好《宣言》后，把草案交给一个委员会审查，自己则坐在会议室外等待回音。

过了很久，他也没听到结果。他等得有点不耐烦了，几次站起来又坐下去。

老成持重的富兰克林坐在杰弗逊的旁边，唯恐这样下去会发生不愉快的事情，就拍了拍杰弗逊的肩膀，给他讲了一个故事：

有一位年轻的帽店学徒，三年学徒期满后，决定自己经营一个帽店。他觉得有一个醒目的招牌非常必要，于是就自己设计了一个招牌，上面写着“约翰·汤普森帽店，制作和现金出售各式礼帽”。同时，他还在下面画了一顶帽子。

在招牌制作之前，他特意把草样拿给各位朋友看，请大家“提意见”。第一个朋友看过后，不客气地说，“帽店”一词后面的“出售各式礼帽”语义重复，建议删去。

第二位朋友则说“制作”一词也可以省略，因为顾客并不关心帽子是谁制作的，只要质量好、式样称心，他们自然会买。于是，这个词也删掉了。

第三位说“现金”二字实在多余，因为本地市场都习惯于现金交易，并不时兴赊销；顾客买你的帽子，毫无疑问是会当场付现金的。这样删了几次，草样上只剩下“约翰·汤普森出售各式礼帽”和下面画的那顶帽样了。

“出售各式礼帽?”最后一个朋友对剩下的词也不满意。“谁也不指望你白送给他，留那样的词有什么用?”他把“出售”划掉，提笔又想了想，最后连“各式礼帽”也一并砍掉了。他理由是“下面明明画了一顶帽子嘛!”

等到帽店开张，招牌挂出来时，上面醒目地写着“约翰·汤普森”几个大字，下面是一个新颖的礼帽图样。来往顾客，看到后没有一个不称赞这个招牌做得好。

富兰克林讲得这个故事，使自负、焦躁的杰弗逊渐渐平静下来，他明白了老朋友的意思，极力克制自己耐心地等待着。结果，《独立宣言》草案经过众人精心推敲、修改，变得更加完美，成了字字珠玑、万人传诵的不朽文献，对美国独立革命起到了巨大推动作用。关于起草者的这个故事，因此而流传下来。

用相似的故事做比喻说服别人，从而达到批评的目的，是一种高明的批评方法，也是一种效果极佳的沟通方法。使用这种方法，必须注意故事要与当前事件相类似而又不能太接近，或者说既相近而又不能雷同化。否则，对方就不愿意听下去。

领导者行使批评时，适当地引用实例作比喻，能够使表达更加生动，能够使抽象晦涩的道理变得简单易懂，特别是能够避开对方的抵触情绪，从而能够把话说下去，这样才能使人愉快地接受你的建议，进而纠正自己的缺点。

台湾的文学大师林语堂先生在赴美讲学时，多次盛赞中国文化。有位美国记者很不友好地问他："在你看来，美国就没有好东西了吗？"林语堂说："有一样。"美国记者问道："是什么呢？"林语堂说："抽水马桶！"

这里的"马桶"暗指美国文化。林语堂是在用比喻式批评法进行反批评。

爱因斯坦曾用牛和猪的寓言说事，批评一个自私的人。请看：

一个有钱人对爱因斯坦抱怨说："谁都不喜欢我，他们说我太自私、小气。可是我的遗嘱上已经写好，要把我所有的财产捐给一家慈善机构。"爱因斯坦说："我听说过有个牛和猪的故事，也许可以给你一点启示。有一头猪到牛那里，对牛抱怨说：'别人总是说你很友善，这点倒也没错，因为你给他们牛奶。可是他们从我身上带走的东西更多啊，他们得到的香肠、火腿、肉，不都是我的吗？就连我的蹄子都拿去炖了！可是，谁都不喜欢我。对人来说，我就是一只让人讨厌的猪！怎么会这样呢！牛想了一会儿，说：'可能是因为我活着的时候就给予他们了。'"

爱因斯坦讲的这个寓言故事，用意非常清楚：与其活着的时候对人吝啬，反而想着死后再有益于人，倒不如活着的时候奉献一点什么。他是在让那个富翁明白为什么人人都不喜欢他，就是因为他不仅自私，而且还不知道自己自私！

以讲故事作比，委婉地行使批评，有助于淡化批评的火力。让别人听了故事后自己琢磨其中的道理，有助于避免尴尬场面的出现。领导者应该善于

运用这种方法。

我曾盛赞佛家沟通艺术之高，其中好多都是作比设喻善意开示。所谓开示，无疑包含批评、诱导、启发在内。领导者要想深入了解比喻式批评法及其应用技巧，可以广泛阅读佛学故事，尝试使用“庄子式寓言”进行批评。

第九节 行为暗示批评法

所谓行为暗示批评法，是指借助某种宽厚的行为，提醒下级意识到自己的错误，并自觉加以改正的方法。这种方法与前面的“压力暗示批评法”不同，它不依靠压力取得效果，而是借助领导的行动对下属的感化，起到批评教育的作用。

行为暗示法具有感化人心的效果，特别值得提倡。一方面，既然上司那样做了，或者说上司替自己作了，下级就不能不依样照做；另一方面，领导一句也没有批评下级，又替下级弥补了过失，下级内心充满感激，一定会做得更好。

原则上讲，领导者批评下属，应该本着尊重的态度，不要发脾气、拍桌子、瞪眼睛、砸板凳、摔杯子。然而，在一些特殊时刻，高级领导难免也会大发雷霆。例如，元帅对将军，总裁对高管，偶尔发次脾气，倒也没有什么大不了。有时甚至必须发点脾气，才能解决问题。

有鉴于此，领导者发现职级较低的下属犯有过失时，多数情况下不会直接批评下属，甚至还会“代替犯错的下属履行职责”——这就是行为暗示批评法。

这种方法特别适用于高级领导对犯有过错的职级较低的下属。请看：

> 有一次，拿破仑正在前线指挥作战。晚上，因为等待情报而睡不着，他走出营帐查岗，看到一个士兵依在树上睡着了。他并没有叫醒那个士兵，而是轻轻地拿过士兵的枪来，自己替他站岗。过了一会，睡觉的士兵醒了，看到皇帝正在替他站岗，吓得魂不附体。拿破仑没有责备那个士兵，只是告诉他以后应该提高警惕。

看来，赢得人心既需要美德，也需要手腕。可想而知，那个士兵肯定会忠心耿耿，这一点丝毫不用怀疑。另外，他不可能不明白，自己的枪都被皇帝拿走了，他自己竟然没有觉察，若是碰上敌人摸岗，那就既不需要皇帝替他站岗，也用不着皇帝惩罚他了。因为他早已魂归西天！拿破仑用宽厚的行为，给了士兵很多暗示。那个士兵知恩图报的话，一定会把压力变成动力，并且怀着敬畏之情效忠皇帝。

拿破仑式的行为暗示批评法，如今也经常被企业领导所采用。华纳梅克是费城一家大商店的经理。有一次，他到旗下的一个商店去巡视，看到有一位顾客在柜台前站了许久，却没有任何一个店员去为她服务。那些店员都挤在柜台的一个角落里聊天，他们又说又笑，就是把顾客丢在了一边。

华纳梅克看到这种情况后，并没有大声责骂店员们没长眼睛，甚至都没有批评他们，而是悄悄地走进柜台，亲自接待了那位顾客。他静静地把顾客要买的东西交给了售货员包装起来，然后默默地离开了商店。

我们可以想象，那些只顾自己说笑的店员，肯定会毫无怨言地改正自己的错误。因为他们的上司在提醒他们犯了错误的同时，使他们保住了面子。他们当然也应该给上司一个面子，把自己的工作做得更好。

有的领导则用“送礼”的办法，向部下暗示某种批评。小王家里装修，总是忙到很晚，早上起得也晚，上班经常迟到。好在老板是个含蓄的人，并没有指责他。他就一直没有在意。这一天，他上班又迟到了，老板拿出一块表，对他说：“小王，这块表是我为你买的，价格不贵，送给你方便你掌握时间。”

小王拿着老板送的表，感到很羞愧，也感到一丝温暖。

从此以后，小王很注意上班的时间，再也没有迟到过。

某公司有个女员工莉莉经常用公司的话机跟男朋友电话聊天，老板并没有批评她。有一天，莉莉从老板的办公室出来，脸上红红的，同事问她是不是挨了老板的训斥，莉莉说：“老板没有说我什么，只是送了我一张手机充值卡。”

“那你应该高兴呀！”同事说，“我怎么碰不上这样的好事呢？”

“老板的意思是让我以后不要再用公司的电话和男朋友聊天了，这话他没明说，但送张手机充值卡给我，我就明白了，响鼓不用重锤。”莉莉不好意思地说。

领导干部对异性下属使用这种行为暗示批评法，应该把握分寸。

从根本上说，领导者使用人才的奥秘就在于“用”与“不用”之间。“用”之策重在厘定制度、颁布规范、安排岗位工作、分配工作任务，“不用”之策重在通过关心爱护、尊重信任、奖赏激励、思想教育、行为感召、

文化陶冶而影响下属的心灵，使之积极、主动、自觉地付诸行动。比较而言，“不用”之策效果更好。

在“不用”之策中，有一种行为感召法——领导者亲自去做组织提倡的事情，自然会有很多人争相模仿。比如，领导者一上班就打扫院内的积雪，很快就会有许多下属赶过来打扫积雪。试想，领导都亲自动手了，部下岂能视而不见、袖手旁观、无动于衷？至少也会不好意思不动手。这种现象在各单位都不鲜见，属于人情世故所使然，不能简单地视为领导是在作秀，或者是下级喜欢拍马。

行为暗示批评法即属于“不用”之策，来源于行为感召法。它用一种无言的暗示产生批评的效果，能够在部下心中引起深刻的情感反响，从而起到“润物细无声”的感化之效，往往会比“雷霆之怒”更能起到批评的作用。看来，领导者对于下属的错误，应该根据具体情况采取灵活的批评策略。高明的批评既能让犯错的部下自我反省，主动改正错误，同时还能使他们感受到领导者的心胸与关怀。

第十节　反讽式批评法

所谓反讽式批评法，是指用讽刺的方式而进行批评的方法。这种方法的特点是明为赞同，实为反对。使用这种方法，要注意显示对立观点的荒谬之处。

有时候，直接否定对方的观点，显得力量不足，假装赞同对方，进一步显示对方的漏洞，不仅更能引起人们注意，而且还使对方的观点显得十分好笑。从而使其失去还手之力。这既是一种辩论技巧，又是一种批评方法。

华盛顿曾经使用这种方法，有力地反驳了对方的观点。请看：

> 在讨论制定美国宪法的一次会议上，有位议员说：“在宪法里要规定一条：常规部队任何时候都不得超过5000人。”
>
> 华盛顿平静地说：“这位先生的建议的确很好，但我认为还要加上一条：侵略美国的外国军队，任何时候都不得超过3000人。”

请看，对方说美国“常规部队任何时候都不得超过5000人”，华盛顿则表面表示同意，但要规定敌人侵略美国的部队“任何时候都不得超过3000

人”。显然，敌人的人数你是无法“规定”的，即使你能“规定”，也是自欺欺人，没有任何用处。华盛顿明明是反对对方的观点，但他并没有直接反驳对方，而是顺着对方的话，从相反的方向补充另外一种情况，用以揭示对方观点的荒唐。

就论证方法而言，华盛顿使用的是归谬法，是杂文写作常用的方法。

归谬法与数学中的“证明”甚为相似：假如要证明某一等式成立或者不成立，都要首先假定这一等式成立，然后运用已知的、公认的原理进行推理。

如果最后得出的结论符合公理或定理，这个等式就是成立的。

如果最后得出的结论不符合公理或定理，这个等式就是不成立的。

后面这种方法，就是驳论文写作和杂文写作中常用的归谬法

这种批评方法具有极大的威力，一般适用于高级领导和重大问题的争论。使用这种“归谬式”批评方法，一定要抓住要害，对准对方最虚弱之处，简短截说，不要解释，说完之后就要沉静下来，让听众自己去思考、辨别。

正面诘问的方法活力太强，容易加剧对抗。以华盛顿所要表达的观点为例，反问方式的表述方法是“我们固然可以规定自己的军队人数不准超过5000人，难道我们能够规定敌人的人数不超过多少吗”？由于反问方式显得咄咄逼人，容易刺激对方，说服力并不一定超过正面叙述、引申归谬的方法，因而不宜提倡。

上述例子显示，华盛顿正是从正面表示赞同，而又用归谬的方法进行反击的。这样，对方的漏洞就会更加明显，对方的观点就会不攻自破。

有时候，面对对方无礼的挑衅和无聊的问题，并不直接批评对方，而是将计就计，顺着对方的说法作出回答，使对方自讨没趣，也属于一种非典型的反讽式批评法。

美国总统林肯特别擅长自嘲式的幽默，看起来是在自我嘲笑，实际上却是极为睿智、犀利。例如，当政敌嘲弄地问他：“你知道你的腿有多长吗?”这本来是嘲笑他身材瘦弱、两腿特长，没有什么分量。他却幽默地反问道：“不就是从屁股到地面那么长吗?”此言机智、形象，暗含的反讽是：“你连这个都不知道吗?”

由于林肯这种幽默地反讽讨人喜欢，所以更增加了批评的力量。

美国南北战争时，林肯曾要求各司令官发到白宫来的报告务求翔实。麦克莱伦将军是一个急性子，接到这道命令，他就受不住了，马上发电报到白宫。电报称：“林肯大总统钧鉴：俘获母牛6头，请示处理办法。麦克莱伦。”

林肯接到麦克莱伦将军的电报后，马上给他回了一封电报。电文如下：

“麦克莱伦将军勋鉴：电悉。所俘获母牛 6 头，挤其牛乳可也。林肯。”

林肯作为总统，要求前线司令官们的报告务求翔实，是完全正确的。麦克莱伦身为下属，如此戏谑地对待总统的命令，显然是毫无道理的。可能因为林肯作风民主，看起来好像没有什么本事；可能因为麦克莱伦自视过高，根本看不起林肯，所以才会发出如此荒谬的电报。他的行为不仅是发牢骚而已，而且充满了挑衅味道，林肯当然不会不明白。然而，林肯既不愿意直接批评麦克莱伦将军的无礼行为，又不愿意否定自己的命令，同时也应该让麦克莱伦感受到一点什么。

既然麦克莱伦愿意发这样的小孩子般负气的电报，那就不妨作出回答，反而显得林肯并没有借题发挥。于是，林肯总统就以戏谑对戏谑，以平静对无聊，将计就计回了一封电文，授权将军“挤其牛乳”，麦克莱伦只能自讨没趣，后悔不迭。

林肯从电报中读出了麦克莱伦的情绪，如果林肯直接批评他不分巨细，内容无聊，那么，要是麦克莱伦以此为借口，以后不再详细报告情况怎么办？给他一个什么样的反馈才能叫他无话可说呢？林肯很聪明，用他那惯有的幽默将计就计。

林肯这种戏谑的反馈，即反讽式批评法，比直接批评更有威力。

运用反讽式批评法，配以合适的语言策略、语速、声调、表情，更能增加批评的力量。例如，语言文字精当，不加雕饰；语速适中，不快不慢；声调平稳，不温不火；表情淡然，不带情绪，显得更加胸有成竹，定力十足，不可撼动，其威力远远胜过大吼大叫。领导者运用反讽式批评法，对一些不得不加以批评的错误观点、意见、看法进行批评，使对方有所忌惮，可以极大地增强领导权威。

第十一节　反批评的艺术

常人而言，遭到批评就很可能就会进行反批评。特别是当批评有损人格、利益、工作、生活、名誉或者明显歪曲事实的时候，人们往往克制不住反批评的冲动。对于领导者而言，如果遭到不公正的批评，切不可采用寻常百姓的反批评方法。如果不公正的批评来自上级，则只能理智地跟上级积极地进行沟通，绝不能轻易进行反批评。如果不公正的批评来自社会，同样需要理性地加以对待。如果不公正的批评来自同僚或下级，如果确因工作需要，则可以适当地进行反批评。

美国第25任总统威廉·麦金利，曾因委任税务部长一事而遭到许多政客的强烈反对。他们派遣代表前往总统府，询问这项任命的理由。在稍后的国会会议上，有个身体矮胖、脾气暴躁的国会议员，说话粗声粗气，当面用粗野的话语辱骂麦金利。麦金利非常生气，但他极力忍耐着，始终没有发作。直到对方骂完了，他才用温和的语气说道："你讲完了，怒气也该平息了吧？照理说，你是没有权利这样责问我的，但我现在仍然愿意详细地给你解释……"这几句话不着气力的话，说得那位议员羞惭万分。然而，麦金利总统不等他作出表示，就和颜悦色地说："其实也不能怪你，因为任何不明真相的人都会大怒。"接着，他一一解释这项任命的理由。麦金利总统这种得理让人的姿态，使那位议员羞红了脸，争论也得以避免。这就是大度带来的好处。其实，不等麦金利解释，那位议员已经被他所折服。他心里懊悔自己不该用那样恶劣的态度责备一位和善的总统。因此，当他回去向同伴们汇报时，只是说："我记不清总统的全部解释了，但有一点可以报告，那就是总统的选择并没有错。"

麦金利总统大度地忍耐无理攻击的态度以及理性、礼貌地对待无理攻击的方法，不仅使他的解释获得很好的效果，而且使那位议员从此悔悟，以后永远不再作出粗野地攻击别人的发言。领导者需要警惕的是，假如别人故意使用计策刺激你大发脾气，从而赢得辩论的胜利，如果你一气之下进行了不理智的还击，岂不是上当受骗，自讨苦吃？再说，如果麦金利总统得理不让人，利用职位和得理的优势，咄咄逼人地进行反击，对方会不会服气，别人又会怎么看，都应该综合考虑。

《周易》曰："天行健，君子以自强不息。地势坤，君子以厚德载物。"领导者立身处世，当有乾的精神和坤的德行，而且要注意保持二者的平衡。用现在的话说，就是要保持理想与道德的平衡。为了自强不息、实现理想，就必须厚德载物；为了厚德载物，就必须自强不息、实现理想，二者相辅相成。就"厚德载物"而言，唯宽广博大方可以容人，唯厚重坚实才可以载物。因此，领导者无论是批评，还是反批评，都应该遵循"厚德载物"的原则，保持宽厚容涵之心。

有位咨询专家正在作一场大型演讲，有位听众好像忍受不了他的某些观点。于是，那位听众抓住演讲人一个枝节问题开始发难，说出了许多带有侮辱性的话。他企图使演讲人上钩，诱使他卷入一场无意义的舌战。可是，演

讲者听到他一大通发难之辞后，只是说了声“OK”，便继续进行他的演讲。他根本没有理会这些不敬之词，表明他不会依照别人的观点确定自己的立场。这样，发难者自然是自讨没趣了。

我亲眼见过一个名牌大学的年轻教授，因为喜欢“批评”而自取其辱。他在讲课时用十分绝对的口气，声称人的成功取决于遗传素质。下课休息时，有个爱较真的听众跟他争论起来。重新上课时，那位教授竟把课间休息时的争论提出来，让全体听众一起评判他们谁是谁非？那个听众本来就是有名的刺头，谁也不愿意跟他发生冲突。只见他忽地一下站起来，从马克思扯到恩格斯，从列宁扯到斯大林，从毛泽东扯到邓小平，引经据典，滔滔不绝，一连串的反问抛向那位教授。

那个教授仍然一次次试图争个明白，这就更给了那个“挑刺”的听众继续争辩的机会。眼看课也讲不下去了，主办者一次次劝解那位听众，而台上的教授仍然很不识趣，还想竭力进行反批评，就是不知道顺势下台。

那位教授讲的是人力资源，本来就不该讲什么“人的成功取决于遗传素质”。因为这既不符合科学，又是非常伤人的话——照他的说法，那些没有成功或者不是很成功的人，岂不就是“遗传素质太低”？

说句良心话，我既反感那位听众，在场的人谁不明白那位教授讲错了，有什么必要那么激动地跟他争论？我更反感那位教授，本来自己讲错了，为什么还要给好事者提供驳斥自己机会？

领导者应该明白，无论你的主观意愿如何，反对意见总是在所难免。你的每一种做法，都会有人持不同意见，只是人数有多有少而已。因此，如果你充分相信自己是正确的，你不仅要慎于批评，而且还要慎于反批评。

美国前总统克林顿在一次谈话中说：“如果要我读一遍针对我的指责，更不用说逐一作出相应的辩解，那我还不如辞职算了。我在凭借自己的知识和能力而尽力工作，而且将始终不渝。如果事实证明我是正确的，那些反对意见就会不攻自破；如果事实最后证明我是错的，即使有十个天使启示说我是正确的，那也无济于事。”

生活中总是有些喜欢无事生非的人，总是习惯于找茬生事。如果领导者受他们的影响搞坏了自己的情绪，或者分出精力进行反击，那就真真忘记了艾伯拉姆斯将军说的话：“别跟猪去打架——到时候弄得你一身泥水，而它们却乐得很呢！”

当对方采取尖锐的对抗态度时，领导者的忍让不仅能使自己免于暴怒和损害形象，而且还有“釜底抽薪”之妙，能够使对方的情绪自动“降温”。

人世间有批评，就会有反批评。有时，领导者面对批评，需要作出反批评。有时，无论如何，领导者都应多加忍耐。因为多给别人留一点余地，反而会给自己增加很大的分量和胜算。我提倡领导者在行使批评时要宽容、客观和与人为善，道理正在于此。

第十二节　辩证对待批评艺术

本章中，我们探讨了批评艺术，那我们就需要思考一个问题：到底应该怎样对待批评艺术？答案只有一个，即辩证地对待批评艺术。具体说来，就是要重视我在前面曾经谈到的三项原则：敢于批评，善于批评，慎于批评。

为了讲明这些原则，我想以林肯总统的批评艺术为例加以阐述。

众所周知，美国南北战争前半期，北军一直处于不利地位。林肯总统先后使用过麦克莱伦将军、米德将军、胡克将军、格兰特将军，直到格兰特将军上任以后，战局才开始逐渐扭转。值得注意的是，为什么麦克莱伦将军、米德将军、胡克将军同样都是败军之将，林肯却采取了不同的批评策略呢？

在葛底斯堡战役中，米德将军违抗林肯总统的命令而痛失战机，致使南方的罗伯特·李将军带领残兵败将从波托马克河逃之夭夭。林肯简直气疯了，对着儿子罗伯特喊道："上帝呀！这是什么意思？他们已经在我们手边了，只要一伸手，他们就成了我们的了；可是我的言语和行动就是没能使我的部队动一动，在这种情况下，几乎任何一位将军都能打败李将军。如果我去了那里，我可以亲手抽打他。"在极度失望和痛惜之余，林肯给米德将军写了一封十分克制的信："我亲爱的将军，我相信你并不了解李将军逃跑所造成的后果究竟有多么严重。他已经落在我们手心里了，如果歼灭了他，就会立即结束战争。然而，现在的情况是战争将无限期地被拖延下去。你当时怎么会在波托马克河南岸这么做呢？要说你现在还能再作出更多的成就，那是不可想象的，而且我现在也根本没有这个指望。你的黄金时间已经一去不复返了，而我也因此无限惆怅。"就是这样一封比较柔和的批评信，林肯都没有发出去。这封信是在他死后才从他的文件中发现的。对于林肯来讲，如果发出这封信，心情自然会痛快一点。然而，既然良机已经失去，对米德的责备只能使米德极力为自己辩解，从而减弱他作为一名指挥官所能起的作用，或许还会迫使他辞职退伍。再说，如果有谁和米德一样，刚刚在上周看到那么多鲜血；如

果有谁和米德一样听到受伤者及垂死者的喊叫，或许也会作出和米德将军相同的决定。这就是林肯谅解他的原因。因为他知道米德的缺点就是不够勇敢。值得注意的是，林肯是专门派遣特使下达命令的。对于违背命令错失战机的米德将军，无论怎么批评都不过分，但是，林肯连一封十分克制的信都没有发出去。对于傲慢有余、指挥无方的麦克莱伦，林肯同样保持着宽容和克制的态度。然而，对于胡克将军，林肯却采取了对他来说从未有过的严厉批评的方式。

美国南北争战最黯淡的时期——就在1863年4月26日，林肯总统写了一封批评胡克将军的信——算得上林肯所写的最严厉的批评信。当时，接连18个月，林肯的将领们节节败退。很多人对林肯丧失了信心，数千名士兵从军中开小差逃跑；共和党参议员们也起而反叛，试图迫使林肯离开白宫。“我们现在处于崩溃的边缘，”林肯说，“对我来说，似乎连万能的主也跟我们过不去。我看不到一丝希望。”

林肯批评胡克的那封信，就写于这段时间。虽然林肯的信措辞严厉，但是，林肯在信中并不是对胡克少将一味地指责，而是采用先扬后抑的批评方式。他总是在剧烈震动的地方，安置“减压阀”或“缓冲器”。然而，与林肯以往宽容、豁达的处事方法和批评风格相比，他的批评无疑是非常严厉的。林肯在中写道：“我已任命你为波托马克的陆军司令……不过，我认为最好还是让你知道，在有些事情上，我对你相当不满意……有野心，在适当范围之内，好处多于害处。但是我认为，在伯恩塞将军指挥军队期间，你曾表现出你的野心，因而尽可能反对他。你那样做，对国家和一位功劳最大的友军的荣誉军官来说，是极大的错误……我十分反感你以前带到军中来的那些风气：批评长官，不信任长官，现在可能就会报应到你头上。”

我们不禁要问：一向待人宽厚的林肯，为什么要写信直言批评胡克将军胡克野心勃勃、攻击上级呢？这表明林肯能够容忍将军们的失败，却不能容忍哪位将军搞乱军队。要知道，这可不是朋友之间通信时的相互埋怨。因为总统的批评信，可以把一个人的耻辱记入历史！据说，就是这封仅仅用了大约五分钟就写完的信，竟在1926年的一次公开拍卖中，卖出了12000美元的高价，这比林肯辛苦工作50年的积蓄还要多。读者不妨思考一下：由于这封信的存在，人们对胡克将军的历史形象又该怎样评价呢？

高级领导采用信件的方式批评部下，往往有种“摊牌”的味道。林肯本可以打电话和当面批评，也可以撤销胡克的职务，他却在留用胡克将军的同时写信进行批评，虽然其中不乏仁慈、尊重和克制，但也包含着林肯的失望和痛楚。白纸黑字的信件批评，无论多么克制，总会像毒刺一样深埋在对方的记忆。它代表一种示威，一种包含着失望、痛楚、愤怒的示威。对方只有改正自己的行为，并且立下赫赫战功，他才能挽救自己的历史名誉。林肯，似乎决意让历史评判他和胡克谁是谁非。

林肯的批评方法表明：领导者要敢于批评，善于批评，慎于批评。

有一则寓言说，有个小男孩因为妈妈没能满足他的需要，出于一时的气愤，他一直跑到了山上，对着山谷大声喊道："我恨你……"突然，他听到了波涛一般连绵不断的回音："我恨你，我恨你……"小男孩害怕极了，扭头便往回跑。回到家里，他对母亲说："妈妈，山谷里有个愤怒的小孩说他恨我，我害怕极了！"母亲又把他带回到山上，并且让他喊一声"我爱你"。男孩按照母亲的话，喊了一声："我爱你！"这次他却发现：有一个可爱的小孩在山谷里说："我爱你，我爱你……"

这个寓言故事告诉我们：恨生恨，爱生爱，严厉招来敌对，善意换来善待。这说明，领导者批评下级，一定要出于善意，而不能恶语伤人，更不能出于恶意。

林肯说："一滴蜂蜜能够捉到的苍蝇，比一加仑毒汁还多。"戴尔·卡耐基说："批评就像家鸽，飞去总会飞来。"这说明赞美比批评更容易达到目的。

当代社会人本主义思想日益深入人心，人们比以往任何时候都更加强调领导者要宽容、民主，更加强调对个人的尊重、关怀，更加倾向于赞美、表扬、激励，这是不是意味着批评艺术就不再重要了呢？甚至是否意味着可以取消批评呢？

人的天性渴望赞美，讨厌批评，所以，领导者既要敢于批评，又要善于批评，同时还要慎于批评。对于部下一些小过小错，如果没有必要行使批评，就应该乐意装着视而不见，让他们自己克服，反而更有助于他们自我完善。斤斤计较地加以批评，反而等于"逼迫"他人成为"恶人"！当今社会众多专家学者和企业领导，都在大力倡导"为创新支付合理代价""失败应予奖励""奖励合理错误"，"为人才创造一个可以犯错误的成长环境"，"冒险奖""失败奖""鸭头奖"由此应运而生。可见，究竟是在组织平衡的前提下激活创新，还是在激活创新的前提下寻求组织平稳，代表着传统领导艺术和现代领导艺术的根本区别。恰如花木的培育、养护比剪枝造型更为重要一样——它必须活着才值得修剪。

学习型组织理论强调，最理想的管理就是"无管理的管理"，就是"无为而治"，就是要依靠组织成员的自我管理而实现组织发展目标，这是现代领导

哲学的精髓。因此，批评方法唯有与沟通艺术、激励艺术与先进管理方法相结合，变得更具艺术性，更加人性化，更加制度化、大型化、“隐身化”——就像现在的自我差距反省、团队差距分析总结会，都包含了批评的功能，而且更加有效。有鉴于此，领导者唯有在具备爱才之情、识才之明、求才之渴、容才之量、举才之德、用才之能、育才之诚、护才之魄的前提下行使批评，才能深度刷新领导形象和批评艺术。

第八章

激励部下　唤醒激情

领导者激励干部的艺术，是领导者成功领导的秘密之一，代表着领导用人艺术的普遍模式和最高境界。说它是领导用人艺术的普遍模式，是因为只要用人，就不可能脱离激励。说它是领导用人艺术的最高境界，是因为只有能够充分激励部下，才能充分挖掘部下的潜能，最大限度地提高用人效率和领导效率。

克莱斯勒前董事长李·艾柯卡曾说："一个经理能够激励他人，便是很大的成绩。要使一个单位有活力有生气，激励就是一切。你也许可以干两个人的活，可你成不了两个人。你必须全力以赴，去激励另一个人，也让他去激励手下的人。"

李·艾柯卡的话，道出了领导者使用人才艺术的真谛—激励就是一切！

任何组织要想获得巨大的成功，就必须全体上下奉行追求卓越的信念，精益求精，不断超越。卓越不仅意味着绩效高超、成就巨大，而且还代表着一种杰出的工作信念。米勒把它称为"一种精神，一种动力，一种工作伦理"。他认为这种工作伦理"掌握着一个人或一家企业的生命和灵魂，并使之走向成功"。关键的问题是，领导者能否使下属自觉自愿地追求卓越呢？这就要求领导者必须把全体组织成员激发起来，使之充分发挥自身的才干。米勒认为，行为是结果的函数，这是人类行为的基本原则。只要对某种行为进行奖赏，这种行为就会经常出现。米勒甚至说："看看马戏团中懒散的大笨熊是多么愿意表现，你就知道这一原则是如何的正确了。"

为了清楚起见，我把激励分为自体激励和异体激励，自体激励即自我主体的内在激励，异体激励即来自外部环境的外在激励。领导者对下属的激励属于异体激励，其作用是通过异体激励，唤醒部下的内在激励。激励的方式方法很多，有物质激励、荣誉激励、权力激励、榜样激励、情感激励、危机激励、文化激励、产权激励等。

在我们即将讨论激励艺术之前，我需要澄清两个前提。

第一个前提，就是领导者要乐于帮助下属得到尊严和实现人生价值。离开了这个前提，就不要空谈激励，更不能奢谈什么激励艺术！

另一个前提，就是领导者唯有承认下属个人价值追求的合理性，并且愿意不遗余力地支持下属追求个人价值的实现，我们才能谈论激励艺术。离开了这个前提，就不可能有真正意义上的激励！

本章主要讨论物质激励、权力激励、榜样激励、危机激励、产权激励、情感激励等问题。需要说明的是，前面探讨的信任部下、尊重部下、关心部下、表扬艺术等内容，都具有激励功能。

第一节 破解人性的特殊密码

如果上帝把人类再放逐回生物世界，我们就有可能发现：与豺狼虎豹、猪马驴骡、苍蝇细菌相比，原来人类竟是最最脆弱的动物。你可以说人类的伟大在于创立组织、协作共存，然而，我们也不能不承认，人类的伟大更在于为了心中那点微弱的希望，时刻都在追求某种目标。这使我们能够忍受一切苦难，也使我们能够爆发出惊人的力量。当我们认真探索这种力量源泉的时候，忽然发现我们所有的力量，仅仅来自我们每个人所熟知的字眼——一个是希望，一个是恐惧。

这种希望和恐惧，就是我们内心深处蕴藏着的力量之源——潜能！

不言而喻，激励的所有意义，就在于激发这种潜能！需要说明的是，虽然恐惧也能使我们爆发巨大的潜能，但是，激励的根本意义却是点亮人性深处的希望之火，靠着希望的热忱推动我们去奋斗。心理学研究成果证明，人的潜力是巨大的。

虽然现代人普遍不再迷信，但都普遍相信潜能的存在。求生的本能和深切的希望，都能产生了巨大的潜能，甚至巨大到不可思议。请看下面的故事：

有一位年轻的妈妈，她一边织着毛衣，一边摇着摇篮里的婴儿，忽然，一声巨响，地震了！这时，一根房梁塌下来，正好落在她肩上……当救援人员到来时，这位母亲已死去多时，肩胛骨也已经被压断，但仍保持着这个姿势。原来，这个平时看起来弱不禁风的女人，用她柔弱的肩膀，硬是支撑着塌下的房梁，保护了胸口下的孩子。当时连医生都无法解释，肩胛骨已经被压断了，她怎么还能撑起那么重的房梁？

人的潜能是巨大的，一旦被激发出来，将会爆发出惊人的能量。有时候，恐惧也能产生巨大的潜能。心理学家认为，人的潜能就像一座冰山，平常所表现出来的能力只不过是露在水面之上的10%～20%。不过，并不是每个人都能看到水面以下的部分。许多人通常不能全面地认识自己的潜能，因而常常错失挑战极限的机会。

为了释放出人的内心深处希望的能量，管理学家们把管理艺术植根于人性假设之上，不断探索着关于绩效的秘密，由远及近，逐渐看清了两个字——激励。

可以肯定地说，管理艺术和领导艺术的突破，都是随着人性假设理论的突破而实现的。换句话说，人性的秘密并不是一下子呈现在我们眼前的，而是具有并不平凡的发现过程。至于“激励”二字，则是随着人性密码的不断破译而逐渐变得清晰，并且越来越吸引人类的眼球，越来越受到人类历史上前所未有的青睐。尤其是当代人本主义价值观确立以后，“激励”成了当代社会最最时髦的字眼。

所谓人性假设，即关于人性的种种假说。每一种人性假设，都有其相应的管理理论。管理学中最早的人性假设，当属与“X理论”相关的“经济人”假设。

“经济人”概念假设人是“理性—经济人”，又称“实利人”。它强调经济利益是人类唯一重要的驱动力；人懒惰成性，逃避责任，等待指导，以自我为中心，缺乏自制，容易受外界影响；人是理性的，在某种条件下可以采取最恰当的行为，其思想根源是享乐主义和性恶论。泰勒的科学管理理论“X理论”，就是以“经济人”假设为核心的。“X理论”强调硬性的管理，即强调制度纪律、严密监督、严格控制，同时也强调高工资，因此，人们把这种管理理论概括为“胡萝卜+大棒”。

现在看来，这种理论无疑是片面的，但在当时，它无疑是先进的。从资本主义前期资本家对工人的残酷剥削，发展到给予高工资，的确是一种很大的进步。

泰勒出生于美国费城一个富裕的律师家庭，接受过良好的早期教育，但因健康原因而从大学退学。他曾在费城米德维尔钢铁公司当工人。他早年当过学徒、技工，后来又当过工长、车间主任。6年后（1884年），他晋升为总工程师。当时，经历了南北战争的美国经济日新月异，然而，企业管理存在的问题实在太多。泰勒在企业生产和技术管理实践中感到，由于企业管理当

局既不懂得运用科学方法进行管理，又不懂得工作程序，加之工人缺乏训练，不懂正确的操作方法，也缺乏适用的工具，导致劳动节奏过快，工人极度疲劳，严重制约着劳动生产率的提高。泰勒还发现管理当局没有明确认识到劳资双方的责任，缺乏有效的工作定额标准，也没有应用合理的激励手段，怠工现象司空见惯。带着这样的感受，泰勒从1880年开始到一家钢铁厂进行试验。泰勒一开始只是采用通用的方法，一是说服，二是采用高压手段，结果与从前的情况没有不同，工厂因此充满怨恨、仇视、分裂和斗争。泰勒意识到，只有在对工人工作的技术比工人有更多了解时，才能对工人进行指挥。于是，他开始了20多年的系列试验，主要是动作研究。他系统研究和分析工人的动作和劳动时间的关系，并按自己的设想制定实验方案，逐渐形成一套“泰勒制”管理制度和管理理论。

泰勒还提出了“精神革命论”——这是对工人进行思想压制的理论。在泰勒进行试验的工厂里，不许4个以上的工人在一起工作。他认为，当工人结帮成伙的时候，会把许多时间用在对雇主的批评、怀疑、甚至公开斗争上面，从而降低效率。如果把工人隔开，工人就会专心致志地按照操作规范进行操作，提高工效，从而提高工资收入。泰勒认为，工人的工资一旦提高，“精神革命”也就会随之发生，即工人和雇主“双方都不把盈余的分配看成是头等大事，而把注意力转到增加盈余量上来，直到盈余达到这样的程度，以至于不必为如何分配而争吵”。遗憾的是，事情并非像泰勒想象的那样简单，泰勒所说的“精神革命”并没有实现。因为工人不可能不在意盈余的分配，资本家、工厂主更不可能不在意盈余的分配，所以，泰勒通过动作研究摸索的提高生产率的方法，反而使工人相对来说承受了更大的剥削。

泰勒的理论被当时许多工厂采纳之后，一些工厂相继发生了罢工事件。于是，有人把原因归结于实行科学管理、管理冷酷无情、漠视工人个性。这在美国朝野引发了一场大辩论。为此，泰勒不得不到美国国会专门组织的一个特别委员会上作证。在他的证词中，泰勒强调人们应该理解科学管理理论蕴含的“精神革命”。

随着社会的进步和管理实践的发展，“经济人”受到越来越多的质疑。哈佛大学埃尔顿·梅奥借助在美国西方电气公司霍桑工厂所作“霍桑实验”（照明试验、福利试验、访谈试验、群体试验）得出的结论：人的行为动机来源于人的全部社会需要，人际关系、成就才是主要的激励。他强调积极性来自士气，而士气则是来自满意感。梅奥由此否定了“经济人”假设，提出了“社会人”假设。梅奥揭开了人性复归和管理思想转变的序幕——人性问题正式引进管理学，成为管理学研究的重大课题。

乔治·埃尔顿·梅奥（1880—1949年），原籍澳大利亚，1926年进入哈佛大学从事工业研究，不久就参加了有名的霍桑实验。应该说，梅奥是这个试验的后来者。早在1924年，西方电气公司在位于伊利诺伊州西塞罗的霍桑工厂进行了一项试验。试验者把女工分成两组，让她们在工作环境、工作时间和工资等因素发生各种变化的情况下进行工作，以观察各种管理变量可能引起的变化，并由此总结管理原则和规律。

在试验之前，管理学家及其工作人员和一些管理人员普遍认为工作环境、工人的健康和劳动生产率之间必然存在着明显的因果关系。在他们看来，只要在理想的工作条件下，职工就能发挥出最大的工作效率。然而，试验结果却大出人们的意料。两组女工在各种不同的条件下，双方产量始终保持上升的趋势，她们的生产率并不和工作环境、薪水报酬成正比。这使大多数管理人员和学者异常诧异。

对于这个试验结果，梅奥发挥了创新思维，他从另一个角度进行了深入的分析。他认为，产量的增加源于工人精神面貌的变化——因为女工们知道自己参加试验，是在进行一项“社会活动”，受人关注，因而精神振奋、情绪高昂。他认为，工人是从社会的角度被激励和控制的，效率的增加和士气的提高主要是由于工人的社会条件和人与人之间关系的改善，而非物质条件或环境的改善。因此，企业管理者必须既要考虑到工人的物质技术方面的因素，又要考虑到社会心理方面的因素。梅奥等人基于霍桑试验的材料和结果，提出新的假说：第一，企业职工是“社会人”而不仅仅是“经济人”。企业中的工人并不是单纯追求金钱收入，他们还有社会方面、心理方面的需求，即追求人与人之间的友情、安全感、归属感和受人尊重等。因此，不能单纯从技术和物质条件着眼，必须首先从社会心理方面来鼓励工人提高生产率。第二，企业中存在着“非正式组织”。企业中除了“正式组织”，还存在着“非正式组织”，“非正式组织”是指在厂部、车间、班组以及各职能部门之外的一种关系，从而形成各种非正式的集团、团体。这种非正式组织有自己的价值观、行为规范、信念和办事规则。它与正式组织互为补充，对鼓舞工人士气，提高劳动生产率、企业凝聚力都可以起到很大作用。第三，新型企业领导的能力在于提高职工的满足程度。职工的满足程度对劳动生产率的提高具有首要的作用，金钱和物质刺激作用居于第二位。职工的满足程度很大程度上是由职工的社会地位决定的。职工的安全感和归属感依存于两个因素：一是工人的个人情况，即工人由于个人历史、家庭生活和社会生活所形成的个

人态度和情绪；二是工作场所的情况，即工人相互之间或上下级之间的人际关系。

梅奥从“人性”的角度评价这次试验，这意味着梅奥等人开始切入“人性”这个重要命题。经过长达10年的困惑和探索，管理学家们终于通过引进心理学而解释了早期霍桑实验的结果。由于梅奥及其助手——信奉“自我实现人”学说的美国行为学家和人际关系学说的代表人物罗特利斯伯格(1898—1974年)，首次把人性问题引入管理学，并提出了“社会人”假说，后人便把他们称为行为科学时代的人际关系学派。与此同时，社会学的研究成果也被引入企业管理理论与管理实践，从而形成了行为科学时代的另一个重要学派——社会系统学派。埃尔顿·梅奥的“人际关系管理”理论强调关心和满足人的社会需要，培养员工的归属感与整体感；提倡集体奖惩，注重倾听职工意见；提倡新型领导，主张职工“参与管理”。其中包含着激励意义。

其后，美国著名心理学家马斯洛提出了一种新的人性假设，即“自我实现的人”，主张充分发挥人的潜力和才能。马斯洛认为最理想的人就是自我实现的人，因为人类需要的最高层次是自我实现。马斯洛还提出了需要层次论。

阿吉里斯提出了“不成熟—成熟理论”，认为人的需要、动机、成就取决于其“思想境界”的“成熟与不成熟”。麦格雷格总结了马斯洛、阿吉里斯的理论，提出了“Y理论”。他强调个人目标与组织目标的结合，认为管理的任务是挖掘人的潜力，以实现上述两个目标；激励来自人们对组织目标的参与，管理的核心问题是减少外部控制，鼓励自我控制。“Y理论”的思想根源是性善论，相应的管理理论非常重视员工内在精神的需要、民主管理和工作环境改善，强调管理人员的职能转变——不是单纯生产指挥者，不是单纯的关系调节者，而是尊重事实的采访者。这种理论主张完善奖励方式——不仅要有外在奖励（工资、晋升、人际关系），而且还要有内在奖励（获得知识、增长才干、挖掘潜力）；管理的重点不是外在监督、控制和改善关系，而是保证员工有机会表现才能与获得成就。显然，这种管理具有激励价值。

史克恩于20世纪六七十年代又提出了“复杂人”假设：强调人的需要多种多样并且随时变化；同期各种需要相互作用结合成动机模式；动机模式的形成是个人需要与外部环境作用的结果；没有万能的管理方式，应该因人而异进行管理。

1970年，摩尔斯与赖斯克提出了“超Y理论”（权变理论）。这种管理理论主张在尊重人的需要、动机、价值的前提下随机管理，强调充分尊重人的差异性，实际上是强调尊重人的个性和环境差异性。这是现在风行西方的一种管理理论。

勒温也提出了一种新的领导行为理论，他按照领导作风区分了三种领导方式：放任型——关系好，效能低，领导在与不在一个样；民主型——关系好，效能好，领导在与不在都一样；专制型——关系差，效能高，领导在与不在不一样。

1964 年，布莱克和莫顿根据领导者对任务和人际关系的态度，设计了“管理方格图”，提出了管理方格理论，认为最理想和最有效的领导模式是高度关心人和高度关心生产的协作式领导，高度的激励来自这两种“关心”。在布莱克和莫顿的“管理方格图”中，比较典型领导方式包括：9 -1型：任务式领导——重工作不重关系；1 -9型：逍遥式领导——重关系不重任务：1 -1型：贫乏式领导——关系任务都不重，5 -5型：中间式领导——平分秋色皆平淡；9 -9型：协作式领导——任务关系都关心。

布莱克和莫顿强调指出：高度关心任务，高度关心人，才能产生高激励。

除了上述理论之外，还有好多管理理论都涉及激励这一命题。例如，菲德勒的权变理论强调领导方式应与环境双向变化。何塞与布兰查德提出的情境领导理论，给出了工作行为、关系行为、下级成熟度三维空间效率模型。

罗伯特·豪斯的路径·目标理论强调要为员工提供现时和未来的满足感；领导行为要有激励性，就必须使绩效的实现与员工需要的满足相结合。他列举了四种领导方式，指导式：明了期望、程序、方法；支持式：亲善、关心、帮助下属；参与式：征求、采纳下属的意见；成就取向式：设定挑战目标，鼓励下属各尽所能，强调补偿员工或环境缺乏的因素。目前，这种理论较受西方人推崇。

美国心理学家弗鲁姆提出了期望理论，他强调指出个人期望和行为效价决定行为效果：动力 = 效价 × 期望值。期望理论侧面显示了情商和激励的重大作用。

斯金纳的强化理论则强调：受到鼓励的行为倾向于重复出现，受到惩罚的行为倾向于减少出现。前者是正强化，后者是负强化。强化理论也称刺激理论、诱导条件论、操作条件反射理论、行为修正论，概括了赏罚的作用，其中也涉及激励的作用。

直到美国人亚伯拉罕·马斯洛提出需要理论以后，人类才算初步揭开了人性的密码。马斯洛在《人类动机理论》一书中，把人的各种需要归结为从低到高排列的五种需要：（1）生理需要（衣、食、住、行、性）；（2）安全需

要（治安、监护、立法、储蓄、保险）；（3）爱的需要（社交、归属、情意）；（4）尊重需要（自尊、尊重、尊严）；（5）自我实现的需要（期望成就、价值）。这就是人们常说的需要层次论。

马斯洛认为，人类价值体系中存在两类不同的需要：一类是沿生物谱系上升方向逐步变弱的本能或冲动，即低级需要和生理需要；一类是随着生物进化而逐渐显现的潜能或需要，即高级需要。这两类需要的关系表现为：生理、安全、社交是基础需要，尊重、自我实现是高层需要，只有在基础层次的需要满足之后，高层次需要才会出现。他认为：其一，追求高层次需要，构成人们继续前进的动力。其二，人的行为选择由人的优势需要所支配，即每一时期内总有一种需要占有支配地位；需要层次等级并非绝对固定，而是相对变化的。其三，任何一种层次的需要并不因为下一个高层次需要的发展而宣告消失，只是对行为的影响比重减轻而已，高层次需要和低层次需要并无矛盾。其四，需要满足之后，就不再是一种需要和激励力量，激励保健和激励促进都必须另有新的激励措施。其五，五种需要都得到满足的人称为基本满足的人，或者是自我实现的人。这种人具有最充分、最旺盛的创造力。

马斯洛的需要理论揭示的人性密码，就是追求高层次需要，构成人们继续前进的动力。马斯洛还提示了多元激励的重要性，同时也显出了单纯物质激励的片面性。对于领导干部而言，如果假定他们属于基本满足的人，那么，他们应该更加重视发挥自己的才能和潜力，实现自己的人生价值。这有助于人们充分理解领导者对部下信任、重用的重要激励价值。此外，需要能否得到满足，又涉及广义的尊重问题。

从马斯洛的理论看：过分单一的激励和平均用力的激励往往不能收到预期的激励效果。因此，领导者激励部下，既要注重多元激励，又要把握部下的优势需要。曹操率兵讨伐张绣，盛夏骄阳似火，天气热得出奇，一丝云彩也没有，部队在弯弯曲曲的山道上行走，两边密密的树木和被阳光晒得滚烫的山石让人透不过气来。到中午时分，士兵的衣服都湿透了，行军速度慢了下来，有些体弱的士兵竟晕倒在路边。曹操见行军速度越来越慢，担心贻误战机，心里很着急。可是，眼下几万人马连水都喝不上，又怎么能加快速度呢？他立刻叫来向导，悄悄问他："这附近可有水源？"向导摇摇头说："泉水在山谷的那一边，要绕道过去还有很远的路程。"曹操说："不行，时间来不及。"他看了看前边的树林，沉思了一会，对向导说："你什么也别说，我来想办法。"他知道此刻无论怎样要求部队加快速度，都无济于事。他两腿一夹马肚子，快速赶到队伍前面，用马鞭指着前方说："士兵们，我知道前面有一大片梅林，那里的梅子又大又好吃，我们快点赶路，绕过这个山丘就到梅林了！”士兵们一听，仿佛已经将梅子吃到嘴里，精神大振，步伐不由得加快了许多。

士兵们在又热又渴的时候，对大鱼大肉不会有什么胃口。曹操欺骗他们前面有梅林，正好切中了他们的优势需要。领导者激励部下，同样要抓住其优势需要。

由于人们在追求满足更高需要时，并不排斥基础需要，这又强调了物质刺激、感情激励的重要性。领导者应该像李·艾柯卡那样，坚信激励就是一切。因为领导对部下的异体激励，能够诱发人们的自体激励，即内在激励，从而把外部控制转变为内部控制。如此一来，下属的行为就可能沿着一个正向动机链而不断强化：其一，始发动机：内在需要受外界诱导的激励，驱使下属选择某种行为和目标，并且为了实现目标而自我促进，从而形成内在的自我激励保健机制。其二，选择机能：使行动朝着特定方向、预期目标进行，排斥有碍于目标实现的种种负面因素，实际上是完善了自我管理，即所谓“无管理的管理”。其三，强化机能：良好的行为结果强化正确的行为动机与行为，使正确行为重复出现，下属自己就能走上不断自我激励、自我完善、自我实现的轨道，以确保能够更多地获得来自环境的异体激励，从而充分显示自己的重要性。正因如此，激励才能成为用人艺术的一种普遍模式。只要领导者能够艺术性地运用激励的方法，部下就不太需要领导的强制、督促、命令与惩罚。

古人所谓“重赏之下有勇夫”，部分的道出了激励的价值。总起来说，人性假设理论和管理科学理论、领导有效性理论、心理学理论、社会学理论，都从不同侧面、不同角度、不同程度上提示了多元激励的必然性和激励艺术的重要性。

马斯洛的思想是激励理论的基础，对管理变革产生了重大影响。然而，他的理论只是侧重分析了人的需要和动机的相互关联，尚未提出系统可行的激励方法。美国另一位激励理论专家赫茨伯格更加深入细致地探究了领导者如何把握满足人们各层此需要的目标和诱因以及如何从工作内容、赏识等方面激励下属等命题。

1959 年，赫茨伯格进行了一次大规模的问卷调查，被试者接近 2000 人。通过对反馈的分析，他提出了“激励因素”和“保健因素”两个新概念。同年，赫茨伯格在他《工作的激励》一书中提出了“需要激励双因素论”。他认为人的需要大致可分为两类：第一类是满意或不满意的需要，接近于马斯

洛所说的第一、二、三级需要；它只能起“保健”或“维持”作用，即只能维持某一合理的满意水平。没有它们，职工就会不满意，所以称为“保健因素”或“维持因素”。这种因素只能消除不满，不能引起满意感和调动积极性。也就是说，它们的存在并不构成强烈的激励，犹如保健可以防病而并不能直接治病一样。赫茨伯格认为，政府、管理、监督、上下级和同事的关系、工资、工作安全、个人生活、工作条件、地位，都属于这一范畴。

第二类是要求个人发展的需要，包括有成就、得到赏识、被提升、工作本身、个人发展的可能性、责任等，相当于马斯洛所说的第四、五级需要，是与保健因素不同的激励因素，它能对员工构成强有力的激励，使之产生强烈的责任感、荣誉感和上进心。有了这些因素就会有满意感和积极性，否则就没有满意感和积极性，但不会引起很大的不满。激励双因素理论明确指出，人们的工作效率取决于工作态度，而工作态度又取决于人们需要被满足的程度。管理者应从工作本身着手，调动职工积极性，即应该进行工作再设计，使工作内容丰富新奇，从而使员工增强责任感和使命感。

当人性的密码被破解之后，人们才赫然发现：人不是机器，人需要尊严，人需要自我实现，人需要激励——社会必须把尊严和追求自我实现的权利还给人！

激励作为一种用人方法，具有广泛而深厚的社会基础。随着社会文化的进步，人的价值意识、尊严意识和成就动机大为提高，以民主化、人性化为核心的人本主义思想成为主导性社会文化思潮，也成为人力资源开发的另一种价值目标——人性的再发现与再实现。目前，参与式管理、民主式管理、柔性化管理、自主管理、情感管理，已经成为具有激励意义的领导方式和管理方式，能够把外部管理转化为自我管理，从而消除管理者与被管理者之间的冲突，达到目标与价值的认同。正因为激励日益成为更为普遍、更为进步的管理原则，所以，激励本身已经成为一种自主自足的理论体系，包括激励理论、激励与绩效、激励保健、激励促进、激励系统、激励计划及其形成、激励的宣传与管理、激励方法与艺术等内容。足见激励对于管理和用人来说是何等的重要。因此，领导者不能违背人类文化潮流进行强制性管理。

激励之所以能成为一种用人艺术，就在于它具有显而易见的效果，堪称魅力十足的法宝。哈佛大学的维廉·詹姆士通过对员工激励的研究发现，在按时计酬的制度下，一个人要是没有受到激励，只能发挥能力的20%～30%；如果人们受到正确而充分的激励，就能发挥出其能力的80%～90%，甚至还有可能更高。

维廉·詹姆士由此得出一个公式：工作绩效 = 能力 + 激励。

该公式表明：在能力不变的条件下，工作绩效的大小取决于激励程度的高低。激励程度不断提高，工作绩效就会越来越大；激励程度降低，工作绩效随之下降。

虽然这一公式值得商榷——因为人的能力本身就是一个无法确定的变数，但是，它的结论却是绝对正确的，即激励可以使绩效大幅增长。有人说，人是唯一一种能够不断扩大的资源。一般情况下，这种能动的资源正是在激励之下获得增长的。特殊情况下，缺乏任何外在激励的人也能通过内在激励获得成功——不少处境艰难的人成为卓越人物，正是因为他们能够不断地激励自己。为什么高智商的聪明人反而一事无成，就是因为他们缺乏内在激励；为什么一些才气中等的人反而成为卓越的强者，就是因为他们在内心深处时刻都在激励自己；为什么不少处境艰难的不幸者成了卓越人物，也是因为他们不断地激励自己——尤其是危机激励和榜样激励。当代心理学中的情商理论，教育心理学中的非智力因素理论，都能证明激励的价值。

现在人们大都只是笼统地谈论激励，反而忽视了两种不同性质的激励方式：激励既有异体激励和自体激励之分，又有正向激励和逆向激励之分。异体激励是来自外界的激励，如家长对孩子，老师对学生，领导对部下的激励就是异体激励；自体激励即内在激励，是内心深处自发生成的那种强大的精神力量。正面的激励属于正向激励，危机激励属于逆向激励。异体激励的目的，是为了通过诱导人性中种种潜在的需要，唤醒被激励者的内在激励，从而实现由异体激励到内在激励的转换。

在一定条件下，逆向激励也可以转化为正向激励。当一个人的内在激励充分启动之后，为了追求某一目标，就会产生顽强拼搏、锐意进取、无私奉献的精神，从而充分激活个人才能的发展，促进工作绩效的提高。从这个意义上讲，领导者如果能充分发挥激励的作用，就能达到三个目标：其一，合理高效地使用人才，使他们充分发挥才干；其二，在高效使用人才的过程中培养人才，使他们的才智获得飞跃，以便担当更大的责任；其三，领导因为部下的成功而成就自身的辉煌。总而言之，没有激励，就没有奇迹。下面的故事能够告诉我们：激励究竟能有多大作用？

有个劳改犯在外出修路时，捡到了1000元钱，他不假思索地交给了狱警。可是，那个狱警却轻蔑地对他说：“你别来这一套，用自己的钱变着花样贿赂我，想换点资本减刑，你们这号人就是不老实！”囚犯万念俱

灰，认为这世界上再也不会有人相信他了。晚上，他越狱了。亡命途中，他大肆抢劫钱财，准备外逃。在抢得足够的钱财后，他乘上了开往边境的火车。火车上很挤，他只好站在厕所旁。这时，一位十分漂亮的姑娘走进厕所，关门时却发现门扣坏了。她走出来，轻声对他说："先生，您能为我把门吗?"逃犯一愣，看着姑娘纯洁无邪的眼神，点点头。姑娘红着脸进了厕所，而他却像一位忠诚的卫士一样，严格地守着门。就在这一刹那，他突然改变了主意。火车到了下一站，他就下车到车站派出所投案自首了。

故事显示，姑娘的信任对那个因为没有得到信任而越狱的逃犯产生了极大的激励，使他堕落的心灵获得了新生。这个故事表明了激励的价值何等巨大!

领导者要想极大地激励部下，就必须破译人性的密码，洞察人性的奥秘。普天之下，没有多少人不渴望成功，没有多少人不渴望荣耀。人性最大的秘密就是实现个人价值，同时又不排斥其他的激励。因此，领导者需要在多元激励的前提下，把重点放在打造下属成长和发展的平台上，满足下级的成就动机。

美国花旗银行曾经骄傲地宣称："每 4 个美国人中就有 1 个人是花旗的客户。""在高风险的金融产业中，策略的实施，电脑科技的应用，归根结底都要靠人执行。"这是花旗的信念。花旗银行几乎每一个分行、支行都设有一个培训中心，即使是电话接线员及柜台人员，也都能享受各项金融知识、各种礼仪的训练。在花旗，只要有能力就可以迅速获得提拔。进入花旗的年轻人只要在一年内施展出才华，就能在通过内部考试之后成为主管储备人员。在花旗内部，素有"只见新人笑，不见旧人哭"的说法。花旗银行认为：即使遭遇严重压力，另行求才也是不可思议的事。花旗所培训的是特殊形态的银行家，而且希望行员按照花旗的作风来办事，不然就不要办。

以人为本的经营管理强调人在企业中的主体地位，特别注重发挥人的能动作用，即通过有效的管理，更好地开发人这一具有无限潜能的资源。韦尔奇在谈到以人为本的企业管理时说："我们在尽一切努力，从我们的人员中积累更多的智慧和创造更多的资本，使通用电气更具竞争实力。当然这比积累资金困难得多。因为一个强大的公司能够轻易在世界上任一市场筹借资金，却无法不费力气地做到前者。"

完全可以说，人类忙忙碌碌所进行的一切改善，其中绝大部分就是为了释放人类内在的极大潜力。唯有借助激励，人的内在潜能才能激发出来。对于领导者来说，没有那种方法比激励部下更为重要。换句话说，没有任何方式可以取代激励。

第二节　物质激励　慷慨大方

物质激励算得上人类有史以来最古老的激励方法。虽然人们已经发现物质激励的局限性，但是，物质激励仍是一种最基本的激励——一种绝对不可缺少的激励！

马克思主义理论强调经济基础决定上层建筑，恩格斯成认为人们只有满足了衣食住行的需要，才能从事其他活动，都可以作为物质激励的理论基础。生存是发展的基础，安全是生存的保障，都属于人类基础的需要。根据马斯洛的需要层次论，没有基础需要的满足，就无法追求更高需要的满足。虽然社会上那些拥有权力和地位的管理者大致都属于基本满足的人，但是，马斯洛的优势需要理论表明，人们在追求更高层次的需要时，并不排斥追求基础需要的满足。例如，人们既追求事业成功，也不会抛弃家庭和物质享受；人们满足自我实现的需要时，也需要满足尊重需要、爱的需要、安全需要、生理的需要。可以说，那些满足了自我实现需要的人，相对来说更容易满足低层次需要。无论怎么说，物质激励具有一定的必要性、必然性。

古人所谓“为政之要，唯在得人”和“千军易得，一将难求”，都说明了人才的宝贵。领导者对于下属，也应具备这种思想，并把这种思想落实到包括物质激励在内的所有激励中。中国古代军事家孙武在其《孙子·谋攻》篇中，强调了优秀将领的重要价值。他说：“夫将者，国之辅也，辅周，则国必强；辅隙，则国必弱。”

孙武还说：“故知兵之将，生民之司命，国家安危之主也。”

中国古代另一个著名军事家吴起则在《吴子·图国第一》中指出：“若以备进战退守，而不求能用者，譬犹伏鸡之搏狸，乳犬之犯虎，虽有斗心，随之死矣。”意即没有合格的军事人才领兵打仗，只能是自取灭亡。对于优秀干将，吴起主张要“加其爵列”“厚其父母妻子”，实行优厚待遇。他说：“一军之中，必有虎贲之士，力轻扛鼎，足轻戎马，搴旗取将，必有能者。若此之等，选而别之，爱而贵之，是谓军命。其有工用五兵，材力健疾，志在吞

敌者，必加其爵列，可以决胜。厚其父母妻子，劝赏畏罚。此坚陈之士，可与持久。能审料此，可以击倍。”

总之，对“能者”应该“爱而贵之”，“加其爵列”，“厚其父母妻子”。

如果你研究过上古的历史，就一定知道军事管理乃是历史上最早成型的管理形式，后世的管理无不借鉴军事管理的经验。孙武、吴起都是中国古代杰出的军事天才，他们的观点不仅适用于军事部门，而且普遍适用于各种组织以及领导用人行为。

物质激励是奖励的一个方面，比权力激励更为普遍，也比权力激励机动灵活，同时还是权力激励不足的补偿因素。以此而论，并非任何功劳都可以赋予权力激励，但是，任何功劳都应该得到物质激励或其他激励。

每个人都有自己的物质需求和经济利益，物质激励就是通过满足个人物质利益的合理需求，调动部下的积极性。拿破仑深知“金钱并不能购买勇敢”的道理，但是，为了保持部队的高昂士气，他总是慷慨地给立下战功的官兵赐以丰厚的物质奖赏。仅在征服普鲁士、打败沙俄而签订《提尔西特和约》后，拿破仑一次就分别奖给达乌元帅 100 万金法郎，贝尔蒂埃元帅 50 万金法郎，内伊元帅 30 万金法郎，其他的元帅和军官以及所有实际参加了战斗的官兵也都得到了奖赏。

拿破仑重赏功臣，说明了一个道理：虽然物质激励并非唯一的激励，也不是最终的激励——最终的激励还应诉诸思想、情感和信仰，但是，我们并不能排斥物质激励。只要分清个人正当利益与个人主义的界限，只要分清物质激励与单纯物质刺激的界限，只要寓精神激励于物质激励之中，善于把下属个人的眼前经济利益和社会长远利益融为一体，就能很好地发挥物质激励的积极作用，达到激励部下积极性的目的。

对于物质激励，古人多有很多高明的见解。例如，周文王很早就提出了“赏一劝百”，即通过奖赏杰出的个人而教化下属、鼓舞众人，提高士气。

姜太公提倡“赏者贵信”，说的是奖赏要兑现诺言，不能失信于下属。

墨子曾提出“赏能贵能”，强调的是通过奖赏使“能”者尊贵起来。

曹操、诸葛亮、李世民、包拯都强调“赏当其功”和“赏不避仇”。

柳宗元强调“赏赐务速”，说的是对下属的赏赐一定要及时到位，不能拖延。

韩非则强调“因需而赏”，意思是赏赐应该尊重受赏者的需要，才能更加增进激励效果。时至今日，韩非的这一思想仍然显得十分“先进”！

再者，古人还有“功疑唯重”的观点，意思是在部下的功劳不够明确或领导者对其存有怀疑的情况下，仍然应该给予较高的赏赐，以免埋没部下的功劳。

古人所说的“赏赐”，首先是指物质激励，其次才是其他激励。

领导者对部下实行物质激励，可以有自己的风格，也应该与分配制度挂钩。其实，提高物质激励的力度和效果，也有赖于分配制度的深层改革。

领导者对部下实行物质激励，一定要“赏当其功”，慷慨大方。韩信在被封为大将军后，与刘邦有过一次长谈。他在谈到将帅的“仁强”时说，项羽对敌人残酷无情，对士卒却是十分和蔼可亲。士卒远离家乡，在战场上殊死搏斗，东征西讨毫无乐趣，只有痛苦数不胜数，他们对将帅的仁爱充满了渴望，而且特别渴望一军主帅之仁爱。楚兵感受到项王言谈和蔼，对他们充满关切之情，他们的心情就像严冬冰天雪地里的野兽来到阳光普照的地方一样。唯有在这个时候，所有的人才会心甘情愿地为项王而死。再说，楚人本来就有这样一种容易冲动的性格。倘若有人得了病，项羽就会流着眼泪站在床头前，还会把自己的食物分给病人吃。

“不过，说到项王的仁强，”韩信说道，“那只是妇人之仁。”

刘邦大为震惊，萧何、夏侯婴也都为之瞠目，睁大眼睛等着韩信的下文。

韩信接着说：“项王是那样爱惜属下的将军，可是，一旦轮到针对他们的功绩赐予封土与爵位时，却每每迟疑不决，表现吝啬，即使是非授予不可的印信也不肯撒手，摸来摸去地简直都要磨圆了。应当说这是妇人之仁，算不上‘仁强’。”

韩信提到的赐予“爵位”，包含着物质激励和权力激励。单纯地赐“爵”，对应着封地多少，与收入有关，属于物质激励。其中的赐“位”，对应着权力地位的提升，包含着权力激励。至于赐予“封土”，则纯属物质激励范畴。

虽然项羽败亡的原因很多，但是，小气吝啬无疑是他败给刘邦的原因之一。

为了认识到小气吝啬、妇人之仁的危害，我们不妨看看下面的故事：

马戏团里有一位驯养员。在他饲养训练的动物当中，以五只小老虎的表演最为逗趣、可爱，演出时场场满座，广受观众的喜爱。驯养员每天喂小老虎一斤肉，然后再施以训练。它们受到奖励，演出动作完全按照驯养员的要求，表现得非常好。驯养员相当得意，摸摸五只小老虎的头以示赞许，老虎也咆哮一声，自鸣得意一番。

随着时间的流逝，小老虎长大了，驯养员却仍然每天只喂它们一斤肉。到了第三年，小老虎已经变成大老虎，食量大增，一斤肉已不能填饱肚皮，它们常在表演时对着驯养员吼叫，暗示它们的需要。驯养员不以为然，以为它们又是在自鸣得意。

有一天，在满场观众的期待之下，驯养员又带着这五只老虎出场献艺。驯养员先喂了老虎一斤肉，老虎也做了一番精彩的演出，全场观众热烈鼓掌声。就在这时，老虎咆哮一声，向驯养员猛扑过去……

这个故事告诉我们，不能满足需要的给予，起不到激励作用；与需求相差太大的给予，极易引发不良后果——驯养员舍不得喂饱逐渐长大了老虎，老虎就把他吃了。领导者舍不得重奖功臣，功臣就会失望，甚至会背叛主子。历史上这样的事例，可谓俯拾即是。因此，领导者对部下进行物质激励，一定要慷慨大方。

物质激励是人类有史以来最为古老的激励方式，对功臣奖以金银财宝、田地房产，早已成为“惯例”。在现代社会，人们奖金有多有少，工资有高有低，都能折射出物质激励的影子。如今，西方人又对物质激励进行了重大革新，大力推广产权激励制度，鼓励、帮助员工持股。这实际上也属于物质激励。有人认为这是“人力资本对分配制度的渗透”。对于这种新颖的激励方法，我稍后将作专门探讨。

第三节　权力激励　敢作敢为

权力，是社会最为重要的宝贵资源。正是借助权力，才能把高贵而又自私的人组织起来，追求共同的目标。我们不能想象，没有权力存在的社会还能够存在下去。权力，也是个人才智、品德、业绩、身价、地位、荣誉的象征。因此，权力是一种最为宝贵的激励因素。领导者如能唯才是举和充分授权，就是对部下的一种重大激励。相反，领导者任人唯亲、用人唯私，则是等于剥夺了公正激励，下属自然不会拼搏奉献。因此，人和社会都应竭力捍卫人事制度的严肃性。

关于权力激励，很多领导学著作没有提及。然而，对于才智之士来说，它是一种最为重要的激励；对于社会发展而言，它也具有特殊的意义——社会进步的过程，就是社会权力从上层贵族向下层平民转移的过程。

权力激励的方法大致可以分为两个方面。其一，把权力授予应该获得权力的人，或者提升已经拥有职务的人才的职位，以便充分发挥人才的价值；其二，领导者向值得依赖的部下充分授权，使他们尽可能发挥才干。权力激励和信任部下有关，也属于奖赏的一个方面。中国古代所说的奖赏，无疑是包括权力激励的。古人所谓唯才是举、唯贤而任，以及用人不疑、疑人不用，实际上也有权力激励的意味。

对于中层领导、基层领导来说，取得成就非常重要。著名学者马戛莱兰德认为，那些想进入领导层的人对成就的渴望更为强烈，虽然成就对大多数人都有强烈的吸引力。根据马戛莱兰德的观点，那些成就动机强烈的人，通常具有以下特点：

其一，能够控制所在部门的局势，拥有独当一面的潜质。

其二，适当的冒险，尽管并不经常，却能达到目的。

其三，喜欢立即获得对其工作成果的反馈，重视外部评价。

其四，有一种对工作的迷恋，大都属于工作狂。

马戛莱兰德相信，按照马斯洛的看法，多数人是从生活阅历而不是从直觉中了解激励的模式的。这意味着人们的所见所闻、现实遭遇对心理影响极大。

马戛莱兰德认为，人们除了对成就拥有深刻的动机，对权力和关系的需求乃是多数人普遍需要的激励，而且受到权力激励的人往往更能负起责任。由于具有权力追求倾向的人往往喜欢用自己的方式做事，而不愿意听从他人指挥，所以，对于大部分部下而言，领导者如能夸赞其工作能力，就能满足他们起码的自尊心，甚至可以轻易地“俘虏”他们。因为人们总是希望获得别人的尊敬，即使明知是奉承话，人们仍然乐于接受。越是自我感觉良好的人，就越有这种倾向。

英国著名领导学家罗杰·福尔克曾经指出：“如果一个领导者缺少集中体现人事方面的才干的素质，那么，世界上任何领导方法对他都不会起作用。”他的观点表明了用人能力的重要意义，其中也包括激励下属的重要意义。

领导者还要敢于大胆提拔重用人才，这是权力激励的一个方面。春秋战国时期秦穆公“五张羊皮”的故事，说明了领导者敢于破格重用人才的重要性。

百里奚曾在虞国做官，是个很有见识的人。虞国被晋国吞并，百里

奚被俘，成了晋国的奴隶。晋献公把女儿嫁给了秦穆公，百里奚被当做陪嫁的小臣送到了秦国。他感到非常耻辱，便从秦国逃到宛，又被楚国人抓住。楚人让他养牛，他就成了养牛“专业户”。他养的牛都比别人的强壮，楚人称他为“养牛大王”。

楚王听说了他的名号，就叫他到南海看马。秦穆公发现晋国送来的礼物中，有个叫百里奚的老奴不见了，就问公孙枝怎么回事。公孙枝于是就把百里奚逃跑的事向秦穆公作了汇报，然后叹息道：“百里奚是一个了不起的人，可惜没有得到重用。”

急于收罗人才秦穆公听了公孙枝的话，说道：“我想得到这个百里奚。我要备下重礼去楚国，把百里奚换回来。”

公孙枝摇摇头说：“大王这么做，就得不到百里奚了。大王您想，现在楚王叫百里奚牧马，说明楚王还不知道百里奚的价值。如果大王现在备下重礼去赎百里奚，就等于告诉楚王百里奚是个人才，楚王还会把百里奚交给我们吗?”

公孙枝接着说：“我们只需对楚王说，有个叫百里奚的老奴逃跑了，为了惩一儆百，我们要抓他回来。最多拿5张羊皮去交换。”

秦穆公按照公孙枝办法照会楚国，楚国同意将百里奚交还给秦国。百里奚回到秦国后，秦穆公亲自为他打开囚锁，一连数日与他谈论国事，十分欣赏他，于是授以国政，号称“五羖大夫”。这时的百里奚已是70多岁高龄。

后来，他又向秦穆公推荐了蹇叔，蹇叔又带着他的两个儿子西乞术和白乙丙来到了秦国。百里奚的儿子孟明视武艺高强，后来也被封为大夫。公元前624年，秦军在孟明视的带领下打败晋国，秦国成为西部的霸主。

领导者唯有敢于破格重用人才，才能激励人才发挥才干，建功立业。

敢于授权，是领导者对部下进行权力激励的另一种方式。第二次世界大战时期英国中东战区司令亚历山大元帅和第八军团司令蒙哥马利将军都是善于运用权力激励方法的人。

蒙哥马利回忆道：“我最大的支持者始终是亚历山大。他从不打扰我，也从不烦我，从不提出我该做些什么，只要我提出要求。我提出要求时，他总耐心地听取我的说明，然后立即予以满足。不需要过多的说明，他信赖我。”

在1942年8月以前的北非战场，德国陆军元帅隆美尔指挥的德军坦克部队战绩辉煌，迫使英国第八军团节节败退，以致计划放弃尼罗河三角洲。如果真是那样，那就等于放弃了北非战场。8 月 8 日，蒙哥马利赶赴中东总司令亚历山大麾下，接任第八军团司令。蒙哥马利很快发现，由优秀士兵组成的第八军团竟然是在一片混乱之中与德军对峙的；皇家空军与第八军团近在咫尺，却又各自为战，不相往来；他的历届前任都沉溺于琐事之中，因而无法协调高级参谋的行动。

蒙哥马利到任后的第一件事，就是提升原集团军作战情报处处长德·甘冈为参谋长，并当众授予权力。他公开宣布：德·甘冈的所有命令具有与他蒙哥马利的命令相同的效力。这对德·甘冈来说无疑是一种巨大的激励。接着，蒙哥马利又与空军商定协同作战。经过整顿，第八军团士气高昂，面貌一新。

1942 年 8 月 31 日，隆美尔发动阿姆哈勒法之战。时值深夜，蒙哥马利早已熟睡，德·甘冈火速进帐禀报军情，蒙哥马利只说了一句“好极了”，便继续安然入睡。德·甘冈按照蒙哥马利的预先部署出色地协调各部队的行动，击溃了隆美尔的进攻。

领导者的权力激励，有利于下属的锻炼、提高和发展，是提高领导效率的关键。艾森豪威尔曾说，他发现罗斯福总统不让杜鲁门了解重大问题，导致杜鲁门在接任总统职务时缺乏足够的准备，显得比较被动。这使他大为震惊。

基于这种感受，艾森豪威尔在 1952 年挑选理查德·尼克松作为他的竞选伙伴时，决心避免同样的错误，保证让尼克松了解所有的情况，为的是让他得到锻炼、提高和发展，以便在尼克松接替总统职务时，能够做好充分的准备。

日本前首相吉田茂的政策之所以能开花结果，是因为从 1957 年起到 1972 年间，他的几位接班人岸信介、池田勇人和佐藤荣作，都是世界一流的政治家，并且奉行吉田茂的政策。大凡政治强人，一般很少培养年轻人，吉田茂却是例外。他让年轻的池田勇人和佐藤荣作在合适的位置上磨炼修养，以使他们日后大展宏图。

与此相反，德国前总理阿登纳则是非常刻薄地对待自己的接班人艾哈德。他在退休后接见记者和外国代表时，还对艾哈德冷嘲热讽。1959 年夏，尼克松目睹了艾哈德受到阿登纳伤害的情景：艾哈德气得话都说不出来，眼中噙着泪水。

其实，吉田茂的唯我独尊并不比阿登纳差多少，然而，他能欣慰地看到

自己制订的政策能够长期奉行。其诀窍在于：不要迷信自己是扮演领袖角色的唯一演员。

在第一次世界大战末期，西线领导联军反攻德军的法国名将福煦将军，指挥艺术很是出色。然而，他在战后授勋时却遇到了麻烦。因为西线的领导人不只福煦将军一人。在问及福煦本人应该给谁授勋时，他坦然回答："这个我倒不知道。不过有一件事很清楚，那就是，如果这场战争打了败仗，不得不负责的人就是我。"

他所强调的是，承担最后责任者是拥有最终决断权的那个人。

福煦将军的话，使人明白了权力激励的原则：领导者不仅应该按照责权对称的原则进行授权，还要把荣誉给予出色履行责任的直接责任人。

1975 年，美国希莱特·派卡德公司中有位名叫史蒂文·白茨纳特的设计师，提出了把微电脑同家用电视机联结起来的设想，总经理否决了他的设想，并剥夺了他的试制权。这位设计师不得已而辞职，与朋友开设了一家电脑公司，结果一举成功。

这家公司就是大名鼎鼎的苹果电脑公司。1984 年，苹果公司销售额超过了 15 亿美元。在这以后，希莱特·派卡德公司吸取了教训，扩大了专业技术人员对新产品开发的试制权限。不久，该公司的工程师查尔斯豪斯，提出了研制一种高技术监视器的设想，尽管公司"元老"——创始人戴维·派卡德不甚同意这个方案，却没有干涉查尔斯豪斯在自己权限范围内的试验，最后获得了成功。

如今，这种新创的大屏幕监视器已被用来监视美国宇航局载人飞船的登月活动和心脏移植手术，为苹果公司带来了巨大声誉和巨额利润。

这种敢于放权的自由的文化，又因为乔布斯的巨大成功而为苹果公司增加了浓厚的传奇色彩。

无能的领导不能授权，优秀的领导者敢于授权。魏文侯是一个性格豪爽、胸怀鸿鹄之志的英明君主。作为国家元首，魏文侯始终把自己放在通观全局、掌握方向的舵手位置。他在宏观上对国家政策实行严格控制，但在微观上却能大胆放手。

魏文侯常常给予地方官员较大的自主权，以便为他们创造一个大展身手的空间，从而更有效地激发他们的积极性与创造性。魏文侯在委派西门豹去治理邺地之前，教导西门豹说："一定要立全功，成大名，布道义。"魏文侯还向西门豹传授了"全功成名"之术。至于采取什么具体方案，魏文侯并不多加干涉。

在西门豹上任之前，邺地的乡绅勾结巫祝以给河伯娶亲平治水患为名，抢夺民女，聚敛民财。西门豹到任后，采取巧妙之法予以狠狠打击，杜绝了这一劳民伤财的活动，并趁机改革邺地风俗。他还组织人力开凿了12条水渠，引水灌溉农田，做到了涝可分洪、旱可灌溉，不仅根治了漳河水患，还改造了漳河两岸的盐碱地。与此同时，西门豹从当地地广人稀的实际情况出发，扩大百姓的土地拥有量，使百姓得到了更多的收益，并在此基础上实行寓财于民、寓兵于民的政策，加强了战备力量。

西门豹的种种举措，在战国初期实属惊人之举，因此不断有人向魏文侯状告西门豹，说他担任邺令以来，粮仓无积粮、财库无存钱、武库无甲兵、官府无会计。魏文侯亲自前往邺地视察，发现情况果如传闻，因而非常生气。

魏文侯要求西门豹作出解释，西门豹平静地说："王天下者百姓富，霸天下者武库富，亡国者国库富。现在国君要做称霸天下的人，所以要蓄积于民。国君如果认为不是这样，就请允许我登城击鼓，装备、粮食可以马上准备好。"

说完，西门豹登城击鼓，只见众多百姓急急携带自家的粮食、武器齐聚而来。魏文侯非常高兴，同意让他继续这么做下去，并让他解散队伍。西门豹说，治理国家贵在取信于民，现在百姓既已聚集在此，请允许我带领他们为您打一仗。魏文侯批准了他的请求，西门豹就带领这些"民兵"夺取了燕国的几个城池。

魏文侯深明授权之道，他不设羁绊、不信谗言、放手使用、注重实效，西门豹才能充分发挥才干。由此看来，能否大胆授权，并不是一个简单的问题。对于感受不到激励的人才来说，出路只有两条：要么消极怠工；要么走人大吉。

美国前总统罗斯福有句名言："一位最佳的领导者，是一位知人善任者。在下属开心从事于其职守时，领导者要有自我约束的力量，不可插手干涉他们。"他认为，当领导者挑选了一位能够胜任职务的人才时，应当把职务和权力同时交给他，让他可以自由发挥自己的才干和创造力，领导者只须在旁边观察，发现成果即刻加以赞美；发现问题主动予以指导，这就是领导者的工作。一个高效的领导者不会去做别人能够胜任的工作，凡是可以授权给他人去做的事，自己则不必去做。

所谓"将在外，君命有所不受"，这句中国古语常常被国外的管理学名著所引用。美国《哈佛管理百科全书》把这句话单独印在《授权篇》的扉页上，用以强调它的重要性。然而，领导者敢于授权，不等于盲目授权。因此，

领导者在大胆地对部下行使权力激励的同时，也要注意防止部下越权。一般来说，部下越权的方式大致有先斩后奏、设圈放套、封锁消息、多头请示等，领导者对此亦应多加注意。

第二次世界大战中的麦克阿瑟是个典型的越权者。他无视军队纪律，拒不理会有关军官服饰的规定，甚至敢于违背总统的命令。然而，奇怪的是麦克阿瑟的意见往往是正确的，而上级的意见倒是错误的。他非常巧妙地在南太平洋战场采用跳岛战术，使他的部队在1942年至1945年期间所遭受的伤亡比阿登战役美军伤亡都少。跳岛战术的成功使他腰杆硬了起来，竟然对华盛顿发来的命令进行挑剔。

有一次，五角大楼对他说收复菲律宾都洛岛的作战计划的风险太大。麦克阿瑟照样动手，并且大获成功。攻克主岛之后，他未经授权就开始攻击菲律宾群岛的其他岛屿，整个战斗只损失了820人。他在日本大搞社会和经济改革，不少地方超越了他作为盟军最高司令官的职权范围。他成绩辉煌，以致杜鲁门总统也只得对他加以赞扬。然而，在朝鲜战争中，因为麦克阿瑟仍不服从领导，终于被杜鲁门借机免职。

麦克阿瑟出身行伍，他蔑视那些坐办公室的人，觉得自己比他们更懂得怎样指挥作战。麦克阿瑟在一次大战时不怕上司，第二次世界大战时又不怕参谋长联席会议，这使杜鲁门十分气恼。早在1945年6月，杜鲁门就在自己的备忘录中写道，战后美国的一个大问题是："对那位趾高气扬、权势很大的五星上将麦克阿瑟先生究竟该怎么办？"他还写道："我们居然不得不派这种自命不凡的老顽固出任要职，真是令人遗憾透顶。我真不明白罗斯福当年为什么把温赖特调回国内，而让麦克阿瑟去为国捐躯。"

领导者事必躬亲，往往不能授权。诸葛亮不善授权，不仅导致蜀国人才奇缺，而且严重损害了自己的健康。诸葛亮第六次出兵伐魏时，魏国任命司马懿为大都督，率军抵抗蜀军。经过几次较量，司马懿接连失败，损失很大，自己也险些被蜀军烧死，于是传令众将坚守营盘，不许出战，以图拖垮蜀军。

诸葛亮多次向司马懿挑战，魏军皆不出战。于是，诸葛亮准备了一个大盒子，派使者送到魏军大寨。司马懿接见了来使，当着众将把盒子打开，见里面有一套女人衣服和一封书信。司马懿拆开书信，是诸葛亮写的："你是魏国大将，现在不敢出战，与女人有什么区别！现派人送女人衣服一套，如果再不出战，就把它穿上。"

司马懿看完信，微笑着穿上了衣服，并盛情招待来使。席间，司马懿似乎不经意地问蜀国来使："你家丞相的寝食情况如何？要处理的事情多吗？"

使者想都没想，便很自豪地说道："我家丞相夙兴夜寐，惩罚二十鞭以上的事情都要亲自处理，每天的食量很少。"

司马懿对手下将领说："孔明寝食少，处理的事情却又烦多，恐怕活不长了。"

使者辞去，回报诸葛亮。诸葛亮感叹道："他对我真是太了解了！"

没过多久，诸葛亮果然心力交瘁，病死于军中。

诸葛亮身为丞相，是刘备的托孤大臣，可谓集军政大权于一身，权力绝非一般丞相所能比。然而，他连惩罚二十鞭以上的事情都要管，不仅影响了人才的培养，而且也把自己累得心力交瘁，年寿不保。因此，领导者必须抛弃事必躬亲的领导模式，才有可能大胆授权。其基本方法是，凡是自己不能干的事情，都要委托部下去干；凡是部下能干的事情，都要委托部下去干，或者说自己都不要干。

需要强调的是，领导者必须具备博大的胸怀和远大的志向，处处以大局和事业为重，乐于改变事必躬亲的领导模式，并且不怕下级越权，才敢向部下充分授权。虽然越权现象是一种客观存在，领导者不能盲目忽视，以免组织失控，但是，领导者要防止部下越权，主要还是应该利用组织系统的机制加以防范，并且要在见识、判断、决策方面显著地超过部下，而不能采取拒绝权力激励的方式来维持虚假的尊严和权威。因此，领导者要认真学习林肯的授权艺术，功劳归于部下，责任自己承担，这就是敢作敢为，授权留责。唯此，才能最大限度地激励部下采取自己的方式完成任务。

第四节　荣誉激励　以小见大

人的价值是多方面的，精神价值是必不可少的一个方面。肯定自己的重要性，是人们自我评价的基本动机之一。获得荣誉，当然也算是肯定了自己在组织中的重要性。因为没有无限的金钱对下属进行无限的物质激励；领导者也不可能把所有下级都提拔起来，更不可能把所有干部都提拔到更高的位置。这就意味着必须有荣誉激励。

领导者对部下进行荣誉激励，一要注意采取多种方式，二要尽量谋求与其他激励方式的结合，三要以小加大。其中最高明的方法是以小见大，即通过日常的小事，或者是通过日常沟通潜移默化地影响部下的心灵，使之树立

荣誉感。

人与低等动物的重大不同之一，就是特别珍爱名声、面子、荣誉。实际上，荣誉激励是一种最根本的激励。因为荣誉感和人的信仰紧密合一，决定着人们的主观能动性。没有荣誉感，就无法塑造有信仰的人，也无法塑造有信仰的组织。

在第一次世界大战期间，法国著名将军狄龙带领第 80 步兵团进攻一座城堡，遭到了敌人的顽强抵抗。步兵团被对方火力紧紧压住，无法前行。狄龙情急之下，大声对他的部下说："谁要是设法炸毁这座碉堡，谁就能得到 1000 法郎！"他以为士兵们肯定会前仆后继，没想到没有任何一个士兵冲向城堡。狄龙大声责骂部下懦弱，斥责他们有辱法兰西的军威。一位军士长大声对狄龙说："长官，要是您不提悬赏，全体士兵都会发起冲锋。"狄龙听罢，转而发布了另一个命令："全体士兵，为了法兰西，前进！"整个步兵团从掩体里冲出来。最后，全团 1194 名士兵只有 90 人生还。

这说明，有时候，激励下属的根本方式并非物质奖励。尊重下属的荣誉感，也能产生巨大的激励效果。在特殊时刻，物质奖励对下属来说反而可能是一种侮辱。

荣誉，象征着一个人的社会存在价值，它在人的精神生活中占有重要地位。拿破仑非常重视激发军人的荣誉感，主张对军队"不用皮鞭而用荣誉来进行管理"。拿破仑很善于运用荣誉激励方法，每次作战前夕，他都命人制作很多奖章。他不仅给那些立下战功的官兵加官晋爵、授予勋章，而且总是通报全军官兵，激发所有官兵为了荣誉而勇敢战斗的英雄精神。他的朋友问他为什么要制作那么多奖章，拿破仑告诉他一个秘密：就是这样一个个不起眼的小牌牌，可以使每一个勇敢的军人慷慨赴死。

和世界上其他民族相比，中国人对"荣誉"二字的见解尤其独到。在汉语中，和"荣誉"一词有关的字眼很多，例如，名声、名气、名誉、名望、声誉、美誉、清誉，都从不同侧面道出了"荣誉"的部分内涵。还有一些词语也和"荣誉"有关，例如"名利"一词，虽然通常视为并列关系结构，但是"名"字排在前边，恰恰合乎现实生活中先取名后取利的人生智慧。如果再详加探讨，它又符合名声可以带来利益的社会现象。再看"功名"一词，如果不拘泥于字面的意思，则很符合中国人建功博名的心理规律。对此，中国古代说得比较直率，建功立业就是为了光宗耀祖，虽然这种观点具有一定的历史局限性，显得品味欠佳，但也包含了追求"荣誉"的动机。还有一个词，即"沽名钓誉"，可以从反面看出世人何等重视"名誉"，竟然亦"沽"

亦“钓”。古人还有“百金买名，千金买誉”的说法，更把“名”和“誉”作了程度方面的区分，其中那个比“名”更贵的“誉”，就是现代人所说的“荣誉”。

中国人对荣誉的重视，还可以从另一种说法略知一二，即让利容易让名难，足见和荣誉有关的名气、名声等，竟比“利”更加受人重视。就连平民百姓也有一句俗语——人过留名，雁过留声，足以显示荣誉需求的普遍性。

总而言之，中国几千年儒家文化的影响，使得士人阶层特重“名节”，多少包含着重视“荣誉”的意思，虽然荣誉的内涵也因时代的不同而存在着较大的差异。

实际上，大多数激励方法都和荣誉激励与感情激励有关，尤其物质激励和权力激励，更是兼具荣誉激励和感情激励的意义。因为职务升高和获得重奖，都是既荣耀而又令人高兴的事情。反过来说，荣誉激励也常常和其他激励合而为一。例如，获得物质奖励时还能得到一个证书，大概就是最简单的一种结合方法。至于“筑坛拜将”，则是更为高明的方法。即使刘邦并不想“筑坛拜将”——事实上他也没有想到这一高招，韩信仍然会被“拜将”，并且拥有相同的级别和权力。然而，萧何建议刘邦“筑坛拜将”，无疑是在权力激励之外，再给韩信一点荣誉激励和感情激励。如此一来，确实更能增强韩信的荣耀和权威。事实证明，由于刘邦采纳了萧何“筑坛拜将”的建议，加上刘邦后来对张良言听计从，十分厚赏韩信，才使韩信每每想到刘邦对自己的恩惠，都变得优柔寡断，不愿铤而走险、断然谋反，以致最终仍为刘邦所擒。

由此可见，单纯的物质激励、权力激励等，如果不能落实到荣誉激励和情感激励之中，那就很难长久得到部下的忠心，甚至反而会激发部下的贪心、野心，使他们变得利欲熏心、贪得无厌或忘恩负义。卓越的领导者之所以特别重视思想路线和树立理论旗帜，不仅是为了教育引导部下坚定思想，而且也预设了进行荣誉激励的可能。因为思想、信仰和信念，乃是荣誉感的一大源泉。尤其是在实惠的激励不足的情况下，荣誉激励就成了最崇高的激励方法。

从这个意义上说，真正卓越的领导必定是善于运用荣誉激励而提升部下思想境界的人，必定是善于教化下属的人。如果读者还能记起我在前面讲到的姜太公的用人方法，就能发现一个规律——随着领导职务的上升，控制下属心灵的能力也应随之上升。这表明，职务越高，越要具备控制下属心灵的能力。换句话说，如果一个人缺乏控制下属心灵的能力，那就不足以胜任高

级领导职务。这种控制下属心灵的能力，实质上就是用荣誉激励下属的能力，实质上就是能够使下属树立荣誉感。

与曹操卓然不群的文功武略相比，刘备具有一个鲜明的特点，那就是善于痛哭。然而，刘备能够打下江山，主要不在于痛哭流涕，而是因为他精于荣誉激励和感情投资。其典型事例即“三顾茅庐”。对于诸葛亮来说，如果不想建功立业、流芳百世，那又何必苦苦读书学习而修炼成“卧龙”呢？他之所以不像其他谋士一样主动投靠某一主子，乃是为了等待一个言听计从的主人。刘备的“三顾茅庐”满足了诸葛亮的荣誉感和感情需要，诸葛亮才贡献出加剧国家分裂和人民痛苦的天下三分之计。

当然，中国古代圣贤特别提倡“穷则独善其身，达则兼济天下”。才智之士深知“伴君如伴虎”，因此需要“良禽择木而栖，良臣择主而事”，其中自然多少包含自我保护的意图。对于诸葛亮来说，很可能因为正统观念的局限，但也不可能没有一般人都具备的心思，所以才选择一个比较好处的刘备。我们当然不能武断地说诸葛亮也有“待价而沽”的意思，但是，我们却可以断言：待价而沽者，既是为了“价”，也是为了“名”，同时也为了满足感情需求——得到超乎寻常的信任。

纵观人类历史，越是德才兼备、德高才卓的人，越是酷爱追求荣誉。渴望青史留名，是所有非凡人物的突出特点。正因如此，非凡人物才不去贪财图利。追求成就，只不过是非凡人物建立惊世荣誉的途径。由此看来，中国古代的“功名”二字，真是大有学问。因此，领导者不能不尊重部下对荣誉感的需要。

福特公司的老板亨利·福特二世，因为撵走李·艾柯卡而倍受非议。然而，在荣誉激励方面，他却有倍受称道的杰作。爱德华·蓝迪，曾是亨利·福特二世手下的副总裁、财务专家、非正式顾问，同时又是福特汽车公司的董事。他为福特公司服务 37 年，退休时已经拥有 270 万美元的福特股票。对于这个不缺钱的部下，亨利·福特二世以爱德华·蓝迪的名义，向美国企业联合会捐款 100 万美元，用以开设学术讲座，使爱德华·蓝迪扬名美国。亨利·福特二世知道爱德华·蓝迪小时候在慈恩修道院学过文法，于是就以爱德华·蓝迪的名义向慈恩修道院捐赠了 10 万美元，使爱德华·蓝迪异常感动。显然，这都属于荣誉激励，并且兼具感情激励的成分。

亨利·福特二世的另一个部下阿杰·米勒，曾经是福特汽车公司总裁。阿杰·米勒身兼 5 个公司的董事，1986 年退休。在告别仪式上，亨利·福特二世抱着阿杰·米勒放声大哭。他还改变信托，指定阿杰·米勒在福特——

假如他遭到绑架时，全权负责解救事务。这种做法真乃高明的荣誉激励和感情激励。他还把福特公司玻璃宫周围的广场，命名为“阿杰·米勒密执根植物园”，使阿杰·米勒更为出名，这也属于荣誉激励。在离开福特公司之后，阿杰·米勒成了斯坦福商学院院长，经常和学生喝啤酒。他把斯坦福商学院搞得有声有色，名气直逼哈佛大学和芝加哥大学，成了美国的名牌大学。

美国玛丽·凯化妆品公司的董事长玛丽·凯·阿什，十分服膺于约翰·洛克菲勒的话：“我为获得与人们打交道的能力而付出的代价，将比我为获得世上任何一种商品而付出的代价都要大。”玛丽·凯·阿什特别擅长荣誉激励和感情激励。她不仅善于表扬部下，而且还有许多特殊的方式，例如，在授奖大会上让获奖人士的“华丽亮相”，身着特别的服装绕场一周，接受员工检阅和鼓掌，她都搞得极富激励意味。她说：“我认为对一个女人来说，上台接受同行们的赞扬，比接受一份装在信封里的贵重礼物要重要得多，因为装在信封里的礼物无论多么贵重，别人并不知道。”

这对以女性职员为主的玛丽·凯化妆品公司来说，无疑特别适用。为了让优秀下属出名，她还创办了月刊《表扬》、《主要方针》，以及周刊《销售主任备忘录》，并鼓励每一个销售主任出版自己的《业务通讯》。月刊《表扬》用彩色印刷，发行量同许多闻名全国的刊物一样大。由于公司业务发展较快，除了刊登销售主任的照片之外，它每期只能报道100位业绩突出的下属的事迹。玛丽·凯·阿什说：“人人都希望在刊物上看到自己的名字。鉴于该刊的篇幅有限，每期只能报道少数人的事迹，我们大力提倡的一件事情就是：在刊物上居高临下地多报道一些人的名字。这样，在一百人的单位里，每个美容顾问都有较多的机会受到公开的表扬……我们虽然认为，一个成功的刊物应该做到四点——表扬先进、提供信息、增长才干、激发干劲，但是，我们的首要目的是表扬先进。”玛丽·凯·阿什还说：“秘密表扬并不起作用!”

玛丽·凯·阿什真是聪明之极：化妆品公司的女性销售主任们本来就漂亮、出众，她们在拍摄照片时，不可能不仔细化妆吧？精心化妆岂不更加亮丽？如果那些彩色照片登上刊物，岂不是又为公司做了广告？玛丽·凯·阿什的荣誉激励，真可谓一举两得！由此可见，任何用人方法都可以推陈出新，领导者绝不可墨守成规！

领导者对下属进行荣誉激励，不应仅仅停留在评选先进、颁发证书、给予奖励等形式上，还要在日常沟通之中，潜移默化地感召部下树立荣誉观念。这不仅要求领导者要精通沟通艺术和激励艺术，而且还要提高自身的思想境

界。唯有如此，才能在日常沟通中，随时都能提高下级的思想境界和荣誉感。

第五节　榜样激励　典型引路

榜样激励是现实实践中常用的方法，也是中国式管理的一大法宝。

树立榜样，塑造典型，榜样示范，典型引路，更是中国社会主义革命和社会主义建设实践中形成和完善起来的优良传统，是一种重要的领导方法、管理方法、思想政治教育和组织文化建设的重要方法。在老电影《英雄儿女》中，王成牺牲之后，学英雄，唱英雄，做英雄，引导战士集中思考“王成为什么会成为英雄”，发动全体指战员人人写体会，个个写请战书，掀起“为王成同志报仇”的高潮，就成了他所在的志愿军某部一项“重大政治任务”。这种思想教育活动往往与全体指战员结合亲身感受找经验、挖教训、改进战术的战斗总结相结合，极大提高了我军战斗力。

如今，一曲《英雄赞歌》仍然唱响在祖国的大江南北，充满正能量。

榜样的力量是无穷的。人们学习榜样的过程，就是进行自我激励的过程。因此，榜样代表着一种激励。从某种意义上说，成功来自崇拜；成功来自模仿；成功来自心中幻想的形象。对于有志者来说，一生中少不了模仿榜样。这些事实有力地证明了榜样激励的价值。榜样激励包括三个方面的内容，一是榜样对其他人具有激励作用；二是榜样自身也能受到激励；三是领导者自身要成为群众的榜样。

通俗地讲，榜样就是先进模范，或者是先进模范中的典型人物。以企业组织而论，国内企业往往吝于称之为“英雄”，西方企业却慷慨大方地冠之以“企业英雄”。美国学者狄尔和肯尼迪认为，企业里的英雄人物是指现有的或者曾经存在的“典型”，是企业价值观的化身，能够凝集和感召人们践行企业价值观，就像企业价值观一样必不可少。如今，越来越多的领导者已经意识到树立这种“模范”或“典型”的重要性。当然，一个组织也不能恣意的树立“英雄人物”，以免降低榜样的感召力。

一般数来，企业树立榜样应该具备四个标准：第一，英雄是企业价值观的化身，是员工公认的最佳行为和组织力量的集中体现，因而是企业文化的支柱和希望。第二，英雄应有不可动摇的个性和作用，他们所做的事情是人人想做而又做不到的，因而是每个遇到困难的人都想依靠的对象。第三，英雄的行为虽然超乎寻常，但却向人们证明“成功是人们力所能及的”，并非常人无法做到的。因此，英雄可以使人们在个人追求与企业目标之间找到一种现实的联系，鼓舞人们在某一方面取得成就。第四，英雄是通过在整个组织内传播责任感来鼓励全体员工的，其鼓舞作用不会随着英雄本人的去世而消失。特别值得注意的是最后一条标准，把英雄和一般的“成功者”“高效者”作了区别，说明“经理并非是英雄”。因为虽然有些经理也曾是成就辉煌的人，但是，时间流逝洗去了他们的光彩和影响，所以不能称为“英雄”。相反，像雷锋、王进喜这样的英雄模范，则是光辉形象永放光芒，精神影响永不消失。

狄尔和肯尼迪认为，英雄的作用在于：（1）使企业获得成功并且合乎人情；（2）提供让人们仿效的角色模式；（3）向外界展示公司的形象；（4）保存使企业具有特色的精神内涵；（5）树立群体学习、模仿的行为标准；（6）调动员工的积极性；（7）提供把整个组织聚合起来的“黏合剂”以及“在组织中持久的影响力”。

狄尔和肯尼迪企业英雄分“共生英雄”和“情势英雄”。一般来说，企业的共生英雄大多是企业的缔造者，往往都有一段艰难的创业历程，面对困难和逆境矢志不移，终于把企业发展壮大起来。这类英雄特征是：（1）有正确的追求，包括某种新的产品、新的工作方法，或者是一种具有特殊性的组织。他们追求什么就得到什么，总是获得成功。（2）具有执着的、不达目的誓不罢休的韧劲；（3）具有使企业不断成功的个人责任感；（4）具有“通过善待企业员工、向企业员工灌输一种持久的价值观而使企业强大”的信念。在这种信念驱使下所做的工作，使得共生英雄的影响能够持续好几代人，即英雄已逝而价值观依然存在。正是这个特征，把共生英雄和其他管理者区别开来。

情势英雄是企业在特定的时期内或是特定的情形下，根据需要推出一些典型的“英雄”人物。相比而言，共生英雄对企业的影响是长期的，并富有深刻的哲理，它为企业内的所有职工照亮征途；情势英雄对企业的影响则是短期的和具体的，其成功事例或感人精神也许会在一段时间后渐渐被人淡忘。这既非人们的健忘，也不是“人走茶凉”，而是随着情势的变迁需要强调新的精神，推出新的英雄。正如从前我们崇尚舍身炸碉堡的董存瑞和用胸膛堵枪眼的黄继光，现在却更推崇默默奉献的李素丽和献身科学研究并取得突破的袁隆平一样。这就是所谓“时势造就英雄”。

狄尔和肯尼迪把情势英雄细分为引导式英雄、出格式英雄、圣牛式英雄和固执式英雄。出格式英雄聪明过人，具有独特的见解，工作能力较强，行为古怪，常常故意有悖于文化准则。“这种英雄在公司现有价值观面临挑战、需要某种创造力时是非常必要的”，属于电视剧《亮剑》中“李云龙”之类的人物。狄尔和肯尼迪说：“出格人物在强文化公司中具有很高的价值，他们使得公司不断地向前发展……公司主管可以把他们放在具有创造性的工作岗位上，或者委派他们担任研究开发部的主管。”

引导式英雄是企业领导为了有力地推行经营改革，通过认真选拔而树立起来的英雄。例如，美国电话电报公司原来是一个由政府管理的没有竞争对手的实体，其榜样人物是能够迅速装好电话并保证质量的人。后来，该公司不再受政府管理，需要在市场竞争中获利，面临这种经营变革，公司聘请IBM公司从前的一位管理人员麦吉尔担任市场经营副总裁。麦吉尔从年轻时就习惯于竞争环境，善于识别和适应市场的各种特征，符合改革的需要，因而美国电话电报公司尊为当时的引导式英雄。

固执式英雄都是坚韧不拔、锲而不舍、不达目的誓不罢休的人物。例如，Intel公司一位职员试制新产品一年而未成功，结果被解雇，但他并没有因此就离开公司，而是不要报酬继续试制，终于坚持到试制成功。他为该公司铸造了一条“做你所信奉的事”的价值观，被Intel公司晋升为副总裁，并被尊为固执式英雄。

圣牛式英雄是指那种卷起袖子只知道工作的高技术人员或普通工人，他们忠于职守，坚持传统，属于默默无闻、任劳任怨、乐于奉献的人物。

当然，英雄并非超人，并非总是讨人喜欢。他们有时甚至因为个性独特而十分难处，有时因为心中只有企业或公司而忽视了他人，有的则对企业员工要求过于严格。例如，“管理科学之父”泰勒为了提高生产率，对工人的要求近乎酷厉；比尔·盖茨为了加快新软件上市，竟要求开发组的人员夜以继日地工作；拍立得公司的埃德温·兰德为了鼓励开发新产品和实行科研自由，竟允许雇员自由地选择职位……许多企业英雄表现出这些“过激”甚至是“反常”的行为。“正因为英雄不是超人，因而普通人也可以成为英雄”，狄尔和肯尼迪说，“如果公司能像对待英雄一样对待普通员工，甚至是在一个很短的时期内，人们也可能最终都成为英雄。”

了解榜样——英雄的价值与特征，有助于我们深入探讨榜样激励的方法。通常，领导者在树立“英雄”，运用榜样激励方法时，必须注意以下几点：

第一，实事求是地宣传榜样的先进事迹。榜样不是十全十美的圣贤，而是在群体中孕育和成长起来的典型人物。唯有那些受到大多数人敬佩、信服、尊敬的品格高尚、业绩出众的人，才能成为具有激励作用的榜样人物。因此，领导者既不能为了树立榜样而人为拔高某些下属，也不能违背公平原则轻率地树立榜样，更不能根据好恶“钦定”榜样人物，以免激起人们的反感，从而不仅起不到激励作用，反而伤害大多数人的感情和积极性。

第二，引导下属一分为二地看待榜样。榜样不是僵死的样板，而是活生生的个人。榜样的可贵之处并不只在于业绩伟大，而且在于他们具有某种环境中所欠缺的珍贵素质。榜样也不可能没有自身的弱点，只是优点比缺点更加突出。领导者应当引导下属认识榜样的真正可贵之处，又不至于使人们机械模仿。其具体方法是引导人们分析榜样形成的条件和成长过程，为下属指明赶超榜样的途径。对于榜样人物，领导者既要使其充分感受到激励，又要使其认识到自身不足，引导他们树立更高的目标，切勿止步不前。这样，榜样就能把外在激励变为内在激励，不断完善自我，从而对他人起到更大的激励作用。

第三，关心榜样的成长和发展。树立榜样，不能“会上大讲，会后就忘”。这意味着领导者需要经常关注榜样人物的情况，随时注意榜样人物心态的变化，有时甚至需要帮助榜样人物解决一定的困难，以便进行“榜样保健”。另有一点特别重要，即领导者必须注意对榜样人物进行全方位激励，如果榜样人物确实德才兼备，领导者就应加以重用。

第四，敢于和善于保护榜样，是榜样激励的必然要求。当榜样人物受到中伤和诽谤时，领导者就应该敢于和善于保护榜样人物。例如，创造机会让榜样再放光芒，创造条件让榜样再立新功，让“反对者”负责总结榜样人物的经验，让榜样人物带一带“反对者”，对“反对者”进行教育、批评、处罚，皆为可选之法。还有一种方法相当有效，即让“反对者”承担其力不能及的任务，创造机会使其自省；或者让“反对者”与榜样人物同时承担同样艰巨的任务，使其知难而退、知难而悔、知难而改。电视剧《亮剑》中的“出格英雄”“刺头”李云龙起哄、刁难教官，致使教官无法完成教学任务。首长专门约见李云龙，让他为大家讲课。李云龙哪会讲课，只得服软、认错。首长这才开始严厉批评他。从此，李云龙再也不敢闹事了。

第五，领导者必须努力成为无冕榜样。

美国学者米勒曾说，优秀领导的鲜明特征是敢于向世人宣称：“最好的领导就像我一样。”这说明领导者率先垂范，以身作则，以模范行为激励下属，乃是榜样激励的重要方法。领导者能够严于律己，时时处处都很注意用良好的领导行为完善领导形象，能够起到巨大的激励作用，下属就会自觉地按照

领导的行为导向进行自我督促和自我完善。相反，如果领导者品味低下，行为龌龊，却要求部下尽善尽美，即使树立再多的榜样人物，仍然无法和领导者自身的“榜样激励”效果相提并论。当然，领导者若无私奉献，楷模群伦，并不需要什么称号，就能起到“无冕英雄”的榜样激励作用。

因此，领导者实行榜样激励，需要牢记两个原则：其一，培育典型、树立榜样不能苛求完美，要包容榜样的个性和缺点，要有浓浓的人情味；其二，全方位给予榜样足够的激励，尤其是在物质激励和权力激励方面，要厚待榜样而不能亏待榜样。

第六节　情感激励　感化人心

情感激励是最具普遍性的激励方式。可以说，领导者所有的用人艺术，都包含着感情激励的功能。所谓“士为知己者死，女为悦己者容”，就是内在的感情激励所使然。由于中国人特重感情，所以感情投资的重要性，无论怎么强调都不过分。

获得爱戴是卓越人物的标志。如果领导者不能受人爱戴，就没有人为之效命，如何成就大业？因此，领导行为不仅不排斥情感交流，反而特别强调情感培养的艺术性。完全可以说，情感投资艺术是最高的领导艺术之一，具有重大的激励作用，领导者尤其应该通过情感激励而获得部下的尊敬、爱戴、忠诚、报答。

情感激励有正向激励和逆向激励之分。通过关心、信任、尊重、表扬、奖赏、提拔、重用而实现的感情激励，属于正向情感激励；通过批评、惩戒而实现的情感激励，则属于逆向情感激励。在一般情况下，这种逆向激励能够迫使人们把压力变成动力。在特殊情况下，领导者惩罚恶人，能够对好人产生巨大的情感激励效果。总而言之，情感激励无所不在，任何值得提倡的激励都有情感激励意义。

情感激励也是所有激励中最具艺术性的激励方法，大到雷霆万钧的严重事件，小到穿针引线的细致活路，都可以运用感情激励。松下幸之助手下的一个经理疏于安全管理，导致工厂失火，一向严厉刚峻的松下幸之助一点都没有批评，反而只说了声：“好好干吧。”这是在部下严重失职时的一种感情激励。

情感激励也是所有激励中最为细腻的方法，常常从小节之中显出神奇。美国电视剧《大饭店》中的饭店侍者凯恩的父母不同意儿子在饭店工作，因此，凯恩总是给父母写信说自己当了饭店经理。当凯恩的父母要去看望他时，凯恩希望饭店能够将他和父母安排在一个带套间的客房里。董事长卡博特夫人认为，侍者虽然说了谎，但是，他的用心是为了安慰父母，于是就答应了他的请求，并送给他一套象征经理身份的西服。

有时候，情感激励能够解决强权所不能解决的问题。有的领导试图使用压制的方法解决问题，常常事与愿违。有的领导则是首先动之以情，然后晓之以理，从而能够轻而易举地解决棘手的问题。美国前总统胡佛曾对退伍老兵采取强硬措施而不能奏效，罗斯福则让第一夫人埃利诺出面与退伍军人沟通协商，反而顺利解决了问题。

胡佛执政期间，1932 年 5 月，两万多名第一次世界大战的退伍老兵请愿，要求给予“退伍军人补助金”。政府多次与之对话，均告失败。最后，胡佛拒绝了退伍军人的所有要求，并于当年 7 月 28 日出动军队，将退伍军人强行赶出了华盛顿。然而，事情并没有得到解决，退伍老兵们仍然以各种方式抗议、示威。罗斯福上台后，退伍老兵们又以更大的声势前去请愿。由于谈判未果，罗斯福与其夫人埃利诺商定，由埃利诺出面解决。埃利诺与总统助手路易斯一同前往，到了退伍老兵聚集地时，埃利诺让路易斯留在车上，独自一个人下了车。她毫不犹豫地踏着齐踝深的泥水，微笑着向退伍老兵们走去。退伍老兵们见到满身泥水的总统夫人，不禁备受感动，连忙过去搀扶。埃利诺询问了他们的疾苦，倾听了他们的诉说，气氛非常融洽，他们还一齐唱歌、说笑。最后，退伍老兵们作出了让步，问题得以解决。这个例子表明，感情激励具有神奇的效果。尤其是在其他激励不足时，更应善用感情激励。

情感激励是基于普遍人性而产生的一种用人艺术。可以夸张地说，几乎所有的激励方法都包含感情激励的因素，包括危机激励在内。领导者运用感情激励方法，应该特别注意小节。因为任何用人艺术都是人际交往艺术的特殊创新和集中发挥。如果领导者能够把人际交往艺术发扬光大，做到于小节中见情义，那就不难把情感激励艺术发挥到出神入化的境界。

帕金森说过：“注意小节有时能够点石成金。”对于小细节问题，拿破仑有一个小窍门儿。他总是努力地记住别人的姓名，每当他叫出那些自以为在领导眼中很不起眼的人的名字时，这些人无不为皇帝知道自己的名字而受宠若惊，干劲倍增。

美国玫琳凯化妆品公司董事长玛丽·凯·阿什，由于年轻时曾经有过一

次不愉快的经历，所以，在她成为董事长之后，特别注意对部下进行情感激励。

玛丽·凯·阿什在当推销员时，公司58个推销员得到领导许诺：业绩突出者可以到总裁家里做客。玛丽·凯·阿什等人为此进行了为期10天的推销旅行，虽然其间吃到了不少苦头，但是，正如玛丽·凯·阿什后来所说："奖赏的诱惑足以抵消所有那些辛苦。我们心中仍然充满了渴望。"然而，当玛丽·凯·阿什等人以优异的成绩得到奖赏时，她们本来以为能够得到总裁的接见，没有想到她们只被允许在总裁的花园走走看看，总裁根本没有和她们见面。

玛丽·凯·阿什在她的著述中，还叙述了另一个使她感情受到伤害的例子。她说："有一次，我参加了一个推销讲习班。最后，大家都想和那位刚做了一篇激励士气的演讲的经理握握手。我们在队伍中站了三个小时，最后好不容易轮到我了，但他竟没有正眼看我，甚至也许没有察觉和他握手的是个什么样子的人。他的眼睛从我的肩膀上望过去，他在看队伍还有多长。我明白他很累，但是，我们也一样——在拥挤的队伍中等待了三个小时，我们也很累！我感到受了伤害，甚至侮辱。"

玛丽·凯·阿什创办自己的公司以后，自己就成了老板。她特别能够设身处地、将心比心、善解人意，力求做到尊重部下的感情—至少是不伤害部下的感情。

她说："后来，我也有很多次站在长长的队伍前面，和上百人做长达数小时的握手。一旦我自己很疲劳了，我总是想一想自己以前排队和那位总裁握手的情形。我就立即打起精神，直视对方的眼睛，尽可能地说些比较亲切的话，也许只是几句简短的闲谈，例如，'我喜欢你的发型！'或'你的衣服漂亮极了！'我尽可能给予对方全部注意力。"

我认为，生活中那些眼睛只管朝天而不屑于眼睛向下的领导者，应该认真读一读玛丽·凯·阿什的《用人之道》，也应该认真学习她的情感激励艺术。

对于领导者来说，情感激励不能不注意一些小节。卡耐基说："礼貌，是由一些小小的牺牲组成的。"领导者注重小节，能够极大创新用人艺术。一些良好的行为小节，往往能够产生情感激励效果。例如，记住部下的名字，是成功的政治家、军事家、企业家、资本家和精于社交的普通人都很注意的事情。如果人们能够记住某个人的名字，并在过后再见面时能够轻松地叫出他的名字，这就是对他的一个小小的恭维。然而，如果忘记或者记不准别人的名字，就会造成令人尴尬场面。

名字，看起来只是代表某个人的一个符号，但它可不是一般的符号。每个人对自己的名字都有一种特殊的感觉，具有极强的认同感、确定性。在广袤的宇宙中，只有一种字音对人们最重要，那就是他们的名字。有人做过一个试验，他找来十个听力相近的人坐在同一个语音室里，然后试着用尽可能低的声音念出一个下属的名字。结果发现，在声音适当的情况下，念出谁的名字，只有谁能听到，其他的九个人都没有感觉到有声音。这一试验表明，人们的耳朵对自己的名字特别敏感。

可以肯定地说，一个名字包含着一个奇迹，名字完全属于特定的个人，没有人能够取代她。名字能使人出众，它能使人在许多人中独立出来。领导者传递信息，只要从名字着手，就会显得特别有效。不管是女侍者，还是总经理，在与别人交往时，记住别人的名字，都会有神奇的作用。正如卡耐基所说："一个人的名字，对他来说，是任何语言中最甜蜜、最重要的声音。"如果想要博得别人的欢心，首先就要记住别人的名字。在官场生活中，名字往往和头衔联系在一起。口语中常以"姓氏+头衔"的方式称呼有职务的人，书面语中则以"姓名+头衔"的方式指称领导者，这也体现了姓名的重要性。情感激励有时和荣誉激励关系紧密，值得人们注意。

卡耐基强调记住别人名字的重要性。他认为记住对方的名字，并把它叫出来，等于给对方一个很巧妙的赞美。若是把别人的名字忘了，或者写错了，说得严重一点，那简直是对别人的侮辱。吉姆·法利没有上过中学，然而，在46岁时，他获得了学位，并且成了国家民主委员会主席和美国邮电部部长。有人问及他成功的秘诀，吉姆·法利说他"能记住5000人的姓名"。法利善于记住人名，成为他备受称道的一项才能。

吉姆·法利无论跟谁认识，他都要弄清这人的全名，询问有关他们家庭、职业和政治观点等情况。法利把所有这些情况都装在脑子里，哪怕是一年以后再见到那个人，他也能拍着此人的肩膀，询问其家庭和孩子的情况。在罗斯福竞选总统前的一段时间里，吉姆·法利每天要写上百封信，发往西部和西北各州。那段时间，他到过20个州，乘马车、搭火车和汽车，行程2000英里。每到一个城市，他都在早饭、午饭或晚饭时会见选民，同他们促膝谈心。吉姆·法利一回到东部，就给他到过的每个城市的熟人写信，要求收信人向他回复所有同他谈过话的客人的名字。他的人名册上有数千人的名字，名单上的每一个人都收到过他的亲笔信。这些信开头全是"亲爱的威尔特"或"亲爱的约翰"之类的话，末尾的签名也全是"吉姆"。

生活中，多数人记不住别人的名字，是因为不肯花费时间和精力去专心

地、无声地把名字耕植在他们的心中，他们为自己找出借口：太忙了，记不住！然而，富兰克林·罗斯福比很多忙人都忙，可他愿意并且努力去记住部下和另外一些人的名字，他也说得出他要记住的每个人的名字，即使只见过一次的汽车机械师。因为罗斯福通晓一个最简单而又最重要的得到好感的方法，那就是记住别人的姓名，使别人觉得自己很重要，但是，一般人却不愿意在这方面浪费时间。一般来说，当人们被介绍给某一个陌生人时，聊上几分钟之后，或者快到说再见时，他们大都已经忘记了对方的名字。这显然有损于别人的自尊心，自然不能讨得别人的喜欢。

记住别人的姓名，在政治领导领域相当重要，在商界和社交界同样重要。美国钢铁大王安德鲁·卡内基虽然谦虚地说过，自己学会为人处世之道的代价很大，但他从小就属于善于运用人性特点而支配他人的高手，表现出组织才能和领导天才。小时候的卡内基就能运用别人的名字进行情感激励，以达到自己的目的。他能成为钢铁大王，并非因为他精通钢铁炼造，而是因为他精于利用人性的特点。他手下有好几百个人，都可以在钢铁炼造方面做他的老师。他知道怎样为人处事，成为他成功的原因。

卡耐基的孩提时代是在苏格兰度过的。他十岁的时候就已发现人们把自己的姓名看得惊人的重要。于是，他就利用这项发现，尝试赢得别人的合作。有一次，他抓到了一只母兔子，很快又发现了一整窝小兔子，但他没有东西喂它们，他又不想自己去给小兔子找吃的，但他想出了一个很妙的办法。他对附近那些孩子说："如果你们能找到足够的苜蓿和蒲公英喂饱那些小兔子，我就以你们的名字给那些小兔子命名。"那些小孩兴高采烈地去采苜蓿和蒲公英，卡耐基则等着兔子长大后再去卖钱。

一次，他希望把钢轨卖给宾夕法尼亚铁路公司，而艾格·汤姆森正担任该公司的董事长。安德鲁·卡耐基就在匹兹堡建立了一座巨大的钢铁工厂，取名为"艾格·汤姆森钢铁工厂。"这样一来，他顺利地卖掉了自己的钢轨。

安德鲁·卡耐基不仅能够记住朋友和商业人士名字，而且能够叫出许多员工的名字。他很得意地说，在他担任经理的时候，他的钢铁厂从未发生过罢工事件。

德州商业股份有限银行董事长班顿拉夫认为，公司越大越冷酷，唯一能使它温暖一点的办法就是记住下属的名字。他说："假如有个经理告诉我他无法记住别人名字，那就等于告诉我：他无法记住一个很重要的工作，而且他的工作是索然无味的。"

在一个大企业中，由于职员众多，要想一时记住上百或几百个人的名字，并不是一件容易的事。然而，与领导者有直接工作关系的主要干部和职员的名字，领导者却不可不记。领导者记住那些人的名字，并不比做成一件生意困难多少。如果一个老板连周围职员的名字都不想记住，别人也不会以公司的主人翁自居。如果领导者对平时接触很少的下属，都能叫出他们的名字，就会产生良好的效果。因为“某某老板居然还记着我的名字呢”，这对部下就是一种情感激励。美国总统罗斯福对这种效果有着深刻的体会。他能准确地叫出他在白宫当总统时的花匠和清洁工的名字，卸任多年后回到白宫做客，他仍能大声直呼其名，这使他们感动得热泪盈眶。

有位大宾馆的经理能够叫出锅炉工、花匠或厨师的名字，效果出人意料。能够叫出下属的姓名，会使下属感觉到自己在老板心里占有一定的地位，兴许还是个重要的人物呢！这对下属来说会是一个很大的鼓舞。下属可能一遍一遍地重复回味领导叫他的名字时的情景，浪漫一点的人甚至会不自觉地给领导加上一点玫瑰色的幻想，使领导的形象高大如山。这就是那些聪明的老板不厌其烦地默记下属名字的原因。

记住别人的名字并运用它，并不是领导者的特权，它对现实生活中的每一个人都有意义。印度通用汽车厂的一位雇员肯恩·诺丁罕，经常在公司的餐厅吃午餐。他发觉在柜台后做三明治的那位女士总是愁眉苦脸。对她而言，吃饭的任何一个人都不过意味着卖一个三明治。他说出所要的东西，她在小秤上称了片火腿，然后给了几片莴苣、几片马铃薯片，和对待别人没有什么不同。隔了一天，肯恩·诺丁罕又去排队了。同样的人，同样的脸，不同的是，他看到了她的名牌。他笑着叫她“尤尼丝”，然后告诉她要什么。这次，她竟然忘了称一称，随手就麻利地给了他一堆火腿、三片莴苣和一大堆马铃薯片，而且多得都快要掉出盘子了。

受固有的荣誉感或虚荣心的驱使，每个人都希望别人记住自己的名字，特别在乎上级是否记着自己的名字。对于领导者来说，能够记住下属的名字、籍贯和其他一些细节内容，其意义远远不在于证明自己记忆力高超，而是体现对下属的重视程度。

善于记住下属的名字，只是情感激励艺术中的一朵小小的浪花。我们之所以强调名字对人的激励作用，意在提倡领导者结合人情世故创新激励方法和艺术。至于情感激励的另外一些方法，领导者可以自行钻研、体会、总结。

善于记住部下的名字，是感情激励的一个方面。除此之外，还有很多有趣的方法。在很多情况下，它和荣誉激励具有一定的关系，因为荣誉激励的实质就是让人出名。然而，荣誉激励较为正统规范，唯有特别优秀——至少

是比较优秀的下属，才能得到组织给予的正式的、法定的荣誉激励，表现一般的下属则无法得到。情感激励的范围则远远大于荣誉激励。领导者对任何部下，只要可能的话，都应进行情感激励。

在人本主义思潮兴起之后，情感管理已经成为一种重要的管理方式，情感激励也比以往更加重要。位于美国俄亥俄州的 RMI 公司曾一度生产滑坡，效率降低，利润锐减。丹尼尔走马上任，担任总经理，企业很快改变了面貌。丹尼尔的办法很简单，他在工厂里到处贴上这样的标语："如果你看到一个人没有笑容，请把你的笑容分些给他""任何事情只有做起来兴致勃勃，才能取得成功"，标语下签了丹尼尔的名字。丹尼尔还把工厂的厂徽改成一张笑脸。平时，丹尼尔总是春风满面，笑着与人打招呼，笑着向工人征询意见，全厂 2000 名工人的名字他都能叫得出来。

丹尼尔运用他的"笑脸管理"，仅仅三年之后，工厂没有增加任何投资，生产效率却提高了 80%。《华尔街日报》评论他的"笑脸管理"是"纯威士忌加柔情的口号、感情的交流和充满微笑的混合物"。美国人也把丹尼尔的这个方法称为"俄亥俄州的笑容"——这已经成为一种专有称号。说到底，丹尼尔的"笑脸管理"，实际上就是一种情感激励方法。可见，在一个组织中，领导者的笑容对组织成员多么重要。因为没有一个人不喜欢在轻松愉快的气氛中工作。只有组织内部充满了笑容，这个组织才会笑着前进。这说明，在组织建设中，如果领导者能够保持积极的心态，并把这种心态传递给所有成员，就能产生很好的激励效果。

英国的克里斯多夫・布兰尼根和大卫・韩福瑞斯曾经领导着一个研究小组，专门研究人类的面部表情。他们把人们的笑分为微笑、轻笑和大笑，其中最富有魅力和内涵的就是微笑。因为微笑使人显得真诚，至少在别人看来，你的微笑使你让人感到你很真诚，所以，学会微笑是领导者的基本功。为了使下属舒服一点，领导者要学会微笑。查尔斯・史考伯曾经对卡耐基说过："我的微笑价值一百万美金。"他可能只是轻描淡写而已，实际上，他付出了极大的努力，才练就了那种"价值一百万美金的微笑"。史考伯的性格、魅力以及他那使别人喜欢他的才能，几乎就是他取得卓越成功的全部原因。据说，他最令人着迷的，就是他那动人的微笑。

世界上最动人的微笑，莫过于婴儿的微笑：纯洁、明朗、暖心、感人！一种诚挚的微笑，一种令人心情温暖的微笑，一种出自内心的微笑，往往能在市场上卖得个好价钱。密歇根大学心理学家詹姆士・麦克奈尔教授在谈到他对笑的看法时说："有笑容的人在管理、教导、推销上更有功效，还可以培养快乐的下一代。”相反，一种不真诚的怪笑显得机械、生硬、牵强，令人讨厌，骗不了任何人。领导者的诚挚应该形诸言表，并要自然而然地流露出来，切勿夸张过火，弄巧成拙。

笑容比皱眉更能传达你的心意，这就是老师在教学上，领导者在工作中，都要以鼓励代替处罚的原因。纽约大百货公司的一个人事经理告诉卡耐基，他宁愿雇用一名有可爱笑容而没有念完中学的女孩，也不愿雇用一个摆着扑克面孔的哲学博士。

笑的影响非常神奇，即便它本身无法被人看到。美国电话公司有个项目叫“声音的威力”，建议人们在接电话时要保持笑容，要把“笑容”用声音来传达给对方。

卡耐基认为行动比言语更有力量，而微笑所表示的则是“我喜欢你。你使我快乐。我很高兴见到你。”

艾勃·哈巴德曾经给人们提出了一段贤明的忠告：“每回你出门的时候，把下巴缩进来，头抬得高高的，使肺部充满空气，沐浴在阳光和空气中，微笑着招呼你的朋友们，每一次握手都使出力量。不要担心被误解，不要浪费哪怕一分钟的时间去想你的敌人。试着在心理肯定你所喜欢做的是什么；然后，在正确方向指导之下，你会径直地达到目标。心里想着你所喜欢做的伟大而美好的事情，然后，当岁月消逝的时候，你会发现自己掌握了实现你的希望所需要的机会，正如珊瑚虫从潮水中汲取所需要的物质一样。在心中想象着那个你希望扮演的有办法的、诚恳的、有用的人，而你心中的思想，每一个小时都会把你转化为那个特殊的人……思想是至高无上的。你要保持一种正确的人生观——一种勇敢的、坦白的、愉快的态度。思想正确，就等于是创造。一切的事物，都来自于希望，而每一个诚恳的祈祷都会得到实现。我们心里想什么，就会变成什么。把下巴缩进来，把头高高昂起，我们是明天的神仙。”

卡耐基在纽约参加过一个宴会，其中一名宾客——一个获得遗产的妇人，急于留给每一个人一个良好的印象。她浪费了好多金钱在黑貂皮大衣、钻石和珍珠上面。然而，她对自己的面孔却没有下什么功夫。她的表情尖酸、刻薄。她似乎不知道人们所看重的是：一个人的面孔的表情，比她身上所穿的衣服更重要。

领导者应该比常人更加清楚：一个人的面部表情比穿着更为重要，美好的笑容能照亮人们的心灵，就像穿过乌云的太阳，带给人们光明和温暖。芸芸众生追求幸福，然而，许许多多的人似乎不知道，幸福并非来自诸如金钱、

权势、衣着、相貌等外在因素，而是来自心灵、思想和美德等内在因素。成功地控制自己的思想和感情，才是得到幸福的可靠方法。因此，如果领导者完成了心灵的修炼，就能学会微笑，从而拿到进入人际沟通的金牌通行证，并且在成功的道路上越走越远。

请记住，笑容就是你好意的信使，也是感情诚挚的象征。你的笑容能照亮所有看到你的人。你的笑容就像穿过乌云的太阳，尤其对那些受到上司、客户、老师、父母或子女的压力的人，一个笑容能帮助人们相信一切都有希望，人生自有欢乐。

领导者的诚心和善心，还表现为卡耐基所说的“做对别人有用的人”。这里所说的“有用”，是指领导者能帮助别人自我完善，从而发挥才能，实现人生价值。对于领导者而言，他们对部下正确的态度，就是建设性的帮助、支持，包括通过赞美部下而促使他们发展长处，纠正缺点，弥补弱点。领导者要想做到“诚与嘉许、宽于称道”，就必须做到对别人感兴趣，才能注意找到别人的优点，并加以赞赏和鼓励。

奥佛斯屈教授在他那本颇有启发性的《影响人类的行为》一书中说：“行动出自我们基本上的渴望……而我所能给予那些想劝导他人的人——不论是在商业界、家庭中、学校里、政治上——最好的一个忠告是：首先，撩起对方的急切欲望。能够做到这点的人，就能掌握世界。不能做到这一点的人，将会孤独一生。”

维也纳著名的心理学家阿德勒说：“不对别人感兴趣的人，他一生中的困难最多，对别人的伤害也最大。人类所有的失败，都出自这种人。”

卡耐基曾经在纽约大学选修过短篇小说写作课程，柯里尔杂志的主编曾经给他们讲过课。这位主编说，他拿起每天送到他桌上的数十篇小说，只要读上几段，就能感觉出这个作者是不是喜欢别人。“如果作者不喜欢别人，”他说，“别人就不会喜欢他，不会喜欢他的小说。”这位主编还非常激动地说：“我现在所告诉你们的话，跟你们的牧师所告诉你们的话，是完全相同的意思。请记住，你必须对别人感兴趣，如果你要成为一名成功的小说家的话。”如果小说写作真是如此的话，待人处世又何尝不是如此？如果说一般人待人处事尚且需要这样，那么，领导者不是更需要这样吗？

情感管理还有更重要的方法，那就是真诚地关心部下。美国斯凯特朗电视公司总裁阿瑟·列维是一位体恤部下、爱惜人才、善于用情感激励部下的企业家。为了研制闭路电视，列维聘用了一位颇有才干的青年技师比尔。比尔一上任，就一头钻进实验室，整整干了一个星期。在工作最紧张的时候，比尔一连几天都不离开实验台，连饭都是别人给他送去的。实验告一段落后，疲惫至极的比尔好像老了十岁，他倒头就睡，过了一天一夜才醒过来。看到因为休息不足而眼窝深陷、神情疲乏的比尔，列维深受感动。他拉着比尔的手，真诚地说："我希望你改变一下工作方式，否则，我决定停止闭路电视的研制工作。""为什么？"比尔一时有些迷惑不解。列维心疼地说："像你这样不分昼夜、不顾性命地工作，不等新产品问世，你就垮了。我宁愿不做这种生意，也不能赔上你的性命。"比尔为列维对自己的关心激动不已，他说："不会的，我已经习惯了，凡从事我们这种研究工作的人都这样，已经习惯了。"听了这话，列维眼泪都快流下来了。他有些伤感地说："是的，搞研究的人很少有长寿的。但是，我希望你能节制一点。虽然我们相处的时间不长，可是我知道你已经竭尽全力了。对我来说，这就足够了。就算研究不成功，我也不会责怪你，你也用不着为此而自责。"比尔非常感动，他一如既往，夜以继日地工作。不到半年，闭路电视终于研制成功。这项新技术的问世，为斯凯特朗电视公司的进一步发展奠定了坚实的基础。

我在前面曾经探讨过的关心下属，也包含着情感激励的功能。领导者激励下属，不仅要关心他们的工作、身体、生活，还应加强与下属的沟通，对他们的行为表示肯定、赞扬与鼓励，增进双方的感情，激励他们拼搏进取，取得更大的成绩。

第七节　危机激励　挖掘潜能

所谓危机激励，是指通过各种方法使人们识别危机，激发克服危机的态度、勇气和行动。它的原理就是古人所说的"生于忧患，死于安乐"。危机激励分为群体激励和个体激励。侧重于整个组织的危机激励行为，属于群体危机激励；侧重于特定个人的危机激励行为，属于个体危机激励。二者不仅可以相互交叉，还可以相互转化和促进。在我们探讨危机激励之前，不妨先看看一个寓言故事。

老鹰是世界上寿命最长的鸟类，年龄可以达到70岁。然而，要活那么长的寿命，它必须在40岁时做出痛苦而重要的决定。当老鹰活到40岁时，爪子开始老化，无法有效地抓住猎物；它的喙变得又长又弯，几

手碰到胸膛；翅膀也变得十分沉重，因为羽毛长得又浓又厚。它只有两种选择：要么等死，要么经过150天漫长而痛苦的自我折磨——再生操练。它必须很努力地飞到山顶，在悬崖上筑巢，停留在那里，确保安全。老鹰首先用它的喙击打岩石，直到完全脱落，然后静静地等候新的喙长出来，再用新长出的喙把指甲一根一根地拔掉。当新的指甲长出来后，再把羽毛一根一根地拔掉。五个月后，新的羽毛长出来了，它便又能自由翱翔，再次获得30年的岁月！

这个寓言揭示了危机激励的意义：老鹰为了新生，就必须接受那些难以想象的痛楚。人类为了新生，受到多少痛苦都是值得的！不论是组织，还是个人，有时候都必须做出困难甚至是痛苦的决定，把旧的习惯、旧的传统通通抛弃，才能重获新生。就企业而言，随着企业的发展，原来的经验，成功的经历，都可能使人的敏感性变得日益迟钝，“肌体”日益臃肿，意识日益老化，就需要客观地进行自我评估，果敢地下定决心，抱持坚强的忍耐力，勇敢地接受像老鹰那样的痛苦涅槃。

领导者向组织成员传达忧患意识，引导人们认识竞争差距，并把压力变成动力，就属于群体危机激励。美国企业家为了对日本企业进行反攻，大力提倡“末日管理”。日本人为了赢得竞争优势，则大力提倡“怀抱炸弹”与“哀兵必胜”的经营理念，实行“无缺陷管理”，大力提高产品质量，这些措施都属于危机激励。

中国干部人事制度改革强调“能者上，庸者下”，实行聘任制、选任制、考任制，意在破除终身制、铁交椅，以便获得危机激励价值。虽然终身制的破除依然遥遥无期，但从理论上说，都属于危机激励。

领导者帮助某一部下认识差距、错误，甚至不惜惩罚部下，属于个体危机激励，能够产生逆向激励效果。领导者采取某种普遍的政策，促使所有成员认识危机，发生改变，属于群体危机激励。个体危机激励和群体危机激励转换速度快慢，标志着领导者用人能力和领导效率的高低。因为部下麻木不仁，就意味着领导行为的失败。

危机激励自古有之，现代社会更加重视。常言道，“人无远虑，必有近忧”，利用“远虑”而消除“近忧”，是现实世界中所有理智从事的人普遍的危机激励模式。

据说，危机激励的思想最早见诸《武王几铭》。此后，不少先哲圣贤提出了危机激励的思想，只是没有提出危机激励的概念而已。例如，《易经·系辞》提出了“安而不忘危，存而不忘亡，治而不忘乱”的观点。《孟子》明确提出了“生于忧患，死于安乐”的观点。《老子》中有“故抗兵相加，哀者胜矣”的说法，即后人常说的“哀兵必胜”。古代军事家所谓“水无常形，兵无常势”和“置之死地而后生”，道出了危机激励的重要性。韩信运用危机激励的方法，破釜沉舟，背水一战，每每在面对强敌时违背一般战术原则而“背水一战”，大获全胜，创造了成功运用危机激励的著名战例。另外，所谓“两军相遇勇者胜”中的“勇”，既来自正向激励，也来自逆向激励。历史上以少胜多、以弱胜强的战例，多数是利用危机激励激发士兵求生欲望和拼命死战的勇气而创造出来的。在古代军事对抗过程中，军事首长与手下将军签订“军令状”，让部下用生命担保自己必定完成使命，则属于危机激励的极端方式。

领导者拥有批评、惩罚乃至撤销部下职务的权力，这对部下来说，本身就意味着一种危机激励，能够迫使他们尽职尽责。现代领导重视并实行严格的考绩制度，也是为了强化危机激励的作用。领导者利用激将法刺激部下的豪情，教练让表现不佳的球员坐坐冷板凳，或者让年轻球员上场，都包含危机激励的意味。

现代用人方法强调选举制，更把危机激励提高到非同寻常的地位。因为一旦哪位干部落选，那就意味着此人不仅遭到上级领导个人和组织的否定，而且也意味着他遭到了群体的否定。这种巨大的压力迫使在职干部努力完善自我并提高业绩，具有危机激励价值。此外，聘任制、考任制和民意测验，也都具有危机激励价值。

善于运用危机激励方法，是领导者用人艺术高超的标志。由于人是善恶同体的高智能动物，所以，正向的激励和逆向的危机激励缺一不可。正因如此，我们才强调恩威并施、赏罚分明、刚柔并济、软硬结合。可以肯定地说，如果只有恩赏而没有威罚，就不足以启发部下克服人性的弱点，从而彰显人性的光辉。何况，逆向的危机激励与正向激励相辅相成，能够相对提高正向激励的效果。当下属认识到错误或危机，从而改变了行为，逆向激励就开始逐渐转变成正向激励。因此，只要有助于部下成长和发展，领导者就不妨使用批评、惩罚的手段，对部下进行危机激励。

在信息时代，危机激励不仅是领导者用人行为必不可少的方法和艺术，而且正日益成为现代领导普遍的领导模式。这主要因为，知识社会的到来，使得创新不仅成为个人价值的实现手段或方式，而且成为社会组织乃至国家发展战略的实现途径。对于经济组织企业而言，创新已经成为竞争、生存和

发展的根本保证，决定着企业的生死存亡。由于中国已经渡过加入世贸组织后的保护期，国内企业面临的竞争将会更加严峻而残酷。一方面，这对创新提出了前所未有的高要求；另一方面，也使危机激励具备了空前重要的意义。如果人们缺乏危机意识，就会缺乏创新冲动，所以，领导者必须注重发挥危机激励的效用，激发部下的创新能力。用人制度和用人艺术的创新，自然属于启动危机激励的重要环节。至于领导者对下属的批评与惩罚，则是自从社会组织产生以来久已存在的危机激励方式，我也已在前面作过探讨。可以说，领导对组织成员灌输危机意识，是一种广义的领导方法或用人方法。

日本企业家小山秋义为了提高员工的危机意识和敬业精神，提出“怀抱炸弹经营”的口号。这种危机激励使他原本仅有 4 个人的小作坊，发展成为年销售额达到百亿日元的企业集团。

依靠危机激励腾飞的日本企业，并非只此一家。1964 年，爱华公司生产出了日本第一台盒式磁带录像机，但是，在它按照索尼公司的 Betamax 制式制造盒式录像机时，却跌了个大跟头。20 世纪 80 年代中期的日元升值，几乎断送了爱华公司。爱华公司连年亏损，濒临倒闭。1986 年，正是爱华公司最不景气的时候，卯木肇从索尼公司到了爱华公司（索尼拥有爱华公开上市股份的 50.7%）。他采取的第一个步骤就是关闭爱华在日本一些工厂，将生产业务从日本北部转移到新加坡、马来西亚，大大降低了爱华的生产成本，增强了产品的竞争能力。此时，爱华公司的大多数竞争对手甚至连想都没想过要这样做。1987 年，爱华在新加坡生产出 85 万个索尼“随身听”的仿制品，比索尼、夏普等对手的产品更简单、更结实、更廉价——同型号的产品竟比其他公司便宜 25% ~65%。爱华公司的便携式激光唱机和小型彩电，也都这样取得了成功。1990 年，爱华海外分部的产量占了整个公司总产量的 48%，1995 年达到 90%。如今，爱华公司雇用的马来西亚人比日本人都多。

爱华公司并不满足于已经取得的成绩。1991 年，卯木肇开始进行爱华公司最成功的产品——小型组件立体声系统的生产，产品售价仅为 418 美元，比当时日本市面上性能相近、大小一样的立体声唱机便宜一半，爱华公司因此夺得世界 30% 的市场份额。小型组件立体声系统在美国开始走红时，爱华产品的市场占有率达到 50%。尽管取得如此巨大的成功，爱华公司并没有被胜利冲昏头脑。卯木肇具有强烈的危机意识，他清醒地认识到爱华的竞争对手正在将生产线转移到东南亚地区，成本也在降低，而发达国家的市场正在趋于饱和。1995 年上半年，爱华公司的销售增长率减少了 15%。面临着严峻的市场形势，爱华公司抢先采取行动，领先一步打开了中国市场。卯木肇故伎重演，重新拾起他在美国担任索尼公司高级推销员时学到的推销手法，打出了“好消息，坏消息”的广告词。他对顾客说：“好消息是我将给你一个特别的优惠，坏消息是你得买下整整一卡车货物。”1995 年夏天，卯木肇一改日本的传统做法，说服一些零售连锁店接受爱华公司从东南亚分厂直接运来的产品，大大地降低了产品成本。

诚如爱华公司总经理卯木肇所说，危机管理是公司取得成功的秘诀，时刻怀抱危机感和紧迫感，使得爱华善于利用“短、平、快”战术先发制人、出奇制胜。

被誉为“拉链大王”的吉田忠雄，1934 年创建吉田工业公司，20 世纪 50 年代把产品打入国际市场。70 年代，吉田忠雄的拉链总量占全世界的 35%，销售额达到 20 多亿美元。80 年代，吉田公司开始走下坡路，吉田忠雄决心把拉链推广到生活的每个角落，开发出抗火、透气、耐酸、密封的拉链产品，以至于消费者“不得不把吉田的拉链与牛奶面包等量齐观”，极大激发了消费者的购买欲望。吉田公司广树危机意识，立志战胜挑战，终于反败为胜。

日本小松制作所是生产推土机、挖掘机、翻斗车的大型企业。在 20 世纪 50 年代，它的推土机占日本总产量的 60%。1961 年，世界头号推土机制造商——美国凯特皮勒公司同日本三菱公司合作，在日本建起了工程机械制造厂。在咄咄逼人的攻势面前，小松制作所险些关门倒闭。为了克服这一危机，小松制作所聘请了质量管理专家石川为顾问，引进起源于美国的全面质量管理，制定“A 作战计划”，对凯特皮勒公司发起了全面反击。经过 3 年努力，小松制作所生产的柴油机使用寿命由 3000 小时提高到 5000 小时，超过了凯特皮勒公司的水平。危机过去了，小松制作所再接再厉，不到 5 年就创出了世界名牌，产品行销 100 多个国家，其中有 1/3 出口到美国。

日立公司注重利用“人造危机”，强化企业员工的危机意识，激励员工自强不息。自 20 世纪 60 年代以来，日立公司一帆风顺、效益喜人，公司领导人敏锐地觉察到，不少员工的进取意识已经在顺境中衰退，必须施以危机激励。1974 年 9 月，公司宣布两万多名员工需要回家待业一个月，工资只拿 80%；1975 年 1 月，日立公司决定对 4000 多名管理人员实施全面减薪，并且从高层管理者做起。这些措施使危机意识深深植入员工心中，使公司的经济增长速度超过了它最强的竞争对手东芝公司。

日本企业特别强调危机管理，提倡“无缺点管理”。丰田公司的一位高级管理人员说：“我们不应使用全面质量管理，因为这种管理充其量只能让缺点减至 10%，如果我们生产 400 万辆汽车的话，便会有 40 万人购得一辆带毛病

的车，这是生产与用户之间的最大危机，而推行无缺点管理，则会消除这种现象。”

中国企业似乎永远解决不了产品质量问题，因为他们从来没有真正把客户放在心里，因为他们一向缺乏危机意识，因为他们缺乏一种尊严和责任心。日本公司却已经由全面质量管理转向了“无缺点管理”，这种管理方法至少比美国领先 15 年。

经营之神松下幸之助指出：正确运用自我否定的策略，能使企业不断获得创新的机缘。在担任松下公司总经理期间，松下幸之助结合欧洲最大的电器制造公司菲利浦公司因为满足于自身优势而走下坡路的悲剧，要求公司上下必须克服自满情绪。他说：“现在松下电器公司被公认为是最优秀的电器公司，这种观点本身就是很危险的。”他预言：“今天的强者将成为明天的弱者。”

为了确保松下电器公司能够长期立于不败之地，松下曾经多次自我否定，有时不惜推翻现有工作模式与企业规划格局，进行了一系列体制改革与技术革新，并起用了一大批具有新思想甚至是反对自己的人。

这种居安思危、未雨绸缪的做法，使松下公司长盛不衰、久负盛名。

松下幸之助总是用危机意识激励自己和部下。他过：“不管拥有多么伟大的事业，从来没有一个人不曾遭遇过失败。做事总会遇到失败，但是应该在失败中有所发展。经过无数次体验后，要在其间逐渐成长。最后，在自我心中产生某种伟大的信念，才能完成伟大的事业……要勇敢地承认失败，并且认清失败的原因……”

松下幸之助有个习惯，就是爱给员工写信，述说他的所见所感，而且几十年如一日，从来没有改变过。松下用这种方式与员工沟通，同时教育员工。员工对记者说：“我们一年也许只能和松下见一两次面，但总觉得，他就在我们中间。”

松下不管到哪个国家，都要尽量在日本餐馆就餐。因为他一看到身穿和服的服务员，听到日本音乐，就感到一种享受。有一次，他到美国出差，同样也去了一家日本餐馆就餐。当他端起饭碗吃第一口饭的时候，不禁大吃一惊，“出了一身冷汗”。因为他居然吃到了在日本都没吃到过的好米饭。松下想，日本是吃米、产米的国家，美国是吃面包的国家，美国产的米居然比日本的还要好啊！他“立刻想到了电视机，也许美国电视机现在已经超过我们，而我们还不知道，这是多么可怕的事情啊”！松下在信末告诫全体员工：“员工们，我们可要警惕啊！”

这是松下写给员工的一封信中的内容。这种信通常是随工资袋一起发到员工手里的，员工们拿到工资袋不是先数钱，而是先看松下说了些什么。员工们往往还把每一封信都拿回家，念给家人听。在生动感人之处，员工的家人都不禁掉下泪来。

依靠危机激励、产业报国的精神，日本企业家带领员工一口一口地蚕食鲸吞着美国企业的市场。

1979 年，美国学者佛格尔出版了《日本世界第一》一书，对美国在钢铁和汽车行业的优势地位被日本取代感到担心，并对美日之间逐渐缩小的经济差距进行了深刻的反思，旨在唤醒优越感极强的美国人的危机意识。

1988 年，美国人马丁和苏珊以令人惊恐的笔调写了一本关于日本公司海外出击的书，书名为《购买美国》。书中列举的数字颇令美国人不寒而栗：1980—1990 年，日本海外直接投资总额达到 2800 亿美元，这 10 年投资是前 30 年投资的 10 倍，相当于澳大利亚、印度或巴西的经济总量。1990 年，日本在东盟、欧盟、北美的海外子公司达到 1.5 万家。1988 年 5 月，石桥公司斥资 26 亿美元，收购了已有 88 年历史的美国费尔斯通轮胎公司；同年，索尼公司以 20 亿美元买下哥伦比亚唱片公司，1989 年又以 50 亿美元买下好莱坞哥伦比亚影片公司。美国《新闻周刊》惊呼：日本买走了美国灵魂的一部分！随后，松下以 61 亿美元买下美国米高梅公司；三菱买下世界著名的金融中心洛克菲勒大厦；1990 年，日本投机家井须谷买下占地 5300 英亩的加利福尼亚州佩宝海滩；丰田、日产、本田等汽车公司的产品浩浩荡荡开赴美利坚，美国许多汽车厂成了日本汽车海外生产装配线。1980 年，日本就夺走了美国的世界第一汽车大国的宝座。面对着日本咄咄逼人的气势，面对着滚滚而来的日货，美国工业界一位头面人物悲哀地预言："到 21 世纪，美国将沦为日本的经济殖民地。"

日本的挑战并没有吓坏美国。身陷危机的美国企业界借助政府强有力的支持，卧薪尝胆，背水之战，终于抓住日本人的几处弱点开始了战略反击。由于日本的贸易保护，使美国计算机厂商只能对潜力巨大的日本市场望洋兴叹。20 世纪 90 年代，借助美国政府的强力支持，微软公司、IBM、康帕克、戴尔等厂商紧随其后，利用各自的技术优势和价格优势大举进攻，成功地登陆日本市场，极大鼓舞了美国产业界。面对美国的强劲攻势，日本计算机厂家竞相压价，试图用价格优势挡住美国产品的"登陆战"，效果却并不理想。在最令日本人骄傲的家电领域，虽然日本人市场仍然很大，但因日本的家电技术已经落后于美国，优势也已开始动摇。在 21 世纪最大的经济增长点现代

生物技术领域，美国更是遥遥领先，日本只能望其项背，不得不采取重点突破战略，全力在脑科学研究领域咬牙追赶。

不管怎么说，日本经济的腾飞毕竟又一次使美国不得不掀起危机激励的浪潮。美国前总统里根曾在1988年4月2日发表讲话：“美国如果再不加强科学技术的研究，增加科研经费支出，美国很可能会沦为二流国家。”基于这种考虑，美国政府富有远见地选择了极其高明的战略战术，力图从根本上扭转颓势，主要是大力革新教育制度和大力促进教育发展，其次是建立风险投资体系，利用无与伦比的知识储备和知识创新能力，启动美国知识创新工程，努力打造“技术孵化器”，提高高新技术的商品化程度，全力攻克技术制高点。此外，美国政府还在税收政策等方面进行了一系列改革。美国企业界更是大讲“末日管理”，掀起了危机激励的浪潮。

美国老牌企业杜邦公司，20世纪90年代陷入了经营不利的局面。1992年，公司亏损了39亿美元。面对严峻局面，1993年5月，杜邦公司宣布实行大改组，把经营者的压力分解到每个经营部门和员工身上，使公司又一次恢复了生机和活力。他们一方面调整组织结构和产业结构，一方面改革奖金制度，使雇员收入直接与部门经营效果挂钩，并收购了英国帝国化学工业公司，为开拓世界市场铺平了道路。

美国技术公司总裁威廉·韦斯认为，全世界已变成一个竞争的战场，全球电讯业正在发生深刻变革，美国技术公司应该在变革中发挥重要作用。他先从公司上层推行“末日管理”计划，启用了两名大胆推行改革的高管为副董事长，免去了4名“循序渐进”的高官的职务，并在职工中广泛宣传危机观念，使大家及早挑战“末日”。

美国ABC租车公司为了赶超租车业老大哈兹租车公司，曾经采取“广泛宣传自己还是第二”的战略，在报纸上刊登广告：“到目前为止，我们仍处于第二位。所以平时无不倾注全力，为顾客提供最好的服务！”这种战略既让公司员工意识到自己的不足之处和责任所在，又一炮打出了ABC公司的知名度，使公司业绩大为上升。

美国多米诺比萨饼公司保证在30分钟内将订货送到任何地方，这是他们得以生存并取得非凡成功的重要原因。为此，它的供应公司绝不能出现生面团供应中断的情况。公司有个商店由于生面团供应不上而停止了营业，公司总裁唐·弗尔塞克不是马上追究责任，而是买了一千多个黑袖章，让他工作人员戴了相当长的一段时间。

危机激励一旦推动了创新活动的深入开展，就能产生巨大的效用。不论是制度创新，还是技术创新，或者是管理创新和营销创新，都能极大提高企业的竞争能力。哪怕是一个小小的创新，也能带来较大效益。在芝加哥召开的全美博览会上，赫赫有名的汗斯食品公司的展位被分到一个最偏僻的小阁楼上，很少有人光顾此地。第二天，前来参观的人经常能从地上拾到一些小铜牌，上面刻着："谁拾到这些铜牌，就可以到阁楼上的汉斯食品公司陈列处换取一件纪念品。"不久，小阁楼便被挤得水泄不通，汉斯食品公司的陈列处几乎成了大会的"名胜"，参观者争先前往。即使后来铜牌绝迹，盛况依然空前。到博览会结束时，汉斯获得 55 万美元的利润。

据说，在一次国际商品展览会上，中国名牌茅台酒无人问津，参展人员被这种"危机"逼出一招：他们不"小心"打破一瓶茅台酒，酒香四溢，令人心醉，吸引了不少客商光顾，也签下了不少订单。由此可见，危机意识与创新紧密相关。因为要战胜危机，就必须锐意创新。如果说创新是成功之母，危机意识就是成功之父。

就中国的情况而言，领导者对部下的危机激励，应该结合干部人事制度改革和分配制度改革进行深化。对于领导者个人而言，也要自我进行危机激励。康熙亲政之前，视鳌拜为最大"危机"；康熙亲政后，又视吴三桂为最大"危机"；然后，台湾又成了"危机"；最后，噶尔丹成为重大"危机"。康熙视自己的敌人为挑战自我的"危机"，这使他时刻都在积极进取，因此才能成为一个大有作为的英明君主。

我一向认为，在多数情况下，危机都意味着心灵的洗礼和觉醒，鼓舞人们产生高尚的信念和超人的勇气。如果领导者胸无大志，庸庸碌碌，不仅自己缺乏危机意识，而且也不对部下进行危机激励，就会导致事业的失败。

群体危机激励和个体危机激励紧密相关。激励群体，个体不可能不顺应；激励个体，就会引起群体的呼应。要想让组织成员树立危机意识，加大行为力度，各级干部也必须具备危机意识并提高领导效率。群体的危机激励旨在培养一种组织文化，营造一种环境氛围，虽然也能唤醒干部的责任感，但是，如果它不能和个体的危机激励相结合，就无法取得预期的效果。因此，对于不称职的干部来说，调职、批评教育、降职、撤职等处罚，是一种必要的手段，非此则不足以提高危机激励的效果。

领导者对部下的危机激励，是一个值得探讨的大问题。在我看来，危机就是竞争的同义词，与其说竞争因为利益而产生，不如说竞争因为危机而产生；与其说危机是不利因素，不如说危机是有利因素。竞争是世界的本质，危机是竞争的触媒。没有危机与竞争的世界，是一个不可想象的世界。以此

而论，领导者更应该重视危机激励。

从某种意义上说，一个不能激发部下危机意识的领导，根本不可能是一个卓越的领导。因为没有危机意识的领导，不可能是有理想和负责任的领导。领导者应该明白，激励是需要成本的，而危机激励是一种没有成本的激励。它只需要让部下识别和确认危机，就能激发克服危机的动机和行为，是提高干部素质必不可少的用人方法。

第八节　目标激励　强力推动

目标是人们行为目的的象征，代表着人的理想、期望和追求，对人的行为具有强大的推动作用。目标是任何健全的成人无不具备的自我期许，既有其内在的一面，也有其外在的一面。其内在的一面是指人的内心时时需要锁定一个目标，才有进取的动机；目标是内心的一种需要，缺乏目标就会内心空虚、丧失希望和动力。其外在的一面则是指目标总是具有具体的要求或标志，代表着某种行为所要获得的效果。

正如有位哲学家所说："推动帆船前进的，不是帆，而是看不见的风。"人们内心憧憬的目标，就是推动人生航船前进的"风"。自古以来，任何卓越的领导者都善于引导部下确定目标，并把组织的目标与部下的个人目标有机结合起来。

目标管理能够成为一种理论，有赖于洛克的建树。20 世纪 60 年代，美国领导学家德鲁克进一步完善了目标管理理论，使目标激励更加受人重视。

目标究竟能否给人希望和力量？我们只需看看如果没有目标又会怎样，就不难得出答案。下面的故事告诉我们，人们宁可选择死亡，也不肯选择一种未知的恐惧。

据说，有一个军阀每次处决死刑犯时，都会让犯人作出选择：是一枪毙命，还是从左边墙上的一个黑洞爬进去，命运未知。所有犯人都宁可选择一枪毙命，也不愿进入那个不知里面有什么东西的黑洞。有一天，酒酣耳热之后，军阀很开心。有人大胆地问他："大帅，您可不可以告诉我们，从这黑洞走进去究竟会有什么结果呢？"那个军阀回答道："没有什么啦，其实走进黑洞的人只要经过一两天的摸索，便可以顺利地逃生了，他们只是不敢面对不可知的未来罢了。”

这个故事告诉我们，无法建立目标是多么可怕。不过，由于这样的事情毕竟比较反常，似乎不足为凭。为此，我们不妨再看一个比较“正常”的故事。

20 世纪 50 年代，有个游泳女选手发誓要成为世界上第一位横渡英吉利海峡的人。为了实现这个目标，她不断地练习，不断地为这历史性的一刻做着准备。

这一天终于来了。女选手在众多记者的注视下，满怀信心地跃入大海中，朝着对岸英国的方向奋力游去。旅程刚开始时，天气非常晴朗，女选手很愉快地游着，慢慢地向目标挺进。随着她越来越接近英国海岸，海上突然起了浓雾，越来越浓，几乎到了伸手不见五指的程度。女选手在茫茫大海中，完全失去了方向感，这使她非常气馁。她不知道究竟还有多远才能上岸。她越游越心虚，感到筋疲力尽。最后，她宣布放弃。当救生艇将她救起时，她才发现只要再游一百多米就到岸了——可惜，就差那么一点了！众人都为她惋惜。她却对着众多媒体大声说：“不是我为自己找借口，如果我知道距离目标只剩一百多米，我一定可以坚持到底，到达对岸的。”

这个故事告诉我们：失去了目标，人们就会丧失信心、勇气和力量。因此，领导者应该善于为部下树立目标，让这个目标激励他们去拼搏、奋斗。

美国人华伦·丹尼斯是世界领导学界公认的“领导科学大师”。他曾先后担任过四位总统的顾问。丹尼斯特别指出：“领导应具有创造令人殷殷企盼的远景，以及将之转化为行动并贯彻达成的能力。”1985 年，丹尼斯对 90 位美国杰出领导人进行研究，提出了领导者的四种重要能力：注意力的管理、信息的管理、信任的管理和自我管理。其中的注意力管理，是指领导者要提出一个被别人接受的远景目标。

肯尼·布兰查德认为：目标激发行动，而激励和约束维持行动。目标本身具有双重功能，它既有激励作用，又有约束作用——坚定的目标排斥偏离注定目标的不良行为。因此，领导者应该运用目标管理方法，借助目标领导下属。

人的内在需要决定了人们行动的目标，人的行动就是为了达到一定的目标。当人们有意识地强调自己的行动目标，并把自己的行动与目标不断对照，知道自己前进的速度和不断接近目标时，行动的积极性就持续下去和高涨起

来。如果你告诉一个万米长跑的运动员离终点只有 300 米了，他就会信心百倍，加速完成最后的冲刺。

目标理论的奠基人洛克指出：困难的目标会引起比低级目标更高的行为表现水平，具体的困难目标比没有目标或那种“尽力去做”的空泛目标更能激发高水平的行为。所谓的挑战性目标，正是那种高远而现实的目标。这很像运动员热衷于新的高度一样，只有新的高度，才能激起他们的激情与斗志。虽然注定会有艰难险阻和失败的可能，甚至会付出生命的代价，但是，他们相信良好的体能、完善的装备和高度的自信心，使他们的胜利不会遥遥无期。洛克的理论启发人们，领导者运用目标激励推动部下前进，一定要把握目标的新颖性、挑战性和现实性的统一。因为虚幻的目标部下无法达到，无法因此获得嘉奖，会使部下不再信服领导者。

20 世纪 60 年代初，哈佛大学教授麦克利兰认为：人人都喜欢把自己设想成一个优胜者，而不是一个失败者；领导者的鼓励、期待和明智，对于部下达成目标具有重要意义；一个不断获得成功的人在做下一件事情时，比一个总是失败的人成功率要高得多。因此，领导者要因时因地、因人而异地制定挑战性目标，准确把握目标的挑战性系数，并且不断强化必胜的观念、信念，以免使挑战性目标产生副作用。

一项挑战性目标能否起到较高的激励作用，还要依赖于目标执行者的价值判断。如果一项挑战性目标在执行者看来没有任何价值可言，那么，这个目标只能是空中楼阁，没有实现的基础。美国前国务卿鲍威尔，对此就深有体会。

某年 4 月一个寒夜，凌晨 1 点钟，鲍威尔在韩国指挥一个营进行军事演习。整整一个星期的操练，使士兵个个精疲力竭，倒在地上等候卡车运载他们归营。然而，上级通报说部队汽油不够，士兵必须步行回营。士兵们疲乏地拖着双脚开拔，累得连埋怨的力气都没有。当他们穿过一个村子时，哈利·莫尔上尉却对鲍威尔说：“我们还要走 20 公里左右的路程，如果我们高速行进，可以在 3 小时之内回营，就有资格取得卓越步兵奖章。”鲍威尔知道这是每一个美国陆军士兵衷心向往的荣誉，一般只有不到 1/5 的步兵才能获此殊荣。眼下这些士兵在体能测试、地图判读、辨别方位等多项测验方面都已经达到了要求，唯一要过的一关就是 3 个小时之内行进 20 公里。“可是，”鲍威尔望着那些疲倦不堪的部下，对莫尔说：“莫尔，你不是开玩笑吧？”然而，奇迹到底还是发生了。在接下来的两个小时里，几百个人纷纷敞开衣襟，高歌猛进……这个营获得卓越步兵奖章的人数超过了另一个旅的获奖人数。

看来，领导者一定要选择部下最关心的和最切近的目标进行激励。鲍威尔将军和哈利·莫尔上尉的目标激励之所以有效，是因为人们既希望把握未来，又不希望失去过去，唯一的方法就是把握现在——既然只差最后一步，当然不能失之交臂。

领导者进行目标激励的方法之一，是请下属参与目标的制定，亲身体验主人翁的感觉，并认识到目标决策的科学性，从而自然而然地产生与领导者一致的看法，积极自觉地追求组织目标的实现。特别是在一些大型的组织中，如果中层干部对决策目标产生了认同，他们就不仅会身体力行，而且还会以极大的热情进行宣传，使目标得到更大层面的认同和拥护。此时，因为决策目标在情感上得到了下属的认同，下属就会自觉地把它转化为自己的目标，目标的实现就会更有保障。

德鲁克首次提出以“目标管理”作为贯穿组织各阶层努力方向和努力程度的中心，并且必须把目标的实现情况作为奖惩标准。总之，从最高主管到基层主管都必须朝向目标集中力量。只有当每个人都拥有自己的目标时，他们才会自我控制，以求个人行为符合团体目标。因此，任何组织都需要有一个与共同价值观相结合的最高目标。因为只有这种与共同价值观相结合的目标，才更容易把不同层次的人团结起来。成功的领导者总要强调比他们的经营目标更具有崇高意义的最高目标，激发部下的斗志。

基于上述种种理由，我们可以设想，如果领导者使用部下时善于运用目标激励方法，部下就会充分发挥才干，以求实现目标。有些组织让干部们每季度都制定个人目标，意在获得目标激励效果，同时还能利用目标管理，简化领导行为，让部下自己想办法实现目标。如此一来，部下反而感到自由自在，干劲大增。

第九节　产权激励　奖以股份

普天之下，没有多少人不喜欢当老板。当老板的标志之一，就是握有公司的股票。有时候，对于劳苦功高、才智出众的部下，在职务、待遇等方面

已经没有更好的方法进行激励时，为了留住人才，有的企业就使用奖励股票的办法进行激励。人们把这种新颖的激励方式称为“产权激励”。其目的是实现产权多元化，真正使员工参与管理，提高权益，利润共享，构筑“命运共同体”，同心同德，团结奋进。

产权激励就是指奖给下属股票，鼓励他们竭尽所能，为公司奉献智慧。这种方法只适用于企业。时下所谓“金领”的“知识股份”，就属于产权激励。

美国石油大亨保罗·盖蒂是较早使用这种激励方法的人。保罗·盖蒂年轻时守着一大片收成很差的旱田，并没有多好的收成，家境并不好。他在挖水井时，冒出了黑浓的液体，后来才知道这是石油。于是，水井变油井，旱田变油田，保罗·盖蒂雇工开采起石油来。从此，保罗·盖蒂没事时便到各处油井巡视一番，每次都能看到浪费和闲人。他把工头找来，要求他们消除这些现象。然而，他再次下去巡视时，浪费、闲人依然随处可见。保罗·盖蒂百思不得其解：为何我不常来，都看得出浪费和闲人，而那些工头天天都在这里，却视而不见呢？为何我再三告知，却始终不见改善呢？后来，他遇到了一位管理专家，便向专家请教。专家说：“那是你自己的油田。”这句话点醒了保罗·盖蒂。他反复想过之后，立即招来各处工头，向他们宣布道：“油井从此交给各位负责经营，收益的25%由各位全权支配。”从此以后，保罗·盖蒂再到各处油井巡视时，不仅发现浪费、闲人绝迹了，产出也大幅增加。他依约行事，工头们都很高兴。保罗·盖蒂凭借这种经营方式和高效的经营，才在后来一波又波的石油企业兼并浪潮中兼并了不少经营不善的小油田，形成了自己的石油王国。

仔细想想，企业经营也没有什么惊人的奥秘。只要每个员工都肯努力耕种“自己的田”，那就必然丰收可期。那么，凭什么让下属觉得不只是在“种别人的田”，而是真正感受自己的努力得到了相应的报酬呢？用什么办法让那些不可多得的人才对组织长期保持忠心呢？如何才能使下属永远保持创业精神呢？

如何化解老板与雇员之间的利益冲突，是一个由来已久的问题。比较有效的办法就是让员工“种自己的田，给自己干活”。也就是说，通过向优秀下属奖励股票，实现下属和老板利益的一致性，是留住人才和提高效率的最好方法。

保罗·盖蒂的做法只是一种个别行为，把这个方法推广开来的人却是凯尔索。

美国著名律师路易斯·凯尔索受《共产党宣言》启发，于20世纪初提出了一种“二元经济学理论”，强调必须把工人为资本家劳动变成“为自己劳动”。为此，他提出了“小额股票、大众持股、员工持股”的办法。美国参议员拉塞尔·朗曾经为此提出议案，美国国会于70年代中期以后，陆续通过了《雇员占有股份财产计划》《就业退休收入保障法》《减税法》《经济恢复所得税法》《税收改革法》等一系列法案，以法律的形式规定社会各界对员工股份制企业委托机构的捐款全部免税；银行向员工股份制企业贷款，其50%的利息收入免交所得税；员工股份制企业在分红时，可以免交公司税。自1991年以来，美国政府积极推行减免税政策，支持员工持股计划的实施、发展。到目前为止，美国已经颁布了25项联邦法案，鼓励员工持股，全美50个州中多数已经颁布了鼓励职工持股的相关法律。可以说，美国官方和美国工会都在推进员工持股方面起了很大作用。

在20世纪初期，资本主义进入垄断时代。资金投入对生产和财富的贡献额越来越大，劳动力投入的贡献额却越来越小。在当时的美国，10%的人掌握着90%的股票，工人阶级相对贫困，造成尖锐的社会矛盾。经济学家、政治家们都在探讨解决这一问题的方法。由于著名律师路易斯·凯尔索率先找到了答案，其产权激励的实践，刷新了现代企业管理思想，因而被人们称为“员工持股工程之父”。

美国心理学家赫茨伯格提出的“双因素论”，强调要调动员工的积极性，既必须利用保健因素，使员工不至于产生不满情绪，又必须利用激励因素激发员工的进取心、责任感。人们越来越发现，工资、奖金只是具备保健功能，而产权的激励才是最根本、最有效、最彻底的方法。基于这种思想，20世纪50年代中期，路易斯·凯尔索将其计划付诸运作，首次成功地将一家股份公司72%的股权，在8年时间内完成了向职工的转移，赢得了美国各界广泛的赞扬和支持。1975年，美国的民意测验专家哈特经过调查发现，66%的美国人赞成“员工拥有公司大部分股份”。1978年，哈里斯的民意测验也得出类似的结论：美国职员中有64%的人赞成员工持股。

由于资方人员也找不到激励员工积极性的好办法，有的企业开始接受产权激励的思想。摩托罗拉公司的奎瑟分公司在没有实行员工股份制之前，电视机退货率高达60%，致使公司每年蒙受2200万美元的损失。改制以后，该公司的退货率竟降至1%，日产量也由1000台增加到2000台——在不增加人手和设备的情况下。

20世纪70年代后期，美国威尔顿钢铁公司由于工资水平比同行业平均值

高出 1/6，产品成本居高不下，经营业绩持续下滑，已经濒临破产。1982 年，该公司不得不裁员、改制。实行员工股份制以后，企业迅速摆脱了困境。在公司实行职工持股后的第一年（1983 年），职工平均分得 372 股股票，相当于 1.9 万美元。1982 年，被裁减的 3000 多名职工也得以重新回厂工作。从 1986 年 3 月起，公司先后 4 次总共分发了 7500 万美元的利润给职工。1987 年，公司扭亏为盈。1987 年第二季度的销售额比第一季度下降了 7%，利润反而增长了 27.9%。这说明通过实行员工持股，工人的积极性和责任心大幅提高，从而大幅度提高了经济效益。

英国帝国化学工业公司的秘书约翰·迪金森认为，职工参股制“能使企业的生产效率大大提高，能够持续地保持公司的竞争能力”。这家较早实行员工持股制度的英国公司，曾以效率高和盈利多而被誉为英国企业的典范。

美国联合航空公司拥有 7.5 万名职工和 500 多架喷气式客机，每天飞行 2000 多个班次，是世界上最大的航空公司。由于受到 1991 年海湾战争和世界经济普遍不景气的影响，经营业绩直线下降，到 1994 年，总计亏损将近 18 亿美元，陷入严重的困境。董事长斯特劳·沃尔夫断然决定：让职工做老板！1995 年夏天，联合航空公司实行了员工持股制。职工掌握了公司 55% 的股份，作为交换，他们同意放弃将近 50 亿美元薪水，全体职工就此变成了公司的主人。沃尔夫认为，这是唯一行之有效的节省人员开支和提高公司长期竞争力的战略。董事长沃尔夫通过向职工出售股份，可以得到 430 万美元的现金、1070 万美元的优先购买股权、一年 24 万美元的养老金以及一张终身免费乘坐该公司飞机头等舱的机票。这足够他舒舒服服地安度余生。不过，沃尔夫并未就此告老还乡。1995 年 9 月上旬，他同法国航空公司签订了一项合同，为其充当顾问。美国联合航空公司让职工掌管经营的做法，引起了业内极大震动。美国第二大航空公司美洲航空公司总裁罗伯特·克兰戴尔声称他将“随时毫无成见地审查”员工持股建议，第三大航空公司德尔塔公司发言人声明“不会从一开始就拒绝职工投资入股”，环球航空公司很快将 45% 的股份转让给职工，西北航空公司则转让了 38%。不过，美国联合航空公司职工是唯一拥有企业多数股份的股东，并且在所有重要的战略决策方面都拥有否决权。

工人持股、利润共享、风险共担，无疑是一种进步。凯尔索认为：所有制参与方式比员工参与管理和利润共享更进一步，它能使员工享有“自己”企业的股份，其最重要的特征是赋予个人享有法律意义上的“所有权”。它不仅能使员工与企业具有“共同利益感”，而且还能使劳动者的个人储蓄用于生产性投资。按照美国政府和企业自身的规定，劳动者在企业达到一定工龄后，就可以得到持股的一系列权利。

美国法律规定，全体员工的股份份额必须达到企业资本额的10%～40%，而在相当多的企业中，这个比例已经超过了50%。有关调查表明，大部分员工欢迎实行员工持股制。据不完全统计，1982年，全美已有6000多家企业实行了员工持股制。到1991年，这类企业增加到1.5万个，员工持股总金额大约为1000亿美元，总共约有1200万员工持有公司股票，占美国全部劳动者的10%。如今，全美员工持股额超过50%的企业，包括大型企业，已经有数千家之多。这些企业股权高度分散。通用汽车公司共有4亿股股票，没有任何股东持有1%以上的股票。从实际情况看，美国一些高技术企业往往率先实行所有制参与，让员工持有股票，以使产权多元化。

一些学者在调查研究后发现，员工参股制与公司经济效益之间存在着因果关系。统计资料显示，从1975年到1979年，美国有128家职工持股的公司年平均生产率增长速度比一般公司高1.52%。据说，从1976年到1978年，美国75个职工持股企业的生产率增长比全美企业高出4倍，利润增加比全美公司高出2倍。

英国纽卡斯尔大学经济系高级讲师查尔斯·汉森博士对英国建筑业、木材业、化学工业和服装业所作的对比分析表明，员工持股的企业平均资本收益率、销售收益率、投资者收益率均高出一般传统企业，说明英国的员工持股制试验也获得了成功。

产权激励理论是员工持股工程试验的理论依据。当代西方社会所提倡的产权激励，属于早已成熟的企业产权制度的泛化，它把董事会对职业经理人的产权激励扩展到全体员工，具有一定的进步意义。虽然国有企业的分配制度还没有进行大幅度改革，但是，产权激励的思想却很值得人们借鉴。因为员工持股不仅能够大幅度提高经营效益，而且还能借此刷新企业文化。

20世纪70年代以后，由于知识创新日渐成为国民经济最大的增长点，西方人尝试着把智力资本理论引进分配制度，使得不少拥有自主知识产权的优秀科技人员凭借“知识股份”成为公司的主人。

产权激励是物质激励的新形式，与其急于实施，倒不如认真研究一番。

除了上面所介绍的这些激励方法外，有些学者还提出了逆反激励、许诺激励和评判激励等概念。所谓逆反激励，是指领导者通过提示与既定目标追求相反的，而且又是部下绝对无法接受的结果，促使部下达成既定目标。按照这种定义，它类似于人们常说的激将法，属于危机激励范畴。

所谓许诺激励，是指在部下开始某项工作之前，领导者就早早许下诺言，以促使部下为了得到奖励而圆满完成任务。然而，由于这种方法在授权艺术、任务分配技巧和常规奖励制度中早已有之，而且领导者绝对不能撇开制度限制轻许诺言，所以，完全没有必要把它标榜为一种独立的激励方法。

所谓评判激励，是用明显的反应或沉默的态度对部下的行为进行“评判”，使部下通过感知和接纳这种“评判”而改善行为。实际上，这是沟通中的一种“暗示技术”，也不足以成为一种独立的激励方法。

第十节　综合创新　激励艺术

总起来说，激励的方法可以分为两大类：其一是正向激励，包括表扬、奖赏、关心、信任、重用部下等，即包括除了危机激励之外的所有激励方法；其二是逆向激励，即危机激励，包括批评、惩罚和危机教育。领导者若要活学活用激励方法，以便恰当选择激励方式，提高激励的艺术性，就必须注意以下几点：

第一，恰当确定激励密度和重点，既要高密度操作，又要突出重点。高密度操作是为了让不同的人能够得到不同方式和不同力度的激励，让同一个人能够得到多种方式的激励。突出重点是为了形成激励差别，以便真正获得激励效应。

普天之下万事万物，没有差别就没有个性，没有差别就没有特色，没有差别就没有活力，没有差别就没有动力，没有差别就没有追求，没有差别就没有秩序，其中存在着辩证的原理。不能形成激励差别，同样不能提高激励效果。

第二，对症下药，针对不同情况准确界定部下的优势需要，选择激励方法。对自信心差和性格孤僻的人，应侧重于感情激励；对年龄较小而又不够富裕的人，应侧重于物质激励；对已经无法再提拔的人，应侧重于物质激励、情感激励和荣誉激励；对有权有钱的人，应侧重于荣誉激励和感情激励；对才智突出年轻有为的人，应侧重于权力激励。这就要求领导者必须权变地设计激励策略。此处请看下面的故事：

有位亿万富翁对他做医生的女婿说：“你不用担心钱的问题，只要你尽心照顾我，我会在死后把所有的遗产都留给你，那些钱你一辈子也花不完!”

这个富翁身体很健壮，80 多岁了还是无病无灾。他很伤心地发现，女婿对他的态度越来越复杂。每次见面握手，女婿都会摸他的脉搏，然后皱起眉头。很明显，女婿是因为他脉搏正常而皱眉的。他希望富翁早点儿去世。

后来，那个富翁改变了对女婿的承诺:“只要我活着，每年都会给你 100 万美元，但是，如果我去世了，我的财产就会捐给慈善机构。”

从此，女婿使尽浑身解数，竭力使他多活一些年头。

可见，领导者在制定和实施激励措施时，既要慷慨，又要谨慎。错误的激励措施往往容易事与愿违，只有建立健全合理的奖惩制度，才能收到激励效果。

如果细究一下这个故事，当知还有更多含义可资挖掘。例如，富翁死后女婿才能得到遗产，相当于一次性奖励——虽然目标有人，但是时日遥遥，时刻折磨着人的渴求之心。再说，万一女婿死在老岳父的前边，又怎能得到他老人家的遗产？我们虽然无法断定做女婿的一定会这样想，但是，我们完全可以断定他有可能会这样想!

富翁改变遗嘱后，女婿每天都能得到 100 万美元，于是重新尽心尽力、无微不至地照顾好老岳父。这相当于即时性奖励，并且足以说明及时到位的即时性奖励更有助于提高激励效果和当事人的积极性，也符合自古以来“奖赏要及时”的观点。因此，包括企业在内的各种社会组织究竟是实行月薪制，还是实行周薪制，对组织成员的心理影响必然不同。奖金是应该一年一发，还是一月一发，或者是一周一发，都会对组织成员的心理造成不同的影响。有鉴于此，领导者究竟是从领导和组织的角度出发而设计激励制度，还是从组织成员的心理出发设计激励制度，效果大为不同。

就上述故事而言，我建议领导者多从“女婿”的角度想一想!

第三，正向激励与逆向激励相结合。由于社会上既存在着崇高伟大的义举，也存在着卑劣自私的恶行；人世间既有高尚的回报，也有卑鄙的背叛。因此，任何人的心都是两扇反锁的门，它从里面紧紧锁着，只对他们信任和挚爱的人，才愿意敞开心扉。首先，对于这扇从里面反锁的门，领导者既不能敲，也不能推，更不能砸。因为用力越猛，反震越强。领导者必须用信任和激励，诱导部下打开心扉，自我激励。

由于世上本有恶人存在，所以不能没有批评和惩罚。即使是善人，也不可能不犯错误。至于部下不如人意之处，当然更是不可避免。因此，领导者在运用正向激励的同时，也不能忽略逆向激励。唯有正向激励和逆向激励相结合，才能帮助下属唤醒美好精神，消除不良心态，从而更加完善自身行为，圆满实现组织目标。

第四，组织需要和个人优势需要相结合，辩证选择激励方法。虽然松下幸之助并没有什么学历，但他很善于以各种方式从事学习，很善于思考常人不予思考的一些问题。例如，有的人参加工作较早，并在人才奇缺的时候获得了职位，而且劳苦功高。然而，后起之秀职位较低，他们不在其位，不谋其政，功劳并不显著。那么，对于这样两种人，领导者应该分别采取什么激励方法呢?

日本明治维新时期著名的政治家西乡隆盛的有关言论，使松下幸之助受益匪浅。西乡隆盛在临死之前，曾为他的政界门生留下了一份遗训：

> 对国家有功劳者应该给予俸禄——但不能因为有功劳就给予权力。应该给予权力的人，必定是具有与地位相配的能力与见识的人。若将地位、权力给予有功劳而无见识者，国家必致衰败。

借鉴西乡隆盛的用人智慧，松下幸之助提出了自己的见解。他说："对有功的人应该颁给奖金，而不是地位；地位应该给予那些有才华有见识的人。"

把组织的长远需要和部下的优势需要有机结合起来，松下幸之助不计资格和门户出身，力排众议，破格重用年轻的才俊山下俊彦为松下公司总裁，使这位排名第25位的董事一下越过前面所有老资格的董事——其中不乏松下本人的老朋友。山下俊彦也没有辜负松下的信任，确实为松下公司续写了辉煌。

松下幸之助之所以能成为世界级的"经营之神"，乃是因为他敢于毫不含糊地说："我们松下公司不仅生产产品，而且还生产人才。"他十分尊重部下的业绩，特别重视以绩取仕，但他又善于辩证地对待业绩。他特别挑剔部下的人品，甚至强调"不用聪明人"，但他又绝不因为部下有缺点而不加以重用。他对人十分严厉，但又非常仁慈。他不仅做到了正向激励和逆向激励的完美结合，而且能够权变地使用各种激励方法，激励部下的艺术堪称炉火纯青。这使他深受员工敬仰和世人称道。

松下幸之助激励艺术具有两个不易具备前提：一是他能看出谁是有才华有见识的人；二是爱才心切，迫切希望企业得到发展。

古人云：爱权的人，以权御之；爱利的人，以利御之；爱名的人，以名御之；爱色的人，以色御之；重德的人，以德御之。以清操自任者，可以清操御之。以仁义自任者，可以仁义御之。有所欲者，以其所欲御之。有所爱者，以其所爱御之。虽然这些说法未必全对，但是，这不妨碍我们汲取其中的智慧：领导者必须针对他人的优势需要而进行激励。此处，我们再来看看下面这个故事：

有一天，国王问阿凡提："阿凡提，如果在你这边放着金子，在你那边放着真理，你究竟要哪一样呢?""陛下，我要金子！"阿凡提不假思索地说。

"多蠢呀，阿凡提，"国王大笑道，"金银财宝算得了什么，而要得到真理就太不容易了。我要是你的话，一定要选择真理。""陛下，您的话对极了，"阿凡提说，"谁缺什么就需要什么。咱们是各得其所呀！"

阿凡提所说的"缺少什么就需要什么"，虽然语言极其浅显，但是，它深刻揭示了人的需要、动机、目标和行为的关系，完全可以作为领导者设计激励策略的指导思想。既然"缺少什么就需要什么"，那就意味着领导者应该在可能的限度内，本着"要什么，给什么"原则，根据部下的优势需要进行激励。

领导者确定每个人优势需要的差别，需要深刻洞察其内心世界，把握其思想动态，并且要准确鉴别其才具等级和贡献大小。显然，这与领导者的识人能力以及领导者规划使用极力资源的能力有关，也与韩非所强调的"因需而赏"的观点不谋而合。

第九章

树立权威　提高效率

权威是一种无声的领导语言，也是一柄“双刃剑”——正向的权威能够极大地提高用人效率，从而促进事业的发展。负向的权威则不利于提高用人效率，甚至会带来各种严重后果，包括毁掉生活中的那些“权威狂”。我想，我们不能简单地否定权威，而是应该把权威区分为积极权威和消极权威，并且提倡正向的积极权威，否定负向的消极权威。我所强调的权威，当然是指正向的积极权威。

在有些时候，领导环境的特殊要求，使得领导者不能不具备权威。就拿国人熟知的三国时期的几个人物而言，曹操既重视法令的权威，也重视个人的权威；诸葛亮虽然不像曹操那样重视个人权威，但他同样非常重视法令的权威；袁绍性格刚愎自用、虚荣狭隘，施政行法过于疲软，最终却遭到惨败，几个儿子也都死于非命。相反，曹操和诸葛亮却都取得了成功。这至少说明，领导权威不能一概否定。

诸葛亮辅佐刘备治理蜀地，强调严刑峻法，极大促进了蜀地的社会稳定。然而，在诸葛亮的法治实行初期，却有不少人对此怨恨叹息。法正不同意诸葛亮的做法，诸葛亮和法正曾经有过一场争论，具体情况如下：

> 法正对诸葛亮说：“以前汉高祖入函谷关，约法三章，秦地百姓感恩戴德。如今，您借助权势的力量，占据一州之地，刚刚建立国家，还没有施行恩惠、安抚百姓，不该这样施行严刑峻法。况且，从外来的客人与本地的主人这层关系讲，客人的姿态应当降低一点。希望您能放宽刑律和禁令，适应当地人的意愿。”
>
> 诸葛亮说：“您只知其一，不知其二。秦朝因为暴虐无道，政令苛刻，导致人民对它怨恨不已，所以，一介草民大呼一声，揭竿而起，天下就土崩瓦解。汉高祖在这种情况下，可以采用宽大的政策而获得很大成功。从前的蜀地之主刘璋糊涂软弱，从其父刘焉时起，刘家在蜀地全靠典章和礼仪维系上下关系，以致上下之间互相奉承，德政不能施行，

刑罚失掉威严。蜀地的人专权行事而为所欲为，君臣之道渐渐被破坏。君主给予臣下高官可以表示对他的宠爱，但当官位无法再高时，反而会被臣下轻视；君主顺从臣下的要求，施加恩惠，但当不能再施恩的时候，臣下便会轻狂怠慢。蜀地之所以弄到如此破败的地步，都是由于这样的原因造成的。我现在要树立法令的威严，法令被执行，人们便会知道我们的恩德；以爵位规定官员的地位，加爵的人便会觉得很荣耀。荣耀和恩德相辅相成，上下之间有一定的规矩，这样，治国的主要原则就可以清楚地体现出来。”

不难看出，制度的软硬和管理的松紧取决于领导环境的特质，而不是取决于领导者或被领导者的主观意愿或主观想象，任何制度和领导艺术都有其存在的特殊性。因此，领导者树立权威，也是一种客观的需要，不能一概加以否定。我们只能说，为了大众事业而树立权威，当然应该提倡；为了私欲而树立权威，当然应该反对。

第一节　辩证地看待领导权威

关于权力和权威，向来有着许多解释和观点。其中不少说法都只是强调权力和权威的部分含义，有的甚至没有对权力和权威进行区分。对比之下，还是顿纳斯·H. 隆和H·法约尔的解释比较可取。顿纳斯·H. 隆认为：“权力是一些人对另一些人产生他所希望和预期的影响能力。”法约尔则把权力解释为领导者影响他人心理和行为的能力。总之，权力是领导者影响、控制、支配部下心理和行为的能力。

关于权力和权威来源，比较重要的有约翰·P. 科特的四来源论、约翰·肯尼思·加尔布雷思的三来源论、西蒙的放弃选择论、马克斯·韦伯的权威论。我认为，还是以加尔布雷思、法约尔、韦伯等人的阐释更为经典。

哈佛大学教授加尔布雷思是美国当代著名经济学家、经济学现代制度学派的代表人物，在西方经济学界享有盛誉。他曾担任过颇具影响的美国《幸福》杂志编辑、美国国务院经济安全政策室主任、美国驻印度大使。他一生著述甚丰，其晚年总结性的著作《权力的分析》一书，提出了权力三来源论：

应得权、报偿权、制约权。

应得权是指领导者通过惩罚或威胁来赢得部下服从的权力。虽然这种权力在现代社会有所淡化，但它仍然存在。应得权的主要来源是组织，一旦离开了组织，任何人都不可能有效地掌握和运用权力。这和林德布鲁姆的观点极为一致。查理斯·E. 林德布鲁姆同样认为，组织是一切权力的最终来源。它除了要使自己的成员服从之外，还要赢得它以外的人或团体的服从，财产及人格只有在组织支持下才能发生作用。

报偿权是指通过利益许诺来赢得下属服从的权力，它直接来源于财产。拥有财富可以购买他人的服务，并使他们服从自己的意志，这使权力的获得与运用显得天经地义。加尔布雷思认为财产常常为赢得信任提供可能，在整个财务型资本主义时代，哪怕没有任何必要的奖赏，财富拥有者仍能获得他人有条件的信仰。

萨斯丁·J. 维布仑说，富翁们的名望使他们既有报偿权，又有制约权。虽然在管理资本主义时代，来自财富的权力趋于下降，智力卓越的管理专家的权力趋于上升，但是，这并不意味着来自财产的权力已经不再重要了。事实上，那些有产者通过报偿权，每时每刻都在赢得千千万万人的服从，包括大企业领导者们的支持和信仰。

制约权是指通过信仰来赢得别人服从的权力。人格是现代领导者权力的重要来源之一，这是法制社会的重要特点。领导者的人格可以产生人格魅力而赢得他人的服从。有的领导者能够非常有效地把自己所具有的某种神奇力量和指导才能传递给别人，而这种力量和才能并非一般人所能企及，唯有那些人格崇高的领导者才能具备。对于领导者来说，正直诚实、仁慈善良、坚持原则、勇于奉献、足智多谋、思维缜密、观察敏锐、精力充沛，外表上的诙谐幽默或者庄重严肃，都有助于增强权力和权威。

林肯无疑拥有崇高的权威，但是，放眼世界，很难找到比他更宽容的人，很难找到比他更能忍受别人的人。这说明，人格魅力是领导权威的一个重要来源。

马克斯·韦伯（1864—1920 年），出生在德国一个社会背景和政治背景较深的富裕之家，对社会学、宗教、经济学、政治学都有深厚的兴趣。作为一位教授、主编、政府顾问和作家，他凭借一系列极有影响的力作，成为闻名世界的著名学者。凭借《社会组织与经济组织》一书，他被誉为“组织理论之父”。

韦伯认为权力来源有三种合法形式：第一，“合理—合法权力”，它是以

“法律”或领导者“发布命令”为基础的一种权力，实际上是指组织赋予领导者的领导职权；第二，“传统的权力”，它是以古老的神圣不可侵犯的传统信念，以及领导地位的合法性为基础的一种权力；第三，“神授的权力”，它是以“个人的明确而特殊的尊严、英雄主义或典范品格的信仰”为基础的一种权力。“神授的权力”可以理解为与遗传素质密切相关的独特而优异的个人素质，而“明确而特殊的尊严”是指特别个性化的人格尊严；“英雄主义”是指敢于冒险、勇于奉献、蔑视挑战、临危不惧的精神气质；“典范的品格”是指模范行为所体现的卓越道德品质。有些学者如能这样理解韦伯“神授的权力”一词，就不必指责他的这种说法“具有浓厚的宗教色彩和神秘色彩”。

从本质上说，韦伯的权力来源理论与法约尔的职务权力与个人权力大致相同。韦伯所谓“合理—合法权力”，实际上就是法约尔所说的职务权力；韦伯所谓“传统的权力”和“神授的权力”，则可以归入法约尔的个人权力的概念。

20 世纪初，H. 法约尔在《工业管理与一般管理》一书中，首次把权力明确划分为职务权力和个人权力。他说：“在一个领导人身上，人们应该把属于职能规定的权力和由于领导者个人的智慧、博学、经验、精神道德、指挥才能等因素所决定的个人权力区分开来。作为一个出色的领导人，个人权力是规定权力的必要补充。”

法约尔认为职务权力即社会组织赋予领导者的职务所拥有的影响他人心理和行为的能力；个人权力则是领导者内在素质和行为能力所形成的影响他人心理和行为的能力；权力是领导者影响他人心理和行为的能力，权威是指权力实际影响力的大小。他认为权力有广义和狭义之分，权力 = 职务权力 + 非职务权力（个人权力）。

由于领导者的实际权力与职务权力并不对称，即职务权力受非职务权力影响发生变化，所以，领导者的权威并不与职务权力对称。如果我们以法约尔的权力二元化模式为核心框架，即肯定权力 = 职务权力 + 非职务权力，然后再吸收其他理论中的合理成分，就能得到权威的公式：权威（权力影响力）= 职权影响力 + 非职权影响力。

领导者明确了权威的来源，就不难知道应该怎样创造权威，提高用人效率和领导业绩。从权威的公式可以看出，提高非职务影响力，是领导者创造权威的基本方法。为了充分了解这一点，我们很有必要弄清职权影响力与非职权影响力的联系与区别。就二者的联系而言，二者都是领导权威的构成要素，并且都对组织目标的实现具有重要意义。此外，两大权力系统不仅都可

以进行要素细分，而且还能相互结合。至于职权影响力和非职权影响力的区别，大致有以下几点：

第一，二者影响范围与跨度不同，非职权影响力的作用范围与跨度大于职务影响力。世界上许许多多流芳百世的政治家、思想家、军事家、科学家对后世的巨大影响，并不是因为他们曾经拥有的权力与地位，而是由于他们个人的品德、思想、才华、业绩、声望。职权影响力的作用范围受时间、空间、任职部门和职务的限制，而其作用跨度则受任期的限制。

第二，二者的作用大小不同。领导者职务一旦确定，其职务权力也随之确定，但是有可能有职有权，也有可能有职无权。领导学中常用“1”表示有职有权，而用“0”表示有职无权。可见，职务权力只能在0～1之间游动，并没有多大的伸缩空间。因此，职务权力影响力同样没有多大的伸缩空间。非职务权力的影响力大小因人而异，具有极大的不确定性。德高望重者，非职务权力影响力极大；无德无才者，非职务权力的积极影响力极小。由此可见，领导者的非职务影响力具有更大的弹性空间。

第三，二者的作用方式不同。职务权力影响力是通过合法职务权力而利用行政命令方式产生的外在的影响，部下未必心服口服。非职务权力影响力则是通过领导者自身素质、业绩和高尚行为而对部下产生内在影响力，部下对此心悦诚服。

第四，二者作用效果不同。职务权力影响力使人畏惧和服从，可谓不得不从；非职务权力影响力使人衷心信赖、拥戴和积极服从。

第五，职务权力影响力是强制性的，非职务权力影响力则是感召性的。

以上几点，充分显示了领导者非职权影响力的重要性。事实上，权威本身就是无声的领导语言，高度的权威使部下不假思索地衷心服从，能够极大地提高用人效率和领导效率。这意味着领导者的人格魅力、才华、业绩，都是一种无声的领导语言，具有自我可控和自我增值的特点，因而具有比较丰富的内涵。

无声领导语言是领导者形象设计的重中之重。因为不断增强的自我意识，使人们普遍厌倦了过去的狮子型领导高高在上、指手划脚、以势压人的领导模式。现代领导要想卓有成效地领导自我意识强烈的下级，无疑应该充分利用无声领导语言的魅力而增强权威，感召部下自觉认同领导意志和组织目标，而不是依赖于行政命令。

哈佛大学商学院科特教授认为，权力有四个来源：

第一，知识，不仅是书本知识，主要是与工作环境有关的复杂的社会知识。

第二，建立在相互尊敬、羡慕、了解、义务和友谊基础上的良好的工作关系。

第三，良好的业绩和较高的威望。

第四，正确地运用权力的艺术，包括认识能力——能够正确判断谁在掌握实权，分清彼此利益所在，有助于获得上级充分支持和授权；人际交往能力——能够与不同类型的人建立和维护良好的人际关系；各种施加影响的技能——精通如何根据具体情况准确地运用信息、人际关系、正式职权与其他权力资源；各种专业技术能力——与特定业务或特定部门相关的技术能力。

由此可见，科特所谈论的几乎都是非职务权力影响力。这说明领导权威主要还是来自知识、技能、人际交往能力、业绩等因素。

看来，权力和权威都不应纯粹来自指挥欲。不幸的是，实际情况恰恰不是这样。米勒认为，人都有一种指挥欲，因而便引发了一种权势欲。“有的人手握大权时，会有不可一世的兴奋感，因此管理人员大都被‘指挥文化’迷住了，”米勒说，“不幸的是，只有在战斗的气氛中，指挥行为才能成功。”

对此，领导者应该具有清晰的信念，不要以为权力、权威来自个人意志。

仅仅从政治学、社会学、管理学角度阐释权威的来源，还不足以显示权威的重要性。完全可以肯定，人类的一切理论建树和行为规则无不和人性有关。虽然实践是人类行为的总和，但它无疑来自人性的需要。这在组织形成初期特别明显。例如，原始人之所以要组成集体围捕动物，无非是为了满足食欲；早期组织之所以要组成军队对外作战，无非是为了保障或掠夺生存空间与资源，起因于自卫意识和占有欲。没有正式的社会组织，人类的高尚和丑恶也就没有任何实际意义。

寻求安全、尊严和价值的需要，是产生正式社会组织的原因。由于人是善恶同体的高智能动物，其积极因素和消极因素都会在组织生活中表现出来，两个方面都意味着人们需要领导，需要权威。另外，组织存在的根据在于能够提高社会效率和组织成员的福利，同样意味着人们需要领导和权威。

总之，权威的最深刻来源，是人类自身生存和发展的需要，是人性中对安全、尊严和价值的需求，这意味着唯有那些能够促使业绩提高和人性优化的领导，唯有那些能够造福于人的领导，才有可能真正拥有权威。

自从人类社会驶上“信息高速公路”之后，人类的信息产业更加高速发展，计算机的应用已经十分广泛。过去的中层领导才能得到的信息，现在连一般职员都可以从计算机上获得，这使从前那种信息垄断前提下的领导行为

失去了往日的神秘色彩。

换言之，信息共享对领导者的权力和权威提出了挑战。经济全球化使得企业面临的竞争空前加剧，为了机动灵活地适应挑战，组织形式正急速向小型化和扁平化方向转化；再加上大型跨国公司的分支组织遍布世界各地，管理难度空前增加，这不仅并不排斥领导权威，而且对领导权威提出了更高的要求。

无论从哪种意义上说，现代领导都必须拥有权威。问题的实质在于用什么方式创造权威，究竟应该创造哪一方面的权威，而不是不需要权威。

领导权威主要来自非权力影响力，包括人格魅力、人际沟通能力和胜任职务的工作能力。为了引起足够的重视，请看下面的幽默故事：

> 中央情报局、联邦调查局和洛杉矶警察局都声称自己是最好的执法机构，而且为此争执不休。美国总统决定让他们实际比试一下高低。因此，他把一只兔子放进了树林里，看看他们各自如何把兔子抓回来。
>
> 中央情报局派出大批调查人员进入树林，对每一棵树都进行了讯问，经过几个月的调查，他们得出结论：那只所谓的兔子并不存在。
>
> 联邦调查局出动了大批人马包围了树林，命令兔子出来投降，兔子却始终没有出来。于是，他们就想放火烧毁树林，逼着兔子出来。
>
> 总统担心这样会烧死树林中的所有动物，他们却坚定地认为：这些问题的出现，都是兔子的过错！总统赶忙制止了他们。
>
> 轮到洛杉矶警察局了，他们派了几名警察进入树林。几分钟之后，就见他们拖着一只被打得半死的浣熊走了出来。浣熊嘴里喊着："OK，OK，我承认我是兔子。"

这个幽默故事告诉我们：暴虐的强权绝不等于权威，滥用权力不仅不能树立权威，反而损害自身的形象和权威。因此，领导者要想树立权威，就不要迷信职务权力影响力，而是要最大限度地发挥非职务权力影响力。

第二节　严于自律　明于修德

领导用人艺术必须是一个开放的系统，绝不能仅仅就领导者如何支配部下而言，而是必须特别强调领导者自身的修炼和完善，并把自我完善作为提高领导用人艺术的基础。因为用人效率受各种因素影响，而领导者的人格魅力属于非常重要的因素，所以，强调领导者严于自律、明于修德、自我完善，着力提高人格魅力，既是领导工作实际需要所使然，又是领导用人艺术学科逻辑内秉的要求。

领导者人格魅力的基础是其道德意识、道德理想、道德情操、道德意志和人生价值观、职业理想综合构成的内心信念。要想充分提高用人效能和领导业绩，领导者就要努力培养卓越人格和成功人格。

一、忠诚正直　坚持正义

人格是人的尊严、价值和品格的总和。崇高的人格魅力感召人心，是卓越领导力的重要构成因素之一。我们提倡德才兼备的用人原则，正是重视领导者人格魅力的体现。执政为民，甘做公仆，造福苍生，就必须忠诚正直、坚持正义，才能树立权威。

忠诚正直、坚持正义，是中华民族传统美德“忠厚正直，为人善良”的升华。中国古代传统美德偏重于人格的自我完善，多少含有“清高自守，独善其身”的意味，缺乏鲜明的进取性和社会责任感，具有一定的时代局限性。传统美德中的“忠诚”，则偏重于人与人之间的义气之情或特定对象之间的“忠”。当代领导干部的忠诚，则是对党、对国家、对人民、对事业、对原则、对职守的热爱之情。这种忠诚体现在领导行为上，必然要正直无私、坚持正义、勇敢无畏、敢斗歪风。只有如此，才能以道义的力量感召下属精诚敬业，才能初步创造基本人格魅力。

领导用人的佳境在于德高望重，不令而行。领导者首先必须具备高度的人格魅力，做到以德化人、以德服人、以德育人；其次才是才智、业绩和用权方法等。

中国古代文化特别强调个人的自我完善，主张依靠崇高的人格魅力赢得他人的尊敬和服从。中国古代强调德治，我们现在强调法治，同时也提倡德治。在这种情况下，领导者更应该严于律己，明于修德，充分提高人格感召力，借此提高用人效果。

康熙年间的姚启圣瞧不起满人，经常大发牢骚，职务一降再降，直至降到一个负责养马的小官。康熙皇帝到盛京时，准备重新起用当年平定吴三桂叛乱时因为功绩卓著而遭到猜忌和贬逐的大将军周培公收复台湾。奄奄一息的周培公向康熙推荐了姚启圣。康熙皇帝深知姚启圣蔑视满人，借故先把姚启圣囚禁了三个月，然后把他关进囚车，押回北京。其间二人曾有一场有趣

的对话，康熙威胁姚启圣说不是不敢杀他，姚启圣则说昏君杀人而圣君不杀人。明珠连忙讨好皇帝，说什么圣君也会杀人。姚启圣则说皇帝不会杀人，皇帝是在“诛心”。康熙为了磨掉了姚启圣的傲气，有意让他到御辇中避寒，意在让姚启圣看看皇帝的学问到底多深。姚启圣一看皇帝读过的书籍，方才明白了皇帝学问之深，开始产生佩服之情。后来，康熙又让姚启圣为朝中众大臣讲经，并适时谈起收复台湾的问题。姚启圣的深刻见解令康熙大为欣赏。他为了彻底赢得姚启圣的忠心，竟把先皇关于姚启圣永世不得重用的诏书烧掉，当即赐以官服，并让他担任福建总督，负责收复台湾事宜。虽然这个有趣的传说跟我所说的人格魅力没有直接关系，但是，姚启圣所谓皇帝“诛心”之语，道出了领导用人艺术的一大法则——“治心为上”。毫无疑问，征服部下的心灵，代表着用人艺术的最高技巧。

领导者“治心”的艺术，一般分为三个层次：其一，领导者通过提高人格魅力感召部下，属于上策；其二，领导者通过合理权术赢得人心，乃是中策；其三，领导者通过消极权术激发部下私心贪欲而控制人心，实为下下之策。

可以说，人格魅力是领导“治心术”的最宝贵因素。古人所谓“正人先正心”和“正人先正己”，包含着至为普通而又至为高超的用人艺术。因为使人“正”，乃是成就大业的保证，而“正己”则是“正人”的前提，所以，“不令而行”的“正己之术”，属于一种并无形式技巧的用人艺术，具有任何高明的技巧都无法取代的作用。从某种意义上讲，领导者创造崇高的人格魅力，是一种无须什么手段就能生效的用人艺术。这种方法看起来朴实笨拙，实则极为灵验，并且万古不变，放之四海而皆准。

领导人格魅力具有极大的感召作用、导向作用、教育作用，能够使部下于无声处、于无形中受到感染和激励，从而自觉地进行自我管理和自我完善。最完美的用人艺术，就是那种能够促使部下充满激情和怀抱信仰进行自我管理的艺术。虽然这种用人艺术并非任何情况下都能体现出来，但它代表着用人艺术的理想化标准，不能不引起领导者的重视。因为如果部下不能进行自我管理，那就说明领导者没有“治心”的能力，他所领导的组织也没有健康向上的组织文化，所以谈不上用人效率。

领导者自身人格魅力对部下的熏陶作用，正如染布一样，“染于苍则苍，染于黄则黄”。领导者自身人格魅力的导向作用，也可以用一个常理来表达——“人之性如水也，置之圆则圆，置之方则方”。孟子曾说：“仁言不如仁声之入人深也，善政不如善教之得民也。善政，民畏之；善教，民爱之。善政得民财，善教得民心。”

古人深知“风格所染，教化必善”的道理，甚至把“善教”提到比“善政”更重要的地位。古人特别强调“据职而教，以道御之”，认为道德教化是领导用人的必然命题。中国古代的军事家十分重视“为将之道当先治心”，而“治心”的要点，在于以崇高的人格魅力唤起部下的道德理想、道德情感、道德意志和道德追求。至于教化部下的技巧，还在从属地位。如果领导者人品低劣，即使权术很高，终究仍会失去人心。如果领导者拥有较高的人格魅力，其精神教化作用就能达到“随风潜入夜，润物细无声”的佳境，使部下情愿认同领导意志和组织目标。

如果领导者缺乏基本的人格魅力，就会自污领导形象，遭到下属的鄙视，严重削弱领导权威，极大地降低用人的效率。因此，领导者必须处处体现出忠诚正直、坚持正义的高尚品德，才能树立正气、消除恶风、凝聚人心、降低内耗、杜绝贪污浪费、腐败堕落，以人格的光辉照亮下属的心灵，靠一身正气把组织导向正确的目标，全面提升下属的职业道德和敬业精神，进一步创造领导权威。

二、珍惜荣誉　言而有信

信用是立身的资本，体现着美德的力量，领导者必须拥有这种力量。诚实是信用的基础，诚实与守信是良好人格的基本因素。中华民族崇尚诚信，现代企业也越来越珍视诚信原则。对于领导者来说，特别应该从更高的层次——领导者荣誉观念和领导形象设计出发，努力创造个人信誉和组织信誉，以求获得下属的信赖。

在信息化时代，领导者的诚实与守信，首先具备领导权威供给功能，能够帮助领导树立权威。其次是具有社会信誉供给功能，有助于纯洁社会文化风气，促进社会文明。再次是具有政治信誉供给功能，有助于完善领导干部的形象。最后，领导者的诚信具有国际信誉供给功能，有助于改善民族形象和国家形象。

领导者珍惜荣誉，才能注重修身立德、恪守规范、谨言慎行、杜绝放纵、率先垂范，引导下属树立荣誉感。这不仅有助于树立权威，而且还有助于防止堕落。

俗话说，精诚所至，金石为开，非诚不能有信。“人无信不立，政无信不威，商无信不富”，这说明诚信乃是从事任何职业首要的道德规范。儒家更是把诚信视为“进德修业之本”“立人之道”“立业之本”。诚信无欺，就是要

求大家诚实而有信用，言行一致，并以信用赢得他人信赖。不管怎么说，下属信赖上级，上级才会拥有权威。如果领导者轻视荣誉、品行俗陋、心地不诚、言而无信、毫无信用，就不能赢得下属的尊敬与信赖，那就不会有什么权威可言。

领导者珍视荣誉，才能言而有信、重视责任、信守承诺，赢得下属和社会的支持，尤其是在企业面临重大困难时，深得职工信赖的领导就能凝聚人心、统一思想、排除困难，率领下属夺取胜利。如果不能言而有信、取信于人，就不可能树立权威。

个人美德是领导者人格魅力的源泉，诚实守信是领导创造权威的基本条件。

三、襟怀坦荡　作风民主

领导有效性理论强调，专制型领导的领导效率较好但人际关系较差，组织内部隐患较多；放任型领导人际关系较好，但领导效率较差；民主型领导的领导效率和人际关系都好；权变型领导人际关系和领导效率都比较好。值得一提的是，在当代法制社会、文明社会，权变型领导模式必须以民主型领导模式为基础。

民主型领导模式是具有普遍意义的领导模式。作风民主是现代领导的基本素质，当代社会推崇教练式领导而不是过去那种公牛型或狮子型领导。现代文化的多元化和人们个性的多样化，呼唤着人与人之间的理解和宽容，排斥偏执和专断。领导者如果不具备尊重和宽容的美德，甚至连领导班子的团结都难以维持，岂能创造权威？

对于企业领导来说，襟怀坦荡，作风民主，为人处事才能光明磊落，决策行事才能关注大局，才能依靠自身的良好行为而赢得下属尊敬。这既有助于领导者戒除私心，杜绝私欲，防微杜渐，远离腐败，也有助于果断决策，敢于领导。企业领导发扬民主作风，诚心诚意鼓励、支持下属和广大员工参与决策和管理，才能正确对待下属的意见和建议，才能充分发扬民主、团结众人、广纳善言，集中大家的智慧，促进组织的成长与发展。这有利于团结下属，充分激发其主动性、积极性、创造性。

作风民主不仅是现代领导的基本素质，而且也是最好的学习方法和领导方法，这是学习化社会领导角色的特性。唯有让部下畅所欲言，才能吸收、借鉴其建议和意见中的有益成分，从而摆脱决策盲区；才有利于发现和重用人才；才能使组织成员充分意识到自己对组织的责任、义务和重要性，最大限度调动部下的积极性。

总之，襟怀坦荡，作风民主，是领导者卓越人格和成功人格的要素之一。因此，领导者只有襟怀坦荡，作风民主，才能创造积极权威。

四、正直无私　开拓进取

为人正直，无私奉献，勤劳敬业，清正廉洁，开拓进取，锐意创新，是创业者必备的品质，是领导者人格魅力的基本内涵之一。缺乏这种精神，不可能树立权威。

为人正直是领导者最受欢迎的品质，是领导者树立权威的基本条件之一。缺乏正直的品质，就不可能襟怀坦荡，就不可能言而有信，就不可能公平公正地对待别人，就不可能坚持正义、维护原则，就不可能关注大局和事业，就会缺乏取信于人的条件。事实证明，唯有那些表现出正直人格的领导者，才能坚持正确的信念，并取得较大的成就。相反，缺乏正直人格的领导，鲜有能够取得重大成就者。

正如米勒所说，“在采用新式领导方式的所有原则中，正直绝对不能妥协”，“共识可以不完全，目标偶尔也可以不清楚或者发生转变，卓越可以打折扣，成效也可以大致符合标准，但是，正直却不能有偏差”。米勒把“正直”视为新型企业文化的基石和新型领导者不可或缺的品质。事实上，正直才能无私，无私才能正直，正直和无私是一种美德和人格的两面，相互依存，相互支撑。没有正直，就不会无私；不能无私，就没有正直。放眼人类历史，我们不难发现一个事实，即许多杰出的领导者内心都有一种信仰、信念，或者说有一种远大的使命感，支持他们为人类美好的事业而奋斗。当这种使命感成为他们个人的终极目标时，他们才会在实践活动中表现出正直的品格和正直的行为，使他们乐于无私奉献。唯因如此，那些杰出的领导者才会愿意为崇高的事业英勇奋斗，并通过自己典范的行为，赢得部属的信任和爱戴，。

孟子说：“好色，人之所欲；富，人之所欲；贵，人之所欲。”从孟子的话中可以看出，人的欲望是一种固有的存在。基于这一观点，我们就不难推知：人有欲望，就必然会有私心，这是人之常情。唯因如此，才更需要做到无私；做到无私，才能如日光高照，光辉沐浴万物。如果放纵私心，就会陷入争斗，必定惹祸招灾。

老子说：天地能够长久地存在，就是因为它们自然而然地存在，而不是为了自己才存在的，所以，天地才能够恒久不灭。懂得“道”的圣人将自己置于大众之后，反而能得到众人的拥护和爱戴；将自己的生命置之度外的人，

反而能保全自己的生命。也就是说，圣人由于自己不自私，才能成全自己的德行与事业。

领导者唯有做到舍己为人，舍己为天下，才有大我的存在，才能无私奉献。对于常人而言，如果一切以自我为出发点，最后成就的只是小我；对于领导者而言，如果一切以自我为出发点，必然只会腐败堕落，就连小我都无法成就。这样，权力不仅不能有助于树立权威，反而成了杀身害命的祸根。因此，领导者必须以正直无私为起点而立身处事，才能建立功业。唯有正直公正、无私奉献，才能从道德上拔地而起，俯仰无愧，进而感召众人共图大业。唯有如此，才能拥有权威。

洪应明在《菜根谭》中写道："风斜雨急处，要立得脚定；花浓柳艳处，要著得眼高；路危径险处，要回得头早。"如今社会空前开放，我们身处这样一个花花世界，人生的"急弯""险地"随处可见，要想保住自己从不失足犯险，就必须像洪应明说的那样：急处站稳，艳处眼高，险处回头。这就是说，在局势动荡变化之际或大是大非面前，我们要立定脚步，站稳立场；处身于光鲜艳丽的美女当中，或者面对色情的迷惑，必须把眼光放高放远，不去看那眼前春光，方能把持住自己的情感，不至于被美色迷惑；当人生之路出现艰难险阻、深沟大坎时，就必须止步回头，以免堕入万丈深渊。领导者要想摆脱诱惑和风险，就必须注重无私奉献。

领导者要公正无私，维护公平正义，树立崇高使命感。为了完成崇高的使命，就必须开拓进取，创建事业。如果领导者不能开拓进取，追求卓越，就不足以树立威信，部下也就无从发挥自己的才干，领导者也就无法树立权威。

儒家文化推崇积极入世、锐意进取、济世助人的精神，提倡积极有为的道德准则。儒家所谓"强必富，不强必贫，强必饱，不强必饥，故不敢怠倦"，强调了一种勤勉刻苦、锐意进取、坚韧不拔的生存信念和工作伦理。正是这种生存信念和工作伦理，塑造了中华民族吃苦耐劳、顽强不屈民族性格。

《国语·鲁语下》记有公父文伯之母的一段话："昔圣王之处民也，择瘠土而处之，劳其民而用之，故长王天下，夫民劳则思，思则善心生；逸则淫，淫则忘善，忘善则恶心生。沃土之民不材，逸也；瘠土之民莫不向义，劳也。"这段话大意是说：勤劳则善生、懒惰则恶生。这有助于启发人们必须勤劳向上，积极进取。

中国传统文化所强调的勤劳向上、锐意进取的入世态度，不仅是一种人生态度，而且还是一种向"善"的道德情操。孟子曰："故天将降大任于斯人，必先苦其心志，劳其筋骨，饿其体肤，空乏其身，行拂乱其所为，所以动心忍性，增益其所不能。”

既然普通人都需要勤劳向上，那么，领导者更需要开拓进取，不断创造。

领导者要想开拓进取，就必须具有坚韧不拔的意志，永不满足、不断改革、勇往直前的精神以及崇高领导工作伦理。尤其是对于企业领导来说，国企改革依然面对着更大的攻坚战，迫切呼唤着开拓进取、无私奉献的企业家精神的诞生。再说，国有企业领导的待遇已经大幅提升，不仅没有任何理由考虑个人私利，贻误发展时机，而是更应该具备正直无私的品格、清正廉洁的节操、无私奉献的美德、开拓进取的精神，锐意创新，不断创造，不断超越，借以树立权威，提高效率。另外，社会上长期普遍存在的腐败现象，更是迫切要求领导者必须以巨大的人格力量去抵制。

总之，领导者必须具备正直无私的品格和坚韧不拔、开拓进取、勇于创新、不断超越的拼搏精神，发扬追求卓越、淡薄享乐、无私奉献、造福于民的高尚情操，才能不断地取得更高的业绩，更加提高自身的权威，从而更加提高用人效率。

第三节　强心固志　追求卓越

自古以来，强心固志，追求卓越，志在造福苍生，是杰出领导者的共同特点。领导者唯有依靠美好的情操和卓越的贡献，才能真正创造权威。为此，领导者就需要感召下属积极进取，努力实现共同的远大目标。这样看来，领导者就必须注重修身，而修身之要，重在修心。修心之要，重在固志。

晋代学者傅玄曾说：“立德的根本，没有比正心更重要的了。心正而后身正，身正而后左右正，左右正而后朝廷正，朝廷正而后国家正，国家正而后天下正。反过来说，天下不正要从国家治理做起，国家不正就要整顿朝纲，朝廷不正就要整顿吏治，文武百官不正，当皇帝的就要加强自身修养，自身修养必须从修心做起。”

修心强志，风范彪炳，用人于不用之中，借用的是品德的魅力。俗话说，鸟贵有翼，人贵有志。领导者志在高远，一能正身立德，不犯错误，不失为自善之计；二能树立权威形象，感染部下心灵；三能激发个人才智，增长领导能力。

孟子曾说："志不强者智不达，言不信者行不果。"《管子》有云："谨于一家，则立于一家；谨于一乡，则立于一乡；谨于一国，则立于一国；谨于天下，则立于天下。"意思是成就取决于志向。有些领导干部因为志向低下，所以轻易毁于腐败行为。因此，领导者修心立志，应该吸取古人的思想——立志贵坚而不贵锐。一时的雄心大志，未必恒持一生。唯有志恒而坚，才能不断进取。唯有如此，才能加强自身修养，树立道义的导向，创造领导权威。唯有修心固志，才能做到傲不可长，欲不可纵，色不可迷，欲不可夺，胜不可骄，败不可馁，宠不可惊，辱不可伐，修成完美人格。

领导者强心固志、追求卓越，关键是在困难时和逆境中仍能保持百折不挠的毅力和勇于奋斗的精神。一般说来，人的逆境大约可以分为四种：一是生活之苦，饥寒交迫、贫病交加；二是心境之苦，怀才不遇、顾影自怜；三是事业受阻，极尽努力、成功无望；四是存亡之危，身处绝境、生死难料。对待逆境的态度，通常也有四种：一是心灰意冷，逆来顺受；二是怨天尤人，牢骚满腹；三是见心明志，英勇不屈；四是泰然处之，尽力有为。其中第三种和第四种态度，都有助于强心固志。

韩愈出身于平民家庭，连续四次才考中进士，方才得以为官。按说，乌纱帽得来如此不易，本该惜官如命。然而，他非常珍惜道义与名节，绝不苟且偷生。因为为民请命，他被唐宪宗贬出京城，仍然继续尽其所能为民办事。

唐宪宗信奉佛教，执政期间佛事大盛。公元 819 年，他又搞了一次大规模的迎佛活动，就是将据称是佛祖的一块朽骨迎到长安，修路盖庙，人山人海，甚至强令官商民等舍物捐款。韩愈认为这纯粹是劳民伤财。于是，他要向这种过激的活动泼上一盆冷水，试图"拨乱反正"。他写好奏折递了上去，谁知竟惹来大祸，被贬到数千里外的潮州去当地方小官。遭遇此等不公平，按说也会心灰意冷吧？

韩愈到潮州后，八个月内连续做了四件事，一是驱除鳄鱼。当时鳄鱼为害甚烈，当地人又十分迷信，一向是投入牲畜以"祭鳄"。韩愈"选材技吏民，操强弓毒矢"，直接射杀，大除其害。二是兴修水利，推广北方先进耕作技术。三是赎放奴婢。他下令奴婢可以工钱抵债，钱债相抵就应给予自由，不抵者可用钱赎，以后不得蓄奴。四是请先生，建学校，大力兴办教育。在韩愈之前，潮州只有三名进士。从韩愈之后到南宋时，进士达到 172 名，这无疑和韩愈兴办教育有关。

韩愈逆境中的进取，使他没有泯灭为民请命的信念，反而有强心固志之效。如果他一味埋怨命运不公，只顾作诗写赋，就很容易泯灭志向。

困境中保持气节，不屈不挠，奋力而为，既是摆脱困境的必然方法，又能强心固志，还能避免消沉堕落。古人把这种德行称为“逆取”。实践这种德行，就是“逆取之道”。《管子》曰：“不为不可成，不求不可得，不处不可久，不行不可复。”管仲的这些说法道出了矢志不渝、坚持到底、勇于实践的重要性。

当然，逆取之法还有许多含义，现实生活中应用很广，其中不乏负面之法。例如，有人给你送礼，你总会推让一番，让送礼者心里得到平衡，属于“逆取”；如果你要批评别人，往往先来一段表扬，让别人无话可说，甚至还能心悦诚服，属于“逆取”；如果领导表扬你，你总会谦虚一番，让领导觉得你还算谦虚，没有“当仁不让”，这也属于“逆取”。军事家奉行“欲将取之，必先予之”的策略诱敌深入，围而歼之，属于“逆取”。进一步讲，凡是使用“欲将取之，必先予之”的策略而取得更大利益的做法，都属于“逆取”之法。我所强调的“逆取”，特指越是在困难时和困境中，越是要抱着“有为”的信念坚持到底，默默行动，意在强心固志。

领导者强心固志，是追求卓越的前提。强心固志，是为了追求卓越；追求卓越，有助于强心固志。虽然人的遗传素质在某种程度上制约着人的发展，但是，不断的自我激励，不仅可以坚定自己的志向，而且还可以不断地发展自身才能和提高自身业绩。如此一来，领导者就能获得权威，从而具备高效用人的条件。

第四节　善于学习　增进才智

善于学习，是增进才智的根本手段。这是所说的“学习”是一个广义的概念，包括学习理论知识、总结实践经验、反思自身差距、优化思维方法、改善处事技巧。

按照领导学家们的说法，才能是个人魅力的重要元素，是创造业绩的必要条件。宏观地说，领导者的人格魅力、个人才具、领导业绩，构成一个权威生成链，三者缺一不可。因此，在具备人格魅力的前提下，领导者必须拥有突出的才智，才能创造业绩。康熙所谓“德者，才之帅也；才者，德之资也”，孔子所谓“志于道，据于德，依于仁，游于艺”，在强调道、德、仁的同时，也肯定了“才”（艺）的重要性。

领导者若想借助人格、才智、业绩、形象等无声领导语言建立权威，更加提高用人效率，就必须做到以德服人、以才服人、以绩服人，即以个人素质和客观成就创造权威。为此，学习化社会的领导者必须热爱学习，学会学习，善于学习。

关于人才，流行的解释似乎特指那些知识和才能较为突出的人。这种说法虽然有理，却有值得商榷之处。因为“人才”是一个很难定义的概念，各行各业、各种岗位并没有统一的标准；再说，人的才智究竟达到什么程度才算“人才”，也没有可以量化的标准。何况，那些目前还没有显示出才干的人，究竟算不算人才？

因为人才的共同特点是热爱学习、善于学习，并且具有超过常人的学习能力，所以，“人才”就是学习能力高强的人。与其说“未来的竞争是人才的竞争”，不如说“未来的竞争是学习能力的竞争”。因为谁能比别人更快地学到并能创新知识，谁就能赢得竞争。从这个角度说，学习能力乃是领导力的基础。

领导者唯有善于学习，增进才智，才能做到以才服人。如果领导者才智平平，部下就会心存蔑视，而带着蔑视或怀疑的情愫从事某项工作，领导用人效率必然不高。相反，如果部下既服膺于领导的人格魅力，又崇拜领导的才能，领导者用人治事的效率必能大幅提高。这是因为崇拜是发自部下内心的一种感情，而服从则只不过是权力的副产品。如果部下发自内心地赞同领导的决策和指令，他们就能乐意以高昂的斗志融入一个必然成功的行动之中，就能充分发挥积极性、主动性和创造性。

卓越领导的一个突出的特点，即随时随地都能从工作、生活、社交、阅读和反思中学到新知识，从而不断充实、提高自身的才智。一般人即使能够学到很多知识，却无法变成才干，这也正是学习能力可以跻身于领导能力范畴的原因。

领导者的能力包括智力能力、心理能力和行为能力三个方面。其中，智力能力与各种知识有关，其核心因素是创造性思维能力，这是正确决策的前提，也是知识创新的条件。心理能力和心理素质有关，高超的心理能力能够保证领导者超越决策和管理的各种心理盲区，并且决定着一个人是否适合担任领导职务。行为能力和心理能力、智力能力都有密切的关系，但与心理能力关系更为紧密——高超的心理能力能够保证领导者把智力能力贯彻到行为过程中去，从而成功实现预定的目标。

卓越领导必然是智力能力、心理能力和行为能力比较完备的人，尤其是在重要关头和危机时刻，三项能力的完美结合是取得成功的必要保证。

对于领导者来说，创造性思维能力非常重要，特别需要刻意培养。请看：

> 有这么两个家庭快餐店，条件完全一样，小吃同样可口，服务同样周到。不同的是，其中一个餐馆每天都比另一个多卖好多鸡蛋。经营较差的餐馆的老板请了一个专家帮助他调查了解其中的原因。这位专家决定分别在两家餐馆吃饭，以便找出其中的秘密。他发现，两家餐馆的饭菜数量、质量、环境、服务等方面并没有什么差别。不过，经营较差的餐馆的老板让小姐们在招待顾客时，必须微笑着问："先生，您加不加鸡蛋？"经营较好的老板则让小姐们说："先生，加一个还是加两个？"一般情况下，先生们至少会加一个鸡蛋。这样一来，这个餐馆卖出的鸡蛋就多。

精明的老板既巧妙利用了"先生们"的虚荣心，同时利用一个信息结构"加一个还是加两个"来影响顾客的选择，所以很多人不自觉地进行了被动的选择，至少"加一个"。愚笨的老板给出的信息结构则是"加不加"，许多人便不带压力地选择"不加"。看来，能够把常识用于赚钱，利用小道道解决大问题，也需要创造性思维能力。

如果一个人空有超人的智力能力，但是心理能力较低，其行为能力必然低下。一般来说，这样的人只适合于当学者或者当参谋，并不适合于担任领导职务。

领导者的实际才能，有其独特的结构和机制。只有善于学习，才能增长才干。我向来认为，见识是高于知识的一种能力，是领导者才智的升华。领导者更需要的是见识，而不仅是知识。获得知识，只是领导者增长见识的途径之一。实践经验是领导者见识的另一个源泉，善于在实践中学习，是领导者学习能力的重要标志。在实践中，当领导者把见识、经验、行为技巧完美结合起来并达到目标时，才智就能升华为才干。因此，领导者的学习不是以掌握知识为目的，而是以有效衔接各项能力和增长才干为目的。例如，怎样把知识、经验升华为见识？怎样把见识、经验、行为技巧结合起来？怎样使智力能力、心理能力、行为能力相结合？如此等等，只有具有这些方面的学习领悟能力，才能形成具有强烈进取定势的动态智能结构，从而做到因形而取、因势而变、因需而创。只有当学习具有这种效用时，才能称之为善于学习。

善于学习意味着必须把基于实践的直接性学习和基于阅读的间接性学习

有机结合起来。直接性学习是一种感受性学习，其好处是拥有现实问题的挑战、启迪以及对实践经验的反思，其不足之处是周期长、风险大、误区多。间接性学习是一种超脱式学习，其好处是周期短、见效快、范围广，其不足之处是间接知识与实践需要未必吻合。这就需要“以我为主”地把二者有机结合，进行知识创新，才能产生独具慧眼的见识，这是领导者增长才干的前提。如果领导者只是知识丰富，而缺乏远见卓识，就有可能出现方向性错误，不可能取得重大成功。

善于学习，代表着领导者成功实现自我生涯设计的高智能活动，关键在于促进心智模式的完善、改善素质结构和促进智能发展，而不是充实知识。充实知识，只是为领导者的智能结构提供用以“冶炼”的原料而已，仅仅代表学习的最低层次。否则，领导者就不能站在时代的前列，以创新的姿态奋勇前进。显然，如果没有出色的才能去“领”去“导”，整日穷于应付，就无法树立权威。

提倡领导者善于学习，包括善于运用自己的创造性思维能力，以便在特殊情况下超越一般见解，拿出切实解决问题的办法。因为领导者的主要职能在于决策和用人，所以，提高才干意味着提高决策和用人能力。其中，提高决策能力有助于提高用人能力，因为只有决策正确，部下才能显示出能力，才有领导用人效率可言；提高用人能力有助于提高决策能力，因为善于吸取下级的智慧，必然能够提高决策水平。

在特殊时刻，领导者唯有能够拿出高明的决策，才能以才服人。例如，皇家荷兰壳牌公司在合并初期，实力远远无法和洛克菲勒的标准石油公司相比。然而，总裁狄特丁出人意料的反击策略，实在不失为创造性思维的经典杰作。1907 年，皇家荷兰集团公司成功地迫使壳牌石油公司与它合并成为皇家壳牌公司，股权六四分成。美国标准石油公司当然不会眼睁睁看着另一个石油巨人成长壮大，于是在欧洲和亚洲发起了价格战，其价格已经降到皇家荷兰壳牌公司无法忍受的程度。壳牌高层人士中不少人认为，公司到哪里开展业务，洛克菲勒就在哪里降价销售，唯一的办法是降价销售，以便取得一定的流动资金。1910 年，狄特丁到美国与标准石油公司谈判，意欲通过合理瓜分市场而寻求和解。标准石油公司却声称要用 1 亿美元买下皇家壳牌公司，遭到狄特丁拒绝。于是，洛克菲勒再次削价竞争。狄特丁认为，制止价格战的唯一办法，就是把产品打到美国去。为此，他提出了“到美国去发展”的战略。高层人员普遍都不理解。狄特丁解释说，正因为皇家壳牌公司没有进入美国，洛克菲勒才能利用在美国市场赚到的高额利润，支持他在亚洲和欧洲的价格战。如果壳牌公司能在美国建立加油站，洛克菲勒仍然降价，就会导致价格战全面升级；全面降价将会使规模更大的标准石油公司赔钱更多，损失更重，从而失去用以支持欧亚价格战的利润来源，不得不自动放弃价格战策略。大家半信半疑，勉强同意了他的建议。结果，洛克菲勒这条美国的“大章鱼”，终于碰到了他无法战胜的对手。他不得不主动放弃价格战，与狄特丁握手言欢。狄特丁则带领壳牌公司打了一场漂亮的“攻势防卫”。

见识是智慧的重要元素，没有见识，就无所谓智慧，充其量只能是“智力”而已。根据树立权威的需要，领导者必须比部下更为智慧——而不仅仅是聪明和博学！

领导者的能力，有时表现在对信息的识别方面。这正是谋略思维的精彩之处，找到牵一发动全身的枢纽所在，可能仅仅源于对常人并不注意的小小的细节性信息的独特理解。如此举重若轻地解决了重大问题，部下就会衷心佩服领导的才能，就会产生希望和激情。因为跟着才能卓著的领导创业，才有成功的可能。通常，领导者有时不能找到解决问题的方法，导致措施大而无当，往往出于对细节的忽视。

如果希特勒没有自杀的话，恐怕就是最应该为忽视细节而后悔不已的人。第二次世界大战中，希特勒的“闪电战”初获成功之后，摆出强渡英吉利海峡进攻英国的架势，却突然袭击苏联。除了他对红色政权和斯拉夫人的仇视外，另一个重要原因就是企图占领苏联和罗马尼亚的油田，以便获得战争资源。为此，希特勒不顾手下将军的反对，甚至自鸣得意地说：“我的将军们对战争的经济学一窍不通……伏尔加河将成为我们的密西西比河！”希特勒为了占有苏联和罗马尼亚的石油资源，专门组织了一多人的石油队伍，准备在占领高加索之后，马上接管苏联、罗马尼亚的石油工业。他没料到战事进展并没有像料想的那样顺利，而且在好不容易占领了苏联的一些油田和炼油厂之后，竟然发现苏联军用燃料是柴油，而德军坦克却是使用汽油作燃料。由于装运燃料的卡车都缺乏燃料，德军只好用骆驼驮运汽油。再加上苏联红军溃败时炸毁了油田和炼油厂，希特勒优先解决战争能源的如意算盘就此落空。不可一世的希特勒在进行一场夺取燃料的战争时，竟忘了考虑燃烧的种类！

领导者的谋略思维，是其才干的重要组成部分。缺乏超人一等的见识，就会眼高手低，决策不当，徒自招来部下的怀疑和怨恨。通过学习与思考养成逆向思维、发散思维、系统思维能力，综合提高创造性思维能力，是领导者的必修课。请看：

某动物园因为各种原因，导致游客稀少，门庭冷落，已经入不敷出。高层人士开会讨论脱困之计，争论十分热烈。然而，他们争来争去，就是拿不出一个好主张。这时，其中有人很不耐烦地说："你们不用争了。我已经为你们做了一个拓扑变换：不如把人关进笼子算了！"众人不以为然，经理双眼一亮："对，就把人关进笼子！"于是，他命令部下改装了汽车玻璃，并把野兽放出来，让它们恢复野性。游客则坐在特制的汽车里，近距离地欣赏野兽。此举果然大获成功。

请看，动物园原来是野兽被关，游人闲逛，来它个逆向思维，就变成了游人被关，野兽闲逛；再来个发散思维，所谓"笼子"，难道一定是真笼子吗？再来个形象思维，把"笼子"想象成特别改装的汽车行不行？事实证明：行，真行！

领导者的能力是一个很难精细描述的十分复杂的"现象"，值得我们深入研究。需要注意的是，这种研究的深入进行有赖于思维科学——包括脑科学方面的突破性进展。如果一旦人们搞清了大脑思维活动的神秘机制，就能极大地解放人类的智力。不过，只要领导者善于学习和思考，仍能极大地发展自己的智能。

实际上，领导者不能没有大局观，或者说不能没有正确的战略，但是，领导者也不能没有支持战略的有效战术。也就是说，战略管理能力与战术设计能力的有机统一，构成领导者的实际能力。曾国藩曾说："人见其近，吾见其远，是谓高明；人见其粗，吾见其细，是谓精明。"一般说来，人们往往能够看清目前情势，却不能预见未来变化，属于欠缺高明，容易导致战略眼光短视；能够看到大的方面，却不能看到小的方面，属于欠缺精明，容易导致细节技巧匮乏。如果既无"高明"的战略，又无"精明"的计策，必然导致失败。如有"高明"的战略，却无"精明"的计策，或者徒有"精明"的计策，而无"高明"的战略，以致造成"高明"和"精明"两种能力的分离，都会破坏战略战术的匹配、统一，同样必然失败。世界上"精明"的人不能成大功，是因为徒然"精明"而不够"高明"，败于因小失大；世界上"高明"的人做不好小事情，是因为徒然"高明"而不够"精明"，败于眼高手低。领导者唯有把"高明"和"精明"结合起来，把战略能力和战术能力结合起来，才能成就功业。

英国现代著名作家毛姆，开创了自我炒作现代畅销书的先河。他所用的高招，即使是十分了不起的营销策划人员，也未必能够想到。请看：

毛姆成名之前，生活清苦，当然希望自己的作品卖个好价钱。他完成了一部小说，其中的主人公是个女性。他对出版公司所作的营销策划很不满意，于是，自己"操刀上阵"，在报纸上登了一份征婚启事："本人喜欢音乐和运动，是个年轻而又有教养的百万富翁，希望娶得一个和毛姆小说中的女主角完全一样的女性为妻。"

那些做梦都想嫁给百万富翁的英国女孩，热切希望看看自己像不像毛姆小说中的女主角，几天内就把毛姆的小说抢购一空。

毛姆的炒作技能，实在是比营销专家还要高明。

事实上，解决问题的技巧无所谓大小，只要能有奇效，就算能力出众。马谡的理论水平很高，然而只能夸夸其谈，算不上什么能力。以此而论，善于学习，增长才干，意味着领导者能够通过学习把知识转化成解决问题的方法，以赢得部下的钦佩，进而创造领导权威。当前有些领导干部轻视学习，疏于学习，必将导致素质退化。俗话说"开卷有益"，只要领导者勤于学习和善于学习，必将能够提高自身才干。

三国时期东吴将军吕蒙好武厌文，不爱读书，曾经受到孙权的批评和劝勉。吕蒙听从劝告，戎马倥偬之中忙里偷闲，发奋读书，水平大长，竟能在酣睡之中背出《周易》，惊得众人面面相觑。鲁肃是东吴名臣，曾因吕蒙不通文墨而看不起他。鲁肃代替周瑜前往江陵，路过吕蒙驻地浔阳。吕蒙问道："取荆州当用何计？"鲁肃以为吕蒙有勇无谋，不足以与他讨论大事，于是托言"届时另议"。吕蒙责备鲁肃："您现在身负重任，又与文武双全的关羽为邻。虽说目前孙刘联合，但这毕竟只是策略而已。关羽是勇猛的熊虎之将，如何防备万一出现的祸患，我们必须早做准备，哪能届时另议？"吕蒙随即提出五项策略，鲁肃听罢，木然许久，继而由衷地称赞昔日的"吴下阿蒙"。后来，孙权采用吕蒙之计，攻下曹操的皖城。不久，吕蒙又智取长沙、零陵、桂阳三郡。鲁肃死后，吕蒙代鲁肃之职镇守陆口。当关羽率军进攻打樊城时，吕蒙又袭南郡，杀关羽，夺荆州，为东吴立下大功。可见，学习是领导者的一项重要事务。新时代的领导者更应热爱学习、善于学习，并通过学习把知识转化成解决问题的技能，以赢得部下的钦佩，创造领导权威，提高用人效率。

老子所谓"知人者智，自知者明，自胜者强"，告诉我们一个道理：知人者智，自知者明，都不一定能够称"强"。唯有能够"自胜"，才能称强。自我发展需要自我反省，自我改善。领导者要想追求卓越，必须具有自知之明、

自胜之勇。否则，就会局限于主观成见，无法汲取各种有助于自我超越的精神养料。我所说的“学习”，包括领导者的自我省察、反思和自我调整、自我完善，绝不可与读书看报相混同。

韩非《韩非子·观行》中说：“古之人目短于自见，故以镜观面；智短于自知，故以道正己。故镜无见疵之罪，道无明过之怨。目失镜则无以正须眉，身失道则无以知迷惑。”中国古代文化强调自我检视、自我反省、自我完善、自我超越，才能不战而胜、不争而胜，其要点在于通过完善的自我而消除矛盾，通过“自胜”而超越争斗。这种修己自胜而求自强的方法，不是明哲保身和独善其身，而是为了兼善天下而自我超越。这就是所谓“自胜”——不断检视自己、省察自己、反思自我，不断地打倒自己，不断地超越自我。其前提之一，就是人贵有自知之明和自胜之勇。

项羽不听叔父项梁的意见，读书不成，学剑亦不成，反而声称要学万人敌。他能指挥千军万马，所向披靡，然而却无自知之明，不知克己之短，终于兵败自杀。

西毒欧阳锋按照郭靖倒着背的“九阴真经”苦练功法，以致气血逆行，练成了双手着地、两脚朝天的武林邪士。几位大侠共斗西毒，仍然不是对手。然而，欧阳锋武功虽强，但已神志不清，甚至连自己是谁都不清楚。黄蓉无奈之下，使了一个激将法：“谁说你是天下第一，有一个人你就打他不过。”欧阳锋怒问是谁，黄蓉则说：“不错，你武功虽好，却打不过欧阳锋！”欧阳锋愈发糊涂，只觉此名好熟，就问自己是谁。黄蓉冷笑道：“你就是你，你自己却不知道，怎来问我？”黄蓉继而喊道：“欧阳锋来了！”武功卓绝的西毒欧阳锋听说“欧阳锋来了”，竟然吓得落荒而逃。

这个故事看似荒诞透顶，实则深具哲理：一个人因为缺乏自知之明，竟然会与自己为敌！人若不能战胜自我，岂能战胜他人？那些对自己极不负责任的领导干部，既缺乏自知之明，又缺乏自律之德，还缺乏自胜之勇，也缺乏自善之策，更缺乏自全之道，到头来不成为腐败分子，才是令人不可想象的怪事！

总之，领导者有了知人之智、自知之明、自胜之勇，才能自我反思、自我完善、自我超越；才能谦虚谨慎、不骄不躁；才能善纳佳言，从善如流，乐于和善于向下属学习，不断提高才智见识，才能真正走上自强之道，从而提高领导权威。

第五节　长于贡献　成于业绩

领导者树立权威的另一个必要的方法，即长于贡献，成于业绩。所谓长于贡献，是指积极为组织作出特别突出的贡献。所谓成于业绩，是指领导者必须以出色的业绩证明自己的领导才能，并以此作为自身成长和发展的基础。领导者如果做到了这两点，部下就不能不承认事实，从而乐意服从领导。道理至为简单，因为部下更需要成功，所以他们更愿意追随业绩卓著的领导。业绩之所以能够助长权威，就在于它本身就是不可否认的事实。毫无疑问，它是领导者自立的基础，成长的阶梯。

领导者要想创造出众的业绩，就必须时时处处坚持业绩取向，并且衷心服膺于这一价值目标。业绩取向是无声的命令，是整个领导方法中非常重要的艺术法则之一。如果领导者不能正确地确定创造权威的出发点和落脚点，就很容易误入歧途。强调领导者要充分依靠权威驾驭部下，是为了提高部下的行为力度、拼搏精神和奉献意识，使他们忠心耿耿、恪尽职守地为组织效力，而不是让领导者树立消极权威，以便一手遮天，打击异己、迫害人才，甚至是以权谋私和贪赃枉法。从这个角度出发，完全应该把业绩取向作为领导者树立权威的一项重要原则。

强调业绩导向的根本目的，在于提醒领导者把提高业绩作为重要价值目标，主动摆脱权力斗争漩涡。如果领导者不以业绩为重要价值目标，自己主动进入了派性斗争的泥潭，组织内部必然争权夺利，风气败坏。此时，为了维护和巩固权力，就必须投入更大精力进行权力斗争，从而影响了绩效的提高。如此一来，纵然是取得了权力斗争的胜利，也会因此种下失败的种子。因为激烈的外部竞争，不会使人永远如此幸运。何况，权力斗争的负面影响，必将严重地损害正向权威。有的领导本来享有权威，但是，因为他们一心只想维护权力，所以，他们就不再开拓进取，最终反而弄得业绩平平，自己停滞不前不说，部下也毫无成功的机会，于是怨恨在心，一有机会就会借机发泄自己的不满，领导者的权威就会因此发生动摇。

领导者要想创造业绩，就必须主动抛弃权力斗争，以免因为权力斗争导致组织失控或者窒息组织活力，既会使领导者自己成为权力斗争的焦点，又无法提高组织绩效，从而使领导的合法地位受到动摇。正因如此，领导者

——包括企业领导不仅自己要主动摒弃权力斗争，还要对热衷权斗、心术不正、不务正业的下属予以严惩，使之绝不敢去搞权力斗争，以便保持良好的风气，进而以卓越的成就夯实领导权威的基础，同时为自己和部下铺平进一步成长的道路。这是因为，唯有提高了业绩，才能真正得到上级的信任、支持和帮助，才能真正得到部下的依赖和拥戴，才能优先获得更多的稀缺资源，才能扩大组织规模并提拔优秀人才发挥才干，才能加大激励力度。

主动放弃权力斗争，采取业绩价值目标取向，是进退结合、攻守兼具的高超的权力运用艺术，因为只要领导者提高了业绩，那些名不符实的野心家就会望而却步，轻易不敢进入权力斗争的雷区。他们纵然可以否认领导者的一切优点，但是，他们否定不了领导者业已被上级和公众公认的业绩。尤其是在社会风气不正的时候，领导者更应该心如明镜：业绩既是领导者成为领导的理由，又是坚强有力的保护神。

主动放弃权力斗争，追求业绩目标，要求领导者不仅要眼睛向内，更要眼睛向外。唯有坚信自己的人格魅力和卓越业绩可以创造令人钦佩的权威，才能敢于信任和重用各种人才，进一步打造业绩平台，以便为社会作出更大贡献。这就要求领导者必须善于在组织内部求同存异，降低内耗；要求领导者必须敢于重用铮直才子。因为业绩取向代表着大道直行、光明磊落的“王道”之术，所以，领导者要想树立权威，提高用人效率，必须主动放弃私心杂念和“霸道之术”；要有意识地、积极有力地通过确立竞争优势，使行为不端的人不敢违背公意，放纵私行。如此一来，领导者就能获得大部分部下的尊敬与支持，即使有一些人不甘寂寞，乐于生事，那也无足轻重。总之，竭力追求业绩导向和实际业绩，一切让业绩说话，是领导者赢得下级衷心爱戴和社会肯定的重要方法。领导者应该充分相信，虽然难免会有少数干部过分聪明，大多数下级干部却想努力成就事业。这正是领导者成功领导的条件之一。

领导者创造业绩为了提高正向的积极权威——提高无声领导语言的魅力，其根本目的是为了“长于贡献”。

领导者必须坚决避免为权威而权威的倾向，确保正确的权威价值导向。如果权威的价值导向发生错位，即使侥幸拥有了一手遮天的权力，那也只意味着负向的消极权威，这很可能就是组织悲剧和个人悲剧的开始。试想，树立权威如果只是为了捞权捞钱，最终如非自取灭亡，乃是侥天之幸。

需要特别强调的是，真正的权威只存在于他人心里，并非存在于品性不端的下属的谄媚、微笑、颂词和各种贿赂之中，并非存在于领导者的自我感觉。只要领导者权威导向发生扭曲，即使所有下属全都歌功颂德、重礼相奉，无论自己多么自鸣得意，仍然会以惨败而告终。因为只要领导者的权威是负向的，不管是有意还是无意，事实上都会危害组织和他人，都会成为组织和他人的敌人。

凡是愿意对社会、组织、下属以及对自己和亲人负责的领导，应该时刻保持正确的权威价值导向。因此，头脑清醒的领导者务必主动放弃错误的权威导向，致力于追求业绩目标。因为有缺点但有业绩的领导，毕竟还可以自我完善；而精明世故、擅长权术但无所作为的领导，终究无法自我保全。在此，务请读者记住鲁迅先生精辟而中肯的警告：有缺点的战士毕竟是战士，而无缺点的苍蝇毕竟是苍蝇。

我在给领导干部讲课时，曾经提出“业绩增距法”。所谓业绩增距法，是指领导者通过极大地提高自身的业绩而加大自身的比较优势，通过加大贡献建立个人权威。因为距离是引起崇拜的原因，而常人永远达不到的境界才是最有魅力的。领导者业绩增距法的实质，是依靠高超的业绩确立积极权威，业绩越高，权威越高。领导者创造积极的正向的权威，是形成典范领导品质的重要条件。它使领导者德高望重、受人崇拜和敬仰；它使领导者充满自信、敢于作为；它使领导者消除权力斗争的困扰。如此一来，领导者就能更加放心大胆地重用部下，从而更大程度地提高用人效率。确立业绩取向，奉行业绩增距法，可以创造美好的无声领导语言——积极权威。

业绩增距法的基本原理是：人们通常对难以企及的事物充满憧憬，而对轻易达成的目标容易产生厌倦；人与人之间的差距，是产生崇拜的理由，没有差别就没有崇拜；平凡的人拒绝平庸的办法，不是英勇奋斗，而是寻找一个偶像放进心灵，把自己变成一个“追星族”，这就是人们崇拜英雄、权威或明星的根据。

业绩增距法，来源于领导者权威生成的相对性原理。所谓权威生成的相对性原理，是指职务权力影响力相对有限，非职务权力影响力相对无限；相对扩大职务权力影响力，只能有限地增强非职务权力影响力；如果超过了限度，则会削弱非职务权力的影响力；相对提高、扩大非职务权力影响力，却能极大地增强职务权力影响力；在合理的限度内，两大权力系统的影响力相互具有相对重要性，并且可以相互助长。这就是我所说的权威生成的相对性原理，读者不妨加以深思。

领导者树立权威，是为了提高用人效率，使部下不折不扣、心悦诚服地履行责任，执行命令。提高用人效率，则是为了创造更大的业绩和更高的权威。创造业绩，提高权威，提高用人效率，可以互为因果、相互递推。因此，

领导者应该注重从业绩导向着眼用人治事，综合运用各种用人方法，创造业绩和权威。

第六节　恩威并施　相互映衬

恩威并施、相互映衬，是自古以来人所共知的驭人方法，是实现领导职能的必然要求，是促使下级充分发展的必要手段——既用恩惠来激发人们高尚的精神因素，又用威压纠正人们不良的精神倾向和行为，从而使人们优秀的一面得到强化、巩固、发展，使人性不良的一面得到遏制、淡化。它即是一种高屋建瓴而又细致入微的高超的用人方法，又是在使用人才的过程中培养人才的合理、有效的方法。恩惠包括信任、尊重、表扬、奖励、关心、帮助、支持、重用等种种激励，与领导者的职务权力和非职务权力都有关系。威压包括批评、惩罚，主要与职务权力有关。施恩，能够使部下衷心拥戴，并主动寻求回报。一般来说，在报恩心理的驱使之下，部下能够不折不扣地执行上级的命令，履行自己的职责。逞威，能够有效地制止危害组织的种种不良行为，有利于规范、强化下级的职业道德和纪律观念，以充分保证组织机制的健康运行。恩威并施，意在做到令出如山，有令必行，令行禁止，有行必果，甚至是不令而行。

人的脆弱和孤独，决定了人们需要关怀，正所谓“非恩不能结其心”，这也正是生命的本质；人的善良高尚，使人们普遍重视恩惠的接受与施与；人的高贵和尊严，使人们渴望在组织中获得承认和成功。这都意味着人们需要组织和领导的恩惠。从另一方面说，人的自尊、刚强和虚荣，有时可能挣脱内在和外在的约束而表现出反叛行为；人的自私、贪欲，使得有些人可能干出危害组织和他人的事情；人的懒惰，使得有些人可能会应付公事。这就需要用“威”来加以制止。

在我看来，领导者恩威并施，意在谋求权威的整体增值。对于恩威并施，我曾经提出过一个“相对增值原理”：即恩威两面中任何一面的增值，不仅能导致整体效果增值，而且还能使另一面的作用相对增值。例如，在正常情况下，以恩为主的领导，哪怕是低度施威，也能相对增加威严的分量，因为他轻易并不惩罚部下；以威为主的领导向下级施以恩惠，也能造成受恩者的心理膨胀效应，因为他们轻易并不奖赏下属。基于这一原理，我又提出了两极化效应原理和两极化平衡原理。两极化效应原理是指对于特殊人物可以采取重赏或重罚的方法，能够取得更为良好的效果。两极化平衡原理是指对人施以厚恩，就可以施之猛威，否则就会遭到抗拒；对人施以猛威，就需要施之厚恩，否则就会遭到怨恨。本章将探讨赏罚分明、公正无私，施恩于先、逞威于后，以恩为主、以威为辅，恩威映衬、双向增值等问题。

一、赏罚分明　公正无私

领导要想通过恩威并施、相互映衬的方法树立权威，必须做到赏罚分明、公正严肃。提倡赏罚分明，意在强调公正性原则。它要求领导者必须出于公心大义，正确地使用恩威并施的方法。它要求领导者不能出于私人义气，毫无原则的滥施恩威，以免造成赏罚不公的弊端。这是领导者恩威并施、创造权威的前提。

奖赏既是一种正向激励手段，又是领导者创造权威的必要方法，而惩罚则可以看作一种逆向的危机激励手段，也是领导者创造积极权威，并提高用人效率的必要方法。因此，恩威并施，公正无私，是领导权威生成方法之一。恩威对应着赏罚，在一般情况下，领导者应该做到“赏必加之以利，罚必使之有失”。因为赏罚直接关系到部下的个人利益和个人前途，所以，必须做到严肃公正、赏罚分明。

周文王曾经指出：“赏一以劝百，罚一以惩众。”姜太公曾说：“凡用赏者必贵信，用罚者贵必。赏信罚必以耳目之所闻也。”管仲则说：“使贤者食于能则上尊，斗士食于功则卒轻于死，二者设于国则天下治。”曹操也把赏罚分明提到了治国安邦的高度，他认为“明君不官无功之臣，不赏不战之士；治平尚德行，有事赏功能”。

诸葛亮说：“尽忠益时者，虽仇必赏；犯法怠慢者，虽亲必罚；服罪输情者，虽重必释；游辞功饰者，虽轻必戮。善无微而不赏，恶无纤而不贬。”诸葛亮本着这种原则，做到了“刑政虽峻，而无怨者，以其用心平，劝戒明也”。

据史料记载，诸葛亮曾经严厉处罚了李严和廖立，二人不仅没有怨恨，反而痛悼诸葛亮早逝，使得他们失去了复职的机会，足见诸葛亮赏罚分明，从不含糊。

蜀汉建兴九年，即公元 231 年，诸葛亮第四次北上伐魏并大败魏军。在蜀军急需粮草以便扩大战果之时，负责督运粮草的李严因为天降大雨而误了行程。为了避免受罚，他假传刘禅旨意而让诸葛亮退兵，借以掩盖自己的过

错。诸葛亮退兵以后，李严竟然故作不解地问："军粮很充足，丞相为何退兵?"为了进一步掩盖自己的过失，李严又上表后主刘禅，声称诸葛亮退兵是为了把魏军诱进蜀地加以消灭。诸葛亮查明真相后上表刘禅，把李严革职为民，流放到梓橦郡。

长水校尉廖立和李严一样，深得诸葛亮好感。诸葛亮甚至把他和庞统等量齐观，赞为"楚之良材"。廖立不知自谦，反而自认为才名堪称"诸葛第二"，对自己屈居李严之下深感不满。因此，他攻击诸葛亮的用人"不任贤达而任俗吏"，并且散布流言蜚语，挑拨君臣关系，由"楚之良材"变成了害群之马。诸葛亮上表刘禅罢了廖立的官职，流放到汶山郡。建兴十二年，即公元234年，李严听到诸葛亮病逝的消息，竟然绝望之极，发病而死。廖立得知诸葛亮的死讯，也哭泣叹息。他认为诸葛亮一死，自己就只能老死边疆，再也没有被召回朝中做官的机会了。

这个故事反映了诸葛亮"法行不可不用"、"虽亲必罚"以及"服罪输情者虽重必释"的用人作风，也说明诸葛亮一贯赏罚分明，建立了极高的权威。

宋代名臣包拯同样强调赏罚分明。他说："赏者必当其功，不可以恩进；罚者必当其罪，不可以幸免。邪佞者虽近必黜，忠直者虽远必收。法令既行，纪律自正，则无不治之国，无不化之民。"包拯认为："上之出令贵乎必行，下之立功乐于自奋。"强调公明正确地行使赏罚，是建立权威和取信于民的重要原则和方法。因此，他对有功贤臣一贯痛快地请求嘉奖，对赏罚不当的失误也能积极予以纠正。

对于赏罚不明的危害，古人广有论述。《君商书·弱民》曰："背法而治，此任重道远而无牛马，济大川而无舟楫也。"所谓"背法而治"，包含了赏罚不明的意思，强调赏罚不明，就像远行无牛马、过江无舟楫，必将导致事业溃败。

唐代陈子昂《答制问事·劝赏科》有云："劳臣不赏，不可劝功；死士不赏，不可励勇。"如果赏罚不当，众人非议，则"忠臣不进""战士不用""上下离心""君臣相怨"。因此，古人强调"赏不当功，则不如无赏；罚不当罪，则不如无罚"。看来，领导者务必应该注意做到"赏不可虚施，罚不可妄加"。

唐代李世民大力提倡"赏赐不避仇敌，刑罚不避亲戚"，就是为了严肃法纪，捍卫公和公道，避免赏罚不明的危害，树立法律好领导的权威。

清代雍正皇帝主张"王公士民同罪"和"王公士民同赏"，并且把赏罚分明作为整顿吏治的组成部分。当然，领导者要做到赏罚分明，必然面对重重阻力。其一，上尊下卑的传统观念的困扰，使得人们明知应该“法不阿贵，绳不挠曲”，但是事到临头，则会全然忘怀；其二，难以割舍的亲情、友情的困扰，使得我们这个人情大国的赏罚之举常常在人情风下不堪入目；其三，情绪困扰，使领导者有时难以超越情感局限，导致赏罚不明；其四，官官相护或者以言代法，造成赏罚不当。

正因如此，古人提出了一系列精辟见解。例如，赏信罚必，强调信用法度；诛不避亲，赏不遗贱，讲究公正无私；有公赐无私惠，有公怒无私怨，强调正义和公正。李世民反对喜则滥赏无功，怒则滥杀无罪的做法，提出“怒不过夺，喜不过予”的观点；管仲认为“有善者不留其赏，有过者不宥其罚”，韩非认为“赏不加于无功，罚不加于无罪”，都是强调赏罚严明；柳宗元认为“赏务速而后有劝，罚务速而后有惩”，强调赏罚及时；诸葛亮重视“错失未著，不可加究”，强调据实赏罚；韩非提倡“因需而赏，据损而罚”，强调有针对性地提高赏罚效果；古人还特别注重“功疑唯重，罪疑唯轻”，强调宽容公正、慎重处置；“功不抵过，过不掩功”，强调赏罚并用；“宽以待民，严以治吏”，强调赏罚之术；赏罚之权，不可予人，强调以赏罚确立权威。时至今日，这些思想和方法仍然代表着赏罚的基本原则。

赏罚分明之所以有助于创造领导权威并提高用人效率，首先是因为赏罚乃是领导者权力的标志，或者说它就是权力本身；其次是因为赏罚行为包括了两大类激励中的所有激励方法，并且代表着正向激励和逆向激励两种典型形式。因为唯有表现突出或表现较差的人，才能受到赏或罚，显然比表扬与批评更进一步，所以也就更加典型化。古今中外的领导学说都强调领导者要敢于授权，同时又都强调赏罚必须集权。

刘邵所谓“臣以能行为能，君以能赏罚为能”，表明善于赏罚是领导者的根本能力之一。因此，其他权力都可授予他人，唯独赏罚权必须集于领导之手。韩非说：“人主者，以刑德制臣者也。今君人者释其刑德，使臣用之，则君反制于臣。”

韩非还列举了两个例子，用以说明赏罚的权威性。春秋时期齐简公把奖赏权交给大臣田常，田常便以此树立了自己的权威而削弱了齐简公的权威。最后，田常杀掉了齐简公，朝中和国内并没有人过问此事。相反，宋国国君把惩罚权交给了大臣子罕，导致子罕劫持国君夺取政权，也没有多少人起而反对。

韩非因此认为，君主放弃赏罚权，必然导致“主失势而臣得国”。看来，领导者不能亲自掌握赏罚权，或者赏罚不明，都会损害个人权威。

领导者的赏罚所具有的引导功能，是其形成权威的机制之一。早在战国时期，韩非就说："凡治天下，必因人情。人情者有好恶，故赏罚可用；赏罚可用，则禁令可立而治道具矣。"韩非认为人们都有喜好和追求，也都有所厌恶和恐惧，执政者可以根据人的这种性情设立赏罚，因势利导地统驭他们。

韩非因为被李斯所害，并没有来得及实践他的政治学说。曾在秦国得势的商鞅，却有辉煌的政治实践。商鞅认为，人们有很多欲望和追求，其中有正有邪。赏罚可以在"民之所欲事"的情况下，将人们对利益的追求引导到一个方向，使其"利之所出一"。韩非借鉴了商鞅的思想，特别强调奖赏的诱惑力与惩罚的威慑力。

虽然汉代大儒董仲舒在很多方面反对法家的思想，但他也并不反对法家关于奖罚的见解。他说："有所好，然后可得而劝也，故设赏以劝之；有所好必有所恶，有所恶然后可得而畏之，故设罚以畏之。"显而易见，儒家同样承认赏罚的引导功能。

赏罚分明也具有教化功能，有助于领导者创造权威。一般来说，在赏罚的正反激励之下，人的性情可以改变。因为赏罚把人的复杂多样的动机、欲望集中在得与失两个方面，诱导人们趋赏避罚，所以能够有力地改变人的内在动机，从而体现出教化功能。商鞅较早指出了赏罚对教化的辅助功能和保健功能，证明空洞的说教苍白无力。他说："君修赏罚以辅台教，是以教有所常而政有所成也。"

古人把赏罚比喻成砥砺愚钝的磨刀石，认为赏罚对于净化社会风气具有很大的作用，此正所谓"惩劝不明，则风气污浊"。这里所说的"惩"，即指"罚"，而"劝"则指"赏"。道理至为简单，如果领导者赏罚不明，一是坏人坏事无法制止，好人好事缺乏激励；二是为了得到奖赏，人们就会不择手段，从而造成社会风气的败坏。

赏罚分明具有"吐纳"功能，也有助于领导者创造权威。领导者赏罚不明，必然造成用人不当，影响人们的情绪。领导者赏罚分明，必然能够用人得当，从而刺激下属的积极性。只有赏罚分明，才能将人才请进提升，将乏才落职淘汰。

汉代刘向在《说苑·政理》中，谈到赏罚分明具有吸引人才的作用。他说："善为刑赏则圣人自来。"其实，荀子早就指出，赏罚不行，则不能纳贤吐劣。他说："赏不行，则贤者不可得而进也；罚不行，则不肖者不可得而退也。"

此外，赏罚分明，是领导者运用权力的基本要求，代表着领导者个人道德品质的基本标准。赏罚分明本身就是一种莫大的激励，能够极大地激发士气，提高用人治事的效率。因此，领导者必须公正严肃地行使赏罚，努力做到赏罚分明。

二、施恩于先　逞威于后

我把“施恩于先、逞威于后”概括为奖赏优先性原则。领导者对待部下应该施恩于先，即优先使用关心、爱护、宽容、理解、帮助、支持、信任、尊重、表扬、奖赏等正向激励方法以立恩，唤起部下的忠诚、责任心和回报意识，使他们在内心情感的驱动下自觉地、主动反馈回报行为。如果部下麻木不仁，无视制度纪律，施恩不见回报，甚至造成损失，那就要逞威于后，即应该毫不留情地加以制裁，严守制度以确立权威，维护尊严以助长权威，惩罚错误以提高权威，使受恩者更加珍视恩惠，遭罚者更加惧怕威压。这是领导者职责所在，也是领导者创造权威的必要手段。

广义的奖赏优先性原则，是基于人性基础和领导工作的特性而产生的。人的本质具有自然属性和社会属性，人性就是二者的总和。人的自然属性是指由纯粹生物机能所决定的生命特征。人的社会属性则是社会关系和社会规范所决定的人性特征，主要包括自觉性、能动性、主体性，重在精神因素。

就纯粹生命形态而言，人无疑是具有各种需求的，包括食欲、性欲、自卫意识。就人的社会属性而言，人有自我观念、价值意识、情感需要、精神信仰、道德动机、人格理想，主要表现为爱的需要、尊重的需要和自我实现的需要。以此而论，领导者树立权威，就不能不优先施之以恩惠，以便正面满足人的五种需要。何况，领导工作的间接性特点，决定了领导业绩与领导用人的关系模式——高效用人必以赢得人心为前提，创造权威同样以赢得人心为前提，这就更加需要强调奖赏优先性原则。

值得注意的是，广义的奖赏优先性原则并不排斥惩罚，只不过是在一般用人原则方面，强调优先使用奖励手段，其次再考虑进行惩罚。实际上，对于某一领导对象，究竟是奖是罚，完全以其行为性质和结果而定，并不存在什么先后之分。

狭义的奖赏优先性原则是指适用于特定类型的部下和特殊时机的奖赏原则。它适用于才气高卓或具备特殊才能的人以及特殊的用人时机。冯谖对于孟尝君来说，本无尺寸之功，却是先要鱼，再要车，后来又要人照料生活。满足欲望之后，他才提出“狡兔三窟”之计，使孟尝君深受其益。管仲先是向齐桓公索取上卿职位，又要求得到齐国一年的赋税，最后又嫌自己与国君

“疏而不亲”，直到齐桓公称之为“仲父”，才充分施展杰出才干，辅佐齐桓公九合诸侯，一匡天下。对于孟尝君和齐桓公来说，他们在人才没有建功之前就厚赏才子以结其心，采用的是狭义奖赏优先性原则。

汉高祖刘邦对韩信、黥布、彭越，都是未建功前先厚赏。刘邦接受萧何“筑坛拜将”的建议后，不仅拜韩信为上将，而且“解衣衣之，推食食之”。刘邦初见黥布，当即封他为淮南王，“俱供饮食如王者”。刘邦初见彭越，则当即封他为相国。三人当时都无功于汉，竟能封王赐爵，乃是因为刘邦看出三人才高志大，“不极于富贵则不为我用；虽极于富贵而不灭项氏，不定天下，则其志不已也”。

宋代名士苏洵曾作《御将》一文，其中谈到了优先赏赐法。苏洵认为先赏与否，“当观其才之大小，而为制御之术以称其志”。他说：“先赏之说，可施之于大才者；不先赏之说，可施之于小才者。”在他看来，大才好比千里马，无论其是否跑路，都应该“丰其刍粒，洁其羁络，居之新闲，浴之清泉，而后责之千里”。否则，千里马就不会日行千里。对于稍微逊色的人才，苏洵则把他们比成猎鹰，“获一雉饲以一雀，获一兔饲以一鼠，彼知不尽力于击搏，则其势无所得食，故然后为我用”。苏洵认为，如果事先喂饱了猎鹰，反而降低它为噬食而搏击的强烈欲望和干劲。

刘邦对于樊哙、灌婴等人，就采取了拔一城陷一阵而给一赏或提一级的方法。如果没有战功，那就绝不提升。刘邦出身市井地痞，更使他狡猾多智，加上他深具雄才大略，并不吝啬于赐人爵禄。刘邦之所以如此，乃是因为才小志小的人，“虽不先赏不怨；而先赏之，则彼将泰然自满，而不复以立功为事故也”。

奖赏优先性原则重在强调一种观念，而不在于方法。它产生于这样一种假设：假若领导者需要对奖罚分出先后，那么从思想态度来说，应该优先考虑奖赏，其次才是惩罚。其目的是为了避免领导者一味过度使用职务权力，以致只能惩恶，不能劝善，从而导致矛盾积累，影响组织与领导者个人的发展。我之所以强调以德立威，以才立威，以绩立威，以及主要借助奖赏与惩罚立威，都是为了强调不能单纯或主要地依靠职务权力建立权威，都是为了防止滥用权力，都是为了强调赢得人们衷心拥戴的重要性。

当然，领导者也不能不考虑实际情况而盲目照搬。因为在特殊情况下，非有不可怀疑的威严则不能控制局面。对于特殊时事之中的特殊人物，有时还必须先威后恩。康熙皇帝对于张廷玉，明显的是以恩为主。雍正皇帝对于张廷玉，同样以恩为主。乾隆皇帝则截然相反，他即位之后即为张廷玉的对头——被雍正革职的鄂尔泰加官晋爵，以此制约张廷玉。康熙皇帝对于姚启圣、隆科多，都采取了先威后恩的用人策略，也都成功实现了用人意图。由此可看出，领导用人艺术，重在权变二字。

施恩于先、逞威于后，也是处理人际关系的一般原则。人们常说的“先礼后兵”，意在首先以善意姿态谋求事物向良好方向发展，其次才用果决严厉的手段解决问题。国家与国家的关系，人与人之间的关系，领导与部下的关系，莫不应该遵从这一原则。为什么呢？因为“先礼后兵”不仅代表着一种积极解决问题的态度，而且使人理直气壮，而对方则理屈心虚，所以比较有效。从这个方面讲，施恩于先、逞威于后的奖赏优先性原则具有较高的合理性，有助于领导者创造权威，高效用人。

我所提倡的奖赏优先性原则，代表着领导哲学的基本规律。因为身为领导者，首先必须通过为下属带来福慧而确保组织的稳定，然后才是通过惩罚而维护组织的稳定，这是领导思维的基本逻辑。以习近平为首的党中央提倡执政为民、惠及民生，乃是社会治理的根本手段。至于严明法纪，则属于社会治理的保障手段。否则，如果只是严明法纪而不在惠及民生方面下功夫，那就很难实现社会治理的目标。可以肯定地说，奖赏优先性原则具有深厚的社会学、政治学、心理学基础。

三、以恩为主　以威为辅

我把“以恩为主、以威为辅”概括为奖赏侧重性原则，意在强调领导者要以表扬、奖励、重用部下等正向激励为主，而以批评、惩罚为辅。以恩为主不是一味滥施恩惠而排斥威罚，也不是非要恩高威淡，更不是低三下四、拉拢人心，而是指尽量减少惩罚，力争用正面激励促进部下改善行为和提高效率。与此同时，仍然保留着加大惩罚力度的余地。常情之下，一般应以恩为主、以威为辅，特殊情况则应特殊对待。

奖赏侧重性原则体现了领导者充分尊重和激励部下的原则要求。它有两种模式：一是一体化模式——对任何一个特定个人都应体现奖赏侧重性原则，做到以恩为主，以威为辅，恩威结合，施恩不放纵，逞威不寡恩。二是异体化模式——对有功者施恩宜重，而对有过错者施威宜轻，意在通过不同的人承恩与受威的对比，使恩和威两面都能相对增值，意在强调切勿用威过度，适得其反。

和优先性原则一样，侧重性原则所依循的原理是以利用人性中宝贵的精神因素进行“劝善”，力求把正面精神力量引导出来，再辅以必要的惩罚以进

行精神保健。正如松下幸之助所说，一个领导者能够使人感念的往往不是威势，而是德行与恩泽。

早在2000多年前，老子就提出了“以德报怨”的观点。中国历代贤君名臣都奉之为座右铭，松下幸之助也颇为赞赏。诸葛亮为了让西南蛮族降服，采取了以恩惠怀柔为主，以武力征服为辅的策略，七擒七纵孟获，最后使他们心悦诚服。

权力压制的方法往往激起部下的反感甚至反抗，寡恩多威的用人方法也往往令部下心存怨恨。明智的领导者对人总是能做到宽严得当，尤以恩多威少为前提。

松下幸之助在用人方面，特别强调“严苛的对待部下”，但他也特别强调尽量施以恩惠感动部下，二者实际上并不矛盾。他对历史上一些政治家关于恩威并施的观点，多有自己独特的感受和见解。他甚至提倡领导者应该为员工倒杯茶，并专门写了一篇文章解释自己的观点。他强调宽严适度，但是，他认为宽严适度并不是各占一半，而是让严占20%，让宽占80%；或者让严占10%，让宽占90%。松下幸之助主张，领导者要有一颗慈悲之心、仁爱之心、宽容之心，善于体谅、关心、鼓励部下。

我们强调宽严适度、以恩为主、以威为辅，意在提醒领导者应该体恤和善待部下，较多地发现部下的优点，慷慨地肯定部下的成绩，大方地给予正面激励。唯有在特别需要的情况下，才行使惩罚。这样一来，领导者更能赢得人心。

领导者因为缺乏与人为善的态度而滥施惩罚，容易造成有权无威的弊端。待人刻薄的领导往往留不住人才，甚至会造成众叛亲离的结局。为了避免这种现象，领导者必须比常人更加宽宏大度，善于施恩，尤其不能专断独行，不通情理。如果领导者重威轻恩，必然滥施惩罚，遇事就考虑使用威压解决问题，久而久之就会形成一种错误的思维定势，动辄采取强制手段，以致逐渐丧失人心。

《资治通鉴·周纪二》说：“夫贤者，其德足以敦化正俗，其才足以整纲顿纪，其明足以烛微虑远，其强足以因仁结义；大则利天下，小则利一国。是以君子丰禄以爵之；养一人而及万人者，养贤之道也。”其“丰禄以爵之”，即指施以厚恩。

墨子主张：“富之，敬之，誉之，然后国之良士，亦将得而重也。”春秋时期齐国名臣宁戚曾对齐桓公说：“尊其位，重其禄，显其名，则天下之士骚然举足而至矣。”韩信谈到项羽，曾对刘邦说：“项王见人恭敬慈爱，言语呕呕，人有疾病，涕泣分食饮，致使人有功而当封爵者，印刓敝，忍不能予，此所谓妇人之仁也。”项羽把印章摆弄得磨去了棱角，仍然舍不得授予部下，这就是不能侧重奖赏的“妇人之仁”。

强调奖赏的侧重性原则，意在提醒领导者摆脱滥用权力的误区。领导者固然要坚持原则，严格管理，但是，这并不意味着可以不通情理、不讲方法、一味压制或滥用惩罚手段。否则，就会造成诸多危害。如果领导者养成了简单粗暴的工作作风，滥施惩罚，不重奖赏，即专威不恩，不仅无益于事业，甚至还会招来杀身之祸。

改革开放以后，有些领导忽略了这一点，引发了许多暴力伤害案件。

据《工人日报》载，仅1992年1月到11月，某市就有87名企业领导遭到员工殴打，甚至杀害。此前，轰动最大的一个案件，当属辽宁省著名女企业家、沈阳人民旅行社总经理王淑琴被杀案。王淑琴毕业于辽宁大学企管专业，她盲目迷信美国30年代以前盛行的泰勒管理哲学，却偏偏忘了即使是泰勒本人，也强调“胡萝卜+大棒”，而她却只要“大棒”，根本不要“胡萝卜”。虽然泰勒的“胡萝卜”是指物质刺激，但也毕竟还有一点正面的激励。王淑琴却只懂滥施惩罚，不懂以恩感化，终于把职工李丹逼得失去理智，铤而走险，杀人犯罪。李丹杀害总经理王淑琴，自然是罪不可赦，但是，王淑琴的一些做法，实在和她的专业与头衔太不相称。李丹本是沈阳人民旅行社的一名装卸工，几次找对象都因工作不好而告吹。为此，他多次向总经理王淑琴请求调换工种，都遭到断然拒绝。李丹既消沉，又愤怒，曾经砸坏旅行社的物品而泄愤。王淑琴本该恩威并施，做好李丹的思想工作。然而，她不仅扣发了李丹的奖金，而且多次在大会上点名批评。李丹更加不满，卸货时故意弄得乱七八糟，还与同事发生纠纷，摔坏茶杯，动手打人。他发誓说：“我要让王淑琴疼在心上。”王淑琴听说后，又扣了他3个月奖金，李丹心里充满了仇恨。他又去找王淑琴要求调换工作，王淑琴仍然断然拒绝。李丹拔刀相迫，王淑琴态度坚决，并命令保卫人员把李丹扭送派出所，公安部门决定拘留李丹。李丹要求申诉，派出所把他放了出来，限他第二天去呈交申诉书。李丹离出派出所后，直奔经理室，残忍地杀害了王淑琴。

如果王淑琴懂得以恩感化，李丹当不至于杀人犯罪，王淑琴也不会被李丹所杀。然而，王淑琴只会用简单、生硬的方法激化矛盾，根本不懂得怎样驾驭李丹之类的下属，还一直严肃地强调：“经理在严格管理的问题上不能退却。”

从案件的整个过程看，王淑琴身为领导，不仅不关心员工的疾苦、生活

和心态，甚至是根本不通人情，其惩罚不仅没有起到“禁恶”作用，反而起“促恶”作用。这不能不使人们重视奖赏侧重性原则，做到以恩为主、以威为辅。

王淑琴身为总经理，还存在越权理事的失误。她和李丹之间本来存在中层干部这一缓冲器，本该责成中层干部做好李丹的工作。如果自己要出面，那就必须动之以情、晓之以理、驭之以术。至于怎么处理李丹，当由中层干部提出建议。如果中层干部解决不了问题，那说明他们没有能力，此时又该遵循“严以治吏，宽以待民”的原则。有些明智的领导，发现严重对抗的苗头时，甚至以严厉处理干部的方式避免冲突升级，从而保护相关人员。王淑琴全然不懂驭人之术，竟然事事处处把李丹的仇恨主动往自己身上硬拉，说明她根本不具备担任领导的素质。

王淑琴毕业于名牌大学管理专业，她的知识结构无疑存在着较大缺陷，否则，就不可能不知道怎样处理这类问题。拿破仑身为皇帝，查岗时尚能替失职睡觉的士兵站岗，施予恩惠之后才去循循善诱。蒋介石视察前沿阵地，对于打麻将的军官和士兵不仅没有按律斩杀，反而替其中一人赢了不少钱，使直接下级和间接下级都充满感激。蒋介石其人固然反动，但是，他的驭人方法却很高明。查利斯·施瓦茨发现员工在严禁烟火的牌子下抽烟，并没有训斥他们，反而向每人敬一支烟，请求他们到别处抽完，从此再也没人在上班时抽烟。领导者用人是为了改变人，而不是与人为敌，所以必须尊重以恩为主、以威为辅的奖赏侧重性原则。

以恩为主、以威为辅的奖赏侧重性原则应用很广。刘备攻下汉中之后，众将推他为帝，刘备故作推辞。诸葛亮两次请求刘备即位称帝，刘备坚执不从。诸葛亮指出：“文武官员，灭魏兴刘，共图功名，大王执不肯称帝，众人皆有怨心，不久必尽散矣。”刘备于是称帝，对大小官员一一封赏。诸葛亮并非为了自己能当丞相才坚请刘备称帝，而是为了满足部下的功名欲及其利欲心，增强刘氏集团的政治凝聚力。

清朝康熙年间，三藩之首吴三桂叛乱，初时势如破竹，然而他却停止了进攻的步伐，企图让尚之信、耿精忠消耗力量。此时，志在必得的吴三桂并没有宣布称帝。后来，抚远大将军周培公扭转战局，吴三桂节节失利，反而登基做起了皇帝。吴三桂在前景暗淡时称帝，大赏群臣，既提高了部下的名份利益，又把他们牢牢绑在谋反的战车上，使他们无法得到清廷的饶恕，乃是促使他们拼死建功以求自保的唯一方法。

宽宏大度的领导者往往善于在特殊情况下运用奖赏侧重性方法。其中最为典型的，莫过于春秋霸主楚庄王。春秋时期，楚庄王以“一鸣惊人”“炯鼎轻重”而闻名。公元前606年，当他率兵征伐陆浑时，国内发生了令尹斗越椒叛乱。楚庄王急忙回兵平叛。在成功平定斗越椒之乱后，他于渐台举行“太平宴”大宴文臣武将，并且命爱姬许姬、姜氏依次为群臣敬酒。不料，突然而至的一股大风将蜡烛尽数吹灭，房中顿时一片漆黑。座中一人醉心于许姬（亦有说姜氏者）美貌，趁势动手动脚。许姬不从，左手抽回衣袖，右手拔去那人的帽缨。那人顿时大惊，随即松开了手。许姬手持帽缨，疾步走到庄王座前，附耳细语一番，请他命令重燃烛火，找出那个非礼之人。楚庄王一听，哈哈大笑，急命不准点烛，并说：“本王有言在先，今日都要尽欢而散。请诸位一律摘掉帽缨，以尽情痛饮！”群臣不知就里，一个个解去帽缨。楚庄王才命人点起烛火，此时显然已经无法分辨是谁曾非礼许姬。那个本来忐忑不安的非礼者，这才稍微安心。宴罢回宫，许姬含幽带怨地询问楚庄王命人绝缨之故，楚庄王笑言宽慰：“古时君臣饮宴，礼不过三爵，而且只择白日，不置夜晚。我今日令文武尽饮，从白日饮至深夜，酒后失态，当属人之常情。若按你的意思查出那人，固然能显示你的节操，但这未免伤害国士之心，使群臣不能欢宴。这可不是我举行宴会的本意啊！”

楚庄王宽宏大度，此事就此搁下，后来竟全然忘却。三年后，即公元前603年，晋国发兵攻打楚国，楚庄王被晋军团团围困。楚军偏将唐狡全然置个人生死于度外，五次冲锋陷阵、英勇搏杀，终于保护楚庄王脱险。事后，楚庄王问唐狡：“本王平时对你并无厚待，你为何竟如此出生入死地为本王效忠呢？”唐狡非常惭愧地说：“我就是当年那个在渐台宴会上被许姬扯去帽缨的人。承蒙大王不杀之恩，才有今日！”楚庄王照例嘉奖其勇敢行为，并未追究往日之过。数年之后，唐狡随楚军伐郑，身先士卒，奋不顾身，死战殉国，为夺取胜利立下大功。对此，后人曾有诗云：

暗中牵袂醉中情，玉手如风已绝缨。
尽说君王江海量，蓄鱼水忌十分清。

楚庄王绝缨之举和奖赏唐狡，堪称以恩驭人的经典。

以恩为主、以威为辅的驭人之术，不仅表现为恩与威的有所侧重，而且还表现在另一方面，即对于不同的领导对象有所侧重。部下的年龄、身份、业绩、才能、性格和处境有所不同，不能采用一刀切齐的方法。一般说来，对于年龄较大的部下，更应该以恩为主、以威为辅；对于年轻的部下，则可以适当严格要求；对于性格偏激的部下，则应恩威并施、双向强化；对于性

格内向、脆弱的部下，也应以恩为主、以威为辅；对于直接下级和间接下级，则应分别采取“严以治吏，宽以待民”的原则；对于地位接近自己的人，则宜照章行事、平淡处之。其中，领导者尤其应该关注“严以治吏，宽以待民”的原则。在坚持以恩为主、以威为辅的前提下，对领导干部应该进行严格管理，对一般干部应则倾向于仁心善待。

严以治吏、宽以待民的原则，对任何组织都有意义，对军事组织尤其重要。因为军人的职业特点和性格特点都比较特殊，所以自古以来的军事家无不提倡治军以严，但前提是爱兵如子，并且强调“严以治吏，宽以待民”的相对性原则。人们通常认为，这是为了提高士气和战斗力。这种观点很有道理，但是忽略了另一方面的意义，即高级军事领导能够借助在士兵中的威望，对手下军官形成一种制约、监督和促进，从而在提高战斗力的同时，有效防止将军们的一意孤行或投敌叛变。如果不用这种方法，而对将军们疑神疑鬼、不敢信任，反而伤害部下的积极性，降低部队的战斗力，说不定还会激发出事变。尉缭子主张“杀之贵大，赏之贵小”“刑上究，赏下流”。苏轼提出奖赏要“自下而上”、惩罚要“自上而下”，都说明了“严以治吏，宽以待民”的道理。总之，变通地使用赏罚组合，赢得大多数人的拥戴，就能创造领导权威，从而形成有形与无形的促动力和约束力，推动部下改善行为，提高效率。

四、恩威映衬　双向增值

如前所述，领导者的恩威并施，有一个相对增值原理，即加大威的一面，能够反衬恩的一面的影响力；加大恩的一面，也能反衬威的一面的影响力；在一定限度内，加大任何一面，都能提高用人效率。这就是我曾提出的权威的“相对增值原理”。

如果同时增恩（奖赏）、增威（惩罚），并且增至较大幅度，可以产生两极化权威扩张效应。我把它命名为创造领导权威的“恩威两极化增值法”。

虽然我们必须尊重奖赏优先性、侧重性原则，但也必须尊重综合性原则。领导者必须明白，一极化方法绝不可取，有必要采用两极化方法，以便综合提高赏罚效果。领导者还应特别注意，毫无原则地滥施恩宠，容易使部下贪得无厌，以致无利不起早，反而损害领导权威。简单粗暴地滥施淫威，容易使部下变得虚伪、欺诈、盲从、低效，甚至使部下憎恨领导，同样有损于领导权威。唯有恩威并施，并且赏罚并重，才能两极增值，从而做到有权有威，有情有义，有令必行，行而必果，极大地提高用人效率和领导业绩。现代领导者是率领部下团结奋进共创大业的现代人，因而更需要精通赏罚艺术。那么，我们应该如何理解权威的两极化增值法呢?

我们可以这样假定：恩与威，代表领导驭人行为的两个方面，而赏与罚，则代表恩与威的两极，二者之间拥有一个无形的距离。如果我们以不恩不威的平淡的中间状态为原点，那么恩与威或赏与罚，就成了两个反向的量。这个方向指向“恩”或“奖”，那个方向就指向“威”或“罚”。领导者的潜在权威，实际上是二者绝对值相加之和的函数。从理论上说，在合理的限度内，二者之间的距离越大，反差越大，弹性就越大，领导尊严和权威也就越高。也就是说，在赏罚分明、公正无私的前提下，恩高威重、赏高罚重，能够极大地增强领导者的权威。就领导者而言，其对部下的最大的恩宠莫过于提拔重用，其对部下的最大威压莫过于撤职开除。虽然极端化的做法相对较少，特别是对于惩罚来说，但是，赏罚并重，无疑会鼓励部下积极主动地采取能够受到肯定和获得奖赏的行为，警醒部下自觉杜绝那些招致惩罚的不良行为。这样就能实现强化理论中正强化和负强化的有机结合，从而增强领导的权威。

恩威两极化增值法意味着加大恩威之间的反差，等于扩大了权威增值空间。领导者通过扩大奖赏与惩罚之间的反差而做到恩高威重，可以极大地激发下属“趋利避害”的心态，从而充分提高领导权威。这正是恩威两极化增值法的要义所在。

有人可能会认为恩高威重的提法不合时宜，事实绝非如此。因为我是在强调公正无私、赏罚分明，施恩于先、逞威于后，以恩为主、以威为辅、宽严适度、据实赏罚等一般原则和方法的基础上，强调适用于特殊领导对象和特殊领导环境的特别原则和方法的，并不只强调恩高或威重任何一个极端。何况，对于“官大一级压死人”的现象，也应该辩证对待。领导者正确的决定，如果不能“官大一级压死人”，就会影响执行的效果，那就意味着领导者没有能力成功实现领导职能。尤其是对于违背原则的重大不良行为，领导者如果不能“官大一级压死人”，就不能够把组织导向健康发展的正道。当然，领导者对待持不同意见而且意见中肯的干部，若来一个“官大一级压死人”，那就大错特错了。至于重赏功绩卓著的部下，恰恰是卓越领导者的标志，也是公平、公正精神的体现。因为平均主义所损害的，恰恰就是公平和公正。

恩威两极化权威增值法，与尊重、关心、爱护部下，增进信任和感情以及严格管理，可以说均无矛盾。因为我强调的不仅是威的一极，而且是优先、侧重强调恩的一极。威的极化是领导者增进权威的直接有效、简洁明了的方法，并不是我所强调的领导用人艺术的核心问题，因为那是组织制度和权力

的合法性所使然，自古以来天经地义。恩的极化则代表领导者增进权威的间接迂回、复杂细腻的方法，其内容的广度与操作的难度都远远高于威的极化。

从内容上看，威的极化只涉及工作，而恩的极化则涉及部下的学习、生活、工作、个人、家庭等方方面面的内容，渗透于领导者的日常生活之中，是领导者用人艺术中的主旋律。从操作方式来说，以工作为单一内容的威的极化手法也比较单一，只是惩罚的力度大小不同而已。恩的极化则需要综合权变地采用一些复杂细腻的方式，并与用权的艺术关系至大。因为领导者不可能拥有无限的奖金和职位去激励部下，不可能拥有无穷的能力帮助部下，更不可能把部下提拔到比自己更高的位置。从现实表现来看，虽然人们不断大呼人本主义，恩的极化却远远不够，而威的极化则显得比较轻率，其原因是领导者喜欢简单化地运用权力。

如果领导者拥有的正向激励资源有限，就应该适当加重威的一极，适当淡化恩的一极，以便使点滴恩惠都显得十分珍贵而重要，从而能够使部下产生“滴水之恩当涌泉相报”的心理。显然，为了更进一步反衬出恩惠的宝贵，恰恰需要借助威罚的手段来实现。如果领导者正向激励——恩的一面较大，那么，负向激励——威的一面也可以相对加大。一般情况下，不宜先加重威的一面，因为那会引起怨恨。不过，这种情况也有例外，即当领导者本来就拥有较高的权威时，就可以适当采用这种方法。然而，领导者此时必须注意两个问题：第一是不能经常采用，第二是必须尽量相对加重恩的一极，否则就会造成寡恩多威的弊端，极易引起下属憎恨。

在具体的用人实践中，领导者需要扩大恩威之间的反差，以威的极化反衬恩的极化，以恩的极化反衬威的极化，从而在部下心理上造成“心理膨胀效应”，进而更加提高部下的回报效应。因此，提倡恩威两极化增值法，与强调领导和下级的友好相处或严格管理都没有矛盾。事实上，假若理论界能够为“权术”二字开禁，那就可以断言，恩威两极化权威增值法代表着领导用人艺术的精华，是一种很好的方法。

需要说明的是：我的这种观点有着大量历史事实和现实事例可资证明。

恩威并施，赏罚并行，综合而为，不可分割，是赏罚的一般原则，适用于所有对象和情景。赏罚并重，两极增值，较多的适用于特殊对象和特殊情况。如果不考虑正向激励成本的话，可以说它并非不适于一般情况。也就是说，如果拥有可观的激励资源，完全可以恩威并重。此时，赏罚并重，两极增值的要点在于“重”与“并”。

虽然中国战国时期的韩非在历史上饱受骂名，但是，他的领导艺术理论并不是没有可取之处。对于赏罚两极化增值法，虽然从来没有人赋予概念，但是，韩非早就探讨过这一内容。我提出这条原理，正是得益于古人的启发。

韩非说："其行赏也，暖乎如时雨，百姓利其泽；其行罚也，畏乎如雷霆，神圣不能解也。"晋代学者葛洪说："赏犹春雨，罚似秋霜。"

他们的比喻形象、生动、贴切，说的都是赏罚并重。

《管子》根据"泰则反败"的原理，主张"设厚赏，立要禁"，强调重赏并不是奢侈浪费，重禁并不是暴戾严酷。相反，"赏薄则民不利，禁轻则邪人不畏"，而经常不断的小恩小惠，则会使人习惯成自然，因而不以为然。因此，管仲在《管子》中指出："一为赏，再为常，三为固然，其小行则为俗也。"至于惩罚，如果总是含含糊糊、不疼不痒，结果就会像婆婆妈妈、唠唠叨叨的家庭主妇一样，就连孩子都管不了。那些根本得不到孩子尊重的父母，通常都有这种毛病。

关于赏罚并重，古人有很多精当论述。《商君书》有云："赏则必多，威则必严。"奖赏务必使人感到"荣显"，惩罚务必使人"畏恶"。其道理是，"赏少，则听者无利也；威薄，则犯者无害也"。如果人们对奖赏不感兴趣，对刑罚缺乏畏惧，"此乃亡国之兆也"。由此联想，可知当前社会许多弊病无法禁绝，正是因为威罚不足。换句话说，就是社会法治不够严明，需要加强法治。

韩非主张"厚赏重罚"，态度最为坚决。他认为，要想将国家治理好，就要使奖赏具有吸引力，使人们急于得到它；惩罚要具有威慑力，使人们极为害怕它。因此，韩非提出，"赏莫如厚，使民利之"，"诛莫如重，使民畏之"，方可"报一人之功而劝境内之众"，"重一奸之罪而止境内之邪"。

兵家对于赏罚的见解，和法家极为相似。不管是孙子，还是吴起，都很强调恩威并重。《吴子·治兵》有云："进有重赏，退有重刑……审能达此，胜之主也。"强调赏罚并重是夺取胜利的主要原因之一。墨家也同意这种观点，《墨子·七患》指出："赏赐不能喜，诛罚不能威，七患也。"就连儒家也赞成赏罚并重，汉代大儒董仲舒说："功盛者赏显，罪多者罚重。"对于这种观点，文人墨客也很赞成。唐代政治家、诗人韩愈指出："赏厚可令廉士动心，罚重可令凶人丧魄。"

我所说的恩威两极化增值法，强调通过双向增值创造权威，这与古人的论述有所不同。因为古人的论述虽然颇为精当，但是并没有明确区分使用范围和对象，所以容易导致范围扩大化。再说，封建君主可以任意支配资源用于奖赏，随心所欲进行惩罚，这在现代社会绝无可能，所以，恩威两极化增

值法的适用范围必然趋于缩小，一般仅限于特殊对象和特殊环境。正所谓“狐之腋，胜于千张羊皮”，用好一个人才，特定时期用好具有特殊作用的关键人物，胜过用好众多小才。惩治一个身份特殊的败类，就能对无数败类起到震慑作用。恩威并重，深为有理。

康熙皇帝善于运用恩威两极化增值法，其造诣堪称炉火纯青。其典型事例，当属对隆科多的使用。对于争夺皇位的诸皇子而言，隆科多具有同样的亲戚身份。对于康熙死后的政局，隆科多的立场具有极大的作用。因为失去皇位的皇子，谁都无法指责隆科多“矫诏”，却可以借口别人“矫诏”而发动政变。康熙皇帝深知恩威并重的道理，并且深具远见地创新了这一用人方法，以便确保隆科多在皇帝死后能够忠实执行皇帝的遗命。因此，康熙对隆科多的驾驭艺术，呈现出恩威两极化和交叉使用的特点。为了使恩显得重要，康熙皇帝长期把隆科多晾在一边。隆多对此并不知情，反以为身为宰相的叔父不愿加以提拔。随着康熙年龄愈发老迈，开始悄悄地安排隆科多的仕进之路。隆科多先是成为监管宗人府的小官，其凑巧之处是未来的朝廷柱石十三阿哥关在里面，这也是康熙的伏笔之一。后来，康熙又提拔隆科多担任防守京城的九门提督，这是先威后恩的体现。然而，康熙对隆科多的恩遇，不过仅止于此。按照常人的想法，要想让隆科多稳定新君登基时期的政局，似乎应该先把隆科多提至高位以建立威信。其实，这种想法并不合理。因为假若隆科多过早升至高位，一是可能变得油滑，二是可能以关注个人既得利益为主；三是可能生出不臣之心，从而与某些皇子联合篡政。康熙所考虑的，正是不要让隆科多过早得到满足，以免降低恩赏的激励效果或生出其他事端。这一点，可以视为恩后又威。这和优秀教练不得不把深具潜力但有毛病的球员放在冷板凳上，危急时刻再派用场的道理一样，意在确保激励的新奇有效。

直到康熙临死前，才秘密召见隆科多，委以稳定朝廷政局的重任。然而，召见开始，康熙皇帝即命内阁大臣张廷玉宣读斩杀隆科多的诏书。理由是隆科多勾结八阿哥等人，阴谋颠覆朝政，按律即行斩首。隆科多吓得魂不附体，磕头有如捣蒜，口中连喊冤枉。康熙听到隆科多承认八阿哥拉拢过他，但他并没答应，确信隆科多本人心中自有分寸。于是，康熙又命张廷玉宣读另一份诏书，并在张廷玉宣读第二份诏书之前，首先警告隆科多：关于斩杀隆科多的诏书由张廷玉自己收藏，一旦发现隆科多行为不轨即行宣诏斩杀——此乃先威后恩、余威在后。

康熙事先准备的第二份诏书，同样大出人们的意料：任命隆科多为领兵内侍卫大臣，监管皇帝传位遗诏的执行。这是一个掌握朝中文武百官和皇族一应人等生杀予夺大权的职务。隆科多的心灵，瞬间经过落到地狱而又升入天堂的巨大震撼，不禁感激涕零。康熙用人艺术的精湛，由此全面展示出来。这时的康熙才如实说出长期冷遇隆科多的原因，乃是为了在最为关键的时刻才让磨练老到的“宝刀”派上用场。此言在隆科多听来，自然诚恳可信。然而，康熙皇帝也由此泄露了深湛的心机，即对于隆科多这样的人，绝不能使其年轻时就获得高位，高升太早可能就会提前毁掉。因为年纪较大的人，阅世已深，经验也多，相对变得比较现实，其动机取向以实利为主。何况，年纪老大的人初逢已经碰疼手指尖的重大机会，当然要顺手抓住不放。这样一来，隆科多就绝对不会放弃这一合法机会，而甘冒风险与八阿哥合谋篡政另创机会。再说，他的地位已经高到不用再怕八阿哥了，何况又有密诏随时取他的小命。

如果康熙早先就重用隆科多，那就不能给隆科多造成一步登天的感觉，隆科多就不会十分珍惜。如果早先重用隆科多，隆科多早就得到了诸多好处，这一重大人事决策的诱惑力就会降低——因为没有得到而又可能得到的利益对人最有诱惑力，乃是人之常情。如果早先重用隆科多，说不定他会为保住既得利益而断然与八阿哥谋反。因此，唯有把隆科多放在生与死、得与失、荣与辱的十字路口，或者说交界点上，康熙的用人方法才能绝无后顾之忧。何况，为了确保隆科多忠实执行皇帝遗命，康熙皇帝还留有随时把隆科多置之死地的“后手”——张廷玉保存的斩杀隆科多的遗诏。这就是隆科多后来相当长的时间内不敢谋反的原因。

总体看来，康熙驾驭隆科多的方法是恩威并施、恩威并重，其间又穿插着先威后恩、恩后又威、先威后恩、以威助恩等技巧。对于隆科多而言，皇帝给定了死与荣两个极端，其中暗含的正负激励和正负强化只有一个交点：抓到眼前的利益和荣耀。可以说，康熙利用恩威相衬、两极增值的驭人方法，创造了使隆科多必然忠实执行皇上遗命的不二权威，从而成功地消除了可能出现政变的危险，顺利实现了皇位的合法转移。虽然当时局势也相当惊险，但是，所有危险都消弹于康熙的先见之明和高超的用人艺术——恩威映衬、两极增值、交叉使用的绝高用人策略之下。

康熙对索额图、明珠、李光地、魏东亭、姚启圣，都使用过类似的方法。

恩威映衬、两极增值的方法，古人论述颇多，我们无须再去探讨。只是有个原则必须提及，即把恩威两极化方法应用于群体中的不同对象时，应该适当考虑以恩为主而以威为辅，尽量汲取这种方法的相互映衬、反向增值的功能。除非特别需要，一般不要过分增加威的一面。事实上，历史上不少英

明君主，都能恰当使用恩威映衬、两极增值而又反向强化的驭人方法来创造权威，使重要的大臣忠心事命。

汉高祖刘邦对于萧何，就曾使用这种方法。刘邦在外线辗转作战，屡战屡败，萧何在关中负责后勤，源源不断地为刘邦输送新兵和粮草，可谓功高至伟。虽然专门有人监视萧何，刘邦仍不放心，多次了解萧何的情况。萧何心知肚明，赶紧把萧家成年子弟全都派到刘邦手下打仗，实际上是有意送去做“人质”。刘邦切实感觉到自己权威无虞，所以才更加信任萧何。刘邦既重用萧何，又以其子弟的生杀予夺控制萧何。属于恩威映衬、两极增值方法的活用。西汉建立以后，萧何声望日高，刘邦已经没有任何正向激励能够奖赏萧何的功劳，于是用威权迫使萧何体会君恩。他把萧何投入监狱，又在众臣请求之下把他放了出来。萧何光脚跑到朝堂谢恩，刘邦则说得冠冕堂皇：贤明的君主以自己的过失彰明臣下的贤明，我这是以我的过失助长你的贤名啊！可见刘邦不愧为地痞出身，脸皮何等之厚？萧何唯有唯唯诺诺、诚惶诚恐。随着自己日益老迈，刘邦为刘氏江山考虑，担心自己死后有人独揽朝政，对萧何的声望更是日益担忧。萧何的手下看出了刘邦的心思，就给萧何出主意，让他去犯点错误，捞取一点坏名声，方可自保无虞。于是，萧何就用低价强行购买百姓的良田。等到谏官一封封检举信表奏给刘邦，刘邦看过以后，“君心大慰”，不再猜忌萧何。

虽然刘邦的做法绝对不宜提倡，但也值得我们深思：单纯的正向激励容易使人贪得无厌、野心勃勃而不易控制，单纯的惩罚手段容易激起人们的反叛，只有两相结合、相互映衬，甚至是两极增值，才能使部下树立信仰、忠心效命，从而提高领导权威、用人效率和组织绩效。对于刘邦来说，他所要验证的萧何对君主的不二之忠。对于现代领导而言，由于用人行为已经制度化和法律化，实在已经没有必要像刘邦那样费尽心机。然而，古代用人方法的精华之处，仍然值得我们参考借鉴。

现代领导应该注意运用恩威映衬、两极增值的驭人之法，创造积极权威，以便使有限的激励资源产生更大的激励效果。领导者通过恩威映衬、两极增值的方法创造积极权威，使部下积极地进入超主动状态，必将能把事业推向崭新的境界。至于有人若是运用这种方法从事权力斗争，那也只能说明当事人心术不正、品质低劣，并不能说明方法不对。此处，我必须重申一个原则，权力运用的艺术必以贡献于人类的事业为前提，为个人私利而运用权术，只能称为伎俩，绝不能称为“艺术”。

另外，我强调恩威相衬、两极增值的用人艺术，重在根据环境条件、领导对象而权变使用，不能生搬硬套。此处，为了说明这个问题，我们不妨欣赏一下《韩非子·内储说上》记载的一则史迹：

鲁国人放火烧荒引发火灾，大火逐渐向宫廷方向漫延。鲁哀公担心火灾祸及国都，亲率众人前去救火。人们只顾捕捉被大火烧得到处乱窜的牲畜，全然将扑火忘诸脑后。鲁哀公忙问孔子怎么办？孔子说：眼下火大情急，来不及研究奖赏方案，也没有那么多东西可以奖赏，只宜重罚不奖！

鲁哀公于是下令：凡不扑火者，以临阵逃脱罪处罚；执意追兽者，以私闯宫廷罪处罚。命令一出，众人争先扑火，大火很快就被扑灭。

这个故事说明，就连素以倡仁义礼智信闻名于世的孔子，也不得不就事论事，“特事特办”“重罚不奖”。足见不论哪种权威创造方法，无论它有多么美妙，都不能不分条件，机械套用。相反，讲究权变施为，恰恰是领导用人艺术的精华所在。

第七节　赏贵乎义　罚贵乎情

赏贵乎义、罚贵乎情与信赏必罚、赏罚分明具有一定的关系，但又有所不同。

赏贵乎义，是指领导者行使奖赏，既要坚持正确的原则和标准，又要通过庄严郑重的态度提升部下的信念，甚至还可以用展示期望、要求和提示缺点的方式，提示部下树立更高的目标，以免骄傲自满或贪得无厌。因为一味的奖赏容易使人变得贪婪和骄纵，从而只为追求奖赏而努力，而不是为追求成就或者更高的目标而努力。

罚贵乎情，是指领导者行使惩罚时，要通过感情关怀、展示期望、许以诺言和提供帮助与支持等方法，使受罚者理解领导的责任、善意和期望，看到希望和出路，从而消除恨意或对抗，理智地接受处罚，并减轻压力，放下包袱，努力改善。因为惩罚属于逆向的危机激励，其目的和正向激励一样，都是为了促使部下健康成长。如果领导者缺乏善意和爱心，惩罚就容易变成“整人”。罚贵乎情，旨在用“情”把惩罚变成一种“诛心”之举，提高惩罚的效果。这显然有助于维护领导权威。

领导者要想做到赏贵乎义，必须注意以下几点：

第一，赏贵乎义，首先要做到赏贵乎德。领导者奖赏有功的部下，务必做到有功必赏，赏贵乎信，赏当其功，赏不遗远。这自然也是赏贵乎德的题中应有之义。领导者若是出于私心滥赏亲信和无功之人，不仅自己遭人憎恨，就连亲信也会遭人憎恨，而且还会伤害很多人的积极性。对于奖赏无德的毛病，领导者应竭力避免。

领导者奖赏部下时郑重其事，能够使受奖者珍视奖赏，从而感受到自己的重要性。同时又使他们明白：唯有出色地实现组织目标并有突出贡献的人，才能得到奖赏。这种奖赏之德有助于提升部下境界，树立领导权威。此时的领导者应该既是组织的化身，又是公正的化身，所以才能有恩有威。现实中，有些领导往往把非常严肃的奖赏变成了个人情意的馈赠，导致恩情有余而权威不足，不利于提高效率和培养人才。

第二，赏贵乎义，要求领导者把奖赏和荣誉激励、情感激励结合起来。明智的领导者总是把实惠的奖赏和荣誉激励、感情激励相结合，通过综合激励升华人际知觉，提升部下的信念，以充分提高奖赏的激励作用，同时相对地增强领导权威。

第三，赏贵乎义，要求领导者奖赏有原则，施恩不图报。领导者必须超越寻常人际交往中的友谊观，以组织的化身行使奖赏。寻常人际交往的特点是礼尚往来，即施恩必有报，施报两相与。领导者却要超越这种寻常交情，做到乐于施恩并且善于施恩，绝不谋求回报。这就有效保持了与部下的距离，使部下明确意识到领导就是领导。唯有如此，领导者才能创造权威。

如果领导者施恩图报，必然会降低威信。为了做到施恩不图报，领导者除了具有高尚的品德，还要把握与部下关系的实质。无论领导者与部下的关系多么亲密、友好，都是特殊意义上的友谊，都不是普通意义上的朋友。这种关系高于寻常交往中礼尚往来的关系，因为领导者期待的是部下对事业的忠诚和高度的业绩回报，而不是热烈的谢词和寻常意义上的礼尚往来之类的回报。因此，领导者拒绝接受回报，与部下保持感情的距离，拒绝寻常意义上的过分亲近，配以引导、鼓励与鞭策，就能把普通交往中个人之间的情意和义气，转化、升华为公心大义，部下就会更注重在工作方面做出成绩。这样，领导者虽然没有得到什么利益，但是得到了人心，得到了尊敬，得到了钦佩，建立了权威，从而能够在工作上得到部下更多的支持。部下的业绩和贡献，正是领导者成功的资本——如果领导者追求荣誉、成就而不是追求利益的话。

领导者提升部下的思想境界，是一件十分重要的事情。领导者的这种施与恩惠而又不求回报的方法，有助于提高部下的思想境界。一般说来，大部分部下能够对他们衷心爱戴的领导进行业绩回报，并以此作为自己职业生涯中的良性动力。

当然，提倡赏贵乎义，并不是反对领导者与部下真情交流和建立私人感情，只是为了强调一种符合职业特殊性的情感方式和关系方式。高尚的情感不会因为职位差别而受到影响，反而更加注重相互之间的高贵奉献，而不是低级趣味的相互馈赠。领导者要做到赏贵乎义，既需要具有高尚的思想品德，也需要具备高超的用权技巧。

领导者要想做到罚贵乎情，必须注意以下几点：

第一，提倡罚贵乎情，要求领导者本着公心大义、制度原则，根据部下过失的性质、程度惩罚部下，并且在惩罚部下时，抱着相信别人能够改正错误的态度施以正向的感情激励；要求领导者在严格执行纪律的同时，仍然能够善意地对待受罚者。总之，要使人相信，处罚部下未必不是用心良苦，妇人之仁才是假仁假义。

奖励部下不能心不在焉，处罚部下不能毫无感情。领导者应该在雷厉风行的处罚中显示至情至性的情意，方能在受罚者的心目中建立权威。因为奖励产生好感，而惩罚却招致憎恨，所以相对来说，罚贵乎情更应予以重视。虽然马谡立有军令状，诸葛亮执行军法斩杀马谡时，仍然痛哭不已，答应照顾马谡全家老小，并且自贬三级。诸葛亮惩罚马谡时如此动情重义，其一是对马谡确实有情，其二是对部下展示其人情味，以免使人寒心。

第二，罚贵乎情，是领导者必要的自我保护方式。因为受罚的人有可能产生怨恨心理和过激行为，所以需要动之以情。在大部分情况下，一旦领导与受罚者矛盾僵化至出现激烈行为，通常不能绝对说明部下无德，而是绝对能够说明领导无能。因此，领导者在行使惩罚时往往同时进行感情投入，或者说情感激励，以免受罚者因无法接受而采取过激手段。这不是领导者虚弱的表现，而是领导者强大的表现。因为使部下痛痛快快地接受惩罚，当然比遭到部下抗拒更能证明领导的权威。

从某种意义上说，领导者不能不巧妙进行权力自卫和权威保健。避开无聊的冲突，就是其方法之一。当然，罚贵乎情，并不意味着领导者不讲原则，而是领导者注重原则。因为改善部下的行为，本身就是一种原则；正是为了落实原则，领导者才去惩罚部下；正是为了落实惩罚，领导者才讲究罚贵乎情。相反，带着意气和情绪对待受罚的部下，才是不讲原则和方法，或者说貌似注重原则，实则违背领导原则。

罚贵乎情，有助于解决领导用人过程中上下级之间的矛盾。松下幸之助既强调对不合规矩的人和事要敢于说“不”，即敢于发公愤；又强调在发“公愤”时，必须严厉之中充满仁爱。这就是人们所说的“典型的惩罚之中充满感情”。

第三，罚贵乎情，可以帮助领导者把很难执行的制度执行下去。请看：

联想集团有个规矩，如果不请假，凡开会迟到者都要罚站。联想公司的罚站是很令人尴尬的一件事，因为不是站着就可以敷衍了事的。在开会的时候，迟到的人进来后会议要停一下，所有人都静默地看他站一分钟。若是在大会场，还会通报一下。柳传志曾因堵车、电梯故障等原因而三次罚站。

联想公司很多人被罚过站。记者问柳传志罚站有用吗？柳传志说：“有用!”

第一个罚站的人是柳传志的一个老领导。他罚站的时候，站了一身汗，柳传志坐了一身汗。会后，他跟老领导说：“今天晚上我到你家去，给你站一分钟。”

罚站的事不好做，但是，柳传志硬是这么做下来了。

老领导罚站，柳传志登门看望，这就是罚贵乎情。试想，如果柳传志不让老领导罚站，制度就执行不下去；如果他让老领导罚站，就会被人骂作六亲不认。在这种时候，对于非常敏感的关系，领导者往往采用罚贵乎情的方法加以处理。

我们提倡领导者既要温柔无限，又要敢于发公愤，是为恩威并举，罚贵乎情、大公无私、怒而有度。如果领导者对犯有大过的下属不加制裁，他们就会心存侥幸，别人也一定会看不惯，甚至还可能效法。倘若有了下不为例的先例，必然后继有人。领导者树立权威，必须既有情有义，又要敢于发公愤，或者像松下幸之助那样“一手擎玉，一手持剑”。如果能把二者有机结合起来，就能创造积极权威。

第八节　保持距离　创造神秘

神秘感是个人魅力的重要因素。神秘感使人产生惊奇和崇拜。神秘感也是领导权威的重要因素之一。领导者的神秘感，总是和令人惊异的才华与出神入化的权力运用艺术密切相关。

由于人类具有好奇心理和猎奇心理，所以总是容易对神秘的事物产生兴趣。基于这个道理，曹雪芹在写《红楼梦》时，有意让林黛玉比薛宝钗更具神秘感，因而大多数人都觉得林黛玉更为美丽，而且每个人心目中都有一个林黛玉，以至于不少女孩以林妹妹自许，不少男孩非林妹妹不娶。其原因之一，就在于人们把幻想“送给”了林黛玉。

或许因为神秘感富于魅力，所以就连《圣经》都没有忽略神秘感的制造。《圣经》中对地狱、炼狱、天上乐园都有详细的描述，唯独把天堂弄成了一个神秘的光的世界。圣父、圣灵、圣子的形象无所不在，但是他们到底长相如何，人们却无法说清。正是天堂、圣父、圣灵、圣子的神秘感，使西方人深深地为他们的魅力所吸引。

据说，最早涉及神秘感的人，是战国时期的韩非。他提出“法”“术”“势”的观点，其中的“术”，就有创造神秘感的用途。他认为国君办理任何事情都不应向大臣解释，使大臣们无法明白皇帝的心思，根本不知道皇帝将要杀谁用谁，赏谁罚谁，所以全都胆战心惊，唯命是从。客观地说，韩非的学说有其自身的糟粕，而且经常被封建统治者过度使用。我所提倡的神秘感，则是指那种良好而健康的富有美学品味的神秘感，至少也必须是一种适度的神秘，绝非封建君主式的阴森恐怖的“神秘”。

美国的“柯维领导中心”著名领导学专家史蒂夫·柯维，强调领导者应该注重神秘形象的建立，适度创造神秘感，以便产生人际吸引，提高个人魅力。他说：“保留神秘感的基本要求是不要对下属解释你的行为，让他们始终觉得你是不可思议的。也许你连续几天占用你所有的时间才迅速地做出一份非常有水准的计划。然而，当下属问及你时，微笑就是最好的回答。这种笑而不答，使他们觉得你有一种特殊的才能，他们却不知如何获得。如果能取得这样的效果，下属就会甘心情愿接受你的领导。”柯维的观点，我们虽然不能完全赞同，但也不能完全反对。

根据我的理解，领导者保留自己成功的秘诀，与向部下解释政策没有什么矛盾。领导者必须透彻地向部下解释政策，但不能说明自己是怎样想出点子的。否则，不仅丧失神秘感，而且会让人觉得领导者颇有自我吹嘘之嫌。另外，领导者绝不能为神秘而神秘，或者说故作神秘，而是应该做到该神秘时则神秘，该明确时则明确。这就是说，要做到浑然天成，不露痕迹。否则，让人以为故作神秘，效果就会适得其反。

领导者要想适度创造神秘感，必须保持距离、维护尊严，沉默是金、少

说为佳，沉默作底、幽默生色，强化实力，修炼表情。

一、保持距离 维护尊严

领导者应该明确一个原则，保持距离并不是要疏远部下，自命清高，唯我独尊，或者是古怪悖戾，不通人情，而是为了不让部下看透领导者的心思，利用领导者的弱点。俗话说，人无完人，金无足赤，任何人都有弱点。领导者需要创造权威，就不能不想法“消除”弱点。“消除”弱点的办法首先是勤于反省、自我完善，其次就是适当保持与部下的距离，自己不去暴露自己的弱点。此处所说的弱点，不是一般意义上的常人的弱点。对于领导者而言，其优点也可能变成弱点。比方说，领导者坚持原则、嫉恶如仇，本来是一种优点，但是，坚持原则、嫉恶如仇的领导有时容易轻信；一旦被别有用心的人所欺骗，就有可能做出轻率的决策——包括人事决断，难免要伤害不该伤害的人，难免误信不该信任的人，难免影响自己的威信。

客观世界的规律之一，是正面因素和反面因素总是成对出现并相互转化，总是既对立又统一。正是因为领导者的优点也有可能变成缺点，所以才要求领导者的综合素质必须超凡出众。否则，如果领导者的弱点被爱耍小聪明的人看透，就存在着受人欺骗的可能。因此，无论领导者怎样关心、信任、激励、善待部下，都必须与部下保持适当的距离。一般说来，领导者只宜让部下知道领导者的原则、要求、期望、信心和才能，不宜让部下了解领导的喜怒哀乐。这样一来，就有可能创造一种反差，就能适度制造神秘感，从而收到戏剧性效果，进而创造个人魅力。

讲究权变，也是创造神秘感的一种方法。比如，部下犯了过错，本来以为会遭到领导极其严厉的训斥。然而，领导者的批评却出乎意料的中肯、公正，而且态度温和、言语幽默，部下就会油然起敬。如果早就被部下看透这一点，他们就会不以为然，既不利于部下改正错误，也不会产生戏剧性效果。

权变可以向不同方向发生。出人意料的正面激励——超出部下期望的奖赏，也能制造神秘感。保持距离是创造反差、神秘感以及树立威信的有效办法，有利于领导者更好地坚持原则，对领导者创造权威具有积极意义。成功的领导善于把关心、信任、激励、善待部下和保持距离完美结合起来，这使他们有权有威而又不失人心。

保持距离是人性使然。大千世界，芸芸众生，千奇百怪，复杂多样。人世间既有正人君子，也有卑鄙小人，保持距离是人类乃至动物自我保护的本能手段。例如，在动物世界，羊羔主动躲避豺狼，绝不会主动送到虎狼之口。

这种躲避就是保持距离。按照英国历史学家韦尔斯的说法，人类就是善于躲避其他动物的动物。在人类社会，任何理智健全的人都不愿让别人轻易了解自己的内心世界，都不愿意把弱点暴露给别人。因为人的自尊、自强意识使得人们本能地避免自己遭人攻击或嘲笑，同时有意显示自己的刚强、自信，所以，保持距离乃是人性的特点之一。现实生活中，无论人与人之间多么客气、热情，实际上都在本能地阻止他人进入自己的内心世界。人们有意保持心理距离，是动物自卫本能和人类自尊意识的综合心理产物。

保持心理距离，可以避免轻信于人，或者受人愚弄、利用，是保护自己的有效方法，有利于维护个人权威与尊严。所谓“害人之心不可有，防人之心不可无”。孔子说过，唯女子与小人难养也，你疏远他们，他们就憎恨你；你亲近他们，他们就放肆无礼。这种现象说明了保持距离的重要性。在社交活动中，人们通常保持“不远不近”态度，这是保持距离、控制火候与分寸的常则，属于一般社交原则与方法。领导者应该把它发扬光大，恰当地利用这一方法创造权威，提高用人效率。

保持距离是人类的一种心理语言，有时也体现在空间语言中。现代形体语言学和空间语言学，对此都有较深的研究。例如人们谈话中后仰、抬头的动作，就是下意识地扩大与交谈者的距离。抬头和后仰意味着听话者产生了警觉、深思和戒备，下意识地绷紧了大脑神经，警觉地对待对方下面的话；后仰则意味着交谈双方实际距离和心理距离的扩大。前倾和靠近，不仅意味着实际距离的缩小，而且意味着心理距离的拉近。在社交场合，关系不同的人心理距离不同，空间距离的把握就会有所不同。你跟恋人靠得不近，恋人就会不高兴；倘若你跟不认识的女孩靠得太近，反而又会惹来麻烦。这说明人际空间距离是由关系性质和心理距离决定的，领导者保持距离的方法具有一定的理论基础。恰当地运用保持距离的方法，有利于领导者创造权威。

保持距离等于保护资讯。当代社会的信息公开化，使得领导行为的神秘色彩大为淡化，这意味着领导权威的创造难度大为增加。在这种情况下，领导者更应该通过保持距离的方法，避免自己泄露本该由自己独享的资讯，这意味着自己只该让部下知道他们应该知道的信息。对于他们不该知道的信息，无论关系多好，都不能因为信任部下就信口开河。其方法就是保持距离，少说为佳。

保持距离有助于抬高身份。保持距离之所以能抬高身份，是因为保持距离有助于相对抬高领导者自己的人格。保持距离，自然意味着少向部下透露工作之外的信息；意味着相对减少暴露弱点的机会；意味着少去说三道四评

论他人，意味着领导者操守严谨高洁，意味着领导者坚持原则，处事公正慎重，有利于创造权威。

保持距离之所以能够抬高身份，是因为领导者自己应该重视自己的身份。这不是出于傲慢，不是以势压人，而是出于需要。领导者不能与部下没大没小，吹吹拍拍，拉拉扯扯，吃吃喝喝。因为领导者既要表扬、奖励部下，又要批评惩罚部下，没有身份差别意识，就不利于提高管人用人的效果。另外，领导者保持距离，抬高身价，有利于使部下明白一个道理，上级和下级之间的亲密不是寻常意义上的亲密，它超越了寻常的友情，更强调义务和责任、敬业与忠诚以及事业上的回报。就感情方式而言，更侧重于信任和敬畏，而不是一般意义上的亲密。领导者通过保持距离而抬高身份，有助于使部下产生敬畏之情，而敬畏是崇拜与爱戴权威的一种心理效应。

领导者应该牢记，与部下过于亲密会使部下过于随便，从而不重视自己对领导的义务和责任。过于亲密有可能无形中助长部下的虚荣心，导致他们在一些不该显示亲密的场合不自觉地或有意地显示亲密，损害领导的尊严与权威。过于亲密有可能牵累领导的感情，不能严厉惩罚某些犯有错误的部下，以致损害领导的权威。这就有可能误导其他部下，形成攀比与模仿。保持距离，也有益于把时间用于学习。

过于亲密有可能使自己陷入轻信的误区，导致任人唯亲，不利于自身和事业的发展。过于亲密可能会让人说三道四，甚至会有人联合起来对付领导者所信任的人，某些年轻有为的基层干部就会因此而成为牺牲品。因此，保持距离还有助于保护领导信任的部下。康熙皇帝对于他所看中的四阿哥，就采取了保持距离的保护方法，目的是防止四阿哥被那些觊觎皇位的皇子集中攻击。这是因为，一个明确的目标总是容易受到攻击。可以说，领导者培养人才，也有其复杂的办法，并不是领导者只要不遗余力地突出哪一个人，哪一个人就一定会获得成功。这就好像春天里的花朵，发芽过早就容易受到倒春寒的袭击。即使不被冻僵，也会元气大伤。

领导者要想在领导领域一展身手，就必须把保持距离的艺术修炼得炉火纯青，以便创造权威，提高用人效率。不过，领导者不能为保持距离而保持距离，或者说不能单纯地为了个人权威而保持距离；也不能过于紧张，过分在意；更不能古怪孤僻，不近人情。可以肯定，保持距离的最好方法，莫过于尽可能提高自身的道德水准、智力水平和领导业绩。这就是说，增加自己的道德和才智的高度，乃是保持距离的最佳方法。此外，领导者对自己信任的人，尤其应该严格要求，并且照章办事，包括不去越权理事。不少巨贪因为管不住“身边人”而身陷腐败泥潭，反面说明了保持距离的重要性。

二、沉默是金　少说为佳

领导者应该明确意识到：一个人的观点越是明确，意见相同的人就会越少。一个人个性越是鲜明，和他相似的人就越少。仔细观察一下美国总统竞选，就可以发现“沉默是金”的好处。虽然那些候选人早就制定了施政纲领和执政办法，但是他们只是宣讲施政纲领，绝不能过早暴露施政办法。因为具体的办法有可能损害某些阶层和某些人的利益，致使那些本来可能投赞成票的人改投反对票。如果只讲目标，不讲办法，就能使问题朦胧化，从而能够减少反对者。这是“沉默是金”的应用之一。

我们所说的沉默，不是平淡无味的表情，而是张力充分、内涵丰富的状态。领导者得体的沉默，代表着一种高超的本事。没有高度的自制力，很难做到“沉默”。它可能意味着尊重下属，从善如流；它可能意味着深思熟虑、三思而行；它可能意味着坚定不移，无法撼动；它可能意味着不怒而威，令人敬畏。

适度沉默是保持距离的一种方法，又有其独特的价值，是领导者必须修炼的一种功夫，也是领导者提高用人效率的一种方法。美国有个大企业家曾说，他成功的方法是使部下觉得自己是在干他自己认为正确的事情，而不是在做领导安排的事情。因为他要向领导证明自己高明，所以更会不遗余力。办法很简单，那就是领导者在听取部下意见的时候，要倾听不要发言，要沉默不要表态，使部下以为领导采纳了他们的观点，从而更加积极表现。实际上，领导者未必不是早就深思熟虑，但是，因为晕轮效应总是倾向于泛化、扩大自己乐于体会的感觉，所以，怀着引起领导重视和赞赏之心的部下却会认为是领导赞赏自己的看法。换句话说，人们无疑是倾向于自我欣赏的。领导者在听取部下的策划时，只需肯定、赞赏、期待或稍微泼点冷水，部下就会更加卖力地证明自己正确、能干。实际上，很多卓越的领导都擅长这种方法。这说明沉默是一种高超的功夫，有助于创造神秘感，是一种高明的用人技巧。

实际上，韩非早就论述过这种方法。他认为，国君倾听臣下说话时，自己不说话，臣下就会说得更多；国君不告诉臣下该做什么，臣下就会做得更多。因为他们想让国君觉得他们的话有道理，所以愿意多说；因为他们想让国君认为他们能干，所以就会干得更多；因为他们担心国君不满意，所以就会干得最好。

沉默是金，少说为佳，要求领导者必须做到以下几点：

第一，适度沉默，让人说话。领导者与下属进行言语交流时，应该少公开表态，其好处是减少对立面，减少自己不成熟的意见导致威信降低的风险。领导者保持沉默，有利于让部下觉得领导很愿意听他们把话说完，既给予部下面子，又能确保自己全面了解情况，综合作出判断。唯有如此，才能受人尊敬，使人们乐于被领导所用。如果领导者动辄表态，很容易失之轻率。如果领导者热衷于明确自己的意见，就会造成部下的缄默或曲意迎合，领导者就很难听到真话，于人于事于己都没有什么益处。另外，沉默减少分歧，减少分歧等于减少对立，有助于团结共事，间接增长权威。

领导者对于是非问题、重大决策，无疑非要表态不可。然而，越是事关重大，领导者越要奉行沉默是金的原则，尽量鼓励部下多多发表意见，以便集思广益，正确决策。起码而言，领导者至少也要做到前期沉默，最后拍板。再说，领导工作并不总是面对是非问题和重大决策，大量的问题是工作和交往中的一般问题，领导者对这类问题更要牢记“沉默是金”的原则，少公开表态，少明确表态。

沉默是领导者涵养深厚、气度博大的表现之一，有助于领导者于无形中、于无声处高效使用部下。沉默是金，意味着领导者虚心倾听部下的意见，不要因为部下的见解片面就去打断或者否定，而是要让部下把自己的想法全部说出来。领导者不仅认真倾听，还要尽量找到一些可以称赞之处，诚恳地加以赞扬。因为部下很可能抱着积极的态度，衷心希望领导赏识他们的见解。领导者否定下属的观点，正面指出其片面之处，就等于给他们的热情泼了冷水，也等于揭示人家的肤浅之处，如此伤害部下的面子，使部下在领导面前很不自在，以后就再也没人愿意提意见和建议了。

为了尊重部下的热忱，领导者应该对部下的片面之处巧妙引导，让他们自己恍然大悟，说出富有见地的结论，这等于领导者送给部下一个机会，一个全面考虑问题并及时掩盖自己片面之见的机会，一个小小的成功的机会。领导者会因此备受尊敬，部下工作起来则更为卖力，无形中等于高效使用了部下。

领导者奉行沉默是金的原则，认真倾听部下说话，哪怕并不采纳部下的意见，也能赢得部下的敬重。因为耐心倾听意味着领导尊重部下的面子、才智、权利和热忱。可见，沉默是一种鼓励性暗示，是一种无价的奖赏，至少能使部下觉得领导愿意听他们说话，这就满足了部下渴望引起领导赏识的心理需要。

第二，沉默是金，语出惊人。沉默是金，语出惊人，是指领导者轻易不要插言，一开口就要说到点子上。领导者与部下交谈，不能动辄轻率表态。因为领导的意见一旦明确，部下就不便再说什么，领导者既失去了听取真话的机会，也埋下了决策失误的种子；既伤害了部下的忠诚，也失去了博采众长、居高临下的机会，还有可能因为不了解实情而说出令部下笑话的臭话。保持沉默，也是一种高度自信和指挥若定的象征。领导者的沉默表明他并没有拿定主意，部下才觉得需要说点什么以供参考，或者还很希望领导采纳他们的意见，或者内心知道领导可能不同意他们的意见，但是他们并没有公然站在领导的对立面。这是因为只要领导不表态，他们就不知道领导的观点，所以，从良心上讲，这就不算与领导作对，因而可以谈出自己的想法。

只有忠心耿耿的人，才有勇气说出领导并不愿听的话。否则，出于维护领导威信或不愿得罪领导的动机，人们就不会把真话说出来。领导鼓励部下说话，不仅可以从中听到真话，而且可以识别人才。西方格言说“言为心苗”，“语言是心灵的照片”。领导鼓励部下说话，可以借此识别忠奸。其中最重要的是领导者可以全面了解、占有信息，综合作出判断，一开口就能拿出真知灼见，使自己高人一筹，令部下觉得领导最有见地。这无疑能够创造神秘感，提高领导者的权威和用人效率。

切记，沉默能使领导者最后占据制高点，使领导者高人一等，部下就不得不心悦诚服。沉默能使领导者以才服人，乃是用人艺术中的高超技巧。从另一个角度讲，沉默能帮领导者掩盖不足，等于使领导者强化了优势，等于增强了权威。

“沉默是金”有一个很好的引申——“平凡的人睁大两眼看人，卓越的人闭一只眼做人”，这是中国人“睁一只眼，闭一只眼”的西方版本。试想，领导者既然装作看不见，自然就不会说什么，这意味着沉默。如果领导者碰到部下无意中犯了点小错，部下内心已经诚惶诚恐，非常惭愧。领导者不说什么，部下内心反而既内疚又感激。如果领导者仍然批评训斥一顿，就会把部下内心积极可贵的情愫毁灭无余，不仅不利于部下的自我教育，而且会引起部下的憎恨。对于部下小小的过错，领导者的沉默并不一定表示高兴，部下照样能够感受到领导的权威，而且很感激领导很给面子，就会发自内心地产生敬佩。从这种意义上说，沉默不是空白，沉默不是贫乏，沉默不是麻木，沉默也是一种特殊的表达，沉默是一种无声的命令……沉默有着好多好多的含义。有时候，沉默是一种内涵丰富的语言，沉默包含着不可抗拒的权威。

沉默还是自我保护的有效手段。沉默不仅可以掩盖缺点，沉默还可以减

少承担责任的危险。当然，领导者应该勇于承担责任，但是，与其莽撞轻率、稀里糊涂地承担责任，倒不如尽力避免风险的发生，减少承担责任的“机会”。

三、沉默作底　幽默生色

沉默作底，幽默生色，形成反差，能够创造神秘感，提高个人魅力和权威。

领导者既要学会沉默，更要学会幽默。沉默时宁静如水，幽默时舌绽莲花，使部下不能不佩服领导的天才和机智。有时候，沉默加幽默可以使对手知难而退，造成自尊与信心的重创，而幽默者却显得潇洒从容。无论是面对记者、对手，还是挑刺的部下，领导者都应该有一套幽默招法。

学会沉默和幽默，能使领导者在各种不利场合化被动为主动。学会沉默和幽默，等于穿上了人生的高级“防弹衣”，使人在遭受攻击的场合，极富戏剧性地占据上风，从而有力地捍卫尊严与权威。对此，我们不妨欣赏一下丘吉尔的高招。

> 英国有位女政治家一向锋芒毕露，很难对付。有一次，她因为与丘吉尔辩论失败，不禁恼羞成怒。她拦住丘吉尔，恶狠狠地说：“如果你是我丈夫，我一定用毒酒毒死你！”丘吉尔微笑着说：“尊敬的女士，如果我是你丈夫，我甘愿喝下您的毒酒。”

有时候，幽默攻击固然毒辣，但是，沉默之后的幽默反击却是威力更大。1959 年 7 月，尼克松以美国副总统的身份率领美国商务代表团出席在苏联举办的美国商品展览会开幕式。赫鲁晓夫与尼克松进行了一次著名的“厨房辩论”。他因为极其厌恶尼克松的论调，一时又找不到合适的理由进行反击。生气之余，赫鲁晓夫开始动粗，他怒气冲冲地对尼克松说：“你的观点臭极了。臭得像刚屙下来的牛粪。你说说，还有比牛粪更臭的东西吗?”尼克松稍微沉默了一会，十分平静地说：“我想主席先生大概是搞错了，比牛屎更臭的东西是有的，那就是猪粪。”赫鲁晓夫是在讽刺对手曾是一个放牛娃，而尼克松则是在讽刺赫鲁晓夫曾是一个放猪娃。

反击式幽默使人不会轻辱于对手。聪明人实在没有必要与挑衅者对攻，以免激起争执。这种幽默语言术的操作要领是，一定要沉默地倾听对方的言语，冷静、专心地想好幽默反击语言。如此一来，足能使那些想让别人出丑的人自取其辱，干干地吞下一个哑巴亏。最后，他们只能知难而退，自愧不如，再不敢向聪明人叫阵。

沉默和幽默，是智慧女神的宠儿们所独具的气质和禀赋。世界上很多伟大人物，大都具有沉默与幽默两种特色。这两种特点使他们既深思熟虑、世事洞明，又出语惊人、妙趣横生。毛泽东更是把政治家的睿智、军事家的胆略、理论家的沉思默想和他天然独具的幽默风格，融汇于他多姿多彩的领袖生涯，使他的著作、讲话以及日常交际语言，处处闪烁着幽默的光辉，也使他本人永远环绕了神秘无比的传奇色彩和权威色彩。毛泽东的幽默经典，可以说俯拾即是。

> 毛泽东很善于借用谐音制造幽默。在一次作战总结会上，毛泽东吸着纸烟，用浓重的湘音抑扬顿挫地说："他们'四座金缸'被我们搬来三座。何奇，刘子奇，李昆尚，只剩一口，叫什么……""叫李日基！"窑洞的一角有人喊道。
>
> 毛泽东用湘音把"日"念成"二"，打趣地说："对了，叫李二吉。这次没抓住他，算他一吉；下次还许抓不住，再算一吉；第三次可就跑不了啦！"

试想，这样的作战总结，或者是战前讨论，怎能不令部下欣喜若狂呢？可以说，革命领袖和革命军人之间的这种气氛，是革命军队战无不胜的理由之一。

周恩来总理也是一个很幽默的人。在接见尼克松时，面对众多中外记者，他说："你的握手跨过了世界上最遥远的距离——跨过了没有交往的25年。"

毛泽东的幽默，则体现出一个气吞山河而又举重若轻的超级伟人独具一格的诙谐。他在会见尼克松时，以特有的斜视眼光向尼克松表示欢迎，并握住尼克松的手开玩笑说："我们共同的老朋友蒋介石委员长，可不赞成这件事啊！"

这样的幽默，是那种从来根本不把任何困难放在眼里的人才有的幽默。毛泽东以令人温暖的态度和的诙谐的语气，使尼克松不得不心悦诚服地接受毛泽东和中国的优势意识。后来，尼克松回忆说，毛泽东是世界上极其罕见的令他感到藐小的人。

毛泽东在国际交往中颇有幽默感。在1957年莫斯科会议上，他在克里姆林宫向南共人民代表大会主席卡德尔祝酒时说："你们和我们的区别只在于你们长胡子，我们不长胡子。"这种玩笑可能显得随意，但它表明的是中国人不必寒酸胆怯。

1961 年，英国蒙哥马利将军第二次踏上中国的黄土地。他在见到毛泽东之前，未免有些紧张。为此，他曾向印度总理尼赫鲁打听毛泽东是怎样一个人。尼赫鲁告诉他：“毛泽东的样子像一个和蔼的老伯伯，因为他自己受过许多苦难。”蒙哥马利见到毛泽东之后，发现毛泽东个子很高，自己需仰视才行。毛泽东双眼闪耀着和善而又深邃的目光，第一句话就幽默得使蒙哥马利大吃一惊：“你知道你在同一个侵略者讲话吗？你在同一个侵略者讲话。在联合国，我国被扣上了这样一个称号。你是否在乎跟一个侵略者谈话呢？”这是一种居高临下而令人无法拒绝的幽默，表现了一个领袖人物的风范与权威。毛泽东的幽默语言，简直可以编成一个幽默宝典。

周恩来总理的幽默才能同样令人钦佩。曾有西方记者挑衅性地问他：“中国有妓女吗？”周恩来当即回答：“有，在台湾！”这是一种机敏而严正的幽默。

当然，周恩来也不乏极富人情味的幽默。他在接见溥仪时，很关心溥仪的婚姻问题，于是对溥仪说：“你是皇上，不能没有皇娘哟！”一言既出，在场的人全都笑了起来。像周恩来那样的领导者，岂能不受人爱戴？岂能没有权威？

世界上很多卓越的政治家，大多不乏幽默才能。丘吉尔以幽默闻名于世，以至有人声称：“第二次世界大战英国能够获胜，是由于丘吉尔先生发挥了幽默才能。”

这种说法虽然过分夸张，但是，在英国岌岌可危的日子里，丘吉尔悲壮之中不乏幽默的演说，确实极大地鼓舞了英国人抵抗到底的士气。

1985 年 6 月，联邦德国外长根舍与中国外长吴学谦会谈后发表评论说：“我认为这次会谈是有成果的，我只对一点感到失望，”他停顿了一下，望着颇感吃惊的人们，“我感到失望的是，根本没有一个问题是我同我的中国同事可以为之争论的。”

里根当选总统后首次出访加拿大，在发表演说时受到加拿大反美示威民众的攻击。人们不时地向他扔西红柿、鸡蛋，试图打断他的演说。加拿大总理皮埃尔・特鲁多面露难色，里根却幽默地笑着对特鲁多说：“这种事情在美国时有发生。我想这些人一定是从美国特意赶到贵国的。他们大概想使我有一种宾至如归的感觉。”

紧锁双眉的加拿大总理特鲁多，听了这话才稍微释怀。

实际上，除了政治家、企业家、军事家之外，社会公众人物和一般人物都程度不同地需要借助神秘感的创造而创造个人魅力。其中，维护人格尊严和赢得他人好感，都是必不可少的环节。另外，拥有幽默才能，无疑使人显得可爱。

在某届亚洲小姐评选时，已经通过初选关的美女们还要加试一个智力测验题，以免只是选出一副俏皮囊。一个出人意料的题目难倒了不少芬芳佳丽。这个题目是“假如你只能在肖邦和希特勒之间任选一人作为伴侣。请问你选谁呢？为什么？”绝大部分小姐声称要选肖邦，因为他是一个伟大的音乐家，给人类带来了美好的享受。杨小姐情意幽幽地说：“我要选希特勒为伴。”主持人忙问：“为什么?”杨小姐叹息道：“要是我选了希特勒，第二次世界大战就不至于发生了。”全场掌声雷动，杨小姐以其超人的幽默才能和娇好的身材容貌而勇夺亚洲小姐桂冠。

领导者赢得好感或展示宽容，都需要幽默才能。有时候，一个人的感召力，未必取决于理性说服或权力压制，或许更多地取决于领导者的个人魅力。

鲁迅先生曾说幽默是成熟的标志。他的幽默才能令人惊奇，只是他的幽默以讽刺性幽默为主。我们此处谈论幽默，并非为了研究幽默语言术，而是为了探讨幽默和沉默的关系。如果说幽默是成熟的标志，那么沉默同样是成熟的象征，并且都是人生的一门必修课。如果没有沉默，整日唠唠叨叨、喋喋不休，或者是动辄大动肝火，或者是动辄得意忘形，以致滔滔不绝，恐怕断然不会有幽默可言。

可以肯定，沉默中的思考，铸就闪光的幽默；惊人的幽默，恰恰来自保持沉默的心理定力。经验的丰富、才智的增长和性格的优化，能够极大地缩短锤炼幽默的思考时间。有的人才智极高，然而缺乏幽默，主要是因为无法抗拒外界信息对思维活动的扰乱和控制，从而导致“神经短路”，进而发生“晕轮效应”。究其实质，还是因为心理定力不足，造成了思维中断、紊乱、漫延、跳轨。毫无疑问，无论是沉默还是幽默，都与人的心理素质关系极大。

领导者的核心素质之一就是高超的心理定力，而不单纯是专业才能。领导者之所以既要学会沉默，又要学会幽默，不仅因为二者能够创造反差和神秘感，使自己的才华陡然爆发出灿烂的光点，形成吸引他人的魅力，而且还因为沉默和幽默能够有助于形成一种独特、巧妙、新颖的思维方式，以免生硬而直接地解决问题。换句话说，领导者需要出奇制胜，需要经常拿出一些出人意料的好点子，使部下钦佩有加，这无疑能够增强权威。除此之外，沉默的倾听和幽默的谈吐，也能化解他人心中的怨气，从而为他们的怨恨找到一种积极的发泄方式，大家开心一笑之际，领导者就能重新树立在他人心目中的良好形象，也有利于建立权威。

四、强化定力　修练表情

学会沉默，修炼幽默，是领导者的必修课。强化定力，修炼表情，也是领导者的必修课。领导者特具功力的沉默，应该是一种中性的无声语言，是领导者创造个人魅力，或者说创造神秘感的辅助手段。表情是一种内涵丰富的形体语言，要保持神秘感和吸引力，必须有高深的“脸皮功夫”，使任何人无法从表情上窥察领导者的内心世界。控制表情的功夫体现了领导者的内在定力——自制力——控制感情的能力。可以肯定地说，控制、支配表情的能力，是领导者能够成功的条件之一。甚至完全可以夸张地说，唯有这项能力提高了，才能成就大业。

当今社会，很多公众人物需要有专业化的形象设计和相关的个人技巧，一般女性也需要化妆美容和穿着打扮，都是为了职业需要和生活需要而保持一定的神秘感和个人魅力。然而，所有这些外在的修饰，都不如修炼自己的表情。

据说，好莱坞影片中的静默时刻，当以英格丽·褒曼的沉默最有魅力。因为她的沉默与凝视，“具有北欧雪山的冰清玉洁和庄严静穆”。

相对而言，沉默和任何表情、言语都能相互协调，又都能形成反差。同时，任何表情和语言都能在沉默这个背景上，更加显出特别的韵味。

毫无疑问，感情冲动和感情脆弱，都会损害事业。如果刘备控制不住感情，长坂坡赵云救出阿斗之后，他就会情不自禁地扑向自己的孩子，甚至还会大加爱抚一番。如果刘备摔孩子时表情不真，赵云和其他人还是能够看出他的虚情假意。赵云不仅不会衷心感动，反而会认为刘备狡诈可怕。总之，卓越的人物都是天才的演员，具有超过专业演员的表演能力。其原因就在于他们能够控制感情和表情，并且能够呈现真正改变他人心态的“真实”感情和表情。领导者学会控制表情，更要学会支配表情。支配表情的能力，也是个人才能的证明。例如，在谈判桌上，本来内心虚弱，表情和语言却要逞强；如果做得不真，如果不能消除对方的怀疑，就不能骗过对方。

领袖人物面临危机镇定自若，就是一种假表情。然而，只有把这种假表情做得真实，才能稳定部下的情绪，使他们不折不扣地按照命令积极行动。善于支配表情，使领导者显得伟大、神秘，别人休想看到他们的喜怒哀乐。如果领导者任何时候都能沉着冷静，富有远见，信心百倍，游刃有余，指挥若定，点石成金，部下就会衷心拥戴。如此一来，领导者就能极大增强个人魅力和积极权威。

据说，林肯的朋友曾经给他推荐了一个超一流的人才，林肯见过之后，并没有起用这个人。林肯的朋友去问林肯为什么不予使用，林肯说：“40 岁以后的人，应该对自己的表情负责。”在林肯看来，一个人的表情标志着其心理成熟度。

我提倡沉默是金，更提倡表情当家。沉默是底色，表情是亮点。此处，我们不妨结合表情的底色——沉默，来谈谈背景上的亮点——表情。不难理解，沉默是金，价值连城：沉默是一种表达而不是一种空白。沉默是一种格调而不是一种贫乏。沉默是一种风度而不是一种肤浅。沉默是一种含义丰富的语言，沉默是成熟与自信的标志，是深思熟虑的象征，是从容练达的表现。

我曾经想用色彩，为沉默找到一个合适的比喻。可谓绞尽脑汁，始终不能称心如意。要用色彩来比喻沉默，就只有从白和灰中选择一个。如果说沉默是灰色，那就显得太暗；如果说沉默是白色，那就显得太亮。因此，我只能说，沉默相当于浅银灰色，既能与任何色彩协调，又能与任何色形成反差。沉默就像银灰色的画布，能够反衬人们本来的亮色，使人更为他人所欣赏。你可以想象，当一道眼神在和善的沉默中闪烁着温和的关切之情的时候，当一丝微笑从平静的沉默中绽放出来的时候，当一种愤怒从克制的沉默中浮现出来的时候，那会与沉默本身形成多么巨大的反差啊！

当人们的表情和语言呈现亮色的时候，沉默就成了一种衬托，能够创造一种反差，即沉默与活脱的反差。比方说，沉默可以使活脱的表达更有威力，沉默可以使“愤怒”更可怕，沉默可以使微笑更迷人。阿登纳提倡“学会愤怒”。当然不是随便发怒。领导者的发怒之所以能震慑人心，是因为他们通常不发怒。领导者的微笑之所以迷人，是因为他们并不经常笑。总之，沉默是所有表情的一种谦虚的衬托。

沉默是金，微笑如银，两相对照，魅力无穷。整天傻笑，哪能还会微笑？

现代社会公关活动越发重要，领导者上镜的机会越来越多。学会微笑，需要专门修炼。西方国家有些著名的魅力学校，专门教授提高魅力和推销自我的技巧，其中一项重要内容就是学会微笑。如果一个领导人出现在屏幕上，面部僵硬，结结巴巴，就会损害领导个人和组织的形象。因此，我曾提议领导者必须注意节食养生，保护脸蛋和身材，免得整日肉林酒池，满脸赘肉，整个的猪头面相，不敢发笑。

微笑一定要与沉默构成反差，才能价值倍增，要是天天嬉皮笑脸，微笑也就不再值钱。愤怒也要以沉默为底色，才能突出表情的价值，总不能天天阴沉着脸。

利用沉默能够制造反差的功能，领导者可以精心锤炼自己的有声语言，做到含而不露、浑然天成、言简意赅、一字千钧、机智幽默、妙趣横生。这是领导者的基本功，是领导者成熟练达和世事洞明的标志。如果失去这些辅助手段，单纯借助权力压制而行使领导职能，就会极大地浪费权力，并且令人反感透顶，不足以创造积极权威，以致无法提高用人效率。领导者利用创造权威的辅助手段，可以通过魅力的创造而节省权力使用频次，能够相对增强权力使用的力度和效果。

神秘感是魅力的要素，魅力是权威的要素。当代社会已经不再时兴狮子型和野牛型领导方式，而是更时兴雁阵式、权变式和教练式领导方式。在领导者权威构成要素中，权力影响力趋于下降，非职务影响力趋于上升。领导者很有必要借助人格、才华、业绩、个人风格，形成一种权威人物的魅力，赢得部下的拥护、崇拜、爱戴、敬畏，使部下愿意尽力、尽智、尽心、尽忠，以充分提高用人效率和领导业绩。领导者拥有这些主观条件，就能拥有足够的权威，就能提高用人效率和领导业绩。

如果领导者不能借助非职务影响力，相对强化职务影响力，并利用职务影响力相对抬高非职务影响力，形成二者相互助长的领导力结构模式，往往无法塑造强力权威形象。另外，越是危难之际，越是能给那些拥有真才实学的领导者提供创造权威的机会，关键在于领导者是否具有创造权威的资本——人格、才智、业绩以及创造个人魅力的种种辅助手段。因此，对于领导者而言，关键不在于怎样关注崇高的目标，而在于时时刻刻都要努力完善自我，为自己的魅力加分添彩。

第九节　培育文化　树立导向

文化是维系群体的无形的精神系统。广义的文化是指人类社会物质文明和精神文明的总和。狭义的文化是指社会共同价值观所主导的思想观念、意识形态、风俗习惯。组织文化是指组织价值观所决定的心理模式、行为模式和行为风尚。文化为人们提供了一整套行为准则，决定了多数人为什么这样做而不是那样做。

组织文化相当于组织的“象征性经理”，具有无形中影响人们行为的作用。领导者要想树立权威，除了前面所阐述的种种方法，还要借用组织文化无形的规范作用。当领导者成为组织、制度和文化的象征之后，领导者不仅可以利用文化驾驭下属，还可以利用组织文化创造权威。因为在下属与领导发生冲突时，他们面对的就不仅仅是领导者本人，而是整个组织和组织文化。这样，领导者就能拥有巨大的权威。

为了了解文化的巨大作用，我们先来看看下面这个故事：

> 1831 年至 1836 年，达尔文乘英国皇家海军“贝格尔”号进行环球考察。在非洲，他访问了一个边远的原始部落。那里的人过着十分原始的生活，还有一个可怕的习俗：把年老的妇女放逐到深山，任其饿死，实在令人惊诧不解。他问翻译们为什么这样做，部落酋长说，妇女的任务是生孩子，年老的妇女没用了，留着她们干什么！酋长还说，妇女生的孩子可以传宗接代，而在没有食物时，有些孩子也可以当食物吃。
>
> 这个“逐老吃幼”的习俗与文明社会“尊老爱幼”的理念相去甚远。回到英国，悲天悯人的达尔文决定为那里做点什么。他花大价钱买了一个男孩，并且带到伦敦，为他提供最好的教育，立志把他培养成文明人。16 年后，男孩长成了标准的文明青年。达尔文便托人把他带回部落，期待他移风易俗。一年之后，达尔文又一次到了非洲。他急切地想找到那个青年，始终杳无音信。于是，他便去问酋长那个青年是否回来了？现在在哪儿？酋长平静地回答道：“他回来了，我们把他吃了。”
>
> 达尔文的惊愕与失望达到了极点。他万万想不到结局竟是这样，便问道：“为什么？为什么把这么好的人吃了？”酋长说：“他什么也不会做，留着没用。”
>
> 达尔文深深感到：一个组织长期积累下来的问题，是不能靠一个人或几个人解决的。人，只有适应环境才有出路。否则，再高明也会被淘汰。

这个故事说明，任何个人都很难对抗环境文化，不要试图简单地用权威的逻辑对付文化问题，因为这类问题需要长期施加影响，需要诱导和耐心，不可能一蹴而就。因为文化具有强大的力量，文化具有顽固的惯性，任何个人要跟文化作对，都显得过于孤单，所以，领导者可以利用现实文化，或者培育某种文化，助长自己的权威。

文化产生于实践与制度。实践的需要产生了社会组织，组织的发展呼唤制度的产生，组织和制度的产生导致文化的发生。然而，文化一经产生之后就变成了制度的基础和支撑，而不是制度的附庸。某种特定的文化能够在组

织成员的灵魂深处形成相应的心理机制，进而形成符合人们文化心理机制的行为模式，这就是文化对人的精神生活和实际行为的作用机制。不可否认，无论是宗教文化、政治文化，还是企业文化，任何文化都对信奉它的人具有精神控制和精神激励作用。正因如此，宗教人士才积极宣扬宗教教义，国家和社会才积极倡导文化教育，企业才积极创建企业文化。

《管子·权修》篇曰："一年之计，莫如树谷；十年之计，莫如树木；终身之计，莫如树人。"西方格言有云："如果你想一年后获益，请你种下庄稼；如果你想十年后获益，请你栽下树苗；如果你想百年受益，请你培养人才；如果你想千年受益，请你播种观念！"由此可见，播种观念，或者说传播文化，乃是人类最最重要的事情。这与发展经济毫无矛盾，必须大力提倡！

如前所述，姚启圣曾说康熙皇帝"圣君诛心"。康熙使用姚启圣，是对特定的个人先"诛心"后重用，组织文化建设则是宏观的"治心"之举。中国古代圣哲特别强调教化的政治功能，强调培育道德文化。唯有富于成效地进行文化建设，借助文化对人类心灵的精神作用，才能"齐之以礼，导之以德"，把外界约束变成个体成员的内在约束和内在激励，把外部管理转变为内部管理。这样，领导者对人的管理和领导，就具备了深刻的内在依据，从而能够极大地提高领导权威和领导效率。

换句话说，唯有把人培养成受信仰支配的高智能动物，使他们挣脱生物本能控制的藩篱，才有进行管理的基础。中国古代圣贤之所以崇尚"治国先立说"，强调治国先"治心"，是因为树立了正确的学说，就等于树立了理论旗帜，形成了思想权威和思想路线，从而把人们的心灵凝聚到理论旗帜之下，极大地提高政治权威和社会效率。否则，民众思想混乱，社会一片散沙，如果仅靠权力运作行使统治，就会加剧社会冲突，增加治理难度。这里所谓"立说"，就是指理论建设、思想建设、文化建设。这种思想也适用于企业经营，乃是现代企业重视文化建设的理由。

管理的最高境界是"无管理的管理"。这提示了文化建设的重要性。虽然"无管理的管理"很难实现，但是，人类却必须致力于追求这一目标，尽可能使组织成员自觉地进行自我管理。仅此一点，领导者就等于相对建立了权威。人本主义管理思想的合理性并不在于它本身完美无缺，而是在于它补足了实现"无管理的管理"的一个环节，使企业文化建设成为企业战略的一部分。借助组织文化对组织成员的精神激励作用而对行使领导职能，是现代领导艺术的一大原则和重要方法。

如今，企业文化建设已经成为企业发展的一大法宝。当大量不良行为消失在组织成员的自我管理过程中的时候，领导者的权威就能相对突显出来。如果领导者积极致力于优良的组织文化建设，使领导个人权威导向和组织文化导向有机结合起来，形成更加富于活力和价值的组织文化，就能更加提高自身的积极权威。

从某种程度上说，企业文化不可能不打上企业领导的烙印。根据我的理解，企业文化就是“老板的文化”。很多人不同意这种观点，是因为他们毫不区分地把企业文化看成了一个正面概念。实际上，企业文化作为一个现象，本来就有优秀与恶劣之分。优秀老板对应着优秀文化，恶劣老板对应着恶劣文化。因此，至少是在很大程度上，企业文化就是“老板的文化”。根据我的研究，比较突出的例子包括日本的索尼公司和松下公司。索尼公司的创始人井深大和盛田昭夫都是日本海军的技术军官出身，所以海军登陆作战的思维浸透于索尼公司领导成员的思想意识，其企业文化的主调是重视攻坚克难的技术创新。松下公司的创始人松下幸之助是个农民，具有东方人朴实的本色，其企业文化主调是重视质量、销售和服务。正因为企业文化就是“老板的文化”，所以，企业领导必须努力完善自我，借助自身的良好影响力创建优良的企业文化，借助优良的企业文化提高自身权威，从而实现领导导向和文化导向的统一，极大地提高经营业绩，使领导权威的创造进入一个良性的权威衍生链。

表面看来，企业竞争拼的是技术、人才和品牌。实际上，企业之间的核心对抗无疑是企业文化的对抗。如果没有健康的企业文化，即使侥幸拥有人才、技术、品牌，最终也无法保住它们，甚至会轻易失去。因此，企业文化建设就成了领导哲学和管理哲学的核心命题。如果一个领导者能够创建优秀的企业文化，不仅人才的涌现、效益的提高都能得到保证，而且领导者也能拥有足够的积极权威。

企业文化建设是一个系统工程，同时又是一种价值工程。单纯地进行权力压制和制度规范的约束，不足以建设优良的企业文化。唯有把高超的领导艺术和健全的制度规范结合起来，升华到企业发展战略的高度，把文化建设全面渗透于经营管理之中，才有可能创建优秀企业文化。中国不少企业并不是没有发现企业文化的重要价值，然而，由于有的企业缺乏适应竞争要求的产权制度、组织人事制度、分配制度，硬件系统乏善可陈，同时又不注意方法的创新，往往导致企业文化建设流于形式。有的企业领导缺乏理想，甚至根本没有考虑到企业文化建设和领导权威生成的关系——领导者个人极其缺

乏创建优秀企业文化的热忱，岂能创建优秀企业文化？

我要探讨的问题不是组织文化建设的方法，而是组织文化与领导权威的关系。由于文化对人的思想和行为具有无形的制约力量，领导者必须转变领导理念和领导角色，认识到组织文化建设的权威生成功能，通过组织文化建设使自己成为组织文化的象征，从而用组织文化助长自身的领导权威，借以提高用人效率和组织业绩。

结语

对于领导者使用人才的艺术，我已经作了较为全面的探讨。由于用人艺术博大精深、奥妙无穷，所以难免挂一漏万，甚至不得要领。然而，运用之妙，存乎一心；法无定法，贵在创新。创新不在大小，贵在切实可行。用人方法的效果，既取决于领导对象的特点，又取决于领导者个人的素质，同时还取决于宏观领导环境和微观领导环境的特质。领导者唯有权变使用，大力创新，才能把方法提高到艺术的层次。所谓“数中有术，术中有数”，普遍规律和具体技巧具有密切的联系，但又不能完全等同。唯有结合领导者个人条件、领导环境和领导对象的特点，由“数”及“术”，由“术”及“数”，“数”“术”相参，立足创新，权变运用，才能提高用人行为的境界。

日本有些大公司在决定重要人事任命时，领导者就会到部下家中访问，暗中考察部下的品位、情趣及其家庭关系状况。从其夫人尊敬丈夫与否，可以看出部下对家庭的影响力，此乃“修身齐家治国平天下”之中的“齐家”。从其夫人的穿戴、言谈、举止，可以看出她有无干政倾向、奢华倾向、奉献精神。干政倾向强烈的妻子可能会过多地支配丈夫的行为，奢华倾向强烈的妻子可能会诱使丈夫损公肥私，自私自利的妻子可能妨碍丈夫的敬业精神和奉献意识。如果部下夫妻关系不好，夫人就会对丈夫的升迁不感兴趣；如果部下的妻子儿女格调较高并且都尊敬一家之主，说明部下可以信赖。如果领导者基本满意，就会征求部下妻子的意见，在她同意后才宣布任命。具体情形是：领导者先是感激部下为公司作过的贡献，接着感谢部下的妻子对她丈夫和公司的支持；进而感谢他们全家为了公司员工的生计而作出的牺牲；最后才说公司实在离不开她丈夫这样的干才，所以要征求一下夫人的意见，看看是否会给她带来更大的不便。如果确有不便，公司也只好作罢。因为她的丈夫升职后肯定会更加忙碌，更难顾家。这样，部下一家人全都高高兴兴，荣幸异常。如果因此掌握了部下平常极力掩盖的缺点，即使不予重用，他也只能检点自己的过失，没有理由怨恨领导。

对于这种用人方法，国内学者有人赞成，有人反对。赞成者认为领导者有情有义，而且抓住东方人夫贵妻荣的心理，在重用部下时使其夫人也感到无比荣幸，并因此产生义勇之心，心甘情愿承担更多的家务，尽心尽意关心丈夫的生活，全力支持丈夫的工作，并督促丈夫多多为公司效力。既能高效使用部下，又有利于部下家庭的和睦。反对这种做法的人，认为领导者过分多疑，其动机并非出于善意。因为这种看似友好的拜访，实则暗含着“窥察”部下隐私的动机，因而不能提倡。

日本大企业家、世界首富堤义明，甚至把即将重用的部下的家属请到公司面谈。在日本，也有人指责他疑心太重。他却丝毫不加辩解，反而明确强调重用高级干部事关公司前途命运，必须慎之又慎，没有必要对此大惊小怪。

堤义明的西武公司是一个以房地产为主的多元化公司，拥有铁路 3067 公里，大型企业 170 家，职工 15 万人，并在短短 20 年间，购买了日本现已商品化的 1/6 的国土。曾经，西武公司总资产超过 1650 亿美元，当时超过比尔·盖茨的微软公司，是松下电器公司的 10 倍，上原昭二的 13 倍，杜邦公司的 2 倍，洛克菲勒的 4 倍。

堤义明信奉荀子，崇拜有加。他主张坚决不用聪明人，认为文凭只是一张废纸。他在提拔下级时，一定要见见下级的妻子儿女。30 多年来，他一直是西武公司全体职工衷心拥戴的家长式神人，员工们自愿轮流为他早已过世的父亲守墓；他在因重要业务乘坐飞机出国时，全体员工朝着飞机飞行的方向默默祈祷，祈求上天保佑他们的领导和恩人；为了向上天表示自己的虔诚，公司员工集体戒烟。西武公司员工对堤义明的衷心爱戴，成了该公司强大的精神力量，使西武公司长盛不衰。

松下幸之助说：“堤义明是集创业与守业的杰出的第二代，我对他由衷敬畏。”

上原昭二说：“作为企业人，和堤义明生于同时代，是一种深深的不幸。”

这简直是三国时期东吴都督周瑜“既生瑜，何生亮”的再版！

虽然堤义明后来曾被拘押，但是，他的用人艺术仍然值得借鉴。

堤义明提拔下级时先见见部下妻子儿女的方法，似乎有其独到价值。然而，这种方法若为别人所用，说不定不仅无益，反而有害。由此可见，用人艺术极具个性化和特殊性，领导者必须充分发挥个人创造性，创造属于自己的独特的用人艺术。

那么，领导者怎样创新用人艺术呢？此处我仅举一例，以抛砖引玉。

春秋时齐国宰相晏婴是个沟通艺术和政治谋略都非常高明的人。他曾巧用奖赏方法，轻巧地除掉了三个为害国家的大臣。他所用的奖品，不过是两个桃子而已。

当时，齐国大臣田开疆、古冶子、公孙捷三勇士深得齐景公宠爱。三人结义为兄弟，自诩“齐国三杰”。他们挟功恃宠，横行霸道，目中无人，甚至对齐王也“你我”相称。乱臣陈无宇、梁邱据等人乘机收买他们，阴谋夺取政权。

相国晏婴眼见这股恶势力逐渐做大，不禁暗暗担忧。晏婴早就想除掉他们，但是，因为他们正得君宠，所以生怕弄巧成拙，不敢贸然行动。

有一天，鲁昭公与司礼大夫叔孙谒见齐景公。齐景公设宴款待，命相国晏婴司礼。文武官员全体列席，以示隆重。三勇士也侍奉左右，威武十足，一派骄态。酒过三巡，晏婴上前奏请：“眼下御园里的金桃熟了，难得有此盛会，可否摘来宴客？”

齐景公立即吩咐掌园官前去摘取。晏婴却说：“金桃是难得的仙果，必须由我亲自监摘，方才显得庄重礼貌。”

金桃摘回来了，每一个都有碗口般大，个个香艳诱人。

齐景公问：“只有这么几个吗？”

晏婴说：“树上还有三四个未熟的，只可摘下6个！”

两位大王各吃一个，不禁赞不绝口。齐景公乘兴对叔孙道：“这仙桃是难得之物，叔孙大夫贤名远播，又有功于邦交，也请你吃一个吧！”

叔孙赶忙施礼：“我哪里比得上贵国晏相国呢，仙桃应该赐给他才对！”

齐景公便说：“既然你们相互谦让，那就各赏一个吧！”

这样，六个金桃就只剩下两个了。晏婴又请求齐景公，传谕两旁文武官员自报功绩，功高者得享仙桃。勇士公孙捷挺身而出：“从前我跟主公在桐山打猎，亲手打死一只吊睛白额虎，解了主公之危，这功劳大不大呢？”

晏婴马上说：“擎天保驾之功，应该受赐！”

晏婴把一个金桃赐给了公孙捷。公孙捷吃了金桃，十分得意。

古冶子见状不服：“打虎有什么了不起，我在黄河的惊涛骇浪中浮沉九里，斩骄龟之头，救了主上性命，你看这功劳怎样？”

齐景公说：“真是难得，若非将军，一船人都要溺死的！”

于是，晏婴就把最后那个金桃赐给了古冶子。

勇士田开疆见状，大声说道：“我曾奉命攻打徐国，俘虏500多人，逼使徐国投降纳贡。我威震邻邦，为国家奠定盟主地位，这算不算功劳？该不该受赏？”

晏婴立刻回奏齐景公说：“田将军的功劳，的确比公孙捷和古冶子两位将军大10倍，可惜金桃已经赐完，可否先赐一杯酒，待金桃熟了时再补上？”

齐景公也安慰田开疆说：“田将军，你的功劳最大，可惜你说得太迟了。”

田开疆那里忍受得了，他按剑大嚷道：“斩龟打虎，有什么了不起？我为国家跋涉千里，血战功成，反而受到冷落，并且是在两国君臣面前受此羞辱，实为天下人所耻笑，还有什么颜面立于朝廷之上？”

说罢拔剑自刎而死。公孙捷、古冶子觉得结义兄弟死了，无颜苟活于世，当场拔剑自刎。齐国三位赳赳武夫，由于不能“忍耐”，都被晏婴巧妙除掉。

领导者不妨深思：晏婴究竟是用人之长，还是用人之短？特定个人的长与短，能否截然分开？用控之间的分寸，如何辨证拿捏？如果领导者能够经常对人们习以为常的言论进行反思，不就能超越书本知识和常人见解，大力创新用人艺术吗？

当然，这个故事讲的是用人的计策——这不是我所要强调的重点！

我所强调的，是如何既重视计策，又超越计策窠臼，从而臻于艺术之境！

我曾在本书其他章节说过：领导者使用人才的奥秘就在于“用”于“不用”之间。“用”之策对应着设立岗位、安排职务、分配任务、检查督导、行赏施罚等等，属于权力因素的运用。“不用”之策则对应着包括性格、品德、学识、作风、才能、业绩等非权力因素影响力的发挥，相对来说更为重要。基于这样的考虑，本书把使用人才的艺术作为一个开放的系统加以阐释，并特别强调综合发挥各种因素的作用，谋求系统效能的提高。对于其中的遗憾之处，读者自可开动脑筋加以创新、完善，肯定更有利于加深使用人才的艺术的理解。

后 记

我第一次讲授领导用人方法，已经是十几年前的事了。从 1999 年开始，这门课就变成了识别人才和使用人才两个模块，内容也增加了不少。因为有朋友建议我整理出版，我便于 2002 年 11 月在石油工业出版社出版了《用人方法与艺术》一书。

此后，我一边继续讲授用人方法，同时又讲授传统文化和中国古代管理哲学。这使我能有机会深入研究中国古代识人用人学说，同时也使我越来越感到原来那部《用人方法与艺术》存在着很多缺点。因此，我决定把识别人才和使用人才两个模块独立开来，分别撰写一部《识别人才的智慧》和《使用人才的艺术》。

本书写作过程极为辛苦，而且时常被新的任务所打断，特别是结构和内容方面的大幅调整更使我费尽了脑筋，期间多次修改，因此历时将近十年。如果本书能够侥幸得到读者青睐，我冒昧地建议读者不妨参看一下我的另一部著作《识别人才的智慧》，以便把识人方法与用人方法对照一下，肯定更有裨益。

在本书即将出版之际，我要衷心地感谢我的同事王兆生、王述运、王红、王淑玲、王洪军、王福波、王爱玲、王先霞、毛昌强、丛金玲、田茂波、刘万信、任学武、任宪福、刘祥才、孙锋、孙景学、李淑玲、李安民、李斌、李淑萍、沈希秀、吴兴海、陈新宇、周淑贞、周荣华、张玉珍、张积明、张善美、姜玉姿、祝庆绩、赵冲、胡明君、胡再杰、梁春阁、宫琳、高广和、崔笛、韩瑞合、徐飒、路秀广、徐建国、秦建民、黄金柱、谢中平、董战虎、葛富英、戴聚昌老师所给予的大力支持。正是得益于他们的不可多得的帮助，本书得以增色不少。

陈英

2017 年 7 月 18 日　于东营

参考文献

[1] 马斯洛．人类动机的理论．许金声，等译．北京：中国人民大学出版社，2007.
[2] 科特．权力与影响力．李亚，等译．北京：机械工业出版社，2008.
[3] 加尔布雷思．权力的分析．陶远华，等译．石家庄：河北人民出版社，1988.
[4] 法约尔．工业管理与一般管理．迟力耕，等译．北京：机械工业出版社，2007
[5] 王立新．领导用人艺术通鉴．北京：九州图书出版社，1998.
[6] 韩岫岚．MBA 管理学方法与艺术．北京：中共中央党校出版社，1998.
[7] 俞文钊．现代激励理论与应用．大连：东北财经大学出版社，2014.
[8] 王永军．中国识人学智慧大全．长沙：湖南人民出版社，2009.
[9] 孙钱章．现代领导方法与艺术．北京：人民出版社，1998.
[10] 凯尔西．请理解我．王甜甜，译．北京：中国城市出版社，2010.
[11] 徐沭．人之动力论．沈阳：辽宁人民出版社，1999.
[12] 冯友兰．中国哲学史．北京：商务印书馆，2011.
[13] 薛泽石．跟毛泽东学史．北京：红旗出版社，2000.
[14] 东方浩．帝王学的智慧．北京：当代世界出版社，2006.
[15] 西奥迪尼．影响力．陈叙，译．北京：中国人民大学出版社，2006.
[16] 津巴多，利佩．影响力心理学．邓羽，等译．北京：人民邮电出版社，2008.
[17] 司马辽太郎．项羽与刘邦．北京：南海出版公司，2006.
[18] 布赖恩·克莱格，保罗·伯奇．管人的艺术．陈雯雯，译．北京：中国市场出版社，2009.
[19] 惠特利．领导力与新科学．简学，译．北京：中国人民大学出版社，2008.
[20] 玫琳凯·艾施．玫琳凯谈人的管理．陈淑琴，等译．北京：中信出版社，2006.
[21] 吴亮，许名奎．忍经．陈书凯，译．北京：蓝天出版社，2007.
[22] 格拉斯．卓越管理的新思维．徐玮，等译．北京：中国标准出版社，2000.
[23] 马丁．组织文化．沈国华，译．上海：上海财经大学出版社，2005.
[24] 吴兢．贞观政要．北京：海潮出版社，2009.
[25] 洪应明．菜根谭的智慧．王少农，注．北京：线装书局，2010.
[26] 肖特．毛泽东传．朱小仝，译．北京：中国青年出版社，2004.
[27] 东方史．暗示．北京：中华工商联合出版社，2005.

[28] 余华青．权术论．西安：陕西人民出版社，1990.
[29] 李少冰．毛泽东的语言技巧．北京：中国青年出版社，1993.
[30] 斯图尔特·施拉姆．毛泽东传．北京：红旗出版社，1987.
[31] 黄伟．韩非子用人智慧．北京：中央编译出版社，2006.
[32] 张易．法家大智慧．北京：中国华侨出版社，2005.
[33] 周建波．儒墨道法与企业管理．北京：机械工业出版社，2006.
[34] 曹军．儒家的和谐管理．北京：中国广播电视大学出版社，2007.
[35] 曹军．法家的法术管理：领导者的权与势．北京：中国广播电视出版社，2007.
[36] 钱诗金．情绪密码．北京：中国城市出版社，2007.
[37] 萧兵．中庸的文化省察．武汉：湖北人民出版社，1997.
[38] 格莱德希尔．权力及其伪装．赵旭东，译．北京：商务印书馆，2011.
[39] 东方谋．办公室兵法大全．北京：中国友谊出版公司，1997.
[40] 赵蕤．帝王学．刘泗，译．北京：中国档案出版社，2005.
[41] 刘劭．人物志．伏俊琏，译．上海：上海古籍出版社，2008.
[42] 老子．道德经．北京：金盾出版社，2009.
[43] 孙武．孙子兵法．北京：中国画报出版社，2012.
[44] 兰斯 A. 伯杰，多萝西 R. 伯杰．人才管理．2 版．北森人才管理研究院，译．北京：中国经济出版社，2012.
[45] 吕思勉．大中国史．长春：吉林出版集团有限责任公司，2012.
[46] 楚日理．用人兵法．北京：宗教文化出版社，1998.
[47] 娄伟．用人战术．北京：中国城市出版社，1999.
[48] 曾仕强．中国式管理．北京：中国社会科学出版社，2003.
[49] 王熙兰．沉默是金．伊犁：伊犁人民出版社，1998.
[50] 葛荣晋．中国哲学智慧与现代企业管理．北京：中国人民大学出版社，2006.
[51] 陈长元．松下用人之道．北京：中国书籍出版社，1998.
[52] 王元明．人性的探索．天津：南开大学出版社，1993.
[53] 伯杰．招贤纳士自有道．黎志伟，译．北京：清华大学出版社，2005.
[54] 涩泽荣一．论语与算盘．王中江，译．南昌：江西人民出版社，2007.
[55] 孙畔．周易哲理与管理智慧．北京：世界知识出版社，2006.
[56] 管霞．识人·用人·管人．北京：中国物资出版社，2008.
[57] 汪风炎，郑红．中国文化心理学．广州：暨南大学出版社，2008.
[58] 沃森．20 世纪思想史．朱进东，译．上海：上海译文出版社，2005.
[59] 张建华．向解放军学习．北京：北京出版社，2007.
[60] 李凯城．向毛泽东学管理．北京：当代中国出版社，2010.
[61] 德鲁克．21 世纪的管理挑战．朱雁斌，译．北京：机械工业出版社，2006.
[62] 徐春艳．把话说到点子上．北京：石油工业出版社，2008.
[63] 洛克．沉静领导 6 步法．温曼，译．北京：机械工业出版社，2008.
[64] 乔伊纳．第四代管理．王阳等，译．北京：中信出版社，2000.

[65] 弗里德斯．恩威并重的领导艺术．杜美杰，译．北京：电子工业出版社，2006.
[66] 施密茨．管理管理者．北京：中国致公出版社，2011.
[67] 刘峰．管理创新与领导艺术．北京：北京大学出版社，2006.
[68] 彼德斯．管理的革命．韩金鹏，译．北京：光明日报出版社，1999.
[69] 孙海宁，王洪平．管理要懂心理学．北京：北京理工大学出版社，2009.
[70] 汤姆森．管人管到位．方薇，等译．北京：中信出版社，2003.
[71] 柯林斯．基业长青．真如，译．北京：中信出版社，2002.
[72] 张维迎．激励与领导艺术．上海：上海人民出版社，2004.
[73] 温亚其．教练型领导．北京：商务印书馆，2006.
[74] 彼德斯．交流的无奈：传播思想史．何道宽，译．北京：华夏出版社，2003.
[75] 范翰章．决策心理学．北京：中央党校出版社，1996.
[76] 高伟．卡耐基论领导艺术．北京：北京燕山出版社，1997.
[77] 周春彦，鞠琳，盛恩泽．老板如何赞美职员．北京：中国物资出版社，1999.
[78] 甘华鸣，李湘华．领导．北京：中国国际广播出版社，2002.
[79] 费欧文．领导力训练．北京：中国城市出版社，1997.
[80] 云中天．妙语连珠：说话的艺术．南昌：百花洲文艺出版社，2006.
[81] 德鲁卡．幕后领导艺术．燕清联合，钱之莹，译．北京：新华出版社，2006.
[82] 诺斯克特·帕金森．帕金森管理经典．北京：国际文化出版公司，1996.
[83] 卡曾巴赫．培育员工自豪感．岳双双，译．北京：中信出版社，2003.
[84] 阿根狄．企业沟通的威力．李玲，译．北京：中国财政经济出版社，2004.
[85] 汤姆森．情绪资本．崔姜薇，石小亮，译．北京：当代中国出版社，2004.
[86] 安兰德．商人为什么需要哲学．吕建高，译．北京：华夏出版社，2007.
[87] 萧天石．世界伟人成功秘诀之分析．苏州：古吴轩出版社，2005.
[88] 雷池．说话的艺术：把话说到心窝里．北京：中国致公出版社，2003.
[89] 洪兵．孙子兵法与经理人统帅之道．北京：中国社会科学出版社，2005.
[90] 张立峰．提升领导力的 19 个关键点．北京：中国工人出版社，2004.
[91] 布龙斯坦．团队管理．巢剑欧，巢剑非，译．北京：机械工业出版社，2006.
[92] 弗兰西斯·赫塞尔本．未来的领导．吕一凡，译．成都：四川人民出版社，1998.
[93] 菲奥克．选人的真理．何训，等译．北京：当代中国出版社，2008.
[94] 陈才俊．荀子精粹．北京：海潮出版社，2011.
[95] 布兰佳，约翰逊．一分钟经理人．周晶，译．海口：南海出版公司，2004.
[96] 陈玲．有效沟通细节训练．北京：企业管理出版社，2006.
[97] 伯杰．招贤纳士自有道．黎志伟，等译．北京：清华大学出版社，2005.
[98] 保罗·托马斯，大卫·伯恩．执行力．白山，译．北京：中国长安出版社，2003.
[99] 陈树文．卓越领导者的智慧．北京：清华人学出版社，2012.
[100] 金一南，苦难辉煌．北京：华艺出版社，2009.